大夏书系·语文之道

# 语文教学艺术论

杨九俊 著

YUWEN
JIAOXUE
YISHU LUN

华东师范大学出版社
全国百佳图书出版单位

**图书在版编目（CIP）数据**

语文教学艺术论/杨九俊著.—上海：华东师范大学出版社，2020
ISBN 978－7－5760－0763－3

Ⅰ.①语… Ⅱ.①杨… Ⅲ.①中学语文课—教学研究 Ⅳ.① G633.302

中国版本图书馆 CIP 数据核字（2020）第 152699 号

大夏书系·语文之道

# 语文教学艺术论

| | |
|---|---|
| 著　　者 | 杨九俊 |
| 策划编辑 | 李永梅 |
| 责任编辑 | 杨　坤　韩贝多 |
| 责任校对 | 殷艳红 |
| 封面设计 | 奇文云海·设计顾问 |
| | |
| 出版发行 | 华东师范大学出版社 |
| 社　　址 | 上海市中山北路3663号　邮编　200062 |
| 网　　址 | www.ecnupress.com.cn |
| 电　　话 | 021－60821666　行政传真　021－62572105 |
| 客服电话 | 021－62865537 |
| 邮购电话 | 021－62869887　地址　上海市中山北路3663号华东师范大学校内先锋路口 |
| 网　　店 | http://hdsdcbs.tmall.com |
| | |
| 印　刷　者 | 北京密兴印刷有限公司 |
| 开　　本 | 700×1000　16开 |
| 插　　页 | 1 |
| 印　　张 | 30.5 |
| 字　　数 | 531千字 |
| 版　　次 | 2020年10月第一版 |
| 印　　次 | 2021年1月第二次 |
| 印　　数 | 6 101—10 100 |
| 书　　号 | ISBN 978－7－5760－0763－3 |
| 定　　价 | 88.00元 |
| | |
| 出　版　人 | 王　焰 |

（如发现本版图书有印订质量问题，请寄回本社市场部调换或电话021-62865537联系）

# 目录
## contents

写在前面 / 1
序（顾黄初）/ 3
引　言 / 7

## 第一章　特征论 / 1
第一节　语文教学艺术的主体性特征 / 1
第二节　语文教学艺术的科学性特征 / 7
第三节　语文教学艺术的审美性特征 / 13
第四节　语文教学艺术的创造性特征 / 21

## 第二章　备课论 / 28
第一节　备课辩证观 / 28
第二节　课文分析的方法 / 38
第三节　教学设计 / 47

## 第三章　德育论 / 58
第一节　立足语文德育的制高点 / 58
第二节　把握语文德育的特点 / 63
第三节　开掘语文德育的渠道 / 76

## 第四章　美育论 / 80

第一节　拓开广阔的审美天地 / 80
第二节　创设良好的审美情境 / 88
第三节　选择恰当的审美方式 / 97

## 第五章　双基论（上）/ 108

第一节　词语教学的优化措施 / 109
第二节　难句的症结及理解的方法 / 113
第三节　段落构成的规律和分段训练 / 119
第四节　归纳主题思想的训练技巧 / 124

## 第六章　双基论（下）/ 128

第一节　读的战略 / 128
第二节　语感训练的目标和途径 / 136
第三节　读写迁移的训练要求 / 141
第四节　口语交际能力的培养 / 147

## 第七章　能力论 / 153

第一节　一般能力训练的非智力性原则 / 153
第二节　一般能力训练的方法 / 158
第三节　一般能力训练的综合功能 / 165
第四节　创造能力的培养 / 170

## 第八章　教法论 / 182

第一节　"活"，拨通基本教法的总钥匙 / 182
第二节　讲什么与怎样讲 / 191
第三节　"练"，贯穿教学过程的主线索 / 197

## 第九章　学法论 / 205

第一节　优化教法，促进正确学法的有效形成 / 205
第二节　把握本质，训练学生掌握科学的思维方式 / 211
第三节　着眼"会学"，全面培养学习语文的能力 / 219

第十章　结构论 / 224
　　第一节　结构安排的空间意识 / 224
　　第二节　教学结构的纵向形态 / 230
　　第三节　教学结构的变式 / 238

第十一章　环节论 / 244
　　第一节　预习指导的特点和方法 / 244
　　第二节　导入的技巧 / 247
　　第三节　精心组织课堂教学的高潮 / 253
　　第四节　画好课堂教学的"豹尾" / 258

第十二章　提问论 / 265
　　第一节　问点的恰当选择 / 265
　　第二节　问法的精心设计 / 270
　　第三节　诱导答问的技巧 / 276
　　第四节　培养质疑能力和答问能力的要求和方法 / 281

第十三章　板书论 / 288
　　第一节　板书设计的基本原则 / 288
　　第二节　板书的形式 / 301
　　第三节　怎样设计板书 / 309
　　第四节　板书使用的技巧 / 319

第十四章　语言论 / 325
　　第一节　教学语言的特征 / 325
　　第二节　教学语言的审美要求 / 331
　　第三节　教学语言的表现艺术 / 340
　　第四节　体态语言在课堂教学中的运用 / 344

第十五章　调控论 / 349
　　第一节　课堂调控的特点 / 349
　　第二节　课堂调控的策略 / 356
　　第三节　实施有效调控的基本条件 / 362

## 第十六章　现代媒体论 / 368
　　第一节　现代媒体的功能 / 368
　　第二节　运用现代教学媒体的优化意识 / 375
　　第三节　现代化媒体与传统媒体的有机结合 / 385

## 第十七章　测评论 / 393
　　第一节　语文测评的要求 / 393
　　第二节　语文命题的技术性和艺术性 / 397
　　第三节　语文考试的内容和题型 / 404

## 第十八章　课外阅读论 / 416
　　第一节　课外阅读的意义 / 416
　　第二节　课外阅读的类型 / 419
　　第三节　课外阅读的指导 / 425

## 第十九章　风格论 / 433
　　第一节　语文教学风格的形成 / 433
　　第二节　语文教学风格的分类 / 438
　　第三节　语文教学风格的主导性和丰富性 / 443

## 第二十章　流派论 / 448
　　第一节　语文教学流派的产生 / 448
　　第二节　语文教学流派的特点 / 453
　　第三节　语文教学流派的类型 / 455

后　记 / 469
修订后记 / 471

# 写在前面

什么是教学艺术？

我曾经借这样的话来描述："快乐不是在节日里，而是在你和我的眼神里。"

我也曾经推崇帕克·帕尔默摹写的教师的天职图景："内部的深层愉悦与外部的深层渴望相遇交融。""内部的深层愉悦"自然包括他倡导的"在个人意义上出神入化地理解学科"。

我更欣喜那些优秀的老师融生命于教学，实现人课一体的生命升腾。

当然，本书所说的教学艺术不只是这些，还包括《现代汉语词典》对"艺术"内涵的一种阐释，包括一些富有创造性的方法、技巧、策略，但即使是在技术层面展开，我向往的依然是师者内心知识、情感、道德的完整性，是基于这种完整性与知识融通，与学生的心心相印。

本书初版的写作，是近30年前开始的，这么多年过去了，教育的变化有目共睹，但教学的基本问题大都唱的还是"同一首歌"。于是，不揣浅陋，将本书做了一些必要的改动，捧将出来，希望以自己的实践与思考对语文教学现场的少许改观尽绵薄之力，更期盼读者诸君批评指正，促进我以及同道者们对语文教学艺术有更深刻的理解和更美好的想象。

杨九俊<br>
2019 年 6 月

# 序

顾黄初

花了几个晚上的时间,终于读完了杨九俊同志最近完成的这部40多万字、题名为《语文教学艺术论》的书稿。静夜里,掩卷沉思,颇多感喟。

我总是这样想,一个人要想在事业上取得成功,必须具备一种精神,那就是积极进取、不甘平庸。奥地利心理学家弗洛伊德说,作为一个社会的人,他做事的动机之一是"渴望伟大"。美国哲学家杜威认为,人类本质里最深远的驱策力就是"希望具有重要性"。美国心理学家威廉·詹姆斯说,人类本质中最殷切的需求是"渴望被肯定"。这三位著名学者都从社会心理学的角度揭示出人类参与社会生活的共同的心理诱因,这是很有见地的。但是,何谓伟大？重要性指什么？什么才是应当肯定的？不同的时代,不同的社会,答案不会完全相同。马克思主义者认为,人们做事的动机有高尚和卑琐之分,高尚的动机应当是渴望对人类的进步、社会的发展有益。我们需要的积极进取、不甘平庸的精神,是不斤斤计较于个人的得失而始终立足于对人类、对社会、对国家的是否有益的那种奋发精神。这种精神,在实践上要解决好两个问题：一是要找到一个于己合适而又于人有益的目标,即在人生的坐标上找到自己恰当的位置；二是要为实现既定目标而不懈追求,决不因一时的困难和挫折而轻易改弦更张。于是,我就想到了九俊毕业那年我和他的一席长谈。

那是1982年的夏天,九俊刚从扬州师范学院中文系毕业,被分配到泰州师范学校工作。用一句文绉绉的话说,他正站在一条人生的新的起跑线上。他问我,今后应该干些什么,又应该怎么去干。我知道他在中文系学习期间,志趣在文艺评论方面,已有多篇论文在文学报刊上发表,而且思路活跃,常能见人所未见,在这方面确有发展前途。现在被分配到一所师范学校工作,其工作的性质和内容决定他今后不可能倾注全力去从事文艺评论,他要解决一个志趣转移的问题。我当时建议他在艺术论和教学论的交汇点上开辟自己新的研究领域,把这种研究的落脚点放在语文教学上。艺术论,是他原有的志趣,并已有了一定的基础;教学论,特别是语文学科的教学论,是他今后的工作需要,是他为培养合格的小学语文教师所必须肩负的任务。从艺术论的视角去窥探教学论的奥秘,把教学论的丰富内容提到艺术的高度来加以剖析,从而提高语文教学论研究的品位,对他来说可能是一个"于己合适而又于人有益"的目标。他年轻,而且素有"不甘平庸"的秉性,听了我的一番话,精神为之振奋,说:"您这番话正合我意,我就决心这么去干。"

那一夜的促膝长谈,匆匆过去已逾10年。10年的时间不算太长,可是九俊循着我们共同定下的目标坚持不懈地向前走,并且取得了一个又一个可喜的成果。他一方面钻研小说创作艺术,在《社会科学战线》《鲁迅研究月刊》《长城》《当代作家评论》等杂志上发表长篇论文,以此来磨砺自己的艺术笔触,丰富自己的艺术底蕴;一方面结合自己的教学实践,潜心探索语文教学的特点和规律,先后编写出版了多种语文教学参考读物,把研究的触角伸向语文教学的各个领域。经过不懈的努力,他在艺术论和教学论的交汇点上终于熔铸出了一部包括19论20章的专著《语文教学艺术论》。这是他10年耕耘的收获,10年心血的结晶,也是他正确地找到了自己的位置并实现了自我价值的明证。

当初,九俊在开始动笔写这部书稿的时候,就给自己提出了四个字的要求,即:新、深、广、实。他说,他不愿意重复别人说过十次百次的话,他要求自己的书中有新的内容、新的发现、新的开掘和新的视角;他不愿意说些不痛不痒的肤浅的话,他要求自己的书中有深刻的思想、深切的体验和深入的剖析;他不愿意把自己的视野拘囿于语文教学的某一个侧面,他要求自己的书中能广泛地接触到语文教学这大千世界的方方面面,这复杂过程的每一个主要环节;他当然也不愿意只说些玄妙空洞、不着边际的话,他要求自己的书中能有实在的话、实在的例子和在实践中能具体操作的方法。应当说,这四个字的要求,要做到很不易;然而九俊每走一步总是把标尺定得高高的,显示出一种勃勃的雄心。我暗里是佩服中夹带着几分担心,明里则只能给予鼓励。

现在摞起来有半尺多高的一部书稿整整齐齐地摆在我的面前,我敢说九俊没有辜负自己,也没有辜负未来的读者。这部书的每一论、每一章都分明地反映出他坚定执着的追求。

先说九俊所选择的研究课题本身就是新的。就语文教学的研究而论,80年代以来,人们的视角更多的是投向于对它的科学规律的探求。且不说各种语文教育学、语文教学论的专著、教材,在研究语文教学科学规律方面所显示出来的实绩,就是一些专题性的研究,也是硕果累累,如语文教学心理研究、语文教学目标分类研究、语文能力训练程序研究、语文知识和能力测试研究等等，也都是从不同的侧面切入，去探索语文教学科学规律的某些奥秘。至于对语文教学艺术规律的研究，从总体上看，还似乎有点"冷落"。这种"冷落"，我主要指的是理论研究的状况，而非教学实践的态势。在教学实践上，不少语文教师，尤其是那些著名的特级教师，他们所提供的实践经验，往往都展现出了各自特有的艺术魅力和绚烂的艺术光彩。然而，在这些万紫千红的艺术之花面前，某些理论研究工作者似乎因为神迷目眩而显得有点"不知所措"了。有些人尝试着对某位特级教师的教学艺术作"个案"式的分析评价或总结概括，这种工作的必要性是无须怀疑的；然而，有时本来是血肉丰满的东西经过抽象概括之后仿佛只剩下几根筋骨，弄得神采全无，这就落得个点金成铁，有违初衷了。这样一来，哪里还有人敢去问津，哪里还有人愿意去对教学艺术作规律性的研究呢？遁词当然是有的，"能授人以规矩，不能授人以巧""运用之妙，存乎一心""只能意会，不可言传"，总之，教学艺术这个东西说到底是不可捉摸的，熟能生巧，教的时间长了不知怎么一来，就会出艺术。于是，对于教学艺术的研究，不能不陷于"冷落"。而九俊却决心敲开语文教学艺术这扇大门，试图登堂入室去寻珍觅宝，这就表现出了他的眼光和胆略。

　　研究课题本身有新意，并不能保证研究内容一定新人耳目。新的瓶完全可能装的是陈酒。九俊在自己的这只新瓶里装的当然不可能滴滴都是新酒，但确实有不少新酒，能给人以新的启迪。例如在论及语文教学艺术的审美特征时，他把教师在审美活动中的地位从三个不同侧面去解剖：教师作为审美主体，通过他的审美实践要努力去发现教学内容之美；教师同时又是审美客体，在学生心目中教师是他们的审美对象，因此他必须注意自身教学劳动形态之美；教师还是审美中介，即以自己的教学活动引导学生一步步进入美的境界，因此他必须注意教学技巧之美。这样立体地、多维地来理解教师在审美活动中的地位，视角显然就比较新，同时也更符合语文教学艺术的审美特征。类似这样的新鲜的见解，在他的书中随处可见，不必一一列举。

　　再说他立论的深度。九俊对问题的议论，都不流于肤浅。他善于往深处开掘，善于向细部审视，让人们能从表面窥见其内蕴。例如对于语文德育的特点，一般人都知道语文学科的德育教育一定要根据学科本身的特点，要竭力避免空洞的、脱离语文实际的说教。这当然是对的，但不免简单化了些。九俊似乎看得比常人更深。他把语文德育的特点，概括为三个方面：一是内容特点，二是方法特点，三是时间特点。内容特点是"丰富性"，方法特点是"渗透性"，时间特点是"相机性"。这样的分析，已经有了一定的深度，然而他还不满足，他还要往深处窥探。例如语文德育在方法上的渗透性,他分析了三重境界:第一重境界是"春风化雨",其中"化"的内涵包括了融化、分化、点化和情化四个方面,这四个方面又体现了"春风化雨"的渐进过程;第二重境界是"润物无声",其中"润"的要求是形式的自然、分寸的适度、氛围的和谐,这三项要求正是达到"润"而"无声"的必要条件;第三重境界是"花团锦簇",达到语文德育在学生心灵深处绽开繁花,结出硕果。对一个问题,能如此层层剥壳,缕缕抽丝,自然就显出深度。而立论之深,无疑反映了论者认识之深。

至于广和实,那是显而易见的。全书19论,议论范围涉及语文教学艺术的特征,语文的德育艺术和美育艺术,语文的双基教学艺术和能力训练艺术,语文的教法艺术和学法艺术,语文教学的课堂结构艺术和教师语言艺术,语文教学的调控艺术和提问艺术,语文的现代媒体教学艺术和知能测评艺术,如此等等。凡所应有,几乎尽有。而每有所论,都在"艺术"的层次上展开,思路既开阔,又始终不离全书主旨;每有所论,都伴之以丰富的文例、教例、题例,内容既高屋建瓴,又始终不离教学实际,所谓"昂首天宇,脚踏实地",二者兼而有之。

从一般教学论的角度来论述教学艺术,以我鄙陋之见,过去仅见于一些单篇论文。最近四川一家出版社将接受出版一部专著,题为《教学艺术论》,作者是一位至今还名不见经传的青年人。至于从学科教学论的角度来论述教学艺术,比如语文教学艺术,已有一些论文散见于报刊,前年武汉出版社出版的韦志成的《语文教育原理》一书,已把语文教育的艺术原理列为专章,可见这个问题开始引起语文教育界的重视。现在,九俊的专著《语文教学艺术论》又将由江苏教育出版社出版。我们完全有理由相信,在迎接二十一世纪的曙光到来的时候,研究教学的艺术规律,研究语文教学的艺术规律,将不再是"冷落"的了;恰恰相反,在这个领域里必将掀起一个高层次、高水平的研究热潮。而这正标志着我国教育科学研究在新时期的进一步开拓和深入。而在九俊同志本身,他凭借出色的工作和累累的硕果,已经跻身于特级教师行列,现在又有了这部专著。想想他和大家一样,有一个需要不断忙碌的家;和有些同志一样,还得担负起不轻的行政事务,更让我感到他毅力的可贵和潜力的丰厚。尽管他现在工作变动了,我想,他一定会一如既往,去攀登新的峰峦,为语文教学和教育科学的研究作出更大的贡献。

感喟颇多,掩卷沉思,静夜里写了上面一些话,姑且作序。

1992年10月6日于瘦西湖畔

# 引 言

1632年,"近代教育学之父"夸美纽斯在经过5年的辛勤劳动后,写出了《大教学论》初稿。此后,他又用约5年的时间进行修改和补充,终于撰就成历史上第一部系统的教育学著作。值得注意的是,夸美纽斯在这部扛鼎力作的卷首,开宗明义地宣称:他所要阐明的就是"把一切事物交给人类的全部艺术"①,并且在其论述中,从愉悦性方面触及教学艺术的本质特征。夸氏在研究教育规律时,非常慷慨地把"艺术"的桂冠授予教育教学,从一个侧面证明了他的教育理论的成熟。

夸氏之后的教育家,不少人对"教育是一门科学,也是一门艺术"作过深刻阐说。苏霍姆林斯基在和青年校长谈话时,曾指出:"教学和教育过程有三个源泉:科学、技巧和艺术。"②有些教育家还认为,教育(自然包括教学)艺术的因素胜于科学的因素。比如,乌申斯基就说过:"任何一种力求满足高度的道德要求和人的一般精神需要(即只属于人和构成人本性中的特征的那些需要)的实践活动,就已经是艺术了。就这个意义讲,教育学当然就成了最高级的一种艺术,因为它力求满足人类最伟大的要求——人的本性的完善。这不是在画布或大理石上表现得完美,而是使人的本性本身——他的精神和肉体趋于完善;这种艺术永远是先行的。"③当代的西方教育界,围绕"教育是科学还是艺术",曾经爆发过一场争论,争论的双方都把做出这一区分作为他们著作的题目及其

---

① 夸美纽斯.大教学论[M].傅任敢,译.北京:人民教育出版社,1957.
② 张运卉.点击苏霍姆林斯基[M].天津:天津教育出版社,2008.
③ 尼·阿·德米特里耶娃.审美教育问题[M].冯湘一,译.上海:知识出版社1983.

论述的主题。"艺术派"的代表人物海特认为，教学涉及人、人的感情及价值观念，这是"科学所无法把握的"，并且，试图应用科学的目的和方法，还会对教学带来威胁。"科学派"的代表人物盖奇则认为，问题的关键在于运用科学的方法可以对教学有更多的认识，教学应当看成是一门科学而不是艺术。——虽然，我们并不认为，在教育教学活动中，"科学"和"艺术"只占其一，因而也不能赞同他们多少显得偏颇的观点，但还是饶有兴趣地注意到，即使开始主张"教育是一门科学"的盖奇等人，后来也认为，在决定教材、学习进度，特别是与学生面对面的接触中，教师有大量的机会运用直觉、表情、即兴活动及发挥创造性，这些一般认为都是艺术活动的组成部分。教学确实是一门艺术，是"一门有用的或实用的艺术"。① 可见，在教育理论界，"教育是一门艺术"（并非排他性）这一表述，已经得到广泛认可。

以上所论，只是着眼于教学的共性，从语文学科的个性看，如吕叔湘先生说："说到底，语言学本质上是一门人文科学，它也跟别的人文科学一样，可以尽量利用技术科学的帮助进行它的工作，但是它自身不会变成一门技术科学。"因而，语文教学比之一般学科的教学，应当更加具有艺术性。

应该说，在教学第一线，对于以上观点的认同，已不会有大的分歧。但是，并不能因此认为，从事教学，甚至已经是一般意义上的好教师，就算把握了教学的艺术。《现代汉语词典》对"艺术"的一种解释是"富有创造性的方式、方法"。教师创造性的教学是丰盈的、审美的，苏霍姆林斯基在多个地方论及这种教学会带给学生"惊讶""震惊""愉悦"，因为学生在这样的课堂上会有知识的充实感和精神的升华感，会常常有一种审美的高峰体验。由是，教学艺术应当理解为是教学的一种高境界，"世之奇伟、瑰怪、非常之观，常在于险远，而人之所罕至焉，故非有志者不能至也。有志矣，不随以止也，然力不足者，亦不能至也。有志与力，而又不随以怠，至于幽暗昏惑而无物以相之，亦不能至也"（王安石《游褒禅山记》）。所以，罗素认定教育"是很难传授的艺术"。② 遍览我们的语文教坛，能够历经千辛万苦，摘取教学艺术那颗熠熠生辉、灿然无比的明珠，卓然而成为语文教学艺术家的，在人数的比例上，毕竟是太小了。原因何在呢？笔者以为，除了"志"之不坚和"力"之不足外，很重要的是"无

---

① 邓金.培格曼最新国际教师百科全书[M].北京：学苑出版社，1989.
② 华东师范大学教育系，杭州大学教育系.现代西方资产阶级教育思想流派论著选[M].北京：人民教育出版社，1980.

物以相之"——一些教育家只言片语的论述,虽见深刻,但不成系统,尚难以为第一线的实践提供切实的指导。而我们自己对教学艺术的规律又研究得太少,对那些卓然成家者,仅仅止于经验的描述;至于广大语文教师某招某式中包孕的艺术韵味,则更缺少必要的咀嚼和回味。以至在相当一部分老师看来,教学艺术如海市蜃楼,"烟涛微茫信难求"。有的甚至连对教学艺术追求的意识也没有,自得其乐抑或是怨天尤人地在做着"教书匠"。大有可为的语文学科,也更多地被当作技术科学对待,它所包含的丰富内容,知识的一面常常只是为编制题目提供素材,情感的一面往往被毫不可惜地浪费掉,教与学的活力和灵气被抹杀得干干净净。正是针对这种情况,本书力求在理论与实践的结合点上,在科学性与艺术性的结合点上,来研讨一番语文教学艺术(受篇幅所限,本书主要立足于阅读教学)的方方面面,来探求一下怎样开凿一些梯级,架起一些栈桥,铺设照明的线路,以便为"有志与力"者顺利通向语文教学艺术那胜境处的辉煌,提供少许的相助之"物"。自然,这种努力也包含着浅尝辄止或误入歧途的危险。好在本书的读者,大抵是探讨教艺的有心人,不畏艰辛的登攀者,对正误、高下具有较强的判断力;即使是初登杏坛的新兵,受此触发,关心了这个课题,他们的实践和思考也一定能克服其中的肤浅和偏差。因此,笔者也就无所顾忌了。现在,就让我们一起上路,先从辨识论述对象的特征开始。

# 第一章　特征论

艺术，按照《现代汉语词典》的解释，作为名词，就是"富有创造性的方式、方法"；作为形容词，就是"形状或方式独特且具有美感"。依此可以推断，教学艺术就是在教学实践活动中具有自觉的审美意识，创造性地运用了方式、方法和技能、技巧，使教学呈现出美感。语文课程因其特质所决定，主客观更应高度融合，创造性更有用武之地，教学艺术的生成有着更多的可能和更广阔的空间。语文教学艺术的基本特征主要有以下几个方面。

## 第一节　语文教学艺术的主体性特征

教学艺术就是一种审美化的教学。美学家宗白华的名言是："美是自由。"黑格尔说过："审美带有令人解放的性质。"教学艺术最为本质的特征是师生成为教与学的主体，那么课堂上所有联系的核心一定是活生生的主体力量。

### 一、教与学应当是"生命的自由表现"

关于美与美的规律，很难说有什么定论，我们不妨回到理论原点上去考察。美学界讨论美学问题，都会引用马克思年轻时写下的《1844年经济学哲学手稿》，马克思在这部手稿中提到了美学问题，他说："动物只是按它所属的那个种的尺度和需要来建造，而人却懂得按照任何一个种的尺度来进行生产，并且懂得怎样处处都把内在的尺度运用到对象上去，因此，人也按照美的规律来建造。"马克思还论及劳动创造美，美是人的本质力量的对象化，"劳动是自由的生命表现"。① 按照马克思的观点，审美化的教学首先强调的是主体的自由，在一定意义上只有在学习过程中充分享有自由，才能成为真正的主体。作为教与学的劳动是不能被异化的、被强迫的，不应该为某种功利性所绑架。所谓异化劳动，就是劳动者并非心甘情愿，他们在劳动过程中感觉不到亲切和愉悦，甚至已经失去了精神上的自我。在卓别林主演的电影《摩登时代》中，人与机器完全一样，人也是整个机器的一部分，人的身体进入了机器，随着机器的转动而转动，人成为非人。这虽然是夸张，但夸张背后是生活的真实。教学也是如此，如果师生的教与学被异化，自然不可能去创造美。

## 二、教师应当具有准确的美学定位

从教学艺术的角度看，语文教学的过程就是审美的过程。在审美过程中，教师的美学角色定位，应当是审美主体与审美客体的统一，即使是审美客体，也应是具有主体意识的。

### 1. 教师应当发挥审美主体的作用

教学内容，作为人类或科学家、文艺家认识客观世界和从事实践的精神成果，蕴含着丰富的审美内容。蔡元培先生曾精辟地分析道："数学中数与数常有巧合之关系。几何学上各种形式，为图案之基础。物理、化学上能力之转移，光色之变化；地质学的矿物学上结晶之匀净，闪光之变幻；植物学上活色生香之花叶；动物学上逐渐进化之形体，极端改饰之毛羽，各别擅长之鸣声；天文学上诸星之轨道与光度；地文学上云霞之色彩与变动；地理学上各方之名胜；历史学上各时代伟大与都雅之人物与事迹；以及其他社会科学上各种大同小异之结构，与左右逢源之理论，无不于智育作用中，含有美育之元素，一经教师之提醒，则学者自感有无穷之兴趣。"② 语文学科更是如此，翻开语文课本，催人奋发的社会美，赏心悦目的自然美，启迪才智的科学美，匠心独运的艺术美，令人如行山阴道上，目不暇接，美不胜收。众所周知，在教学过程中，教师的教授活动规定、制约、左右着学生的学习活动。从审美的角度看，水涨船

---

① 马克思，恩格斯. 马克思恩格斯全集 [M]. 中共中央马克思恩格斯列宁斯大林著作编译局，译. 北京：人民出版社，1979.
② 蔡元培. 蔡元培美学文选 [M]. 北京：北京大学出版社，1983.

高,水落船低,教师的审美能力也必然制约着学生的审美质量。如果教师尚未识透教学内容的美,并产生较为深刻的审美感受,却要学生身入宝山,寻幽探胜,不仅不可能满载而归,或许还会因未见门径以至空手而返。举两个简单的例子说,小学课文《鸬鹚》写动静变化之美,有些老师只看到动静间的转换,却认识不到这种转换的必然性。其实,课文的特色正在于此。比如第一段写静美:"……近处的一只小船上,渔人坐在船尾,悠然地吸着烟。灰黑色的鸬鹚站在船舷上,好像列队的士兵在等待命令。"这里渔人"悠然地吸着烟"是静,但他在"悠然"之中观察着水面下鱼群的活动,则蕴含着动态因素;而"列队的"鸬鹚正在"待""命",更似"箭在弦上"。抓住这些,对动静变化美的体会就会深刻一些。再如《桂林山水》,写水时用词的顺序是"静""清""绿",正因为"静",而不是波涛汹涌,才现其"清";正因为"清",而不是水色杂呈,才见其"绿"。平平常常的词语,好似信手拈来,却也有一番"构思",从而以遣词造句的艺术美恰切地表现了风姿卓异的自然美,给人以丰富的美感享受。然而,在相当多的课堂上,很少见到对这类词句的推敲和体味,肤浅的理解造成了美的"资源"的浪费,自然也影响了对"真"的认知。尽管这时的审美主体主要是学生,但根子却在于教师自己就没有进入审美主体这重角色。

当然,在教师作为审美主体时,他的审美对象不仅仅是课文。比如相关的课外阅读、语文活动以及一些社会实践,都包含了教学内容美。作为教学对象的学生,在教师的美学视野中,也应是审美的客体。

### 2.教师应当成为具有主体意识的审美客体

罗伯特·特拉弗斯曾说:"教学是一种独具特色的表演艺术,它区别于其他任何表演艺术,这是由教师与那些观看表演的人的关系所决定的。"[1] 作为一个表演者,教师就演变为学生的审美客体。这种审美客体的特殊性在于他不仅是学生的审美对象,而且具有很强的教育性和示范性。加里宁认为:"在教师工作中,有许多困难,而教师的责任又是如此重大。教授某门功课,自然是基本工作,但除此之外,学生还模仿教师。所以,教师们的世界观,他的行为,他的生活,他对每一现象的态度,都这样或那样地影响全体学生。这点往往是觉察不出的。"因此,教师就应十分重视劳动形态中美的创造,重视自我形象的美的塑造。

根据加里宁这段话的意思,教师劳动形态的美包括外在和内蕴两个方面。外在的美主要指服饰之美、语言之美、体态之美。关于教学语言(体态语言也

---

[1] 罗伯特·特拉弗斯.教师——艺术表演家[J].郭海云,祈志孝,译.山西师院学报,1983(2).

是一种特殊的教学语言）鲜明的独特性和丰富的美学内容，我们将在"语言论"一章中详作阐述，这里只就服饰美作些探讨。

"人靠衣饰马靠鞍"，教师的服饰对学生审美过程中形成良好的"第一印象"十分重要。我们认为，教师的服饰之美除了照顾到体形、性格、年龄等方面的要求外，还应考虑到对职业特点、教学对象以及课文的教学情境的适应性。

适合职业是指教师的衣着打扮，要力求借朴实显示教师整体性格的沉稳感，以淡雅体现知识阶层涵养的丰厚性。选色，趋向柔和；款式，注意庄重。特别要力戒歌星式的时髦华丽和商贾型的珠光宝气，给学生以正确的审美导向，并唤起他们对教师的尊崇感和信赖感。

适合教学对象是指教师的衣着打扮，要与生活情境相吻合，与学生的心理特点相适应。比如，小学低年级的老师，衣着的色彩可以鲜艳些，线条可以明快些。高中教师不妨在质料上适当作些考虑，并配以端庄的款式，以求体现一定的文人色彩、学者风度。

适合课文的教学情境是指教学某些课文时，在服饰上格外留心一下，以增加"表演"效果。曾有老师举作例证时说过，青年女教师，着一绿上衣，讲朱自清先生的《春》，学生会感到格外的赏心悦目。老年男教师用罩衫、长围巾把自己裹得严严实实，讲契诃夫的《装在套子里的人》，则会引起学生的类比联想，反而有几分审丑的意味。当然，这并不等于每场"演出"都要有固定的"行头"，适当注意足矣。另一方面，外在美的几个方面要相互配合，以形成审美的整体效应。还以《春》的教学来说，如果穿上刚才说到的衣着，其教学语言又如拂过绿野的清风，淙淙吟唱的溪流，在教态上再漾出盈盈的笑意，则会给学生带来春日艳阳的灿然和温暖，带来春天和风的清新和明快，使他们获得心旷神怡的审美感受。反之，配以僵化呆板的表情、断断续续的语调，不仅不会让人产生美感，连身上的绿装都似乎成了一种做作。

教师作为审美客体体现出的劳动形态美的另一方面是内蕴美。内蕴美涉及教师的道德品质、知识修养、能力结构、心理素质等诸多方面。这里，仅以中学语文课本里描写学校生活的几篇课文为例，来看看在学生的眼里，教师哪些内蕴之美或有震撼人心的力量，或有滋润心田的魅力。

以《最后一课》为例，小弗郎士的性格发展经历了一场巨变，他由贪玩、不懂事发展到逐渐懂得失去国土的痛苦，进而又发展到激起了爱祖国、恨敌人的思想感情，他对韩麦尔老师的美学评价也发生了质变，感到老师是一个可敬可爱的人，原因就在于韩麦尔老师讲态中体现出来的深沉、巨大的爱国主义精神扯紧、拨响了他那松弛的情感之弦。韩麦尔先生的内蕴之美就是充盈胸际的爱国主义精神。

以《藤野先生》为例,鲁迅先生"朝花夕拾",仍历历在目,"在我所认为我师之中,他是最使我感激,给我鼓励的一个","他的性格,在我的眼里和心里是伟大的"。这是因为在日本军国主义浊气弥漫的情况下,藤野先生毫无民族偏见,对鲁迅热情关心并寄于厚望,体现了一位正直学者的性格之美。

以《我的老师》为例,作者对蔡芸芝先生铭心刻骨般的思念,蕴含在平平实实的字里行间,好像一股涓涓细流,绵长深远,这是因为蔡老师的所作所为,甚至是一颦一笑,都漾出了对学生的关心和挚爱,体现出高尚的职业的情感之美。

以《幼学纪事》为例,作者从老师的讲解里,领略出秦少游、辛弃疾词作的艺术奥秘:"他们能在婉约近人的文字中抒发出忧国、爱国的深情以至豪情来。多么美呀,多么精巧啊,我们祖国的语言!每一个字,每一个音节,都像是一个可爱的小精灵,只要你调度得当,它就能把你心里的最细微的情绪表达出来!"显然,作者获得如此审美快感,源自于孙教授、顾教授渊博的学识之美和精到的讲艺之美。

当然,这几个例子远不能概括教师内蕴美的全部内容,我们在讨论德育时将对此作较全面的阐述。还应注意的是教师对劳动形态的美学追求,应当把握外在美与内蕴美之间的辩证关系:外在美是内蕴美的表现形式,内蕴美则是外在美的表现内容。二者之间,重心应在内蕴美上,衣冠楚楚、道貌岸然,但或是品质恶劣,或是腹中空空,那是绝无美感可言的。而真正具备了内蕴美,则常常能冲破外在因素的束缚。据《世说新语》里记载,曹操有一次接见匈奴的使者,因自己个子较矮怕被匈奴使者瞧不起,就请"眉目疏朗,须长四尺,甚有威重"(《魏志》)的崔琰代为接见,自己则拿着刀装成卫士,立于崔琰的床头。接见之后,曹操派人探听使者的反应。使者说:"魏王雅望非常,然床头捉刀人,此乃英雄也。"可见内蕴美表现力的巨大。在我们刚才举到的例子中,藤野先生是不修边幅的,但其性格的光彩仍透过"模糊"的衣着熠耀出来。当然,这并不是说要故意造成内美与外美的反差,在可能的情况下,应当追求二者的统一性。试想,如果曹操以魏王的身份出现,大概会更显得气宇轩昂、英气逼人。藤野先生如果衣着整洁些,恐怕也不会引起某些学生的哄笑。韩麦尔先生显然明乎此理,上"最后一课"时,"穿上了他那件挺漂亮的绿色礼服,打着皱边的领结,戴着那顶绣边的小黑丝帽。这套衣帽,他只在督学来视察或者发奖的日子才穿戴"。这里的衣着以及他在教学过程中的语言和表情，都正好与他的内蕴之美相吻合，内容与形式可以说是达到了完美的统一。从这一点上看，韩麦尔先生这一形象塑造的美学意义是相当丰富的。

### 三、"让"学生成为审美活动的主体

按照佐藤学的观点，学生在课堂上的主体地位是相对的。因为学的活动受制于教的活动，学生主体性的发挥往往受教师作用的制约。所以，学生和教师一起，成为活生生的主体力量，关键在教师的"让"。

（1）大爱让课堂生成润泽感。佐藤学认为，好的课堂是润泽的课堂，有一种柔和的气息，如春风拂面，"滋润肌肤"，而且，真正的教师之爱又是面向每一个鲜活的具体的学生，在课堂上，所有的孩子都有安全感、愉悦感，作为学习主体，他们都是自由的、惬意的、期盼的、主动的。杜威说知识是情感汪泽中的一杯水。唯此，知识也才能最大可能地发挥作用。

（2）坦诚给学生心理支持。教学过程中，教师甚至名师，都有可能应答不上，甚至犯错误，如果坦诚以对，直言告之，不仅不会有损于教师形象，而且会给学生的挑刺、质疑足够的心理支持，会增强学生的心理安全感。于漪老师教《变色龙》一课，为了说明主人公奥楚蔑洛夫多变的现象与不变的本质画了一条曲线，借此增强教学的直观性。突然一位女生举手发言："老师，您讲错了！"面对学生，更是面对外省市一批来听课的教师，于漪老师当机立断，请这位同学走上讲台，讲一讲自己的见解。这位学生毫不犹豫地走上讲台，胸有成竹地说："奥楚蔑洛夫知道狗是将军哥哥的狗时，他那巴结、奉迎、拍马的心情就更厉害，内心跳动的频率也更高，因此，您用等距离的曲线表达主人公彼时彼地的心理便不妥当。我认为，表示主人公那一时刻的曲线就应当更长更高。"于老师充分肯定了这位同学的意见，立即调整了板书曲线，并向她表示真诚的感谢。此时的课堂里，学生注视着老师，更觉得老师可亲与可敬，也更增添了质疑问难的勇气，远道而来的听课者，则不由得啧啧称道。于老师在这里的教学处理无疑是教育的艺术。因此，有了课堂的高潮，也有了教师人格的矗立。

（3）"隐藏"为学生提供舞台。叶澜教授说："每个学生以完整的生命个体状态存在于课堂生活中，他们不仅是教学的对象、学习的主体，而且是教育的资源，是课堂生活的创造者。"[①] 为了让学生真正成为学习的主体，叶澜老师一直主

---

① 张绪儒.教育智慧的实践与探索［M］.济南：山东大学出版社，2015.

张"还",主张"让","把课堂还给学生","让学生快乐地努力地参与到课堂教学中去"。她甚至提出:"课堂上,教师要封住自己的嘴,让自己少说一点,留出时间和空间给学生。"孙双金老师主张老师要适度地"隐藏"自己,把学生推到前台,推到思维的中心,推到课堂的中心,事实上,正是他巧妙地"隐藏"了,才有了课堂的"议论纷纷""高潮迭起"。

## 第二节 语文教学艺术的科学性特征

教学是科学,也是艺术。作为教学艺术,艺术性与科学性是密不可分、内在统一的。如果缺失科学性,从根本上说,也就说不上教学的艺术性。

### 一、基于课程标准的教学

教学艺术的科学性首先在其基准,基于课程标准的教学是课程实施的基本途径和基本保证。近些年来,崔允漷教授对基于课程标准的教学进行了深入研究,他提出教学目标源于课程标准,评价设计先于教学设计,全程指向学生学习结果的质量,体现目标、教学、评价的一致性。他甚至略带调侃道:课标是100名专家智慧的结晶,教材是10位专家参与研制,教参是1位专家独自撰写,你依据什么呢?在和一些同事研讨教学问题时,我曾经提出好的教学就八个字:基于标准,源自心灵。基于标准讲共性,源自心灵讲个性;基于标准讲科学,源自心灵讲艺术;基于标准讲规范,源自心灵讲创造。其实,我这样说只是一种强调,课程标准是按照三维目标设计的,自然包括了知识与技能、过程与方法、情感态度与价值观方面的内涵。真正基于标准,如崔教授提倡的,我们都是像专家一样思考标准、教学与评价的一致性,其中自有艺术的意蕴。

### 二、教学逻辑的清晰化

教学逻辑作为科学性的重要表征,呈现出清晰化的形态,构成了教学艺术的重要基础,这里教学逻辑一是指语文知识的逻辑,如语文规律方面的知识、语文学习方法论的知识,语文教材中涉及的社会常识和自然常识;二是指语文教学目标、教学内容、教学方法、教学评价的逻辑关系;三是指语文教学过程的逻辑。这三个方面"清晰化"显示出简单、缜密、雅致,就有了内在美学特质。简洁,以最简单、干净的面貌呈现教学因素及其过程的内在逻辑关系;缜密,指教学各因素、各环节之间谨严细腻;雅致,指相对独立的教学因素呈现出精美的整体形象。①

### 三、教学方法、技巧的恰当运用

在具体的课堂情境中,教学艺术往往是基于方法、技巧的,用得合适、用得灵活,用得具有创造性,教学就既是科学的,又是艺术的。从二者的结合上看,教学技巧的美感主要是:

#### 1. 教学技巧的合适美

任何教学技巧的运用,都是为了提高教学的效益。因此,首先应该考虑技巧、方法的合目的性,使之成为最佳选择,具有合适之美。比如,教学《在炮兵阵地上》,我们可以运用板书设计的技巧,设计出波峰式板书:

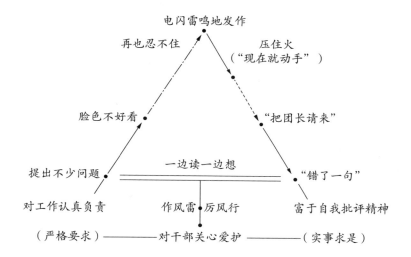

这则板书形象地画出了课文情节、人物情感的波澜,在"造型"上也较具美感,同时又照应到单元重点训练项目"一边读一边想",体现了教学思路的设计:可在学生自读的基础上讨论"彭总的态度发生了哪些变化""为什么发生这些变化""彭总的变化说明了什么"让学生通过一边读一边想,深刻体会文章内容,产生对彭总的敬爱之情。这里板书技巧的运用,不仅创造出美的形式,而且也符合教学审美的目的,很实用。

---

① 李乾明.语文教学艺术内在与外在的特征及其功能[J].课程·教材·教法,2003(2).

### 2. 教学技巧的娴熟美

这是需要不断积累，反复实践，才能形成的美感。运用技巧，几近于庖丁解牛，娴熟自如，得心应手，已是一种艺术性的表现。比如为了帮助学生欣赏汉字造型的绘画美，有的老师以"马"为例，描述它的字形的演变史：

甲骨文　　　金文　　　　小篆　　　　隶书　　　　楷书　　　简体字

在教学"马"字的书写时，有位老师发现学生数不准笔画，就拿出两根不同颜色的铅丝，把一根红的弯成"⁊"形，把一根黄的弯成"㇉"形，放在"马"的相应部位，然后问学生"'马'字有几笔"，学生回答："'马'字有三笔，横折是一笔，因为它是用一根红的铅丝弯成的。竖折折钩也是一笔，因为它用黄铅丝弯成的。"老师再引导学生联想："横折像马的什么部位？"（像马头）"竖折折钩像马的什么部位？"（像马的身体）"横呢？"（像马的腿）这位老师在批改作业时发现，学生没有一个断写"马"的。

在这两个例子中，教师的教学都很得法，而前者正是靠知识的积累，后者显然得之于反复的实践。在具体的教学情境中，这些教学技巧不仅揭示出教材的美感因素，而且运用得娴熟，本身就形成了动态性的美感形象。

### 3. 教学技巧的人格美

塑造完美人格是现代教学艺术所致力的目标，从"身教"的意义上说，这就特别需要提倡在教学技巧中渗透人格因素，追求教学技巧的人格化。这样，教师作为中介，就不仅有助于学生感受教学内容的美，而且能使自己作为审美主体的作用得以发挥。上海的徐振维老师曾谈过这样一个例子，她在金华上课，一个学生回答问题时卡壳了，整整两分钟，课堂里出现了令人窒息的沉默。徐老师没有请这位学生坐下，而是鼓励道："我们大家等他一会儿吧。你再讲一句，就胜利了。"又关心道："你生我的气了吗？"全班哄笑起来，气氛得以缓和，这位学生也终于说话了。徐老师就此作了这样的自我评说："这是技巧？是机智？是的，又不全是。我当时心里很着急——不是急我的课会因此而砸锅，我着急的是学生的思维有了障碍。任何一种教学手段或方法，比如表扬、批评、鼓励等等，要始终为学生着想，这才有可能达到艺术的境界。"徐老师认为："教学艺术首先是爱的艺术。"① 如是，教师的形象在学生那里才会产生美感，教师在审美化教学实践中的角色地位也才能立得住。

## 四、教学目标的较好实现

教学总是围绕具体的目标进行的，在多数情况下，教学是作为教学手段存在的。但要看到，语文教学艺术之所以能够当作衡量语文教师学识、能力以及教学品位的重要标志，之所以成为广大语文教师孜孜以求、奋力登攀的理想境界，根本的原因就在于它具有非同一般的功能。这种功能的特征，简言之就是：在效果的实现上，语文教学艺术是手段和目的的统一。阐说这一特征，可以从两个侧面展开。

### 1. 教学手段与教学目的的一致性

教学艺术在更多的场合，是与技巧、方法联系在一起的，是作为教学手段存在的。由于它常常将学生引入乐学的境界，因而导致了功利色彩的淡化，但实现目的的功能实际上则被强化。具体说来，这种功能又有显性和隐性之分。

显性功能是指着眼于某一个教学任务而体现出来的直接的即时的功能。在优秀教师眼里，这方面的教例俯拾即是。比如，上海的顾家漳老师以前教 j、q、x 与 ü 相拼的拼写规则，发现学生总难以掌握。在新一轮的教学中，顾老师教 "i" 时，提醒学生标调要省点，学生问到标调时 "ü" 上两点省不省，顾老师有所触动，就随机卖了个关子："这是个秘密，过两天再让你们知道。"顾老师就利用这个"时间差"进行了"艺术创作"，在以美启真上做了文章。学生终于盼到顾老师公开关于 "ü" 的秘密了，顾老师告诉孩子们："有个小朋友，叫 ü，j、q、x 是他的老师。ü 这个小朋友很懂礼貌，他看见了 j、q、x 这三位老师来了，就恭恭敬敬地脱帽行礼。"据检测，她这个班的学生都很熟练地掌握了这一拼写规则。这一教学效果显然得益于教者高超的教艺：拟人化给教学内容带来了形象美和情趣美，激发了学生的学习兴趣和热情，儿童化的顺口溜对拼写规则作了精彩的包装，使学生乐于接受。因此，教学目的就在轻松愉快的教学过程中实现了。推而言之，那些教艺娴熟的语文老师教学效益好，甚至能取得一般老师难以想象、不敢企盼的教绩，重要的原因就在于这些老师已经实现了教学的艺术化，并且实现了教学手段与教学目的的高度一致，步入语文教学的自由王国了。

---

① 徐振维.《语文教学艺术论》[J].语文学习，1991（6）.

但是，教学艺术并不仅仅具有显性功能，它还可能在教师未必完全意识学生完全不能意识的情况下发挥教育效益，我们将之称为教学艺术的隐性功能。这种功能主要来源于学生对教师形成印象过程中的"晕轮效应"，所谓晕轮效应，是指学生对教师某一方面品质作出或好或坏的判断之后，往往随之对其他方面的品质形成或肯定或否定的判断。同时，这种效应所引起的对一个人的整体态度，还会连带影响到跟这个人有关的具体事物，即所谓"爱屋及乌"。① 教学艺术使教师作为一个审美客体出现在学生的审美视野里，教学活动中美的创造也包括教师自我形象的塑造，他深邃的思想，渊博的学识，睿智的谈吐，真诚的抚爱，启迪心智的提示，恰到好处的点拨，激情如火的鼓动，行止自如的调控，使学生处在如坐春风、低首心折的学习情境中，自然而然地生成对教师的崇敬感，进而造成"晕轮效应"，转化为对语文学习的兴趣和热情。尽管师生都不会把这种效应与教学效果挂起钩来，但"晕轮效应"形成的推动力往往可以使学生的成绩得到稳步的提高，使学生的情感得到健康的陶冶，恰如苏霍姆林斯基所说："任何一种教育现象，孩子在其中越少感觉到教育的意图，它的教育效果就越大。我们把这条规律看成是教育技巧的核心，是能够找到通向心灵之路的基础。"② 教学艺术的隐性功能完全是这一规律作用于教学过程的结果。

### 2. 教学手段与教学目的的一体化

教学艺术不仅是手段，而且也包含了目的，在某种程度上体现了教学手段与教学目的的一体化。这个特征在语文学科表现尤为明显。这是因为语文学科文道统一、言为情表，每一篇课文的教学都有着具体的情感目标，作为教学艺术的情感手段或多或少、或直接或间接地联系着课文的情感目标。比如教《十里长街送总理》，如前所说，可用图片、录音、录像等情感色彩信息引导学生入境。教学"等灵车"一段，可用推敲法设问："人们'都缠着黑纱''都佩着白花''眼睛都望着周总理的灵车将要开来的方向'，这三个'都'字说明了什么？"在学生产生疑问："等灵车时，老奶奶的心情为什么既焦急又耐心？这样写不是矛盾吗？"老师采用比较法，抓住"焦急"和"耐心"这对反义词，步步设问："老奶奶为什么焦急？急什么？""为什么说她耐心等待着呢？这样写是否矛盾？""只有老奶奶焦急而又耐心地等待着吗？"又用想象法启迪学生的形象思维："你能根据课文内容想象一下'等灵车'的情景吗？你能为课文里的

---

① 练国琤. 论教师的知名度［J］. 教育研究，1991（10）.
② 窦桂梅. 和教师一起成长［M］. 太原：山西教育出版社，2005.

老奶奶、青年妇女、少先队员各想象一句心里要说的话吗？"在这里，情境的渲染，教学方法的运用，都是教学的艺术、教学的手段，都可以起到推进感知和感受的作用，但同时又体现了教学手段与教学目的的一体化。这是因为导入时的图片、哀乐、幻灯片以及教者声情并茂的引言和朗读，讲解时教者"如出我心""如出我口"带来的情感冲击，已经使课文的彼时彼境变成了学生的此情此境、我情我境。教者的情绪感染已经在启迪思维的同时，引起学生内部情感的反应，使学生进入课文的特定情境中。"内部图式的改变，以适应现实，叫做顺应。"① "顺应"表明了学生情感上升到一个新层次。布卢姆等人在《教育目标分类学》中认为："认知连续体低层次目标的对应面，在情感统一体的较低层次；情感连续体较高层次的目标，其对应面在认知连续体的较高层次上。"推进"顺应"的教学方式和方法，在教学手段的意义上，对下一步的认知起到水涨船高的作用；在教学目的的意义上，则已经开始"落实"教学的情感目标了。

从教育的整体目标看，教学艺术也同样体现着手段和目的的一体化。我们的教育目标，是要塑造完美的人格，而人格的心理结构不外乎认知结构、伦理结构、审美结构三种，智育、德育、美育与之形成对应关系。如前论及，审美性是教学艺术的内核，进入"艺术"境界的教学过程，是美的教育、创造的过程。先哲孔子曾提出学习的三重境界："知之者不如好之者，好之者不如乐之者。"孔子还说："饭疏食，饮水，曲肱而枕之，乐亦在其中矣。"（《述而》）"女奚不曰：甚为人也，发愤忘食，乐以忘忧，不知老之将至云尔。"（同上）这种乐学的境界，之所以令孔子忘情其中，很重要的一个原因，就是他所经历到强烈的审美体验——感官的愉悦和情感的震撼，既使他得到审美的满足，又使他产生更强烈的审美愿望。② "假我数年，若是，我于《易》则彬彬矣。"（《史记·孔子世家》）这表明了孔子对更深层次审美需要的企盼。教学艺术就是要使教学过程审美化，就是要将学生引入乐学的境界。显然，这种努力直接作用于审美心理结构的建构，是在塑造学生人格的重要侧面。

当然，这种美育并不是单兵独进。它应是和智育、德育有机结合、和谐统一的，因而它又是手段性的：审美作为自由感受，具有自由直观的因素，从而有助于创造心理的形成，这是"以美启真"；审美又具有自由意志的因素，因而储备了能跨越生死、不计利害的道德实现的可能性，这是"以美储善"；审美

---

① J.皮亚杰，B.英海尔德.儿童心理学[M].吴福元，译.北京：商务印书馆，1980.
② 艾国清.孔子之学习三境界说[J].教育研究，1991（2）.

是"从感觉的被动状态到达思想和意志的主动状态过程中的一个不可缺少的桥梁"。① 里德在《寓教育于艺术》中说:"人的个体意识,尤其是智力和判断力是以审美教育——各种感受力的教育——为基础的。"可见,塑造完美人格的中心环节是在建构完善的审美心理结构,只有美育才能最有效地实现塑造完美人格的目标。② 从这个意义上来说,教学艺术作为教学手段的内涵也就更加丰富、更为重要了。

## 第三节　语文教学艺术的审美性特征

对美的追求,是"艺术"的天性。前所论及,教学过程自当成为审美过程。这里侧重从感性和情感两个方面讨论教学艺术的审美特征。

### 一、审美指向感性

美学家断言:"审美只是灿烂的感性。"当然,这里的"感性"包括了理性,超越了理性,从语文教学的实践看,审美的感性至少包括:

#### 1. 物理性

审美的感性首先是与具体的物质相联系,大自然的无限风光、教学材料的形象化运用、多媒体生动的呈现等等,都是不可缺少的。李吉林老师在上个世纪八九十年代概括情境教学特点时,就把"形真"列在第一位。她说:"儿童往往是通过形象去认识世界的。""但语言本身是抽象的,如何通过教材的语言文字,让学生如身临其境,受到感染,同时又通过所感受的形象体会语感,加深对课文语言的理解呢?首先必须要具有鲜明的形象性,可见可闻,产生真切感。只有感受真切,才能入境。"她强调:"形真是情境教学的第一特点。"③

#### 2. 想象性

刘勰在《文心雕龙》中说:"寂然凝虑,思接千载;悄焉动容,视通万里。"文学是想象的艺术,教学的感性更多来自想象。孙双金老师教学时强调要有"画面感",就是引导学生通过形象思维化虚为实,形成具体的"场景"。唐江澎、张克中老师教学《沁园春·长沙》,引导学生在诵读时通过若干想象的途

---

① 席勒.审美教育书简[M].冯至,范大灿,译.北京:北京大学出版社,1985.
② 赵洪恩.美育与人格的塑造[J].教育研究,1991(6).
③ 李吉林.李吉林情境教学理论与实践[M].北京:人民日报出版社,1996.

径，把词的上下片分为"橘子洲秋景图""'百侣'橘子洲头指点江山图""湘江击水图"。教者认为，在这些画面下，人与物都是鲜活的存在，文字背后的激情与张力顿显。秋景图壮阔，一望无际的红叶、巍峨的岳麓山、碧透的湘水，竞进的百帆，雄鹰在蓝天展翅，游鱼在浅底戏水，霜天万物，气势磅礴；"百侣"图豪迈，青春年少，激情满怀，胸怀天下，傲视一切之情跃然脑际；"击水图"壮观，年少气盛，湘江击水，浪起阻舸，阵势撼人。正是这样的想象，使同学们诵读时如同置身其中，亲自感受到诗里面内在的激情。

### 3. 活动性

活动体验是学习语文的一种重要方式。英国哲学家怀特海坚持认为教育中有这样一条原则："在教学中，你一旦忘记了你的学生有躯体，那么你将遭到失败。"因为"感觉和思维之间有一种协调，大脑活动与身体的创造性活动之间也有种交互作用"。唐江澎老师提倡体悟教学时，特别强调活动的意义，他认为："在指向于'顿悟'这一人的高级理智活动的学习过程中，不能局限于单一的大脑思维活动，要将身体学习与智慧学习相结合，要调动各种感觉参与活动、丰富体验。"[1] 新课程开展后，老师们都比较重视调动学生身体参与活动，如分角色朗读、课本剧表演等，是我们在课堂里经常可以看到的情景，根据唐江澎的经验，这里的"活动"一定要与"体验"连接在一起。比如江苏省锡山中学的话剧表演，其基本程序是："明确任务"阶段是领取角色，"活动体验"阶段是记台词、揣摩角色，"呈现展示"阶段是话剧表演，"反思总结"阶段是撰写感悟文章。唐江澎在参与了这些活动后的体会是："通过直接经验获得的知识是智慧生活的首要基础。""在精神生活中，你忽视像艺术这样重要的因素必然会蒙受损失，……你就会削弱整个精神系统领悟的力量。"

## 二、情感是审美的内核

审美化这一教学艺术的内核，决定了教学艺术的情感性特征。恰如蔡元培先生所说："美育者，应用美学之理论于教育，以陶养感情为目的者也。"[2] 文章不是无情物，师生俱为有情人。在这方面，语文学科具有得天独厚的优势。以下的一些做法，则有助于发挥其优势，形成其特色。

---

[1] 教育部师范教育司.唐江澎与体悟教学[M].北京：北京师范大学出版社，2013.
[2] 高平叔，编.蔡元培教育文选[M].北京：人民教育出版社，1980.

### 1. 开发情感信息的资源

语文，是表情达意的工具；课文，是语文教学中情感信息的主要来源。要在语文教学中对学生进行情感培育，首先就要开发课文中的情感信息。为此，应该注意到：

（1）情感信息的丰富性。文章情铸成，有的抒发感情如急峡波涛，飞逐奔腾，一泻千里；更多的则是含蓄有致，蕴藉深沉，"乍看岂不是淡淡的？缓缓咀嚼一番，便会有浓密的滋味从口角流出！"（朱自清《山野掇拾》）稍加留心，读者就可以从其意象、语调、语势，甚至标点符号中，品味出一定的情感内涵。这里，仅举两个有关破折号的例子，以说明作者情感渗透的丰富性。

"我的朋友啊，"他说，"我——我——"
但是他哽住了，他说不下去了。

——《最后一课》

韩麦尔先生"说不下去了"，但这破折号，却是千言万语，尽在其中，诸如对国土的挚爱，对敌人的愤恨，对法语教学的眷念，对祖国前途的信心，等等。有的老师教学时，要求学生把"我———我———"写下去，就是注意到这里蕴藏有丰富的情感内涵。

侍萍："你是萍，……凭——什么打我的儿子？"

——《雷雨》

一句数顿，语势陡转，破折号里包含的情感涵义相当复杂：母爱促使侍萍欲认萍儿，但周萍打大海又使她怒不可遏，认子转而为责问。感情的旋流打了一个圈儿，裹进更加深刻的内容，又奔泻出去。破折号恰如旋流中的道道波纹。情感渗透之无所不在，由此可见一斑。

（2）情感信息的整体感。从作者写作的过程看，要形成文章的情感结构，大致有三方面的工作，第一，是确定抒情的性质，即抒发什么样的感情；第二，是梳理抒情脉络，即借助一定的情感经验，考虑怎样抒情；第三，是设置抒情意象，即用什么来抒情。注意到情感信息的丰富性，我们可以从意象和语言的表达中去捕捉情感信息。但如果在某个局部不能顾及整体，就可能只见枝节，不见主干，就不能把握课文的抒情性质，领略不到课文真正的情感滋味。因此，应当注意到情感信息的整体性。要做到这一点，一般是从把握情感脉络入手，揣摩各个意象和各部分的语言表达在全文的"情路"上处于什么位置，起到什么作用。比如《荔枝蜜》，开始写因小时候的"一螫"，"每逢看见蜜蜂，感情上疙疙瘩瘩的，总不怎么舒服"；结尾写，"这天夜里，我做了个奇怪的梦，梦见自己变成一只小蜜蜂"。如果不能着眼于整体，就可能对这两处的情感信息感到费解，甚至得出与抒情性质相悖的结论。而从情感结构的整体看，我们可以梳理出"不大喜欢—发生兴趣—由衷赞美—变成蜜蜂"的抒情脉络；可以透过意象，循着脉络，把握抒情性质：作者以物喻人，赞美劳动人民以艰辛的劳动，"为自己，为别人，也为后世子孙酿造生活的蜜"。这样去理解开头反衬式局部和结尾升华式局部的情感信息，就比较准确了。

（3）情感信息的倾向性。梁启超先生说过："情感的作用固然是神圣，但它的本质不能说它都是善的，都是美的，它也有很恶的方面，它也有很丑的方面。……所以古来大宗教家大教育家，都最注意情感的陶养。老实说，是把情感教育放在第一位。情感教育的目的，不外将情感善的、美的方面尽量发挥，把那恶的、丑的方面渐渐压伏淘汰下去。这种工夫做得一分，便是人类一分的进步。"（《中国韵文里头所表现的情感》）梁先生的这段话提醒人们，要加强情感教育的目的性，在获取情感信息时，就要学会分辨它们或积极或消极、或善或恶、或美或丑的倾向性，以便"将情感善的、美的方面尽量发挥，把那恶的、丑的方面渐渐压伏淘汰下去"。

要把握情感信息的倾向性，就要十分注意作者的感情评价。选入教材的课文的文质兼美的特点，决定了绝大多数作者感情评价的准确性。作者的或褒或贬，或扬或抑，或肯定或否定，等等，一般都代表了情感信息倾向性的可信度。比如读《七根火柴》，我们会为作者笔端流出的满腔深情所打动，更深切地理解红军战士对革命事业的无限忠诚；读《装在套子里的人》，透过作者冷峻辛辣的描写，我们不难揭开别里科夫"正人君子"的面具，认识其十分可憎的本质。有时，社会生活和人物形象的复杂性，会带来作者感情评价的多重性，因此要更认真地琢磨、体味，以防止形成片面的认识。比如读《孔乙己》，不仅要注意作者对其揭露、讽刺、鞭挞的一面，还要体会到作者对其悲惨遭遇寄予的同情。这样，才不至于对课文的情感信息造成曲解。同时，也才能体会作品主题的丰富性。

把握情感信息的倾向性，还应注意课文中人物的自我评价。比如《最后一课》中韩麦尔先生和小弗朗士对自己的过去都有否定性的感情评价，理解了这一点才能明白，人物性格因为前后的变化更见真实，人物感情因为峰谷间的落差更强烈地体现出爱国主义情感的震撼力，对学生的教育意义也因之愈加深刻。

把握情感信息的倾向性，还应有读者自己的感情评价。在课外阅读中尤应如此。在很多作品中，作者及其笔下人物的感情评价未必正确，或者未必完全正确。这就需要语文教师在课文教学时着意培养学生形成正确的审美观和一定的审美能力，以求在课外阅读中分清良莠、分辨善恶，正确地处理情感信息。

**2. 引向情感体验的高潮**

在语文教学中，情感培育的基本途径是情感体验。关于这个体验的过程我们在"美育论"中将展开论述。这里仅就情感体验的高潮即情感共鸣这一最具强度的体验方式作出阐说。

共鸣，作为物理学的概念，指两个振动频率相同的物体因共振而发声的现象。作为一种阅读过程中的心理现象，则指欣赏者由于自身思想感情与作品蕴含的思想情感相通或基本一致，两者感应交流，欣赏者于是体验到情绪上的激动。无疑，在认同的基础上出现的心理现象，对于情感的培育具有重要作用。

课文中的情感因素是共鸣现象最基本的触因。读者作为欣赏动力的聚发，与作者形成情感的共振，一个很重要的原因就是作者及笔下人物的感情波涛已经掀起高潮，形成了一定的爆发力和震撼力。因而，教师在教学过程中首先就应抓住课文中可能形成共鸣的动情点，这个"点"在抒情性作品中就是情感的凝聚点，在哲理性作品中就是情理的融合点，在叙事性作品中就是情节的高峰点。美国戏剧理论家贝克说，戏剧所"造成的高潮，都须使一场、一幕或全剧里最强烈的感情，在观众中产生出来"。而且，这情感的共鸣中"'高潮'之所展示的全部运动的顶点，有力地唤起欣赏者对于整个戏剧运动的由'顶点'所作的居高临下的想象和回顾；合于必然的'发展规律'，则促使欣赏者去作整体的、深层次的理解"。① 这样，课文中情感信息的传播质量自然能够大为提高。

与一般的文学欣赏不同的是，语文教学过程中主要的读者——学生产生审美共鸣，离不开教师这一中介因素。因此，教师首先要充当好审美主体，深刻体会作者和课文中人物的思想感情，以使自己在与作者、课文中人物形成情感的感应交流的基础上，去有效地激发学生的思想感情。斯霞老师曾说："我在备课时，总是要求自己从接触教材开始，自己的思想感情就和作品里的思想意境融合在一起，为作品里主人公的爱而爱，恨而恨，忧而忧。"她在谈到《刘胡

---

① 高楠. 艺术心理学 [M]. 沈阳：辽宁人民出版社，1988.

兰》的教例时说自己在反复体会中，"读着读着，一个性格似钢铁，临难而不屈的共产党员的光辉形象，栩栩如生地出现在我的眼前，刘胡兰不屈不挠的革命精神，强烈地冲击着我，我恨不得马上飞跑进课堂，把我的深刻感受告诉学生"。她自己感觉到，"教学这课时，刘胡兰献身革命的大无畏的崇高品质，确实深深感染了学生"。可见，这种共鸣首先就是在教师与课文之中展开的。

当然，要将学生引向情感体验的高潮，仅仅是自己"动情"是不够的，教师的中介作用还在于通过一定的教学技艺把学生引入课文的特定情境中，与那里人物的情感波涛形成冲撞对流。要做到这一点，教师就应在教学过程中注意学生情感的激发和定向，强化和深化，有时可以通过一个个小高潮逐层铺垫，以求条条涓涓溪流汇聚成白浪滔滔的江河；有时甚至还筑起道道"堤坝"，来达成情感的蓄势和积累，以造出感情波涛涌动翻腾、奔泻直下的胜景。同时，在掀动波峰，开掘"堤坝"的那个关键时刻，又要有精心的设计，适时适势地奏出琴弦中最强烈的音符。有经验的老师都会注意到这些。以于漪老师《最后一课》的教学为例，教者利用课文中的情节波澜，如课文中渲染的不平常的严肃的气氛，韩麦尔的不寻常的服饰与神态，法语课上言简意深的教导，习字课上从字帖引起的想象，等等，造出了教学的一个个小高潮，为最后高潮处的扬波掀澜进行了必要的铺垫。[①] 这时，课堂上出现了这样一个镜头：

教室里鸦雀无声。"……啊！这是最后一课，我真忘不了！"看起来刚才小陆满怀感情地朗读深深感染了同学。

"当、当、当、……"，录音机里突然传来了敲钟声，沉重、遥远。趁同学惊诧之际，我出示一张韩麦尔先生写完"法兰西万岁"几个大字后的彩色图片，要求学生在理解的基础上用饱含感情的语言描述课堂上庄严肃穆的场景。描述韩麦尔的神情、语言、动作，以及他内心的痛楚和期望，描述这个场景在"最后一课"中的地位和作用。

教者自己认为，这里包含了两个环节，第一是引，声像并举，引入高潮。第二是放，放手让学生眼看、耳听、口述、心思，在前面学习时蓄了势的基础上畅所欲言，时见"神来之笔"。难能可贵的是，教者不止于此，又紧跟以第三个环节：点睛，以情激情，在学生的心田里弹奏爱国主义最强音。教者的具

---

[①] 于漪. 镌刻［J］. 语文学习，1990（10）.

体做法是介绍了自己的亲身经历:"那是在七七卢沟桥事变后,日本侵略者的铁蹄长驱直入,家乡危在旦夕,小学即将解散。一天下午音乐教师教我们唱《苏武牧羊》,'苏武留胡节不辱,雪地又冰天,苦忍十九年……',尽管曲调温柔敦厚,节拍缓慢,但老师却教得那么激动,我们这些七八岁的孩子被深深感染了,心中第一次闯进了'祖国''气节''亡国奴'这些大字眼,似乎一下子长大了许多。从此,这首歌不断在我胸中激荡,构成了生命的一部分。现在想来,在中华民族到了最危险的时候,老师用'心'在歌唱,唤起我们幼小心灵的觉醒。就像小弗郎士一样,这一课,我永远忘不了。"于漪老师在这里聚意点睛,调动自己的感情积累,胸中之情与文中之情熔于一炉,又以之去点燃学生的爱国主义火焰。这样的讲述,为"最后一课"注入了新的情感内容,一下子缩短了学生与课文中人物的心理距离,在她讲述时,"同学们屏息静听,心弦拨动",显然,情感的波峰出现,情感的"堤坝"冲决,爱国主义这人类最美好的情感激荡于每个学生的胸际,"镌刻"于他们的心间。而这种共鸣,本身就是在成功地进行情感的培育。

### 3. 优化情感色彩的选择

相对于课文来说,以上所说的是一种内情感。但在教学中,我们还会碰到许多外情感,即涂抹在课文的实质性信息上的情感色彩,或者可以说成是实质信息的包装。[①] 就情感质量而言,人们把包含着伦理道德、创新智慧、审美趣味的,有助于生存智慧不断发展、不断更新、不断升华的,和高科技所派生的新的文明生活方式共生、共荣又具有向导意味的情感,称之为"高情感"[②],而把那些生物性的情感反应称之为"低情感"。语文课文包含了种种"高情感",附加于实质信息的情感色彩,而在一般学科中主要是"低情感"。在语文学科中虽然包含有一定的"高情感",然而绝不能因之低估"包装性"情感色彩的作用。认识到由这种色彩信息按一定的原则、一定的规律组成的情感线索,在教学中占有与认知线索对称的地位,正是现代教学艺术的一个突破:传统的教学论只重视教学中的认知过程,而忽视情感过程;现代教学艺术则认为教学过程是以心理活动为基础的情感过程和认知过程的统一。情感线索与认知线索并行,不仅有助于认知活动的开展,而且手段因素里也包含了目的因素,对于情感的培育亦起相当大的作用。这后一方面,在语文学科中更为突出。因而,在语文教学

---

[①] 杨新援.论教学的"情知对称"问题[J].教育研究,1991(3).

[②] 邓嗣明.情感目标在阅读教学中的确立和运用[J].教育研究,1991(10).

中应当提倡立足于情感培育的高度，优化色彩信息的选择。

这种选择，主要应注意两点：第一，抓住教学内容的实质信息的特点。为实质信息附加情感色彩，不能削足适履，而应量体裁衣，充分考虑实质信息自身的特点，进行恰到好处的情感点缀。第二，依据教学对象乐于接受的原则，力求从学生的兴趣、爱好、心理特点出发，把学生引入乐学的境界。这种娱悦性的刺激可以从不同角度着眼，比如：

（1）教学内容的趣味化。趣，可以激发学生的求知欲和好奇心，使他们乐于接受，如果这种趣不是噱头的卖弄，不是插科打诨式的哄闹，而是与表现教学内容的特点相关，那就是教学艺术所提倡的。比如有位老师教"看"字，把手反放在眼睛上，学着孙悟空捉拿妖怪的模样，往远处看，孩子们都忍俊不禁地模仿起来，稍加点拨，就掌握了"看"字的形和义。这就是因为教者根据"看"字的结构特点，以演示的方法，给教学添加了必要的情趣。

（2）教学内容的情感化。这里的"情感"指"高情感"。实质信息的情感色彩也包含了"高情感"，这是语文学科的特点。因为"言"作为"情"的载体，已不单单是知识信息，而要为课文中的情找到合适的"包装"，往往会引入一些包含了"高情感"的材料，使"高情感"与"低情感"融为一体，既起到一般性的刺激作用，又能"未成曲调先有情"，引导学生较快地进入课文的规定情境。比如教《周总理，你在哪里》《十里长街送总理》这类课文，课前组织学生看周总理生平事迹的展览，课中播放配乐的课文录音，不仅仅是对于感官的刺激，更重要的是这些包装性的色彩信息都汇集到课文的情脉上去了。

（3）教学内容的审美化。以美启真，是各门学科对实质信息进行包装的通用方法，在语文学科中，因为实质信息可能就是真和美的统一，因此，它的包装就不仅仅是以美启真，还可能包含以美启美。这时的"启"就是将课文的美学内容形象化、具体化，既强化其赏心悦目的美感，又自然而然地引入审美化的教学过程。比如有位老师教杜甫描写草堂春色的那首绝句，在教学中演示形象鲜明、色彩鲜艳的投影图片：两个黄鹂在翠绿的枝头上快活地鸣叫，一行白鹭在蔚蓝的天空中自由飞翔，临窗可见西岭常年不化的皑皑白雪，门外停泊着将去万里之外东吴的船只；播放《绝句》的配乐诗朗诵；又结合教学进程操作黄鹂欢快跳跃和白鹭直上蓝天的投影片。学生不仅获得了审美愉悦，而且也真切地感受到课文的审美内容，体会到作者的审美情感。

不难看出，这种优化选择的情感色彩信息，对"高情感"的培育具有重要意义，而表现特点又有所区别：第一，直接性。比如刚才谈及的教学内容的情感化、审美化，都是"高情感"与"低情感"的统一，都直接包含了情感培育。
第二，间接性。由于语言文字这种认知信息对于观念信息、情感信息、美学信息的载体作用，由于课文内部逻辑结构与情感结构的并存和相互渗透，语文教学本身就担负着情感培育的任务。所以，只要教学的技巧、方法能激发学生学习的主动性、积极性，都是直接、间接地指向了教学的情感目标。正是在这重意义上，情感色彩的选择也就成了语文教学艺术情感特征不可分割的内容。

## 第四节 语文教学艺术的创造性特征

在教书匠和教学艺术家之间，最大的区别恐怕就是是否具有教学的创造性。克莱德·E·柯伦在《教学的美学》中说过，教学"达到了某些要求的创造性工作便是艺术"。① 在他那里，"创造性"和教学艺术一脉相连。苏霍姆林斯基认为："我熟悉几十种专业的工作人员，但是没有——我对此深信不疑——比教师更富有求知精神，不满足现状，更充满创造思想的人。"② 苏霍姆林斯基所指，显然是进入教学艺术殿堂的真正意义上的教师。这样的教师其工作充满着创造性。可见，"创造是艺术的生命"这一文学艺术范畴内的特有至理，对于教学艺术同样适用。当然，语文教学艺术的创造性有其独有的特征。

### 一、语文教学艺术的创造本质上是规律性与创造性的统一

俗话说，"戏法人人会变，各有巧妙不同"，又说，"万变不离其宗"。这里"巧妙不同"的"变"就意味着创造，而"宗"则指某种基本规律，在语文教学领域里，就是指有关语文教学的教育规律和教学原则。这"变"与"不变"的辩证统一，很容易使人想起京剧大师梅兰芳的表演。据说，梅先生在莫斯科演《洛神赋》，有一位酷爱中国京剧艺术的苏联老太太连看九场，她发现梅先生的表演有一定的程式，又不受程式束缚，每次都有新的变化，就请梅先生释其缘由，梅先生尚未开腔，斯坦尼斯拉夫斯基在一旁就代为作答，说梅先生的表演是"有规则的自由活动"。斯氏不愧是理论大家，可谓言简意赅，一语中的。教师在教学中的"表演"与此极为相似。"规则"就是制约"表演"的相关规律原则，"自由活动"则是在具体情境中表演者的创造，所谓教学艺术的创造性在本

---

① 克莱德·E·柯伦.教学的美学［J］.周南照，译.教育研究，1985（3）.
② 顾明远.这就是教育家：李吉林和情境教育学派研究［M］.北京：教育科学出版社，2011.

质上就是这种规律性与创造性的统一。对于这个问题的认识，我们还可以从下面两个方面来看：

**1. 创造的基础，是对教育规律的准确把握**

在教学活动中，存在着种种制约着教学的主客观条件，这些条件包括了或联系着一些教育规律和教学原则，准确地把握教育规律，一般可以从分析教学条件入手。教学条件，从客观角度看，主要是教学内容、教学对象和教学设备；从主观方面看，则指教师。这些主客观条件的每一方面，深入探讨都有助于对教育规律的准确把握。仅以教学对象而言，研究由教学对象形成的教学条件，一是看学生身心发展的规律，二是看学生学习语文学科的特点，三是看学生学习具体内容的知识起点和情感起点。比如，乌申斯基说，儿童是"用形式、声音、色彩和感觉"思维的，因而对于他们来说加强语文教学的直观性，就是切合其身心发展的规律。再如，学生开始学习议论文、说明文等实用性文体，远不如学习情节性和抒情性较强的文章那样有兴趣，从学生学习这类文章的情感起点出发，加深教学中包装性的情感色彩就很有必要。而这些，又与学生认识事物和学习语文的特殊规律有关。特别要注意的是，要"透过现象看本质"，看清司空见惯的教学现象中蕴含着的教育科学原理，从而体现出对教学条件分析的深刻性和对教育规律把握的准确性。比如关于注意力的问题，苏霍姆林斯基的认识可谓独步教坛，他说："小孩子的注意力，——这是一种很淘气的'生物'。我觉得它像一只极易受惊的小鸟，当你想接近它的时候，它马上就会从巢里飞走。当你终于捉住这只小鸟的时候，那你只好把它抓在手里或关在笼子里。可是当它变成被关起来的'囚徒'以后，你就别想听到它歌唱了。"他认为："要把握住儿童的注意力，只有一条途径，这就是要形成、确立并且保持儿童的这样一种内心状态——即情绪高涨、智力振奋的状态，使儿童体验到自己在追求真理，进行脑力活动的自豪感。"[①] 儿童的注意力有什么心理特点？怎样使用注意力这根"很细的丝线""拴住"儿童？苏氏此言包含了应当遵循的教育规律。真能如斯言，无疑有助于激发学生的内在动力，将学生引向主体地位，在这个基础上再发挥教学的创造性，这样的教学工作"便是艺术"了。试想，如果教者不能准确把握教育规律（仅就注意力而言，学生被强制成为"囚徒"的现象太普遍了），所谓"创造"最多是断线风筝，炫人眼目地飘荡一阵也就无影无踪了。因而可以断言：离开了对教学规律的准确把握，是无从侈谈创造性的。

---

① 苏霍姆林斯基.给教师的建议［M］.杜殿坤，译.北京：教育科学出版社，1980.

## 2. 创造的标志，是对教育规律的灵活运用

教学的创造性，归根结底就是使"科学跟实践相结合""把科学的原理变成我们的创造性劳动的活的经验"（《给教师的建议》），是以适应教学的主客观条件的制约为前提，能动地利用这些条件；是以遵循教育的基本规律为前提，灵活地运用这些规律。它常常以不落窠臼、不拘一格的面目出现，追求着不同凡响的"艺术"效果。

比如，这种创造可以因文而生。有位老师教学《变色龙》，开头提出："我们先放下小说的人物形象不讲，只讲这篇小说中的一'大'一'小'——大衣和小狗。看它们变了几次？每次是怎样变化的？"而当学生把小狗由"疯"—"娇贵"—"野"—"伶俐"的变化过程和大衣由"脱"—"穿"—"裹"的过程理清后，课文情节和人物性格的变化也就比较清晰地呈现出来，在此基础上再去分析人物对话和心理变化，开始声称"不讲"而实际上讲得清清楚楚。① 教者在这里由对"大"与"小"的趣谈开始，到理解人物形象和作品主题收束，始似"种瓜"，终则"得豆"。"种"似无心，"得"却丰收；"种"得有趣，"得"来轻松。在这里，教师就是利用教学内容的特点，以自己的主观能动性巧妙地处理教材，激发学生学习课文的新奇感，成功地进行了一次"艺术"创造。

这种创造，也可能因人而异。尽管大致年龄段的学生有相同的身心发展规律，但具体到每个学生，发展的差异性又形成了各自的个性。因材施教，就是要抓住这种个性来实施教育。比如，在教学过程中处理偶发事件，随机渗透德育，一般主张趁热打铁、入耳入脑，强调批评的及时性和分寸感，这是对的。但是正如《给教师的建议》中所说，"把教学和教育的所有规律性都机械地运用到他身上的那种抽象的学生是不存在的"。有时"冷处理"，或者"当头棒喝"，则可能取得更好的效果。有位老师批改作文时，在为学生指出作文用词不当和句子不通的毛病后，写下批语："文章应以通顺为本，正如风行水上，清新、朴实、自然，故意雕琢，反会弄巧成拙。"那位学生却气呼呼地反驳道："请问老师，什么叫'通顺'，市井语言是否通顺？鲁迅的文章是否通顺？鲁迅能'翻造'、雕琢，别人为什么不能？过多的挑剔是不是吹毛求疵？"这位老师想到的是：作为整个年级的第一号种子，这个学生是家庭的宠儿，学校的骄子，太不习惯于批评了。明明是毛病却不敢正视，几句并不重的批评都听不进，在漫长的人生道路上怎么经受得住风浪的考验呢？于是，教者决定敲他一"棒"，再批

---

① 黄金屏.课堂教学怪法三题［J］.语文教学之友，1991（10）.

语道:"文章是写给别人看的,通顺自有客观标准,如果不求语言的规范和行文的畅达,陶醉于市井式或学究式的文风之中,反以鲁迅先生类比和自况,那是不妥当的。望面谈。"这个学生没有来面谈,这位老师也不急于与之面谈。十天后,在这个学生终于认识到自己的错误后,事情才画上句号。显然,这样的处理方法是鲜见的,但它又是成功的。对于这个学生来说,当头棒喝和十天的等待恰好就是教育的技巧、分寸和艺术,是对教育规律的创造性运用。否则,难以有所触动。

这种创造,也可能是因教学情境的变化而起。比如,钱梦龙老师在外地上公开课,先让学生猜一谜语:"有人发了财,夜夜想成才,打一认识的人的姓名。"当学生猜出谜底是"钱梦龙"时,欢快的笑声消释了心理的紧张,心灵的沟通缩短了情感的距离,学习的情感起点因之而变化,教学的情感环境因之而改善。尽管尚未开讲,但教学的创造性活动已经开始了。

当然,触发教师创造性思维的因素很多,但不管在什么情况下,这种创造都是以遵循教育规律为前提的,都是规律性与创造性,亦即科学性与艺术性的统一,而绝无第二个答案。

## 二、语文教学艺术的创造在内容上是创造性教法与创造性学法的统一

巴班斯基说过:"教学方法的概念总是综合的,懂得这一点,在实际过程中就不会人为地把各种方法割裂开来。"基于这样的认识,我们在创造性教学活动中运用教法、指导学法,就应把握二者的内在联系,在有所侧重的同时,使二者有机地统一起来,以求提高教与学的整体效益。以语文教学的创造性教法为例,则应考虑到它对创造性学法的影响以及学法对它的反作用,从而比较完整地科学地概括出它的内容。从影响这一方面看,至少包括:

**1. 示范作用**

一定的教法都有与之对应的学法,从一定意义上说,教法也"无非是个例子",它对学法的影响是经常的、深刻的,比如:

(1)创造性思维方式的示范。有人把创造性学法归纳为:基本方法是发现法;根本方法是设想法;常用方法是质疑法;重要方法是相似法;最优方法是综合法;特殊方法是头脑风暴法。这些方法大多包含有一定的思维模式,而它们有的就是一种教学方法,有的则是语文教学中思维训练的一种方式,"教"的

过程是示范的过程，也是"学"所观摩、练习的过程。

（2）创造性语文学习方法的示范。对教学的主客观条件进行最优化组合，在教学时另辟蹊径，别具一格，这是创造性教法，但其中必然包含了创造性语文学习方法的示范。以讲读课文说，不是千篇一律地顺序讲读，而是根据教材特点适当采用变序方法，这是创造性教法，但又包含有创造性阅读方法的指导。比如文眼突破法，有助于学生认识文眼的表现形态；由果溯因法让学生得以进行梳理事件因果链条的练习；跳跃讲读法在学的另一方面是跳跃阅读法，属于快速阅读的一种方法。

（3）创造精神的示范。教者刻苦钻研，追求卓异的教学风格，必然会给自己带来自信心，激发起表演欲，也必然会在教学中体现出创造的热情，洋溢出成功的喜悦，这些都会与学生共享。师风可学，这种创造精神会深深地感染学生，成为他们创造性学习的催化剂，其作用也是不可忽视的。

考虑到这些示范性影响，语文教学的创造性教法应当：

——立足教育理论的高度，科学分析教学的主客观条件，创造性地理解教材、处理教材，追求教学的新颖性和高效率。

——充分发挥教材的"例子"作用，善于总结规律性知识，引导学生参与创造性教学活动，逐步掌握运用创造性学法所需的基本技能。

——提倡锲而不舍、刻苦钻研的精神，追求独特卓异的教学风格，以创造性劳动的成果和创造性工作的精神增强教学的内在魅力。

**2. 激励作用**

苏霍姆林斯基十分强调教学的兴趣性，并认为："所谓课上得有趣，这就是说：学生带着一种高涨的、激动的情绪从事学习和思考活动，对面前展示的真理感到惊奇甚至震惊，学生在学习中意识和感觉到自己智慧的力量，体验到创造的欢乐，为人的智慧和意志的伟大而感到骄傲。"可见，这种"有趣"是教师的智力活动和非智力因素的合力，是创造性教法使然，它能够激发学生创造的活力。在不同的情境里，激发的着眼点不同，又会产生各自对应的规范语文教学创造性教法的要求：

——这种激发着眼于主动性，就应通过教学发展学生的兴趣和求知欲，强化学生学习和发展的内在动力，在主动性的学习状态中自觉地去探索知识。

——这种激发着眼于聚发性，就要不断地将学生引向智力活动的活跃状态以至高峰状态，使学生能够积极质疑，并提出有水平的问题；能够在思考问题时体现出一定的深度和广度，把握问题的实质，寻求多种解疑方法，并进而得出正确的结论；能够在成功以后再接再厉，不断发挥创造潜力。

——这种激发着眼于批判性，应鼓励学生突破戒律，摈弃成见，不迷信书本，不迷信老师，善于独立思考，敢于坦陈己见，树立追求真理和发现真理的信心和勇气。

### 3. 保护作用

"几乎所有的儿童，在受到鼓舞的时候，在没有规划和预先意图的情况下，都能创作一支歌、一首诗、一个舞蹈、一幅画、一种游戏或比赛。"[①] 但是，在很多孩子那里，这种创造的活力随着时间潮水的冲洗，逐渐了无踪迹了。这里有些是属于人的身心发展规律带来的必然变化，还有的是有缺陷的教育导致的。因此，我们一方面要重视儿童创造力的早期开发，另一方面则要在语文教学中保护学生创造力的萌芽。创造性教法恰好可以发挥这种作用。如黑格尔所说："审美带有令人解放的性质"，就是对这种功能的理论诠释之一。当然，要有效地实施"保护"，必须为创造性教法注入具体的内容：

——师生关系的融洽感。应提倡教学的民主意识，建立平等的师生关系，创建和谐的学习环境，使每个学生包括差生都敢于充分地表现自己。

——对待挫折的宽容感。不能希冀学生的创造活动总是很快取得成功，要允许合理的挫折和失败，注意发现和肯定学生已经失败的探索过程中体现的创造热情和进取精神。

仅此，我们对以上所论进行有机组合，就不难看到，语文教学创造性教法的内容是相当丰富的，并且体现出创造性教法与创造性学法内在统一的鲜明特征。如果从学法的一方面入手，两者的不可分割同样是显而易见的，这里就不赘述了。

## 三、教学艺术的创造性在形态上是新颖性与美感性的统一

新颖别致是教学艺术创造特征的鲜明标志，如英国 18 世纪的艺术家越诺尔兹所说："我们所从事的艺术以美为目标，我们的任务就在于发现而且表现这些美。"教学艺术就是要让审美成为学生获取真理和发展智力的有效方式，它"天然"地应该具有美感。因而，可以断言，任何教学艺术的创造都应当是美的创造，任何教学艺术创造性的外部形态都应当是新颖性和美感性的统一。这里的美包含：

---

[①] 马斯洛.存在心理学[M].李文湉，译.昆明：云南人民出版社，1987.

## 1. 形象美

教学的形象化，可以使理性问题感性化，抽象问题具体化，深奥问题通俗化，复杂问题简明化，是语文教学创造活动的基本方法之一。苏霍姆林斯基在《给教师的建议》中说道："鲜明的形象恰是儿童思维的出发点，是他的思想所由发源的第一条小溪"，"而没有明确的表象，就无法达到由近及远，由具体到一般的过渡。"可见，创造性教学活动中的形象美既可以加强教学过程的审美性，又推进着认知活动的效益化。

## 2. 情感美

托尔斯泰认为，艺术的主要特征是"用艺术家所体验的感情感染人"。① 这个论断移用到语文教学艺术领域完全适合。如本章第二节所论，教者自己的情感体验是前提条件。通过体验，课文的情感波涛撞击开胸际的情感闸门，情动于中，不吐不快，不仅可以激发创造热情，而且也有助于创造出情感内容的真挚美，情感运动的力度美，情感升华的凝炼美，情感融合的自然美。而这些，正好是创造性教学活动中情感美的主要内涵。

## 3. 科学美

这里的科学，一是指语文学科知识，二是指相关教育理论。前者准确无误，又有审美性作为学生认识的先导；后者运用得当，且被创造性将其效能发挥到最佳水平，这时的"真"不仅仅被"美"所包裹，也会自然而然地溢出美感，因为它们的互相渗透，本身就既是科学又是艺术。法国作家福楼拜曾说："越往前走，艺术越要科学化，同时科学也越要艺术化。"可见，在创建教学艺术时，重视科学美十分必要。

## 4. 智慧美

在教学活动中，无论是精心的筹谋，还是巧妙的应变，只要是成功的创造，都凝聚着教师的心血和智慧。这种智慧美无疑可以充实教师的形象和劳动形态的美感，有助于形成良好的磁场效应。它和其他美感因素一起，为创造的新颖性"保质"——凡新皆美，而且这种美外在的璀璨色彩，正是教学艺术的内核透射出来的，是内在美的自然表现。

---

① 列夫·托尔斯泰.艺术论[M].丰陈宝，译.北京：人民文学出版社，1958.

# 第二章　备课论

如同作战需要制订好周密的计划，拍电影电视应当拿出详细的分镜头剧本，教师上课也要先编写好教学方案。"功夫在课前"，不仅备课本身要讲究艺术，而且它还应为课堂教学艺术的实施准备蓝图。"功夫在课前"，其重要意义显而易见。下面我们从三个方面来讨论这一问题。

## 第一节　备课辩证观

要建设好备课这一上课的基本工程，需要研究的问题很多，我们认为首先就在于以辩证唯物主义思想为指导，处理好如下关系。

### 一、"出"与"入"的关系

南宋学者陈善在谈读书时说过："读书须知出入法。始当求所以入，终当求所以出。见得亲切，则是入书法；用得透脱，则是出书法。盖不能入得书，则不知古人用心处；不能出得书，则又死在言下。惟知出知入，乃尽读书之法也。"（《扪虱新话》）近代学者王国维在谈创作与生活的关系时说过："诗人对宇宙人生，须入乎其内，又须出乎其外。入乎其内，故能写之；出乎其外，故能观之。入乎其内，故有生气；出乎其外，故有高致。"（《人间词话》）笔者认为，借以论阅读教学中的备课，也是很妥帖的。阅读教学是凭借着一篇篇课文进行的,"入境始与亲",而跳出具体的课文,又可以更真切、更深刻地认识课文,认识教学的具体任务和要求。

### 1. 关于"入"

清代学者惠周惕在阐说"出入法"时说:"古人云'博闻强记',又云'不守章句',二者似乎相反而实相成。惟博闻强记,前后贯穿,烂熟于胸中,而后能领会其意于章句之外。否则,生生疏疏,恍恍惚惚,才掩卷便忘却,安有新机相引哉?惟读之熟,思之深,则古人之书皆为我物,惟我所用矣。"在某种意义上,"入"是第一位的,是前提,是基础。理解课文的"入"大致有三个层次。

(1)读出"眉目"。这是第一步,即要了解文章的基本面貌,理清文章的基本思路,了解文章的基本意思。比如《军神》选用刘伯承负伤坚持不用麻药动手术的典型事例,描绘出刘伯承的"军神"形象。有的老师阅读时按照事情顺序,依循"求治—术前—术中—术后"的线索,力图紧扣典型事例,事中见人,事中见精神,梳理出求治——镇定自若,术前——拒用麻药,术中——一声不吭,术后——点明"军神"。这样,文章的整体风貌就呈现出来了。

(2)读出意蕴。叶圣陶先生说:"入境始与亲。"文学文本往往包含意义、意思、意味、意蕴四个东西,传统的教学只是关注意义,即把握中心思想,这当然是必要的,但学习一篇文章,还要在读出"眉目"、在把握意思的基础上去体味意蕴、意味。比如阅读《军神》,我们抓住刘伯承抓破崭新的垫单,居然数清72刀并"笑着"与医生说话等细节揣摩,就能体味"军神"的神韵。再如《番茄太阳》写孩子银铃般的笑声追着人们,揣摩这个"追"就有助于把握文章的意蕴。因为这个孩子一家在菜市场,菜市场里人来人往,所以银铃般的笑声"追着人们",这个"追"就非常有味道,非常传神,非常美。作者多少受到孩子的启示,从困境中走了出来。我们甚至可以理解,这个银铃般的笑声一直追到现在,"追"着我们的人生。

(3)读出自己。真正的阅读是读者与作者,读者与作品中人物的对话。日本的山本玄绛禅师在龙泽寺讲经:"一切诸经,皆不过是敲门砖,要敲开门,唤出其中的人来,此人即是你自己。"经典的意义就在于人们可以不断地与它相遇,可以不断地有新的发现,可以读出自己。江苏省锡山高级中学张克中老师以张蛰的笔名在《文汇报》的"笔会"栏目刊发了几十篇解读中学语文课文的文章,据说他投稿的一个标尺就是发人之所未见,一定有自己的创见、自己的感受。

当然,"条条大路通罗马"。"入"的方法是多种多样的,我们将在讨论文本分析理解时再作系统介绍。

## 2. 关于"出"

惠周惕说:"初读贵能入,既读贵能出。"笔者以为,"出"不仅在"用得透脱""故能观之""故有高致",而且可以与"出"形成良性互动,不断地"入"与"出",推动阅读的不断深入。语文课文的"出"又包含教材与教学的特殊要求,大致说来,其"出"在于:

(1)教材意义上的"出"。有些老师在备课时混淆了"文章"和"课文"两个概念。其实,文章作为作者的精神产品,仅仅体现了一定的作者意图(即"文路"),可以以个体的形式单独存在;而课文必须纳入一定的教材体系并能反映课程特点,作为语文基本功训练链条中的一个个链点,具有知识键和能力序这两方面"质的规定性",它不仅有文路因素,还体现了一定的编者意图(即"编路")。因此,备课的"出",首先应当着眼于教材意义进行讨论,应当增强课标意识和单元意识。众所周知,《语文课程标准》是语文教学纲领性、指导性的文件,其中分年级或分年级段传授知识、培养能力的具体要求更是"物化"为一定的教材序列。而这个教材序列的基本单位应当是教材组合的单元。因此,应当提倡读整套书,统观全局,确切了解各个年级基础知识点的分布情况,读、写、听、说基本能力的要求重点,以及它们前后之间的相互联系。应当提倡备整组课,在单元与单元之间,注重瞻前顾后,从单元序列中看训练重点发展的连续性,把握教材编排的纵向联系;在单元内部,注意左顾右盼,看同组各类课文在自学能力的培养上有哪些程度上的差别,把握同组教材编排的横向联系。这样,有"出"有"入",课文传授知识、培养能力的内在功能才能得到恰如其分的发挥。

(2)文章意义上的"出"。阅读教学备课的一项基础工程,就是对课文的理解,主要也就是对文章本身的理解。这里的"出",有众多角度,比如写作背景、创作风格、文体特点、当代生活、边缘学科等等,根据文章自身特点,从这些角度"入乎其内""出乎其外",常常可以手执解开疑团、探索真谛的钥匙,有助于更真切、更深刻地把握文章的内容和特色。比如《风景谈》的第一幅风景"沙漠驼行",为什么偏偏从《塞上风云》的电影联想起这"猩猩峡外的大沙漠"呢?这些驼队究竟是干什么的?为什么要用"庄严""妩媚"来形容这幅风景?要解释这些问题,是为了更好地"入",但不"出"就难以"入"。有位老师备课时带着这些疑问查阅资料,终于解开了疑窦:当时,在日本帝国主义进攻和封锁下,新疆成了我国对外交通的唯一渠道,特别是来自国外的军事物资都需要经新疆运送。从伊犁到兰州有一千多公里运输线（即"猩猩峡外的大沙漠"），运送十分艰辛，尤其是运送军用汽油。汽油是一种轻并易于挥发的流质，装在汽车上，在沙漠的太阳下极易挥发。改在夜间行车虽然行得通，但汽车的动力靠汽油，数千公里长的长途运输的汽油，其中大部分将被它消耗了。加上气候干热，汽油挥发，运到也所剩无几了。在这种形势下，大家想起了这条过去被称为"丝绸之路"运输线上的骆驼队。于是"沙漠驼行"的奇景出现了。由此可见，"沙漠驼行"不单是一般地证明了人战胜自然的古老命题，而且是抗日战争中中华民族战胜自然、战胜日寇封锁的动人一幕。因此，它是"妩媚"的，"庄严"的，是"更伟大的"。这样，画面里丰富的感情内涵就被"读"懂了。

（3）当代意义上的"出"。一切历史都是当代史，立足于解读作品，至少有三个方面的内涵。第一，时代精神的影响。丹纳在名著《艺术哲学》中指出，文学艺术的产生和发展与"种族""环境""时代"密切相关。他特别看重时代这个因素："文学的真正使命就是使感情成为可见的东西。一部书越能表达重要的情感，它在文学上的地位就越高；因为一个作家只有表达整个民族和整个时代的生存方式，才能在自己周围招致整个时代和整个民族的共同感情。"① 换个位置看，阅读者也自觉不自觉地会带着"整个时代"的共同感情，他在与作品对话过程中，总会受到时代精神的影响。有些经典被淘汰了，有些非经典被经典化了，有些经典被赋予了新的意义，这其中有读者的发现，但也必然是时代的变迁使然。第二，批评方法多元化的影响。随着社会科学和自然科学的发展，方法论的武器库装进了许多新的东西，诚如文学创作，诚如教育方式，"乱花渐欲迷人眼"，这些新的工具、武器带来了新的审美视角，也必然带来新的发现。第三，跨越时空对话的天地更加广阔。"接受美学关注的不是文学文本的结构，而是对文学文本的理解的历史性。在姚斯看来，这主要体现在两个方面，一是作品文本的效果和意义，取决于作品在当前历史中的读者的阅读经验中具体化的实际过程；再就是各时代的读者接受和解释一部文本的实际过程。"② 当代面对阅读和接受史层层累积的资源最为丰富，这使我们在"历史的关联"下，在阅读史的意义上，去理解和阐释作品。

---

① 丹纳.艺术哲学［M］.傅雷，译，北京：人民文学出版社，1981.
② 刘小枫.接受美学译文集［M］.北京：生活·读书·新知三联书店，1989.

## 二、"备文"与"备人"的关系

阅读教学的备课当然要研究"文",但同时又不能仅仅如此,而应"目中有人",这个"人"就是指教学对象。研究"人",就是要了解、吃透学生情况,学会把自己当作一个学生来体会课文,从而提高教学质量。具体而言,要了解的有:

### 1. 学生的知识水平和语文能力

就整个班来说,要研究学生知识和能力的起点,要把教学目的、学生的智力起点与教学内容结合起来研究,看涉及的知识哪些对学生是已知的,哪些是未知的,哪些是应知的,哪些是可知的。如果是已知的,一定要让学生再去嚼自己嚼过的馍,自然会令学生大倒胃口;如果是未知的,则要看此时此地是不是应知的,否则就不必学;在未知和应知之中,又必须是学生可接受的,否则就不能学,就不能达到把知识转化为学生内在东西的目的。知识的传授如此,语文能力的培养亦然。同时,一个班的同学,总难免有参差不齐的状况,又应了解、掌握他们之间的差异,面向大多数,又照顾到两头,以避免出现尖子"吃不饱"和后进生"吃不了"的情况。这样,加强了教学的针对性,必然能提高教学效益。

### 2. 学生学习具体课文的疑难困惑和情感基础

备课时落实到具体课文,还应研究课文的个性,看看学生学习的情感基础如何,比如学生学习是否有兴趣,材料本身是否有驱动思维的作用。再具体的话还要研究哪些地方学生有学习兴趣,哪些地方没有兴趣,特别要注意不能想当然,你认为学生有兴趣的,未必就有。比如有些老师教《记一辆纺车》就碰到这种情况:认为学生对散文有兴趣,由此推测对《记一辆纺车》会有兴趣,进而设计的导入语劈头就是一句:"同学们喜欢这篇课文吗?"结果学生齐答:"不喜欢!"如果没有应变能力,教学的起始阶段就会卡壳。另一方面,要注意通过预习等手段来"预测"学生学习的疑难困惑,恰当地调整、完善教学方案。比如《林海》一课语言生动优美,作者巧妙地使用了一些修辞手法。霍懋征老师在教学时准备在课上引导学生学习拟人的修辞手法,课文里有多处拟人的方法,在什么地方出现拟人这个概念呢?霍懋征老师在课前就找几个学生调查。发现学生对课文中第一次出现的拟人手法"每条岭都是那么温柔,虽然下自山脚,上至岭顶,长满了珍贵的林木,可是谁也不孤峰突起,盛气凌人"不易理解,而对后面出现的"兴安岭多么会打扮自己呀:青松作衫,白桦为裙,还穿着绣花鞋"却一下子就能说出这是把兴安岭当作人来写的。于是，霍老师就从这个比较容易理解的地方突破，然后再让学生弄懂前边课文中拟人的写法，按照这个设计进行教学，效果很好。

### 3. 学生学习的非智力背景

学生学习的非智力背景应当包括学生的思想政治表现、性格特点、学习本学科的兴趣以及家庭情况等等，了解、掌握这些方面的情况，有助于相机渗透思想品德教育，在"德育论"中，我们对此将展开论述。有时了解这方面情况，还可能从根本上影响到教学方案的制订。这里不妨举一个作文教学的例子：于漪老师的一位徒弟谈到，有一次于漪老师出差去了，由他代课，他布置学生写了一篇作文，一位女生写了一篇反映母爱的作文，感情真挚，生动感人。老师在备作文讲评课时准备把这位学生的作文打印出来，重点讲评，征求这位学生的意见时，她不假思索，欣然同意了。于老师出差回来时，徒弟拿着打印好的作文告诉她讲评课的准备情况，于老师立即问："你问过她自己吗？我想，她不会同意的。"徒弟告诉于老师，学生自己同意了。于老师颇感惊讶，又建议："你能不能再问一下她呢？"话音刚落，那位女同学怯生生地走进了办公室，她希望不要讲评这篇作文。这下子惊讶的是徒弟了。学生走后，徒弟忙问于老师怎么回事，于老师翻出全班学生的档案卡片，告诉她这位女生母亲改嫁，她现在的父亲是继父，她当然不愿意成为全班议论的焦点，公开家庭的隐私了。用这位徒弟的话说，正是因为于老师对学生的全面了解，避免了一次"事故"，其意义是远远超出一节课的。

## 三、"读懂"与"教会"的关系

知识对于教师，教师应是已知者。否则，自己尚未读懂，是不可能去教懂学生的。因此，备课时首先要注意把教材里的知识转化为教师自己的知识。对于阅读教学来说，就是要把课文读懂"吃透"。笔者曾碰到这种情况，有位老师教《少年闰土》，讲到"其间有一个十一二岁的少年，项带银圈，手捏一柄钢叉，向一匹猹尽力地刺去"这一句时，一个学生站起来问："老师，'捏'是什么意思？"老师一边做个"捏"的手势一边反问："怎么'捏'都不懂呢？"这个学生也学着老师用拇指、食指、中指比试了一下，摇摇头说："不行啊！"老师让学生谈谈自己的看法，原来这个同学从课文具体情境出发，认为不能这样"捏"，因为，那是"一柄钢叉"，闰土并非武林高手，"捏"不动；闰土"尽力一刺"，"那匹猹却将身一扭，反从他的胯下逃走了"，可见距离极近，用"捏"

讲不通。这位老师对此缺乏知识准备，虽然承认学生言之有理，表现出"不知为不知"的风度，但毕竟在一个不算难的地方留下了缺憾。如果自己的知识仓库里备有这类知识，或者备课时更仔细一些，通过翻检工具书明确："捏"在古汉语有"握"的意思，这是一种古义今用的词义变迁情况，问题就迎刃而解了。

当然，"读懂"并不仅指具体的语文知识，更应包括隐含在语言文字中的思想内容和感情潜流。比如《为了忘却的记念》末尾署着写作时间"二月七—八日"，孤立而言，似乎意味着文章是两天或一个通宵写成，但联系课文中"两年前的此时，即一九三一年的二月七日夜或八日晨，是我们的五个青年作家同时遇害的时候"一句，联系作者是在烈士遭难两周年的日子里写下这篇纪念文章这一背景，就会发现"卒章""其旨"绝非如此。这是作者对国民党反动派秘密枪杀革命青年、封锁消息的流氓暴行的深刻揭露，是对这一罪恶行径的猛烈抨击和无比愤慨，所以这一写作时间本身就是"匕首"，是"投枪"。如果不细心揣摩，教者于此处品不出言外之意，学生也就难有所得了。

但是，对教师来说，重要的不是读懂，而是要教懂学生。因此，备课的过程也是根据教学目标、教材特点和学生情况选择恰当的教学方法的过程。其中，特别要注意教学艺术的一些基本因子的活动，如提问、板书、教学语言、主动调控、电教等，总之，因文而异，因人而异，因境而异，优选教法，又注意从"教会"所包含的"会学"的意义上，考虑到学法与教法的相适应，教学设计就有了较强的实践价值。

## 四、"多"与"少"的关系

石中英教授在回忆自己上中学时写道："当老师提问时，在绝大多数情况下，我都是低头不语。然而，老师有时还能够叫到自己的名字。每当这时候，我的心里真是害怕，不知道自己能不能够回答出老师所期望的答案。因为这种害怕，面红耳赤、语无伦次甚至结巴口吃都是有过的事。……当我念初三的时候，我偶然惊奇地发现，老师的问题和答案原来都来自'教学参考书'。离开了教学参考书，老师也不敢说什么是正确答案。后来，我更加惊奇地发现，那些在课堂上总是能够回答得'非常正确'和'一贯正确'的同学不少都受惠于教学参考书。"[①] 这个案例有多重的意义，从教学资源角度看，那时教学参考书就是唯一的。新课改以后，这种状况得到彻底改变，资源之门向四面八方打开，老师和

---

① 石中英.知识转型与教育改革［M］.北京：教育科学出版社，2001.

学生也是资源的一部分。但有时人们又感到，某些课花样多、花时多、花钱多，资源的丰富性并没有转化成教学的有效性。因此，在备课阶段准备资源时要认真处理好"多"与"少"的关系。

### 1. 从"多"的角度看

（1）视野要广阔。顾黄初先生在上个世纪80年代就酝酿语文"三生观"：语文是生活的、生命的、生态的。他提出："语文是在生活的广阔天地里频繁运用的重要工具，要教学生掌握好语文工具，我们的思想要向广阔的生活开放，我们的眼光要向广阔的生活审视……我们的语文教学要形成一种开放式的格局，就要努力贴近生活，把施教的视角延伸到课外的广阔天地里去。"[①]基于语文是生活的基本理念，语文教学的资源有着无限的丰富性，课程资源可以分为文本式资源和超文本资源。文本式资源包括课程标准、教材、实验报告、课外读物、录音带、光盘以及相关网络素材，超文本资源包括物质形态的课程资源与精神形态的课程资源。其中，风景名胜、古迹、现代化教学设备、网络等，属于物质形态的课程资源。而社会生活方式、价值规范、行为准则、人际关系、校风、学风、社会风气等则属于精神形态的课程资源。而超文本式资源可以转化为文本式课程资源。如行为准则、校风、学风等完全可以用文本的形式记录下来。教师在备课时应当按照课改的基本精神和课程标准的要求，与广义的课程资源对话。[②]

（2）原创性要加强。一些老师使用课程资源，往往不怎么考量，简单"拿来"。教师是资源的一部分，包含了教师对资源的创造。有了对课程资源的原创精神，我们才真正实现了与课程资源的对话。这里的原创，一是指教师根据教学目的和教学条件、环境自己动手制作的资源；二是指教师对教学资源有自己深刻的理解和考量；三是指教学设计中对教学资源创造性的整合。正是这种原则使教师的创造性得到发挥，教学个性得到张扬，教学艺术得到彰显。

（3）有效转化要提倡。新课程提倡生成性教学，课堂生成的资源是鲜活的、生动的。在教学过程中的生成哪怕是意外的，都可以有效转化为课程资源。以学生出错为例，老师如果有"错误也是宝贵的课程资源"的观念，善待错误，可以让错误成为学生走向正确的起点；妙用错误，可以让出错成为拓展延伸的契机。这里都可以折射出教学智慧的光彩。

---

① 顾黄初. 语文教学要贴近生活［J］. 教学与研究，1988（1）.

② 杨九俊. 备课新思维［M］. 北京：教育科学出版社，2004.

### 2. 从"少"的角度看

（1）资源使用的目的要明确。有位老师教学《日月潭的传说》，导入新课时，要求学生说说自己知道哪些传说，前后花了10多分钟，导致了下课时拖堂。有的老师经常在上课时炫一些自己搜集的材料，或者莫名其妙地使用现代媒介。游离教学目的，无限制地展示资源；偏离课文文本，杂烩式地整合学科；忘却初衷，炫耀式地展览图像；等等：都是课程资源使用时要防止的。教学是目的性很强的活动，资源的使用、拓展，都要问一问为什么，紧扣教学目标，将资源合理地恰当地纳入自己的教学设计之中。

（2）资源整合的原则在优化。资源是"多多益善"，但资源的使用在于精，关键在资源整合时要有优化意识，主次之间、统个之间、轻重之间、动静之间、内外之间，都应考虑好、统筹好。还应提倡同一资源的多次使用，每次使用都有新的意义，都能把教学往纵深推进一些。这样课程资源就是少而精了。

（3）资源的提取使用花费要少。这里的花费一指时间，二指经费，如果耗时过多、花钱过多，不仅不经济，而且更难有存在的合理性和推广的意义。要解决这方面的问题，一要培养课程资源开发意识，在教学设计中形成自觉寻觅和探究课程资源的习惯；二是要注重资源的积累，形成资源库，让资源在反复的便捷的使用中发挥效益；三是每次开发和使用都要有经济适用的意识，尽可能让时间和经费的投入更有价值。

## 五、"预设"与"生成"的关系

"预设"是预测和设计，是教师在课前对课堂教学有目的、有计划地设想和安排，这在传统的教学中是得到重视的。"生成"是生长和建构，是师生在教育情境中的表现，其中有预设的生成，也有超出预设方案的新问题、新情况，这是在新课改中课堂创新的重要表征。"预设"与"生成"是相对应的，正确处理二者的关系要把握以下四方面：

### 1. 意义性

恩格斯说："世界不是既成事物的集合体，而是过程的集合体。"[1] 杜威认为："教育的过程是一个不断改组、不断改造和不断转化的过程。"[2] 教学问题在本质

---

[1] 恩格斯.路德维希·费尔巴哈和德国古典哲学的终结[M].中共中央马克思恩格斯列宁斯大林著作编译局，译.北京：人民出版社，1997.

[2] 约翰·杜威.民主主义与教育[M].王承诺，译.北京：人民教育出版社：2011.

上要基于生成性展开讨论，要明确生成性教学的思想关注点，比如教学行为的"为什么"，教学情境怎样构成生成的基础，怎样在交流与分享中不断把教学向纵深推进，怎样倡导源于以学生发展为中心的教学机制，怎样让"面向全体"落实到每一个鲜活的个体，等等。

### 2. 匹配性

教学设计的重要任务就是把各种相关的要素结合在一起，所以匹配就显得至关重要。第一，知识内容与教学方式要匹配。教学活动的合理性建立在知识分类精细化的基础上。提高课堂教学的效率，就要根据每一种类型知识本身的形式规律，采用相应的教学策略，组织教学活动。比如汉语拼音、识字写字、阅读、写作，不同文体的教材等等，都应该有具体的适切的方式匹配。第二，学习方式与教学方式要匹配，如自主学习、合作学习、探究学习，都应该采取与之匹配的教学策略，以合作学习来说，分组、讨论、交流、评价就要构成基本的教学流程。唐江澎老师探索体悟教学，提出经"体"到"悟"一个具体情境可以称为"体悟节"，其内部组织结构一般包括设题—自悟—交流—归理四个环节，这种教学策略可以支持、保障学习方式的应用。第三，媒体特点与教学方法要匹配。教学的环境、条件、工具不同，教学的方案、策略自然不尽相同，如网络化条件下的教学可以考虑情境创设、主体探究、协作学习迁移运用、总结拓展等教学环节。

### 3. 洗练性

笔者多年来一直提倡"洗课"。"洗课"主要是在预设阶段建立减法、除法的思维。第一，要洗去过高的目标，基于课程标准确定教学目标；第二，要洗去过杂的内容，提炼学科的核心知识、核心素养；第三，要洗去过偏的走向，提炼往往由学路、文路、教路、编路四路一体的教学主脉；第四，要洗去过花的形式，强调形式为内容服务，在恰当、适切上下功夫；第五，要洗去泛泛的教学评价，让评价回归课程标准，回归教学目标。"洗"干净了，课就会有简练、流畅之美。

### 4. 弹性化

面对动态生成的课堂，教学设计要充分考虑课堂可能出现哪些情况，形成弹性的教学方案。第一，在坚持基础性目标的同时，可以设计一定的发展性目标，为学生的表现突破天花板创设空间；第二，考虑情境的各种可能性，设想多种方案，尽可能地适应课堂的变化；第三，在教学艺术中要适当"留白"，这样的预设有利于宽容偶然性和突发性，促成多样性和创造性，内在地包含了教学生成。

## 六、"长"与"短"的关系

苏霍姆林斯基在《给教师的一百条建议》中谈到这样一件事：区训练班的学员和区教育处视导员一起听一位老教师上课，这堂课上得非常出色，原来教师们和视导员打算在上课的过程中做一些笔记以便课后提意见，但他们都忘了做笔记，他们和学生一样，屏息坐着，听得入了迷。课后一位老师问执教者花了多少时间来准备这节课，那位教师回答说："这节课我准备了一辈子，而且，一般地说，每堂课我都准备了一辈子。但是，直接针对这个课题的准备，也可以说是实验室的准备，则仅花了约15分钟。"苏霍姆林斯基认为"这个回答打开了教学技艺的一项奥秘"。[①] 我们认为，这位老师的回答实际上提出了长备课与短备课的问题，短备课即备一篇课文或一组课文，这自然很重要；但如果不注意长备课，不去逐日汲取，让新的知识、思想、感情如不断流淌的潺潺小溪，充实着思想的江河，就难以有成功的短备课。关于长备课的内容，苏氏曾提出主要读三类书："关于你所教的基础知识的那门学科的书籍；关于作为青年楷模的那些人的生平和斗争的书籍；关于人特别是儿童和男女青少年的心灵的书籍（心理学方面的书籍）。"[②] 这种阅读导向对于我们广大教师也是合适的。这样，不断积累知识，不断优化自己的智力结构，短备课的时间和质量都会大为提高。

## 第二节　课文分析的方法

所谓课文分析，是指对课文中融合的景、完整的事、立体的人、整体的概念等进行类分，找出其组成部分的本质属性和彼此之间的关系，从而更准确更深刻地理解课文。在阅读教学的备课过程中，课文分析有很重要的位置。这里，试对课文分析的方法作些归类。

### 一、掌握课文分析的步骤

"整体—部分—整体"这一简化公式清楚地展示了分析过程的三部曲，这三

---

[①] 苏霍姆林斯基.给教师的一百条建议[M].周蕖，王义高，等，译.天津：天津人民出版社，1981.
[②] 于漪，潘益大，陈贤德，等.教师的修养[M].上海：上海教育出版社，1985.

部曲构成了通用的分析方法。

### 1. 初识整体

课文是一种特殊的物质。从量的方面看，词、句、段等单位共同构成了一个线性的排列方式，形成课文的篇章结构整体。从质的方面看，词、句、段都具有一定的意义，课文本身就是诸多因素的辩证统一，它包括文道统一（语言文字同思想内容的统一）、总分统一（总体精神、框架同局部意义、表达的统一）、表里统一（表象系统与内在意蕴的统一）、主客统一（作者主观意图与作品客观意义的统一）、例律统一（课文作为例子与其反映的一般规律的统一），这五个方面的统一之总和构成课文的内容要素整体。当然，我们在教学过程中要分而析之，但在分析的起始阶段任务仅仅是初识，只求初步形成一个总体印象，在内容上领会大意，在形式上了解大体，只需要也只能着眼于整体。在实践中，有的老师是采用"四读"法达到初识整体的目的：

（1）外读。即留心篇外文字的阅读思考，诸如作者简历、写作背景、学习重点、自学提纲等，都是重要的暗示或指示性信息，值得认真揣摩，这也就是以"出"求"入"。

（2）通读。即越过字词障碍，一气读完全文，把注意力集中到对课文内容的感知与再现上，力求形成整体印象。

（3）熟读。古人云："记不熟，则思不起。"可见熟读是深入分析的前提。熟读就是要求对课文内容比较熟悉，能概述情节或大意。

（4）捕读。即捕捉那些关乎全文的信息部位，如文眼、中心词、支撑段等。

### 2. 局部分析

这是分析课文的关键一步。通过课文局部的深入分析，达到对课文内容各个方面的本质理解，促进学生逻辑分析能力与情感感受能力的提高。分析首先是"分"，它有不同的角度和途径，主要有以下几种：

（1）结构分解。结构，用刘勰的话说，就是"总文理，统首尾，定与夺，合涯际，弥纶一篇，使杂而不越者也。若筑室之须基构，裁衣之待缝缉矣"（《文心雕龙·附会》）。它是文章内容的整体表现形式。局部分析通常就是从分解结构开始。从写作的过程说，分解结构就是把文章分解成开头、中间、结尾三个部分，中间部分包括承接与转换、交代与过渡两种情况。反映在阅读教学中，其基本的表现就是划分段落，研究段落之间的种种内在联系，一般是以四步来完成：从初识整体的结果出发，借助全局去分清局部；着眼于课文思路，纵览全程分段；运用演绎、归纳等方法，理解段落大意；联系课文表现形式的个性进行具体分析。当然，还要区分出各部分轻重主次的地位和作用，弄清联系，并抓住重点部分深入挖掘，寻求课文内在的本质联系。

（2）要素分类。不同体裁的文章有不同的要素。比如小说的人物、情节、环境，游记散文的游踪、风貌、观感；再如记叙文的时间、地点、人物、事件，议论文的论点、论据、论证等等。局部分析就要对这些要素进行分类，构成理解课文的横向层次，如《游黄山记》扣住游踪、风貌、观感，每一部分的内容就各有归属，整个课文在理解时就有了一种透明感。

（3）表里分层。结构分解基本是属于平面扇形分析，而课文是立体的多层次的，因此还要经过由表及里的分层以揭示其内涵。比如，对于文艺性作品或叙事类文章可以比较清晰地划分出三个层次的系统：第一层次为语言文字系统，第二层次为形象系统或材料内容系统，第三层次为主题意义或中心思想系统。分析一篇课文也应循序而进，逐层深入，先是通过对词语等语言文字符号的分析直接感受形象、图景、画面或环境、场面、情节等内容体系，达到入境动情的目的；再通过体味、揣摩和分析形象所包蕴的内在意义上升到理性认识的高度。

（4）章法分辨。所谓章法，是相对于篇法而言。刘勰在《文心雕龙·章句》中说："夫人之立言，因字而生句，积句而为章，积章而成篇。"黄侃在《文心雕龙札记·章句三十回》中说得更清楚："今谓集数字而显一意者，谓之一句；集数意以显一意者谓之一章。"章法则是指一章中各句的安排方法，常见的有：①层叠，即在一段文章中说明道理，抒发感情或叙述事件，言之有序；②反正，即以作者对所要表达的事物的观点、态度、感情为标准，在一段文章中形成正反两个方面；③详略，即一段文章中语言和组织安排上比重有大有小；④抑扬，即对人、对事、对景或褒赏或贬低，其情调或高昂或低沉，形成了章法上的变化；⑤宾主，即用一些人、事、物来帮助议论主要的人、事、物使得主要事物、道理更加突出，在一段中形成红花绿叶的映衬关系；⑥虚实，即针对文章实质性内容，从高处、远处、大处、小处、旁处、背处进行议论或叙述，以虚写实，相互补充；等等。分辨这些章法上的变化，往往可以识乎作者艺术表现的生花妙笔。再进一步，还可以分析章法表现的个性，比如以详略说，尚可再分成三种：①略带详书，即在行文中把不需要详写的一笔带过，使得在思想上严格保持前后一致性，突出文章内容的主要部分；②略提详书，即先把所要求写的内容简略概括地写出几句，然后再用较多的笔墨详细地写出所要表达的具体内容，把概括和具体恰当地联系起来；③略点详书，即为了某种需要在文章的前面或后面简略地点一下，从而给详细论证创造一些条件。① 再结合到具体课文，看"删"与"敷"的表现力，就更能看出变化之多、变化之妙了。

### 3. 整体升华

经过局部分析，课文结构上的各个部分，内容上的各个方面，思想意义上的各个层次，艺术表现的各个侧面，都变得清晰而明确了，但同时也使原本生动形象、有血有肉的艺术整体变得分散而抽象了。因此，还需要来一番思维操作，达到真正的整体综合，让"文"和"道"、"分"和"总"、"表"和"里"、"主"和"宾"、"例"和"律"等方面统统地合拢起来，重归一体，让内在的中心统贯全篇，让课文以通体透明形神皆备的完整体貌重现于学生眼前。此时，课文的思想意义因附丽于形象外衣而显得具体亲切，课文的形象内容因受内在精神的辐射而变得更加鲜明可感。所以说这一次整体分析是在更高基础上（经过局部分析）向着出发点（初识整体）所作的回归与升华。有此认识，就可以引导学生进一步从两个方面总结分析成果：一是从课文整体的外围透视内核，看语言载体何以层层负荷着内容思想的传输，从而学会"因文悟道"；二是从课文整体的中心反观体表，看主题意义如何凭借题材内容得以表现，从而学会"缘道释文"。

## 二、找出课文分析的基点

课文分析的基点，指分析课文的切入点、着眼点、着力点。在掌握了分析课文一般步骤的基础上，找准分析的基点，有助于抓住课文的特点，有效解决问题。

### 1. 文眼法

眼睛，是人物心灵的窗户。文中有"眼"，戏中有"眼"，油画中有焦点，音乐中有主旋律，作品在艺术总体表现上就有了艺术构思的凝聚点，感情抒发的饱和点。由于文眼具有牵一发而动全身的艺术功能，抓住文眼就等于抓住理解全文的钥匙。

文眼的表现形式丰富多样，有字词型的，如李健吾《雨中登泰山》的文眼即"雨趣"二字；有语句型的，如苏洵《六国论》的文眼就是起首一句："六国破灭，非兵不利，战不善，弊在赂秦"；有段落型的，如毛泽东同志《改造我们的学习》的文眼即开头第一段。文章贵有文眼，文眼又贵在巧设。如刘熙载在

---

① 孟传书，编. 写作中的篇章结构知识［M］. 天津：天津人民出版社，1985.

《艺概》中所说:"揭全文之指,或在篇首,或在篇中,或在篇末。在篇首,则后必顾之;在篇末,则前必注之;在篇中,则前注之,后顾之。顾注,抑所谓文眼者也。"因此,在抓住文眼分析时,不仅要找出文眼,还要研究围绕文眼的伏笔与照应。比如《荷塘月色》的文眼就在首句:"这几天心里颇不宁静。"揣摩一下后面的照应,就可以看出,文由情发,整个作品的感情脉络发端于此,且也在某种意义上归结于此。这里不妨示以有关同志绘制的作者感情变化坐标图:①

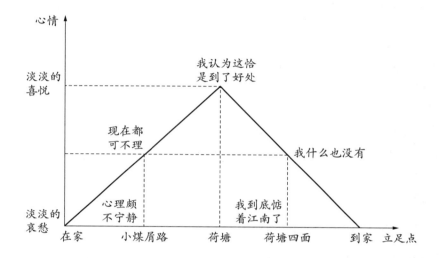

从开头的"不宁静",到结尾的更不宁静,作者时蹙时喜,忽梦忽醒,感情的主旋律却是很鲜明的。在此基础上,我们再研究一下作者为什么"心里颇不宁静"。从朱自清先生在写了《荷塘月色》后的六七个月所写的《哪里走》中,倾听作者的心曲:"近来广东事变,杀了那么些人,烧了那么些家屋,也许是大恐怖的开始吧。"于是心里"惶惶然",实际行动"便只有暂时逃避的一法",从而把握作者的思想倾向和感情基调。这样,就可以从"出""入"两个角度充分感受此一文眼贮满的感情。

**2. 文体法**

文各有体,抓住文体特点进行分析,不仅可以丰富文体知识,组织单元教学,而且有助于向写作迁移。

从文艺性角度看,课文中有诗歌、小说、散文、戏剧、鉴赏评论等。分析

---

① 谢承志.高中语文单元读写训练设计[J].语文学习,1984(7).

诗歌，要着眼于整体感受，着力于体味感情、展现意境，着眼于领会诗歌节奏、韵律等音韵的美；分析散文要抓住形散神聚的特点，梳理线索，体会情意，玩味语言；分析小说，要抓住三大要素，把握人物尤其是主要人物的形象特征，熟悉故事情节，探讨环境描写的作用；分析戏剧，要在了解剧情的基础上，挖掘戏剧冲突，把握个性，赏析台词；分析鉴赏评论，要弄清评论的标准、尺度、要求和范围，领略评论方法的灵活多样。具体到单篇课文分析还需要根据其个性特色。如散文还有写景、状物等区别，写景散文的分析应重在"绘形摹神"的写景技巧和"情景相生"的表现手法；状物散文的分析应根据"因物记事""睹物思人""托物言志"的不同而各有侧重。

从实用性角度看，课文有记叙文、议论文、说明文、应用文。分析记叙文，应抓其要素，重点分析情节、人物性格、典型事迹等，从而正确领会课文的中心思想；分析议论文，重在分析中心论点和分论点，研究论证或驳斥方法，从而正确理解文章所阐述的道理，或认清驳斥对象的错误实质；分析说明文，要抓住说明对象的本质特征、说明的顺序和方法；分析应用文则更多从行款格式入手，并加强实例和实践训练。当然，实用文体和文艺文体之间有联系，如广义的记叙文概念，就包括小说、散文，因而分析方法也有相通、相容之处。

### 3. 文脉法

文脉，是文章的命脉。林纾在《春觉斋论文》"筋脉"一章中说："脉者，周身无所不贯者也。"就是讲文脉是贯穿全文的。抓住文脉进行分析，实际上就是循着作者的思路，逐步进入文章的内在天地。

文脉在不同的文体中有不同的表现形态。大致说来，在记叙文体中表现为事物发展的线索，可称之为"事"线，其中的散文体则表现为"景"线和"情"线，在说明文体中较多地表现为"物"线，在议论文体中表现为"理"线。从显现形式来看，文脉主要有两种：一是伏脉，文章中的设伏与照应就是伏脉之所在，其表现如林纾在《春觉斋论文》中所比拟的："武林九溪十八涧之水，何尝一派出现溪光？偶经一处，骇为明漪绝底，然实不知泉脉之所自来；及见细草纤绵中，根下伏流，静细无声，方觉前溪实与此溪相续。"二是明脉，即文章的主干与分枝。《文心雕龙·附会》中说："凡大体文章，类多枝派，整派依源，理枝者循干。"因而，阅读文章理其枝干，实际上就是在梳理明脉。

文脉是阅读分析课文的本质。采用文脉法分析，要从课文的开头揣摩作者思路的发端，依据文体理解思路的层次，从结尾寻求思路的归宿。

**4. 文题法**

标题是文章的有机组成部分，它与中心思想存在着直接或间接的联系，因而通过标题这扇"窗口"，就可以触及文章的中心。

值得注意的是，由于文章标题类型的多样化（如揭示中心、表明内容、点明体裁等）、标题形式的灵活化（以人为题、以事为题、以物为题、以理为题等）、标题手法的艺术化（设问入题、比喻入题、双关入题、象征入题等），决定了文题分析时常与其他方法统一。例如《云赋》《师说》《过秦论》等文题直接点明体裁，《包身工》《长江三峡》等文题间接交代体裁，这时文题法就和文体法一致；至于鲁迅的《药》，题目体现了文眼，又暗示着文脉，文题法、文眼法、文脉法则应"三位一体"。

**5. 文技法**

文章的思想内容，不只需要凭借语言和结构来表达、组织，而且需要运用艺术技巧来表现。从分析技巧入手，让人理解思想内容，更有助于体会文章特色。比如茹志鹃很重视细节艺术，常常用细节串联文章，在《百合花》中，通讯员枪筒里插的树枝和野菊花，通讯员给"我"开饭的两个馒头，新媳妇的枣红底色上面撒满白色百合花的新被子等等细节，都是前有伏笔，后有照应。其中最精彩的是通讯员衣肩上的破洞，真可谓神来之笔。这个细节在作品中先后出现四次：第一次是通讯员先前向新媳妇借被子，造成了思想隔阂，现在"他这才绷了脸，垂着眼皮，上去接过被子，慌慌张张地转身就走"，一不小心，衣服拴在门钩上，撕开了一个不小的口子，新媳妇要给他缝，他却高低没肯。这是衣肩破洞的第一次出现，是必不可少的起因之笔。第二次是通讯员与"我"告别，返回前线，"我"看见"他肩上撕挂下来的布片，在风里一飘一飘"，后悔没给他缝上。这顺手一笔，承上启下，一举数得，既使这个衣肩破洞紧扣在情节发展的线索中，又为后来新媳妇缝补破洞再加铺垫；既写出革命队伍内部互相爱护、互相关心的亲密关系，又借"我"的"后悔"暗示新媳妇的"后悔"之意。在新媳妇被动员参加包扎的那个夜晚，这个细节第三次出现了：在病床上，"他安详地合着眼，军装的肩头上露出那个大洞，一片布还挂在那里。"这个细节的再次出现，推动了情节的发展，促成了新媳妇思想性格的急剧变化。接着，这个细节第四次出现了："她低着头，正一针一针地在缝他衣肩上那个破洞。"当医生断定通讯员已经牺牲了，"新媳妇却像什么也没看见，什么也没听到，依然拿着针，细细地、密密地缝着那个破洞"。新媳妇细细密密地缝进了人民对人民子弟兵深厚的纯洁的感情，作者也正是借这个破洞细细密密地缝织了这篇脍炙人口的作品。识乎此，不仅是理解内容，而且对课文个性，甚至对作家风格都有所把握了。

## 三、恰当运用文学批评方法

文学批评，是指批评家在一定的文学理论指导下，根据一定的批评标准，对作家、作品、文学现象、文学思潮、文学流派、文学运动包括文学批评本身等等所作的探讨、分析和评价。语文教材中包含了大量的文学经典，语文教学在一定的意义上就是一种特殊的文学批评活动。我们曾策划了一套"觅渡文丛"，讨论语文教学的一些基本问题，推出的第一本书就是汪政、何平先生的《解放阅读——文学批评与语文教学》，相信其中的阐说已经给老师们带来"熟悉的陌生感"。

### 1. 语文教学呼唤文学批评

2003年版普通高中语文课程标准把"感受、鉴赏"作为课程具体目标之一。要达成这一目标，自然需要掌握一些文学批评的方法；语文教学材料大部分是传统意义上的文学作品，恰当地运用文学批评方法，可以保持材料与方法的同一性；文学作品与非文学作品未必有一条不可跨越的鸿沟，有些非文学作品由于语境转换而成为文学作品，实用文体也时有潜在的文学因素，文学批评有广泛的用武之地；语文学习的方式与文学批评联系紧密，如文本研习就可能较多从文学批评角度展开。①

### 2. 掌握多样化的文学批评方法

以《解放阅读——文学批评与语文教学》为例，该书介绍了社会批评、原型批评、精神分析批评、读者反应批评、语言学批评、新历史主义批评、生态批评、叙述学批评、中国古代文学批评评点法等等。笔者以为，除了这些"通用"的方法外，我们还应关注有些学者长期揣摩，甚有心得的一些读书、鉴赏的方法，这里介绍几种，供老师们参考。

（1）感性与理性结合的阅读方法。语文教学长期以来以知识为中心，文本不是血肉丰满的整体，而是知识点的堆砌。方智范老师等学者针对语文界这方面的弊病，提出感性与理性结合的分析方法，是振聋发聩的。一定要强调真正的理性，按照文本形成的规律，按照它的本来面目理解它。特别要关注感性，因为真正的理性生长在感性之中。不仅是老师，还有我们的学生，要师生共同

---

① 汪政，何平.解放阅读——文学批评与语文教学［M］.南京：江苏教育出版社，2011.

挣脱抽象、单维、线性的理解文章的思维框架，用自己的经验、印象、知识积累去补充、丰富文本，有血有肉地读活文本。

（2）时空结合的阅读方法。很多同志关注作品的时代背景，著名学者杨义先生提出重绘文学"地图"，提倡在时间维度上强化空间维度。对作品的理解真正基于时空结构，我们就会获得新的认识。比如，杜甫的《茅屋为秋风所破歌》，按照杨义先生的导引，我们深入地去考察这首诗的精神脉络，就可以发现，"南村群童欺我老无力"，这次刮的是北风，所以把茅草刮到南边去了。为什么南村群童去欺负他衰老没有力气，抱走他的稻草呢？因为杜甫是客居。杜甫从中原流浪到成都，靠朋友的帮助盖了这么一间茅草屋，他跟当地的老百姓还没融在一起。一个家族在迁徙之后必须要经过两三代、三四代人才能跟当地的土著人融在一起。一旦跟土著融在一起，关系就会得到农村里熟人伦理的维系。如果杜甫是当地人，南村的群童是不敢抱走他的茅草的。因为我和他们的祖父、祖母、三大姑、六大姨都认识，他们敢抱走我的东西吗？我去跟他们的家长一讲，他们回去就要被打屁股了。就是因为他是客居，到晚上屋子漏得"雨脚如麻未断绝"，也没有人帮他，如果和左邻右舍都很熟的话，就会找到很多人来帮他修房子，所以"自经丧乱少睡眠，长夜沾湿何由彻"，就含有许多拂不去的客居他乡的孤独感。从压抑的孤独感中释放出仁爱博施的人际关系的想象性追求，追求"大庇天下寒士俱欢颜"的广厦千万间。

（3）情感基调整体把握的阅读方法。有些老师教学，总是没有味道，根本原因是没有走进作品，特别是没有对作品情感基调的整体把握。比如教学李白、杜甫的作品，其风格总是"教"不出来。林庚先生在谈到李杜时，提出文学的盛唐气象，就是引导读者从整体上把握作品的情感基调。林庚先生对李杜的理解是："他们并肩站在那时代的顶峰上，然而心情是两样的。一个诗人正是刚从那上山的路走向山尖，一望四面辽阔，不禁扬眉吐气，简直是欲上青天揽月了。"在林庚先生看来，李白是走上盛唐的巅峰，意气昂扬的。杜甫则是从盛唐往下走，山尖成了一种背景。有了这种整体基调的把握，再去研读李杜，我们的体验会真切而深刻。

（4）还原的阅读方法。孙绍振先生近来大力提倡这种方法，他认为，分析文艺作品，"应该从艺术形象中把作品创造的、想象的成分分析出来。只有这样，才能从被动的赞美中解放出来，解放出来的方法就是'还原'"。"也就是想象出未经作者处理的原生的状态，原生的语文，然后将之与艺术形象加以对比，揭示出差异（矛盾）来，就可以分析了。"读读孙绍振先生专门为中小学语文老师写的专著，一定会使我们有茅塞顿开的感觉。

还可以列出很多。不难看出，我们通过对文本"入乎其中，出乎其外"的研读，再去进行教学设计，相信会创意迭出的。

## 第三节　教学设计

教学设计，是指备课时在充分研究学生、理解课标、"吃透"教材的基础上，确定教学目标，并围绕完成教学目的这一中心安排教学内容，选择教学方法，组织教学过程，制订教学方案。除了前面两节论及的外，教学设计还应包括如下四个方面的内容。

### 一、设定教学目标

新课改以前，这个环节称作确定教学目的。顾黄初先生曾将教学目的的特点概括为定向性、层递性、相对性。[①] 定向性，是强调教学目的是全部教学活动所要追求、所要达到的目标，它对于教学过程的每项活动的内容、方式、步骤等等都具有"定向"的性质，这就要我们充分认识确定教学目的的重要性。层递性，是讲教学目的的内涵是多层次的。比如语文教学，它有由教学大纲规定的总的教学目的，从横向看，它又可分解为识字教学、写字教学、听说教学、阅读教学、作文教学、课外语文活动等，每一个组成部分又都有自己的教学目的。从纵向看，不同年级的教学计划都应有自己的教学目的。课本中分册的，分单元的，以至单篇课文的教学计划也应有自己的教学目的；从课时说，又有分课时的教学计划及制约它的教学目的；具体到每个教学环节，也应有其教学计划及教学目的，正是这些层递，构成了教学过程的严谨性。相对性，则包含了目的与手段的辩证关系，要求我们在设计教学步骤时自觉地意识到安排的教学内容和选择的教学方法只不过是实现某种教学目的的手段，这就提示我们克服教学设计的盲目性。相对性还包含了教学目的内部构成因素的辩证统一，如工具性和人文性的统一，认识到这一点，有助于克服确定教学目的的片面性。顾先生的这些阐说对于今天确定教学目标仍是富有意义的。

新课改以后，确定教学目的这个环节变成了设立教学目标。有的老师就二者作过比较："目的"英文作 goal，含义往往与教育者的主观愿望等同，常常是

---

① 杨九俊. 小学语文教案（第二册）[M]. 北京：北京师范大学出版社，1989.

一种指针和方向，是应然状态的理想；"目标"英文作 objective，原意是流水线上生产出的产品，用于教育领域，体现出用预期的教育结果来支配教育行为的思想，目标是目的的具体化，是可观察、可具说、可测量、可评价的，是实然状态的实践。① 江苏省锡山高级中学的老师们在崔允漷教授等专家指导下，就叙写教学目标下过"水磨工夫"。专家们创新了一个语词系统，尝试将传统的教学目的、教学目标转译为新的叙写方式。

**结果性目标**
　　知识　　了解——说出、背诵、辨认、列举、复述等
　　　　　　理解——解释、说明、归纳、概述、推断等
　　　　　　应用——设计、辩护、撰写、检验、计划等
　　技能　　模仿——模拟、再现、例证、临摹、扩（缩）写等
　　　　　　迁移——联系、转换、灵活运用、举一反三等

**体验性目标**
　　经历（感受）——参与、寻找、交流、分享、访问、考察等
　　反映（认同）——遵守、接受、欣赏、关注、拒绝、摈弃等
　　领悟（内化）——形成、具有、树立、热爱、坚持、追求等

**表现性目标**
　　复制水平——从事、做、说、表演、模仿、展示、复述等
　　创作水平——设计、制作、描绘、编织、扮演、创作等

## 二、优化教学过程

教学过程是一种学生认识世界的过程，其关键是教师引导学生实现"两个转化"——把书本知识转化为学生自己的知识并转化为能力和品德，其显现形态则是动态化的、有序性的、流通性的。教学设计中很重要的工作，就在研究学生、理解课标和"吃透"教材的基础上，根据确定了的教学目标，合理地安排教学过程。这种安排，有一个总的指标，就是提高学生学习的质量。我们常常说的优化教学过程，实际上应该从这里开始。要其"优化"，当然需要诸多方

---

① 教育部师范教育司.唐江澎与体悟教学［M］.北京：北京师范大学出版社，2013.

面的合力，这里，我们仅提出三点：

### 1. 启发性

启发性就是要有利于启动学生的思维，激发其主动探求的积极性。比如有位老师教《项脊轩志》，解题时就要学生猜一下谜语："明月高挂照我还"，打一古代散文家。学生猜出是"归有光"。注意力也由此被吸引到课文里。在解题时，扣"项脊"设问：作者为何以此名轩？引导学生了解作者的身世和个性，进而从解题中揣摩出课文的特色。这样，学生学习课文在知和情两方面都得到很好的铺垫。再如，有位老师教学《雷雨》，围绕对周朴园性格的理解，设计了三个问题：（1）周朴园是如何对待"死去"的鲁侍萍？（2）周朴园是如何对待活着的鲁侍萍？（3）周朴园是如何对待眼前的鲁侍萍？问题的条理化本身就有激发兴趣的作用，问题的指向性又引导学生在积极思维中把握周朴园的性格特征。在课堂上自然会表现为教得轻松，学得主动。

### 2. 流畅性

教学过程作为一种动态化的过程，应当呈现出一种流畅的美感。教学思路的清晰，教学语言的明快，都是形成这一美感的重要因素。此外，教学设计的层次感也是不可缺少的。这种层次感首先是着眼全课的，比如教学《陌上桑》，考虑到侧面描写是重点也是难点，可以作如下设计：（1）从旧知到新知的衔接。从学生作文中选出一些侧面描写的例子讨论，然后再过渡到学习课文中的侧面描写。这样，旧知使他们有亲切感，新知使他们有新鲜感。过去他们运用这种手法多是不自觉的，现在看到自己早已运用了这种手法，学习的兴味更浓。（2）从感性到理性的飞跃。为了让学生以后能自觉地运用这种手法，在大家有了一定的感性认识的基础上再从理论上加以概括，为举一反三创造条件。教者从实例中归纳出侧面描写的着眼点是"从美的效果上去描绘"（莱辛语），具体方法是化描写为叙述，从形象塑造的特点看，这里触发的不是具体可感的视觉形象，而是不定的想象形象，对于读者来说，它指示了想象的方向，留下了想象的空间，给再创作以广阔的天地。（3）让理论得到应用。一方面举一些名篇中侧面描写的例子让大家赏析，另外，当堂布置学生做片段练习，运用侧面描写的手法写人描物，使同学们的理性知识在实践中得到巩固。根据这样的设计，教学取得了较好的效果。

即使具体到讲析某一部分的课文，也应体现层次感。其基本的方法是抓住主要矛盾，以简驭繁，逐层推进。比如《鸿门宴》的第二层次，头绪较多，描述纷繁，搞得不好，就可能乱而无绪。但如果抓住矛盾主线，看看曹无伤告密、项羽怒火中烧、范增又火上浇油，情节之弦扯紧了，而后又松弦了，原因是什么（刘邦拉拢了项伯）。然后可围绕这个问题设计作如下提问：（1）如果拉拢了项伯，项伯能不能帮忙？肯不肯帮忙？（能，他身份特殊——项羽继父；肯，他个性独特——重于私情。）（2）刘邦有没有拉拢项伯的条件呢？（有，刘邦的心腹谋士张良于项伯有活命之恩。）（3）刘邦有没有作准备？（作了，"吾得兄事之"——是重要的精神准备。）（4）刘邦是怎样拉拢的？（"奉卮酒为寿"——先建立友谊；"约为婚姻"——再建立戚谊。）于是，尽力帮忙，乃至"亦拔剑舞，常以身翼蔽沛公"，对项伯就是情理中的事了。这样设计，理清了原文层次，讲出了情节张弛的内在必然性，也使讲析如行云流水一般的流畅。

### 3. 创造性

教学过程是有一定程式的，但又要避免尽落窠臼。有些老师注意采用一些"变式"，使得教学设计出人意料，又合情理，这就表现出一定的创造性。比如讲析，有些老师根据课文特点，选择相应的突破口，打破了从前到后顺序讲读的程式，就是创造意识的体现。

在教学方案的设计上，如果能考虑到一定的弹性，多准备几种，教学时可以随机应变，教学过程也体现出一定的创造性。比如，有位老师在教《草船借箭》时，主体方案只准备讲诸葛亮向鲁肃借船，却不让鲁肃把借船的事告诉周瑜，说明诸葛亮有知人之明的本领，并没有涉及鲁肃为什么听诸葛亮的话，没有把借船的事告诉周瑜。但老师同时熟悉了相关资料，以便学生提出这个问题。课堂上，学生果然提到，老师则简要介绍了鲁肃曾把诸葛亮看破周瑜定计杀蔡瑁、张允的事告诉了周瑜，险些使诸葛亮受害的故事，并联系到鲁肃、周瑜对孙刘联合抗曹的不同态度，联系到诸葛亮聪明过人的品质，不仅解答了疑难，而且丰富了教学内容。相对于单一的方案来说，这样教有了突破，也就有了一定程度的"创造"。

## 三、编写教学方案

在备课的过程中，我们必做的工作有钻研课标、教材，了解、研究学生，考虑、选择教法，等等。随着备课的进展，我们要把自己的心得、体会、感想、问题记录下来，这就形成了备课笔记。如果将"笔记"（包括尚未记录的思想、尚未整理的资料），再经过条理化、系统化的工序，加以整理、总结，运用文字形式记载下来，就一个单元或一篇课文的教学，制订出教学目标、教时安排、教学的重点难点，各个课时的教学步骤、教学内容，教学时的提问、板书、作业设计等等，并留下一定的空白以便写下教学后记，这就构成了教案。教案在手，上课就有了重要的依据。否则，缺少了这道工序，备课所得"盘中餐"，就会有相当一部分被遗落，遭浪费。

要编写教案，就要根据特点，选择相应的形式。其基本原则是：

（1）因文而异。比如精讲的课文应写详细些，略讲的课文可写得简略些。（2）因人而异。比如老教师、老课文（已教过多次的课文）可写得简略些，新教师、新课文应详写，教学风格如何，也应在教案中得到反映。（3）因型而异。课型设计如何，必然影响到教案的编写。比如新授课、练习课、复习课等等，教案就应各有特点。（4）因时而异。"生活之树常青"，教学亦是一种生活，不同的教学对象、不同的"时代背景"，都促使我们把再一次的教案编写作为"再创作"。因此，一方面要重视旧教案的整理，重视教学经验的总结；另一方面又要根据新的情况，对旧教案加以补充、修改、提高，以求常备常新。

一份优秀的教案，是设计者智慧、功力、经验、教学思想、教学风格以至治学品格的综合体现。但不管准备多么缜密，教学设计总难以穷尽课堂上的种种变化。因此，在教学实践中，应当提倡"活用"教案。面对意外，一方面要注意将学生思路引导到教学设计的思路上，另一方面不必拘泥于教案，而应根据实际情况利用教学机智调整、丰富教学设计。这样，教案就又多了几分生命力。

根据新课标精神设计，编写教学方案，老师们有许多生动的创造。在修改本章时，我打电话给当时在江苏省锡山高中任教的张克中老师，希望他能选一篇教学设计，并作简要说明。第二天，克中同志就给我发来了，现附在这里，供大家参考。自然，这不是唯一的"样子"。

## 《我与地坛》（节选）教学设计

【教学目标】

1. 借助对文本语言的揣摩品味，学生能够准确说出文中诸多细节所承载着的作者感情。

2. 学生能够准确说出史铁生对生与死的思考，并能对史铁生的生死观作出准确的价值判断。

（说明：《我与地坛》是史铁生最为重要的散文作品，亦是其本人的代表作，承载着史铁生对生命本身最为清醒、严肃、平静而又饱含深情的思考。学习这篇文章，有众多的教学内容选择，但最为重要的应该是史铁生对人在命运前的态度，对生与死本身的思考与判断。课程标准在必修课程的"阅读与鉴赏"要求中，有阅读鉴赏活动应"不断充实精神生活，完善自我人格，提升人生境界"的内容，也有根据语境揣摩语句，理解文本表达的思想、观点和感情的要求。另外，《我与地坛》是苏教版高中语文必修二"珍爱生命"专题下的一篇文本，对生命的思考与回答也是专题教学的要求之一。基于课标、教材专题教学需要及作家在文本中的精神立场，我们有选择地把以上两点作为教学的主要目标。）

【教学重点】

史铁生对命运的感悟，对生死的态度。

（说明：作家的精神立场最能体现教材人文专题的教学要求，自然应把史铁生对命运的态度放在教学的重点地位。）

【教学难点】

文本中的细节教学与语言揣摩。

（说明：史铁生在文本中的语言表达极富张力和思辨性，理解了史铁生的文本语言，也就能顺利把握住史铁生的精神立场，而文本中这样的语言细节又很多，所以细节教学与语言揣摩是教学的难点。）

【教学过程】

一、文本导入。

1. 让学生回忆，想想是否有过令自己激动不已的向往。（不必让学生回答）

2. 让学生回忆，自己记忆最深刻的一次失望，当时失望的情绪带给了自己怎样的内心体验。（让学生回答）

（说明：16岁的孩子，不可能人人有过刻骨铭心的苦难经历，为了能够最大限度地调动他们对史铁生人生遭际的情绪理解，设计了这样一个环节，先是让他们想自己曾经最令人鼓舞的向往，再让他们想失望的情感经历，回忆自己当时的内心感受和情绪表现。）

3. 引出史铁生20岁时双腿截瘫的事实，强调20岁，强调狂妄的年龄，强调做梦的年龄，强调截瘫后残酷的现实，让学生不读文章时就能理解作家在人生遭遇面前最初的情绪状态。

二、阅读史铁生对地坛最初的交代。

紧扣两个要点：一是"我"面对地坛有种宿命的味道；二是地坛为一个失魂落魄者把一切都准备好了。

（说明：为什么扣住这两点？关于第一点，地坛四百年前就在那儿，不动声色地站在那儿，谁也不知道它在等待什么，四百年间，一个生命从无到有，围着它转来转去，离它越来越近，最后来到它面前。地坛的存在好似在等"我"，"我"来到这个世界上好像就为了来到它面前。这种神秘的语言表达能够让学生变得庄重而严肃。关于第二点，失魂落魄者内心的颓废、荒败与地坛的氛围极相近，而地坛的苍幽、深沉、宁静，失魂落魄者既需要又没有，前者是让失魂落魄者对地坛有同病相怜式的情感依靠，后者是失魂落魄者获得灵魂点拨的一把钥匙。所以，地坛为一个失魂落魄者把一切都准备好了，失魂落魄者想要的地坛有，失魂落魄者需要的地坛也有，这一点十分重要。）

品味第三段对地坛环境的描写。重点在品味史铁生语言里的落寞、孤寂感，他的语言描写中地坛那种通身的沉静、阔大、苍茫感。前者是时下的史铁生迫切需要的，后者是要带给史铁生人生以启迪的。

三、史铁生为什么描写地坛里那些忙碌而卑微的生存？

史铁生之所以还能描写这些卑微的生存，就是因为他活下来了，在他决定活下来之前，其实他面临一个很实际的问题：这一生再也不能站起来，所有的抱负与梦想都无法实现，要不要死掉？

品味这一段的小生命描写。借助语言表达，应该收获如下几点结论：

1. 史铁生观察得非常细致，他如何能做到这一点？大把的时间，内心无聊的真实表现。

2. 在形形色色的生命表面看似毫无意义的举动背后，作者有醍醐灌顶的灵魂收获。

3. 史铁生观察小生命，与无语的祭坛对望，在每一棵树下发呆，数年时间后，作家明白：死是一件不必急于求成的事，死是一个必然会降临的节日。

（说明：这部分没有过难理解的地方，最重要的是抓住描写地坛中小生命的那些语言细节，通过品味，让学生明白，当史铁生长时间地盯着这些只有行动没有言语的小生命时，他一定深悟了生命的卑微处境，但这些小生命尽管卑微地活着，仍然活得充实、忙碌、兴高采烈。看四季轮回，自然中似乎就有一只神秘的大手，适时地把生命放出来，再适时地收回去。这或许也是史铁生对生死思考的顿悟与收获来源之一。）

四、史铁生选择生的同时又面临一个难题：如何活。

在生与死面前，史铁生决定选择生。但是，选择生后必须面对一个难题——如何活？回答这个问题，在节选部分，从六个"譬如"到整个第二章节里的母亲，都在回答如何活的问题。

1. 六个"譬如"描写了一个怎样的环境？这个环境描写的真正用意

是什么？

"石门落日""雨燕""孩子脚印""苍黑古柏""园中暴雨""秋风早霜中的落叶"这六个譬如，描写的都是一个寂静、镇静、平静、安然而又有一丝苍凉的环境，这些信息都在表达一个意图：万象自然。如何活？它们以不同的方式，相似的况味告诉史铁生，史铁生又告诉我们他的理解：平静地活。

（说明：这六个"譬如"在许多语文课堂上只被当作环境描写处理了，教师只是带着学生品味了其语言描写的细致、典雅，而忽略了环境本身承载的作者情感。当注意。）

2. 母亲存在的意义。

（1）总结出母亲的苦。

集中阅读品味第二章节的二、三两个自然段，抓住一句话回溯：这样一个母亲，注定是活得最苦的母亲。"这样"一词包括了哪些内容。

（2）作者的感恩与忏悔。

品味第二章节第七段"摇着轮椅在园中慢慢走"的语言，理解作家永失母亲的内心剧痛。

品味第二章节第八段带有回味色彩的叙述，体验作家永失母爱的懊悔与忏悔。

品味第二章节第十段最后一句："多年来我头一次意识到，这园中不单是处处有过我的车辙，有过我的车辙的地方也都有过母亲的脚印。"此一句把母爱与感恩，剧痛与忏悔再一次集中地进行了表达。

（3）母亲存在的意义。

整个第二章节，史铁生虽是在写母爱与自己的感恩与忏悔，但其真正的写作意图在于表达母亲给自己生存的启迪，即：人面对人生困境，唯一要做的就是平静地接受，平静地生活，静等灾难结束。

母亲不是以言语启迪了史铁生，而是以她对待生活的方式。这种方式，地坛中的小生命、六个"譬如"环境都告诉过史铁生，唯有母亲的存在方式最终启迪了作家，如何活？像母亲一样平静地活。

这是史铁生写第二章节的意义，也是母亲存在的意义。

（说明：太多的语文课堂，把第一章节与第二章节分别作了处理，第一章节处理成史铁生对生死的思考，第二章节处理成史铁生对母爱的感恩与自己的忏悔。这是一种简单且错误的处理方式，没有真正读懂史铁生的写作表达和精神立场。史铁生的整篇《我与地坛》提出并回答的三个问题：第一个是要不要去死？第二个是为什么活？第三个是我干吗要写作？第一个问题源于史铁生的现实生存；第二个问题关涉生命存在的本质意义，这也是史铁生最为深刻的地方；第三个问题是史铁生回答自己存在的根本路径。在节选部分，我们不能凭经验与想像简单化处理。）

五、史铁生在《我与地坛》中的精神立场。

让学生说出史铁生在本文写作中表达的精神立场：死是不必急于求成的事，死是一个必然会降临的节日；我们如何在这个世界上生存，尤其我该如何面对我困顿的命运？平静地接受它，平静地对待它，平静地生活。在真正的大灾难面前，人只有忍受。

（说明：说到真正的灾难面前人只有忍受的结论，可能会有消极的价值判断嫌疑，其实这样的忍受是哲学意义上的受难，人无法战胜自然的苦难，甚至人类自身的苦难，但人的伟大，恰恰就在于可以忍受它。史铁生的思考，是站在苦难的制高点上观照苦难。）

【教学设计反思】

这篇教学设计的教学目标定位依据有三：课标、教材人文专题要求、作品内容，这样的考量应该是恰当的。自然，一篇文章可有许多个性化的教学主题设计，任何一篇教学设计都不可能面面俱到，基于教师自身的理解，此教学设计的两个教学目标可以被人接受。在教学内容设计上，教师也是抓住两个教学目标，以品味语言把握作家情感，理解文本内容；以文本内容的理解促成对作家写作精神立场的掌握。特别要说明的是，设计把教师自身对第二章节的个性化理解带进去了，这是对课标倡导个性阅读、发展独立阅读能力的一种响应，也体现了一位教师对文学批评成果的关注，比普遍的语文课堂教学对这一章节的处理有新意。

## 四、写好教学后记

教学设计只是一份蓝图，实施的效果怎样，只能在教学实践中反映出来。如果我们把教学中的心得感受或需要补充说明的资料等记录下来，这就形成了教学后记。作为教学反思的文字记载，教学后记对于分析得失、总结经验、探索规律、改进教法，其积极意义是不言而喻的。有些老师认为这是教师必修的"教后功"，是很有道理的。

很多优秀教师都很重视写教学后记。从其教后记中我们甚至可以领略到他们在教艺的峰峦间登攀的身影。这里不妨引用于漪老师的教学《茶花赋》和

《春》的教学后记以飨读者。

## 《茶花赋》教后记

1. 学生诗背得很流畅，沉浸在歌颂祖国山水，热爱祖国的热烈气氛之中。

2. 在讲解文章结尾时挂出"含露乍开的童子面茶花"图，学生一下子被吸引住了。出示教具定要考虑时机，时机恰当，可收到良好的效果。这幅图不仅挂在黑板上，更是挂到学生的心上。学生一想到这幅图的形象与色彩，就会燃起热爱祖国的感情。

3. 进行口头练习时，学生能开展联想，命了许多题，如：长江赋、黄河赋、青松赋、旭日赋、骏马赋、雄狮赋……

又记：

1.1980 年 10 月应邀赴云南昆明讲学，经了解，"普之仁"实有其人，本想前去拜访，因故未能如愿。教该文时，原以为"普之仁"是作者虚拟。当时自己望文生义，缺乏调查研究，须引以为戒。

2. 在云南看到的"雪狮"茶花，花重瓣，大朵，类狮子，每个花瓣镶白边，故有此称。

3.《中学语文教学》1981 年第 3 期中《"童子面"不是"关公面"》一文中说："童子面"花的颜色在云南山茶花中颜色最浅，"白中带红晕"。

## 《春》教后记

1. 接初一下学期班级后，自选了这篇课文作为补充读物。第一次教学生写景的散文，着力于细，让学生体会用词的准确、生动，培养学生想象的能力。

2. 学生十分喜爱，两节课教下来，学生已能背诵。

3. 兼带教"百花争艳""繁花似锦""芬芳馥郁""大地回春""万象更新""红杏枝头春意闹"等词句。

4. 比较"买、卖""胀、涨"。

5. 有些地方过于细碎，要改进。

又记：

第二次教《春》时，吸取了前次教得细碎的教训，重点放在朗读训练上，内容只作了粗线条的分析。学生读得比较流畅，但在写作上反映的效果反不及前次。第一次抓住细笔细绘的特点引导学生仔细品味，学生在习作上明显地进了一步，写景不是大而化之，笼笼统统，而是平时注意细致观察，下笔具体得多,生动得多。要注意:纠正教学中缺点时,不能把长处也甩掉。

又记:

第三次教《春》时,又作了较大的更动。一是加强了单元教学,把《春》《海滨仲夏夜》《香山红叶》和《济南的冬天》结合起来考虑,除抓住特点、比较异同外,引入课文也重新作了设计。设计是这样的——法国雕塑家罗丹曾这样说:美是到处都有的,对于我们的眼睛不是缺少美,而是缺少发现。我们生活在大自然之中,大自然的美可以说是无处不在。它不同于巧夺天工的工艺美,也不同于绕梁三日的音乐美。然而它们似乎是各种美的综合。尤其是我们祖国的壮丽山河,真是美得令人陶醉,在春、夏、秋、冬不同的季节,不同的地方,展现出不同的美姿。现在我们要学习的就是一组描写四季景物特征的情文并茂的散文,通过反复诵读,咀嚼推敲,来领会它们精彩的写法和表现的情境美。二是加强思维与语言的训练。先给学生做样子,就春草的描绘进行分析,明确写了些什么,从哪些角度描绘的,哪个词或哪些词用得特别精当,描绘时主要运用哪些方法。然后帮助同学自读课文,有条理地进行分析。学生把理解、口述、朗读结合起来,学习的效果比较好。

教学后记的写作内容是多方面的,但也不是有啥记啥,更不能牵强附会,而应注意从几个方面进行提高和突破:第一,单篇的突破。不能只是教一篇记一篇,而是重视单元的系统小结,在教好一单元后,要根据各篇后记进行归纳整理,以形成规律性的东西。第二,现象的突破。教学后记当然要记课堂上发生的有记载价值的事情,但要注意由现象而至本质,作深层思考:为什么会这样?努力从知其然过渡到知其所以然。第三,时间的突破。教后记当然记在教后,但并不仅指刚教过之后,比如教过很长时间又在教学中联想到这个问题,比如在读书时又发现相关资料,都应补记进来。第四,实践的突破。要学会利用教学后记中的资料和问题,进行专题教学研究,从理论和实践的结合上进行探索,以教研来促进教学水平的提高。这样,写教学后记才称得上是练"功"。

# 第三章 德育论

教学，是向学生传授知识、技能，发展学生智力的过程。如德国教育家赫尔巴特所说："我想不到有任何无教学的教育，正如在相反方面，我也不承认有任何无教育的教学。"不管教师自觉与否，他在教学的同时，总是在用一定的哲学、政治、道德等观点教育学生、影响学生。这种教学的教育性，或者叫作教学的德育功能，是贯穿古今中外各类教育的一条基本规律。我们较早地讨论这个问题，也正是因为认识到它的重要。

## 第一节 立足语文德育的制高点

语文德育的制高点是什么？简言之，就是"教书育人"。登高方可望远，立足于语文德育的制高点，高擎起"教书育人"的大旗，才能明确语文德育的方向性，认识语文德育的紧迫性。现在，就让我们站立于这一制高点，作一番环视吧！

### 一、从育人标准的内容看，应当是"育智"与"育德"的统一

按照马克思主义关于人的学说，人的全面发展和个性的自由发展，应当是社会主义教育培养目标的重要内容。尽管现实还没有为这种发展的充分性创造足够的条件，但它的历史必然性应当激励、鼓舞我们为之奋斗。从教育的角度说，人的全面发展就是学生作为一个完整的人所具有的品质和才能都得到充分

的发展，使学生成为人格全面的人。这种全面发展的人在道德、知识、技能、能力、审美、体质、劳动能力以及生活能力等方面都是健全的。个性的自由发展，则是以全面发展为基础的个体的人所具有的特质、特长、兴趣、爱好等的自由发展。这样的培养目标，落实到具体学科，其侧重点有所不同。但"知德统一"的原则，则是所有学科都能通用的共性原则。人的全面发展的诸要素，无不联结着"知"或"德"。而要"全面"，显然包含了"育智"与"育德"的统一。个性的自由发展，应当也是以"知"和"德"为基本的立足点展开的。

自然，在马克思那里，在社会主义教育的培养目标中，"德"有其具体的内容，这就是苏联教育家加里宁在《论共产主义教育》一书中指出的，教师在任何时候都不能忘记，自己不单单只是一个传授知识的教师，而应是一个教育家，是人类心灵的工程师。这个工程师是通过教学活动在学生的心灵上精心施工的，目的在于把学生培养成为共产主义而奋斗的有用人才。这个要求，应当是"育智"与"育德"统一的着眼点。

## 二、从育人的时代要求看，应当是建设者与接班人的统一

我们培养的学生是跨世纪的人才，他们将承担起建设社会主义现代化的重任，这是时代赋予教育事业的重任。过去，在这个问题上，我们曾走过不少弯路。现在，痛定思痛，我们一方面对新技术革命的挑战，要通过教育实现科学技术和人的结合，使潜在的生产力转化为现实的生产力，造就大批具有应用科学技术能力的建设者；另一方面要保持清醒的头脑和高度的警惕，加强思想政治教育，培养立场坚定的社会主义事业的接班人。这样，从今天学生的实际出发，为他们的明天，为他们的未来着想，培养出具有强烈现代感和创新精神的人才，教育，才能不负时代的重托，不负历史的重托。无论就哪一个方面，语文学科都具有基础意义，其作用是相当突出的，任务也是十分重要的。

## 三、从育人材料的特点看，应当是语文教育与思想教育的统一

学科德育的材料，首先是指教材。在这方面，语文学科具有得天独厚的优势。课程标准明确指出："教材应体现时代特点和现代意识，关注现实，关注人类，关注自然，理解和尊重多样文化，有助于学生树立正确的世界观、人生观、价值观。"教材要注意继承与弘扬中华民族优秀文化和革命传统，有助于增强学生的自尊心和爱国主义感情。在一篇文章中，语言文字的形式和它所表达的知识思想内容是作为一个整体呈现出来的。通过语言文字去认识知识，认识形象，

明晓事理，体验感情，把握主题，然后再去分析文章是怎样一步步表现这个主题的，这是理解性阅读的基本过程。在这里，语文的知识教育与思想教育是密不可分的，事实上，任何分裂二者的做法都是危险的。列宁早在1920年就明确指出："只有用人类创造的全部知识财富来丰富自己的头脑，才能成为共产主义者。"① 俄国教育家乌申斯基说过：每一个新生一代在掌握祖国语言的同时，就是掌握千万代祖先思想和感情的成果。② 语文教学的重要特性，就是体现语文教育与思想教育的统一。联系前论，"知德统一"在语文学科就是"文道统一"；所谓"育智""育德"，就是语文教育和思想教育的紧密结合；从"建设者"与"接班人"的关系看，语文教学是一种母语教学，掌握它，是学习一切知识的基础；而语文课文作为"生活的教科书"，正是培养"接班人"的现成材料。因此，前论两点归结到语文学科教育上，就是文道关系，就是语文教育与思想教育的统一。课程标准在语文界多年关于"文道统一"讨论和探索的基础上，明确"工具性与人文性统一，是语文课程的基本特点"。"统一"即是内在一体化的，讨论时分开来说，只不过如同一个硬币的两面，识辨方便而已。

### 四、从育人工程的系统性看，应当是分与总的统一

语文教材中思想教育的内容，除了普通高中新设的特定的学习任务群外，大都呈现着一种散点式的松散结构，它的排列是随机的。但是，这绝不意味着语文学科的德育就可以是零打碎敲式。认识这个问题，仍然应当从育人的高度，从德育工程的整体系统，看语文德育的内容及特点。关于中小学德育目标，《中共中央关于改革和加强中小学德育工作的通知》中已作了明确规定，这就是要把现在的中小学生"培养成为有理想、有道德、有文化、有纪律的一代新人"。"中小学德育工作必须坚持以马克思主义为指导，认真贯彻党在社会主义初级阶段的基本路线，遵循党关于社会主义精神文明建设的指导方针。""中小学德育工作的基本任务是，把全体学生培养成为爱国的具有社会公德、文明行为习惯的遵纪守法的好公民。在这个基础上，引导他们逐步确立科学的人生观、世界观，并不断提高社会主义思想觉悟，使他们中的优秀分子将来能够成长为坚定的共产主义者。中小学德育要以爱祖国、爱人民、爱劳动、爱科学、爱社会主

---

① 巴拉诺夫，沃莉科娃，斯拉斯捷宁，等.教育学［M］.李子卓，赵玮，韩玉梅，等，译.北京：人民教育出版社，1983.

② 徐越化.中学语文教学法［M］.上海：华东师范大学出版社，1989.

义为基本内容，注意抓好以下几方面的教育……"近些年来，国家更是明确教育立德树人的根本任务，就加强学校德育、优秀传统文化进校园等提出一系列要求。这些总要求是学校德育的总纲，是所有学科德育都应贯彻和体现的。在明确这个总要求的前提下，我们还应了解语文学科德育的侧重点和特点。义务教育和高中课程标准对此都作了规定。相对而言，课标精神又是我们在进行具体课文教学时应当体现的总要求。课标之于"中央要求"，分中见总；具体课文的教学之于课标，也应分中见总。这样，"中央"精神、"课标"精神就可落到实处，见到实效，各个学科的合力就会促进学校德育工程的整体优化。而且，在自己的学科教学中，做一个自觉的德育工程建设者，还会于分散中建构训练序列，于随机中梳理有机联系，比如有一位老师在语文教学中进行爱国主义教育的方法是：利用教材讲述祖国自然风景的美丽，激励学生的"爱国之情"；利用教材讲述古代、近代、现代史上杰出人物的英雄事迹和重大贡献，鼓励学生立"报国之志"；利用教材讲述祖国的悠久文明，领先于世界诸多方面的科学文化成就，教育学生学"建国之才"；利用教材讲述党领导全国人民进行革命斗争的艰苦历程以及祖国社会主义建设取得的巨大成就，引导学生施"效国之行"。[①]从教材处理上，教者体现了教育的艺术、教学的艺术。在他那里，爱国主义教育是生动的、扎实的，德育总目标的体现也是实实在在的。都能如此，语文德育的潜能就更显丰富了。

## 五、从育人者本身的素质看，应当是"育人"与"做人"的统一

在语文教育的教材、学生、教师三因素中，教师是起决定作用的，德育工作尤为如此。因此，从育人的效果考虑，必须提高育人者的自身素质，必须提倡"育人"与"做人"的统一。

列宁说过："在任何学校里，最重要的是课程的思想政治方向。这个方向由什么来决定呢？完全由教学人员来决定。"[②] 不难想象，一个教师自己的政治信仰不正确，政治立场不坚定，学生在耳濡目染、认真聆听之间，得到的会是什么。因此，"做人"首先就是要树立共产主义理想，忠诚于社会主义事业。做到这一点，就可以从整体上明确语文德育的方向性，通过渗透在语言文字训练过程中的不断引导，通过与其他学科德育的合力作用，促使学生逐步形成正确的政治品质。

---

① 杨道麟.中学语文爱国主义教育管见［J］.中学语文教学参考，1989（11）.
② 列宁.列宁全集［M］.中共中央马克思恩格斯列宁斯大林著作编译局，译.北京：人民出版社，2014.

托尔斯泰说:"如果一个教师把热爱事业和热爱学生结合起来,他就是一个完美的教师。"① 在"育人"意义上的"做人",就要做这样"完美的教师"。我们看到不少老师都是这样追求的,比如,在有的老师那里,不一定被人重视的作业批改被誉为"滴滴红墨水,字字肺腑言",这正是对学生的爱、对事业的爱的充分体现。这是"教学",然而更是"育人",是用一腔真诚和挚爱去"育人"。

苏霍姆林斯基说过:"教师要成为学生道德上的指路人,并不在于他时时刻刻都在讲大道理,而在于他……能为人表率,在于他有高度的道德水平。"② 而乌申斯基则称之为"范例作用",并认为"教师个人的范例,对于青年人的心灵,是任何东西都不可能代替的最有用的阳光"。的确,在德育工程中,为人师表,师风可学,其影响力是巨大的。我们只要看看身边,有些老师在学生心目中声望很高,令人敬仰,重要的一个原因就是他们师德高尚,堪称楷模。

语文教材的内容是相当丰富的,并不能只靠喜厌爱憎,靠无言身教,就都可以落实德育,无论是理解教材,还是处理教材,都需要育人者具有先进的世界观和方法论。恩格斯曾讲过:"不管自然科学家采取什么样的态度,他们还是得受哲学的支配,还是愿意受一种建立在通晓思维的历史和成就的基础上的理论思维的支配。"③ 语文学科属于社会科学,更是如此。因而,"做人"还应用辩证唯物主义与历史唯物主义的科学理论武装头脑,这样,语文德育就能达到高屋建瓴的境界。

当然,作为教育者,在"育德"的同时也应"育智",认真学习教育理论和专业知识,"水之积也不厚,则其负大舟也无力"。一个知识贫乏的教师去对学生进行思想教育必然是苍白无力的。从"文道统一"说,对"文"尚不能理解,又怎能领会隐含在语言文字中的思想内容呢?马卡连柯说得好:"假如你的工作、学问和成绩都非常出色,那你尽管放心,他们全会站在你的一边,决不会背弃你。……相反地,不论你是多么亲切,你的话说得多么动听,态度多么和蔼,不论你在日常生活中和休息的时候是多么可爱,但是假如你的工作总是一事无成,总是失败,假如处处都可以看出你不通业务,假如你做出来的成绩

---

① 李光裕. 中学语文教学法实用教程 [M]. 昆明: 云南教育出版社, 1991.
② 苏霍姆林斯基. 和青年校长的谈话 [M]. 上海: 上海教育出版社, 1983.
③ 恩格斯. 自然辩证法 [M]. 中共中央马克思恩格斯列宁斯大林著作编译局, 译. 北京: 人民出版社, 1971.

都是废品和'一场空'——那么除了蔑视之外，你永远不配得到什么。"① 所以于漪老师说，她十分强调语文学科的德育功能，主张教师"胸中要有教学育人的清晰蓝图"。她的语文德育艺术是她语文教学艺术的有机组成部分，且不说她"做人"的其他方面，仅就"育智"说，她上大学学的是教育学，教过历史，转教语文，至今也没有停止过对知识的探求，张志公先生为她著的《学海探珠》写道："教学是科学，又是艺术。但是，科学也罢，艺术也罢，都需要同一种本钱——知识。"张先生认为于漪老师"深知其中甘苦"。在知人、知文的前提下，志公先生所写之序题目为"锲而不舍——入宝山不会空手回"。② 于漪同志握有多少"教书育人"的真本钱，可以想见。正因为如此，她的备课才能达到"目无全牛""游刃有余"的境界；她的教育也才能取得有目共睹、有口皆碑的效果。

## 第二节　把握语文德育的特点

抓住学科德育的特点，德育工作才能奏效。实施语文德育，至少应把握如下特点：

### 一、语文德育内容的特点：丰富性

三年级某老师在一节口语课上，先指导学生做插花，然后让他们介绍自己的插花。每当一组同学介绍完，她总要问："你们的插花象征着什么？"一个学生说："我们的插花中，这朵大的牡丹花是祖国大陆，这朵小的菊花是宝岛台湾，我们祝愿祖国早日统一。"另一个学生说："我们选的满天星象征着祖国经济建设欣欣向荣、蒸蒸日上。"……

这是笔者在小学听课时观察到的一个片段。下课后，我们和执教的老师进行讨论，她的引导是否走向了牵强附会的方向。这位老师一脸疑惑："我这是在落实情感、态度和价值观啊！"联想到许多次在中小学听课的经历，总看到有些老师在一节课结束前几分钟来一点政治说教，刷一点德育的色彩，他们的理由也是"新课程要体现情感、态度和价值观啊"。应该说，有了学科德育的意识，认识到情感、态度和价值观要有具体体现，这是一种进步。但是，我们还应明白，学科德育不是外在的附加的任务，我们应认清情感、态度和价值观究竟在

---

① 马卡连柯.马卡连柯全集（第1卷）[M].许磊然，译.北京：人民教育出版社，1957.
② 张志公.学海探珠[M].北京：人民教育出版社，1990.

哪里。而且，它的内容是十分丰富的，也不需要我们去人为地添力。

**1. 教师应当成为学生获得教养的途径**

诺贝尔文学奖获得者赫尔曼·黑塞曾经提出，通过阅读，走进"世界文学的辉煌殿堂"，这是人们获得教养的途径。我想，教师为人师表，其理想、情感、意志及其世界观、人生观完全内化在人格结构中，应该成为学生获得教养的又一条途径。教育本质上就具有这样的要求。第斯多惠说："谁要是还没有发展培养自己的情感，他就不能发展和培养好别人的情感。"卢梭也说："在敢于担当培养一个人的任务之前，自己就必须造就成一个人，自己就必须是一个值得推崇的模范。"南通启秀中学的李庚南老师年近七旬，还在做班主任，还在给学生上课，家长们都希望把孩子送到她的门下，就是因为她已经成为"值得推崇的模范"。

教师成为学生获得教养的途径，是超越学科、超越课堂的，但又是通过具体的学科教学、一节节的课以及学校的其他教育活动体现出来的。在我看来，在具体的学科教学过程中，教师成为学生获得教养的途径主要体现在三方面：一是教师对学生的爱。马克斯·范梅南说："教育的智慧是一种以儿童为指向的多方面的、复杂的关心品质，这是人的崇高使命……爱和关心是教育科学的条件。"[1] 爱是教育的灵魂，真正的爱应如泰戈尔诗句所描绘的："让我的爱／像阳光一样包围着你／而又给你／光辉灿烂的自由。"二是教师在教育教学过程中表现出来的乐观向上的生活态度。别林斯基说过，普希金的政治抒情诗充满诗意的全部奥秘，在于他的诗篇里洋溢着一种对生活的微笑，他又找到了一种最好的表现形式。于是，俄罗斯的青年从他的政治抒情诗里看到了希望，受到了鼓舞。我以为，理想的教育就是教育者在教育教学过程中洋溢出自己对"生活的微笑"，这种乐观向上、豁达明朗的性格元素，对引导孩子的精神发育、健康成长是十分重要的。三是教师的专业伦理。专业伦理是一个专业的行为准则，它规定着我们这样做而不是那样做，长期遵守，规定成为习惯，习惯成为自然，就成为一种内在的品质。在教师专业伦理中，我想应该包括：尊重每一个学生，尊重在各种情境中的学生，这是最为重要的；公正、公平地对待每一个学生，杜绝任何歧视的行为；自律，在道德素养上没有"硬伤"，经得起"推敲"。这样的老师会使学生产生信赖感，教师的形象会对教育产生积极的影响。

**2. 把握课程的价值取向**

相对于直接的德育课程来说，学科德育主要是隐性的，这是由课程的价值

---

[1] 马克斯·范梅南.教学机智——教育智慧的意蕴[M].李树英，译.北京：教育科学出版社，2001.

观决定的，是由课程结构和内容所包蕴的。从这个方面理解，我们应当强调：

把握新课程的核心价值观。新课程的核心价值观以每个学生的发展为本。根据马克思主义关于人的学说，人的全面发展和个性的自由发展应是教育培养目标的主要内容，尽管现实还没有为这种发展的充分性创造足够的条件，但其历史必然性应当激励、鼓舞我们为之奋斗。从教育视角看，人的全面发展，就是学生作为一个完整的人所具有的品质和才能的充分发展。这种全面发展的人在道德、知识、审美、体质、能力等方面都是健全的。个性的自由发展，则是以全面发展为基础的个体的人所具有的特质、特长、兴趣、爱好等的自由发展。以学生发展为本，应当基于这样的认识去思考、去把握，这是教育的根基，自然也是德育的根基。

全面落实课程方案。课程方案是由培养目标决定的，是在课程角度体现培养什么样的人、怎样培养人。如果课程方案不能完整地执行，就意味着培养目标不能全面实现，在这种情况下去讨论德育问题，显然是丢了西瓜去捡芝麻。

通过新旧课程的比较，把握具体学科课程的价值。以语文课程为例，旧课程科学主义泛滥，独尊工具性，造成严重的人文缺失，新课程则强调工具性与人文性的统一；旧课程从知识体系出发，围绕知识点组织教学，新课程则从学生的发展需要出发，强调语文学习的实践性，不刻意追求语文知识的系统和完整；旧课程是接受性学习的一统天下，新课程提倡自主、合作、探究性学习，主张学习方式从单一走向多元；旧课程是封闭的教材体系，强调教师的忠实执行，新课程倡导综合、走向生活，主张结合语言实践自主开发学习资源，鼓励教师"用教材教"而不是简单地"教教材"。

### 3. 理解知识与道德的关系

具体学科的德育并不仅仅指向那些政治的、说教的内容，更重要的在于知识的学习。

知识的最高价值是真、善、美的统一。"知识的目的在于求真，求客观事物所投射的真实，求人生切合真实世界，求知识切合价值，从而获得对客观真实事物的正确认识。而真恰恰是道德判断的前提。知识的效用在于扬善，即利用知识改造社会，改造人生，实现自然宇宙、生命个体、人伦社会、天地精神之和谐。知识的这一效用使知识具备了人性、人道性质。知识的理想在于追求'开物成务'的美学境界，即把握客观，化解矛盾，实现人类理想。"[①] 无论是教

---

① 陈微."知识道德"新论［J］.社会科学，2000（5）.

科书呈现的知识形态，还是学生汲取知识的意义和建构知识的活动，我们都是有必要、也有可能体现这些思想的。个体的、缄默的知识是与价值观相联系的。"建构主义理论认为知识是建构的，也是个体化的，只要承认知识的建构性也就承认了知识具有个体性，建构的知识都是存在的。"① 人们在形成个体知识、缄默知识的过程中，是有更多的过滤性、选择性的。在课程设计和教学的过程中，应当尊重学生的兴趣和个性，为学生自己知识的建构和个体化知识的发展创造条件。

学科知识具有独特的人文价值。培根曾对此作过精辟阐述："史鉴使人明智，诗歌使人巧慧，数学使人精细，博物使人深沉，伦理学使人庄重，逻辑与修辞使人善辩。"② 只要按照学科课程的特点教学，情感、态度和价值观，学科特有的人文价值，自然就会包容在其中了。

学科知识为学生道德成长提供了理性基础。"道德、认知、情感、意志、行为建立在对人、物、事及其关系认识的基础上，我们正是在对事物认识的基础上才形成相应的态度和情感。"正是通过课程知识的学习，学生认识到大千世界，了解人与自然、人与社会、人与自我的关系，才可能真正形成自己的价值观、世界观，也才能培养正确的道德情感和态度。③

**4. 吃透教科书的人文内容**

对德育内容，我们强调隐性的，并不是排斥显性的。教科书中存在的显性德育内容，应该高度重视、充分利用。这关键在于是否"吃透"。一位老师教《在马克思墓前的讲话》，在课要结束时，老师"礼节性"地问道："还有什么问题吗？"一位学生怯生生地站起来，说道："本文的中心论点是'这个人的逝世，对于欧美战斗的无产阶级，对于历史科学，都是不可估量的损失'。但在阐说马克思的贡献时，为什么要先说革命理论，后说革命实践呢？"老师还真被问住了。其实，教学时，我们不仅在理解内容、梳理结构、推敲词句时体现德育，还应看到，在这篇论说文中，恩格斯在阐说马克思的杰出贡献的同时，还饱含深情地描摹、塑造了马克思的光辉形象。正是从这个角度入手，我们才能理解为什么本文的总纲讲："这个人的逝世，对于欧美战斗的无产阶级，对于历史科学，都是不可估量的损失"，而在阐说过程中却先说他理论上的贡献，再说其实

---

① 李定仁，段兆兵. 校本课程开发：重建知识伦理［J］. 教育研究，2004（8）.
② 培根. 培根论说文集［M］. 北京：商务印书馆，1983.
③ 周晓静，朱小蔓. 知识与道德教育［J］. 全球教育展望，2006（6）.

践上的贡献。在本章中，笔者还将对这个案例展开讨论，试图说明教科书的人文内容是多么丰厚。

### 5. 关注"过程与方法"

从"过程与方法"的意义上看待情感、态度、价值观，我想至少有三个方面应予以重视。

教学方式、内容的选择应当考虑"人在哪里"。有的老师备课只考虑教材和老师自己，很少考虑学生；有的老师备课也备到学生，但只是模糊的概念。我们经常说"面向全体学生"，这不应该成为一句口号，而应该落实到每个鲜活的、具体的学生身上。备课的"学生观"要考虑三个方面：一是课程标准规定的全体学生应当达到的要求，二是不同层次学生的差异性要求，三是特殊学生的特殊要求。老师还应考虑从学生身心发展规律出发，从学科课程特有的学习规律出发，从知识板块与学习方式最佳匹配的关系出发，从教学条件、环境提供的可能性出发，系统考虑应当选择什么样的教学方式，怎样引导学生选择较为合理的学习方式。这样，我们才具有建构道德课堂的可能性。

我们要提倡教学过程的审美性。第一，教师要注重"美学形象"的塑造。如果把教学过程看作是一次审美活动，那么教师就应具有多重身份。比如，老师是审美主体，他要发现教学内容的美、教学对象的美；教师又是审美客体，应当呈现教学劳动的形态美；教师还应是审美中介，通过教学方法、教学技巧，引导学生进入审美境界。教师应该成为一个美的化身、美的使者。第二，重视教学过程中的情感熏陶。在审美过程中，学生会有多重收获，其中最主要的是情感的熏陶，恰如蔡元培先生所说："美育者，应用美学之理论于教育，以陶养感情为目的者也。"[①] 这种情感熏陶不仅有助于育德，对于育智也具有积极作用。布鲁姆等人的研究表明，在认知水平与情感水平方面，彼此的关联性是非常明显。在通常情况下，认知连续体低层次目标的对应面，在情感统一体的较低层次；情感连续体较高层次上的目标，其对应面在认知连续体的较高层次。情与理相辅相成，互为促进，因此必须在整体意义上加以观照。第三，让教学更具创造性。审美性的教学是达到艺术境界的教学。"创造是艺术的生命"，教学艺术的创造，在本质上是规律性与教学个性的统一，在内容上是创造性教法与创造性学法的统一，在形态上是新颖性与美感性的统一。师风可学，创造地教，不仅对教学效率的提高，而且对学生创造精神、创造能力的培养，其意义也是

---

① 蔡元培. 蔡元培教育文选［M］. 北京：人民教育出版社，1980.

极其深远的。

加强与生活世界的联系。打通间接知识与直接知识的联系,打通书本与生活的联系,打通课堂与社会的联系,情感、态度和价值观自然就包蕴其中。苏霍姆林斯基特别重视学生来自生活的直接体验的获得,并称之为"蓝天下的学校"。新课程实施以后,很多老师在课堂教学上注重调动学生的生活体验,努力让学生借助"经验"建构知识。笔者在近年来力主"课堂向四面八方打开",自然也包含教学向生活世界打开,实现新知与已知、间接与直接、课内与课外的融通。这些都有情感、态度和价值观的元素。当然,在这个方面,画蛇添足、穿靴戴帽,则是需要切忌的、杜绝的。

## 二、语文德育方法的特点:渗透性

在谈到语文德育方法时,我们不由得忆及杜甫的《春夜喜雨》。《春夜喜雨》共八句:"好雨知时节,当春乃发生。随风潜入夜,润物细无声。野径云俱黑,江船火独明。晓看红湿处,花重锦官城。"笔者以为,以这首诗喻语文德育,不仅形象地描绘出其渗透性的特点,而且还可化出语文德育的三重境界。

### 1. 第一重境界:春风化雨

课文,只是提供了语文德育的材料,教师即使具备了一定的思想品德修养,一定的学科知识,一定的教育理论水平,一定的教学业务经验,也只是具备了发挥主导作用的可能条件。要恰当地运用好材料,要使教师的可能条件转化为实施过程中的教学能力,还得有一个刻苦钻研、精心设计的备课过程。在语文德育过程中,如果说那些德育材料是一片片积雨云,教师的辛勤劳作是阵阵春风,那么,这个备课就是春风化雨的过程。这个"化"形式多样,比如有:

(1)融化。理解教材是处理教材的前提,如果没有对课文及其中包含的德育内容的理解消化,是不可能有成功的语文德育的。这种融化还应达到如下要求:

① 准确性。要传道于学生,首先要自己能正确地领会,准确地把握。否则就会"只听打雷,不见下雨",或者即有雨下,也不是"喜雨"。比如小学低年级课文《我是什么》,是讲水的三态变化这样一个辩证唯物主义的观点,有的老师看不到这一点,在教学时却去联系水的功过,教育学生认真学习,掌握科学文化知识,使水能更多地造福人民,显然不符合应有的教学目的。

② 深刻性。有些课文,或者内容的理解有相当的难度,或者写作的背景比较特殊,在融化时一下子难以吃透,要特别注意花气力去钻研。比如,吴伯箫的《记一辆纺车》,写的是抗日战争时期延安的生活,从这个时代背景出发,认

识课文，理解课文，渗透德育，方向并不错，但如果联系到该文写了1961年的国内外形势，认识文章"跟困难斗争，其乐无穷"的主题，就更见深度。再如苏轼《石钟山记》的主题包含在"事不目见耳闻而臆断其有无，可乎？"这一考察结论中，一般说来，理解时很难出错。但是，如果联系到此前御史中丞李定全凭"臆断"强加给苏轼的四大罪状（"始终不悔，其恶已著""傲悖之语，日闻中外""言伪而辨，行伪而坚""陛下修明政事，怨不用己"），副相王珪毫无根据地指控他的诗"根到九泉无曲处，世间唯有蛰龙知"（《王复秀才所居双桧》）是对皇帝的"不臣"，使他吃尽苦头，所以有了他的这一次借题发挥，我们就能咀嚼出更丰厚的意蕴。

③ 创造性。教师的理解是为了学生更好地学习。在融化时把"教学"的因素充分考虑进来，注意从较新的角度认识课文里的思想内容，有时可体现出一定的创造性。比如教学《祝福》，有位老师设计了这样一个问题：读了《祝福》，我们认为祥林嫂是一个没有春天的女人，大家能否在对课文的研读之中，证实老师的看法呢？通过反复研读，同学们沿着"没有春天"这条新的线索，进一步了解到祥林嫂的悲惨命运的轨迹：丽春之日，丈夫死去；孟春之日，被迫再嫁；暮春之日，痛失爱子；迎春之日，一命归天。从而理解到，作者刻意把几个关键情节都安排在春天发生，巧妙地揭示出祥林嫂是一个没有春天的苦命女人，在构思的精巧中见出了主题的深刻。应该说，这位老师的理解既符合人物命运的逻辑，又具有一定的创造性。

（2）分化。如果说融化是一种基本的通用的方法，那么，对待不同类型的作品，我们还可以提出一些针对性更强的方法，比如分化，就可以使复杂的内容简明化。对于古代文学作品，运用这种方法较为适宜。由于历史的阶级的原因，古代文学作品中的不少篇章，既有进步的思想锋芒，又有落后的封建糟粕，因此，我们要有分析有批判地对待，取其精华，去其糟粕。例如韩愈的《师说》指出师的"传道、受业、解惑"的作用，从师请教可以使人有所进步，向别人学习应当不计较年龄、地位等等，不只是对某些客观事理的揭示，对时风流弊的抨击，即使在今天也有积极的教育意义，这些都反映了这篇作品整体倾向是属于"精华"。但是，他在文章中说"巫医药师百工之人，君子不齿"，反映了封建时代士大夫知识分子对下层人民的轻视，正是一种阶级的局限。他又说"惑而不从师，其为惑也，终不解矣"，把师的作用说得有点绝对化了，忽视以至否定了自学和实践对"解惑"的重要作用。另外，韩愈强调的"道"在他不是一个抽象的概念，他在《送文畅师序》中说"道莫大乎仁义，教莫正乎礼乐",在《原道》中说"博爱之谓仁,行而宜之之谓义,由是而之焉之谓道",可见他提倡的是儒家之道,他是要求巩固封建秩序,有着一定反动性。然而,韩愈又正是以儒家思想为武器,反对佛老流行,反对藩镇割据,表现出一定的进步性。分清了这些,讲解时胸有成竹,评说客观,也使学生能从"继承"和"批判"两个角度都受到教育。

（3）点化。或示以观点,或引来材料,使作品的主题更见鲜明,更为突出,这是点化的作用。在教学中加以恰当的点化,无疑有助于升华主题,深化认识。比如教学颂扬爱国主义精神的篇章,示以列宁的名句:"爱国主义就是千百年来巩固起来的对自己的祖国的一种最深厚的感情";教学讴歌友谊的作品,引来罗曼·罗兰的话语:"智慧,友爱,这是照亮我们的黑夜的唯一光亮";教以王若飞同志为主人公的《视死如归》,介绍王若飞在狱中经常吟咏的于谦的《石灰吟》;等等——都可以起到由个别而至一般,直入主题的作用。当然,挑明主题并不都是这种方法,有时也可以巧借"指点",顺势点化。所谓指点,作为一种传统的表现技巧,是作者对文章旨意或某一部分思想内容直接或间接的说明、点染,是表现、揭示文章主题的艺术手段。刘禹锡诗云:"片言可以明百意,坐驰可以役万景",可以说明指点的意义。指点常常在文章的关键处、高潮处出现,比如《心愿》在写罢小姑娘的父亲希望女儿到中国学习,做中法友谊桥梁的工程师后,教师可以这样指点:"人民的感情是朴素的,朴素的东西是最美的。修一座友谊的长桥,这是我们共同的心愿!"这里的指点既是小结,又是点题,一举两得。在相当多的课文里,指点还时以反复咏叹的形式出现,比如《别了,我爱的中国》《白杨礼赞》等等,指点已经成为全文乐章的主旋律。不管哪种形式,显而易见的是,指点往往是由表入里的大门,甚或就是"里"——文章的主题、事物的本质所在。抓住指点,借以从理的高度统率全文,实际上也是一种点化,因此,留心指点是十分必要的。

对于某些课文,点化不仅仅是"再现",还具有一定的"表现力",能使课文的德育内容迸射出更为夺目的光彩。比如教学《穷人的专利权》,介绍我国一名普通工人获准免费申请专利权的新信息,思想教育的内容更显丰富;教学《谁是最可爱的人》,介绍"活着的烈士"李玉安的事迹,对"最可爱的人"的认识更加深刻。而对某些表现出一定的滞后性的题材,比如以合作社、人民公社为背景的一些文章,抓人物品质与时代精神的最佳结合点,以时代精神点化,就可以触发课文中思想教育的"亮点",作品的思想性也会因之得到更好的发挥。这些都要求我们备课备到这一步——既能开掘主题,又能凸现主题,有时还能"优化"主题。

（4）情化。"缀文者情动而辞发"，这就使得"文章不是无情物"，有些还是孕风裹雨、夹雷挟电，蕴含有丰富的情感因素。这个特点决定了教师备课时必须"情化自己"，然后"情入课堂"才会取得较好的教学效果。我们常常说，"以情动情"，这前一个"情"，就是指教者已经历过与作者的感情共鸣的过程，已经是"情化"了的"情"。比如在纪念周总理逝世一周年的日子里，于漪老师教学《周总理，你在哪里》，备课时她想到周总理伟大的人格，非凡的才能，想到了周总理几十个春秋南征北战，戎马倥偬，想到了周总理为人民为国家出尽了力，操碎了心，想到了周总理把骨灰撒在祖国大江南北的临终嘱托，吟诵之间，悲痛欲绝，用泪水写下了教案，上课时真正做到了"如出我心""如出我口"，热泪伴着声音走，呼唤起学生对周总理的无限崇敬和深切怀念。高潮处，师生终于抑制不住感情的闸门，课堂上响起悲痛的哭声，形成了作者、教师、学生强烈的感情共鸣，其渗入其中的思想教育自然而然地"入耳入脑"了。① 而这节课的成功首先就在于教者在备课时已经与作者同操一把情弦，实现了审美的共鸣。有人说，感情的共鸣能使人淡漠的感情冲动化，简单的感情丰富化，肤浅的感情深沉化。而在语文教学中，教师作为"中介"角色，能否激起课堂上的情感共鸣，首先就在于理解教材时是否做到了"情化"。虽然，课堂上的情感运动更多地属于美育的范畴，但情理往往是相融的。以诗歌说，"理之在诗，如水中盐，蜜中花，体匿性存，无痕有味"，不能"情化"，不由情入，又何处见理？情化正是理通的一个前提。而从语文德育的特点看，这"好雨"要下得无声无息，潜滋暗长，更需要施展情的魅力。

当然，春风化雨还在其"知时节"，在于了解时代的要求和学生的思想状况，从而加强教育的针对性。这样，雨才能为人所"喜"。

### 2. 第二重境界：润物无声

霍松林先生在评析《春夜喜雨》时说，春天的雨未必都能叫人"喜"，有时候，它会伴随着冷风，由雨变成雪。有时候，它会伴随着狂风，下得很凶暴。这样的雨尽管下在春天，但不是典型的春雨，只会损物而不会"润物"。杜诗赞美的是典型的春雨，它是伴随着和风细细地滋润万物的。② 语文德育亦然，处理

---

① 徐金海，金正扬. 中学语文教学探索——特级教师于漪的教学经验［M］. 上海：上海教育出版社，1981.

② 萧涤非. 唐诗鉴赏辞典［M］. 上海：上海辞书出版社，1983.

不妥，也会变成寒雪或暴雨，只是它的后果要更加严重——损人。因此，语文德育在"春风化雨"之后，就应追求"润物无声"的第二重境界。要做到润物无声，则应注意：

（1）形式的自然。形式的自然就是讲没有画蛇添足的笨拙，也无油水分离的隔膜，而是做到了语文智育和语文德育的水乳交融。恰如有的同志所喻，二者的关系如同白糖水，看不见白糖，喝起来却甘甜；外在的颜色没有变，内在的浓度却增加了。在阅读教学中，这种交融主要表现在对课文的理解上，理解"到位"，德育也就得到了落实。比如广东的刘清涌老师教学《荔枝蜜》，在总结课文的阶段，引导学生找出对主题思想最具有表现力的关键词语。在学生找出"酿造"这个关键词语后，刘老师又引导学生拿"酿造"与"创造""建造"等词语比较，联系课文内容深入说明它有什么独特的丰富深刻的含义。经过启发，学生联系课文的内容逐步体会到：作者提炼"酿造"一词，歌颂的不只是一般的劳动，而是那种既是辛勤的又是艰苦的劳动；这种劳动不是单独进行的，而是集体一起进行的；不是断断续续的，而是夜以继日的；不是惊天动地的，而是平凡的、不声不响的、不容易为人所觉知的；创造出来的东西不是事物的简单的堆积、形式的改变，而是新的起了质的变化的东西，是创造性的劳动；这种新的产品又是那样香甜可口，是为广大人民群众所喜爱的——蜜蜂在"酿造"蜜，农民在"酿造"生活，这就是《荔枝蜜》独特的主题思想。学生在这里受到了语文训练，也在不期然间得到深刻的思想教育。这种教育不见任何外加的成分，全是从字里行间，从作品描写的形象那儿引发出来的，与理解作品寄寓的主题是同一的，这就进入了"润物细无声"的境界。

当然，强调"自然"，并不排除教学方法、教学技巧的运用。相反，用得熨帖、巧妙，还可起到突出德育因素的作用。上海的陈钟梁老师教《赵州桥》，在讲赵州桥的特点时，读了两句话，叫学生辨听："全桥只有一个大拱，长达三十七点四米，可算是世界上最长的石拱，桥洞不是普通半圆形，而是像一张弓，因而大拱上面的道路没有陡坡，便于车马上下。"同学们结合听记，画图辨析，很快辨别出，赵州桥"在当时"算是世界上最长的石拱桥，"在当时"不能少。赵州桥设计精巧，"没有陡坡"，而不是"没有坡度"，这里不能记错。这样，以辨听代替讲读，不仅培养了注意力、辨别力、理解力、记忆力等等，而且使学生于辨听之间，了解到我国古代劳动人民的智慧和创造力。这种"了解"是"悟"出来的，印象更加深刻。比之讲读，不仅见其自然，更体现了效优。

（2）分寸的适度。有这么一个故事：俄国画家勃留洛夫有一次替他的学生修改一幅习作，他只在几个地方点了几笔，原来那幅拙劣的画顿时就变得生动起来。站在旁边观看的一位学生赞叹说："看，只不过稍微点几笔，一切都改变了。"勃留洛夫便说："艺术就是从这'稍微'两个字开始的地方开始的。"列夫·托尔斯泰把这句话称为："关于艺术的一句意义深长的箴言。"他还说："所有一切艺术都是一样，只要稍微明亮一点，稍微暗淡一点，稍微高一点，低一点，偏右一点，偏左一点（在绘画中）；只要音调稍微弱一点或加强一点，或者稍微早一点，稍微迟疑一点（在表演艺术中）；只要稍微说得不够一点，稍微说得过分一点，稍微夸大一点（在诗中），那就没有感染力了。"[①] 如果把这个"艺术"的外延扩大到教学领域，其理也是相通的。比如语文德育艺术就十分讲究分寸的适度，如前面所举关于《荔枝蜜》的教例，如果不抓住"酿造"升华，仅仅把文章的主题归结为歌颂农民的辛勤劳动，不能不说也包含了德育因素，但感染力则大大减少了。另一方面，在语文德育中，或释理，或抒情，或扬善贬恶，或针砭时事，等等，如果过之，效果也会大打折扣。比如教学《竞选州长》，可以联系现实的政治斗争风云，结合课文内容点一下资本主义的所谓民主选举究竟是怎么回事，但如果再去介绍我们的选举制度，并与资本主义的选举制度作一番比较，以此证明我们的选举制度是多么优越，那就把语文课上成了政治课，其特点就不是渗透，而是说教了。

联系学生的思想实际，适时进行教育，也是语文德育的一项任务。但这种教育也要体现出适度感。一般说来，只要"点到"，而不一定"点破"，更不能"点过"。否则，批评过了头，降下的就可能是寒雪或暴雨，语文课也就成了班会课。比如有位中学语文教师教《拿来主义》时，了解到个别同学近期偷偷看格调不高的录像，就在上课时指名一个常看录像的同学回答问题："鲁迅斥哪类人为废物？""蹩进卧室，大吸鸦片的人。""答者无心，听者有意"，全班同学哄堂大笑。这位同学也意识到自己与鲁迅斥责的人似乎有着某种联系，脸腾地一下子红到耳根。老师点到为止，转让别的同学将鸦片和黄色录像作比较。过了几天，班内墙报上出现了这位同学的一篇文章，题为"废物戒"，文章对不分好歹一概拿来、一律吸收的态度和行为认识比较深刻。试想，如果"点破""点过"，反而难以取得如此效果。

（3）氛围的和谐。师生间构成融洽的情感关系，课堂里弥漫着和谐的教学氛围，是催发霏霏春雨的最佳气候。否则，风也不和，雨也难下，自然不会有

---

[①] 列夫·托尔斯泰.艺术论［M］.丰陈宝，译.北京：人民文学出版社，1958.

无声的滋润。在这里，教师是主动的一面，要特别注意尊重学生，讲究教学民主。在民主的和谐的氛围之中，学生容易激发自己的内在欲求，如同盼雨的麦苗，一俟春雨喜降，点点滴滴在心头。"发表"政治见解时，也不会有"后顾之忧"，德育渗透将会有更多的机会。比如，有位老师教学《将相和》，在评析人物时，学生发表了各自的看法，除通常论及的外，还有：① 有的同学认为赵王也有可贵之处，这表现在蔺相如本来官职卑微，赵王敢于大胆使用。每次斗争胜利，赵王又论功行赏，给蔺相如官升一级，破格提拔。他虽然是统治者，但敢于大胆用人应当得到肯定。② 有的同学认为将相不和也有赵王和蔺相如的责任，秦王不敢攻打赵国，赵王应当认识到也有廉颇备战的一份功劳；蔺相如则应向赵王说明廉颇的合作，不能一人独占功劳。③ 也有的同学认为蔺相如遇到矛盾绕着走是错误的做法，如果不是别人问他，这话又传到廉颇那儿，总是躲着廉颇，那对国家也是有害的。这些意见参考书上没有，备课时也未必想到，但这位老师并未因之而予以否定，而是充分尊重学生思维的成果，从中捕捉学生思想的闪光点，积极引导，择优而取，扩展了课文思想教育的内容，训练了学生辩证分析的技能，使德育渗透灵活而又自然。这种对学生的尊重、鼓励，又为今后学习中和谐氛围的创设作了切实的铺垫。

### 3. 第三重境界：花团锦簇

杜甫《春夜喜雨》的尾联"晓看红湿处，花重锦官城"，诚如霍松林教授在鉴赏时指出，描绘的是合理想象的情景：如此"好雨"下上一夜，万物就都得到润泽，发芽滋长起来了，万物之一的花，也就带雨开放，红艳欲滴。等到明天清早去看看吧！整个锦官城（成都）杂花生树，一片"红湿"，一朵朵红艳艳、沉甸甸，汇成花的海洋。那么，田里的禾苗呢？山上的树林呢？一切的一切呢？就都可想而知了。在进行语文德育时，当也应有这种情不自禁的想象，只要我们切实有力地抓好语文德育，尽管其影响未必一年半载就看得分明，但它对学生发展、成长的积极意义是巨大的、广泛的、深远的，我们完全可以乐观地认定，在祖国的明天，花团锦簇的灿烂美景一定会出现，社会主义事业的接班人一定能茁壮地成长。

## 三、语文德育时间的特点：相机性

由于语文德育内容排列的散点式，也由于教学过程的动态化，语文德育的时间表现出相机性的特点。这个"相机"，首先是指结合课文的有关内容，将德育渗透在理解课文的训练过程中。其次，还应包括在教学过程中，恰当处理那些涉及德育范畴的偶发性事情。比如江苏靖江的特级教师王承先同志，曾谈及一件事，他们教学《老水牛爷爷》设计的练习中有一条是：根据"学校包场看电影，老师问我想坐什么地方"说出答句，并用上"哪里……哪里……"。讨论时，有个学生说："哪里座位好，我就坐哪里。"对这种遇事只顾自己的思想，王老师没有直接批评指责，而是让学生想一想，课文中的老水牛爷爷是怎样对待自己，又是怎样对待别人的。这样一点拨，学生心里亮堂了，思路也开阔了，他们说："老师安排我坐哪里，我就坐哪里""哪里座位好，我就把哪里让给别人""哪里座位在前面，我就把哪里让给眼睛近视的同学"。这说明老水牛爷爷"时时想到别人，处处关心别人"的好思想，已经为学生开始接受。老师再顺势引导学生把"老水牛爷爷的影子"留在心上，多做好事，这样学生练了语言，也练了思想，作业本上的造句题材丰富，文理通顺，思想性也很强。诸如这样的随机的潜移默化的教育，对学生"学文"和"做人"都是有指导意义的。

还应指出，有时在课堂上还会有一些偶发事件，与具体课文的教学几乎风马牛不相及，但作为一名具有自觉的德育意识的教师，不能视而不见，也不能随意放过，而应相机处理，将其转化为德育"教材"。江西的潘凤湘老师称这类偶发事件是无字之书，他认为这种无字之书信手拈来，无须编印，巧作利用，学生感到亲切动人，课堂气氛也因此而十分活跃。潘老师在教学实践中有意为之，时常享受到这种教育的乐趣，这里仅举一例：①

今天开始阅读《为学》一文，同学们有的翻字典，有的在看注释。突然第三组后面有人吵嘴。同学们都放下手头的书和字典密切关注着这一事态的发展。

我请这两位同学站了起来，要他们说明为什么吵闹。

一个说："他骂我是狗熊。"

另一个说："他骂我是笨猪。"

同学们哄堂大笑，我问："为什么事互相骂起来的？"

一个说："他摇桌子，弄得我看不成书。"

另一个说："是你把我的字典扔到地下。"

这是一篇很好的补充教材，可以用它来教育学生懂得当与别人争吵时，各自多作自我批评才能解决问题的道理。

我先向他们提了个问题，让他们冷静下来，说："你们是决定无休止地吵下

---

① 潘凤湘. 无字之书［J］. 江西教育，1984（3）.

去，还是愿意解决问题呢？"他们不约而同地都收起了吵到底的架势，不说话了。

对，冷静下来，问题就好办了。我说："我提出一条解决问题的原则，不知你们同意不同意？"

他们都望着我，等待我说出这条原则。我看了看大家，大家也正等待着，看我说出一条什么原则来。

我说："双方都不要指责对方有什么错误，都检查自己有什么错误，就是这条原则，谁同意这一原则，就检查一下自己在这一事件中应负什么责任。"

……

可以想见，问题很快迎刃而解了。这样的处理，不仅较好地排除了教学过程中意外的干扰，而且"化废为宝"了。由于对学生相机进行了思想教育和道德品质教育，使得课堂教学的德育天地更广阔了。

## 第三节 开掘语文德育的渠道

语文德育的渠道首先是指阅读教学中的德育渗透，作为"开掘"，这种渗透应当体现出一定的宽度和深度。这里仅以《在马克思墓前的讲话》为例，看看阅读教学中的德育渗透应包括哪些内容。

### 一、在推敲词句中渗透德育

情真意切是这篇课文重要的语言特色。且看第一部分，只两句看似平静的叙述，却含蓄地表达了深挚而丰富的感情。写马克思逝世的时间，精确到时和刻，不仅表明作者的郑重态度和悲痛心情，而且突出了马克思这位历史巨人逝世的不同寻常；写马克思的逝世，不用"逝世""与世长辞""永远离去"等词语，而是说他"停止了思想"，既表达了恩格斯不忍说或不愿说的悲痛心情，也突出了马克思是"当代最伟大的思想家"，包含了对他创立共产主义理论的划时代贡献的崇高评价。马克思的思想是人类智慧的结晶，他的"停止思想"恰如人类智慧的一盏明灯熄灭了。因而，说"停止思想"，也表明了人们对马克思的逝世深感悲痛；"让他一个人留在房里还不到两分钟"，可见恩格斯为自己只离开不到两分钟的时间，没有在马克思逝世时留在他身边深感遗憾和惋惜；"他在安乐椅上安静地睡着了"，突出了马克思生命不息、战斗不止的高贵品质，他为了无产阶级的事业忘我工作，鞠躬尽瘁，只是死亡打断了他的工作和思考，他

"永远地睡着了"，但是他的精神将永驻人间。此处所写，真正是字字热泪、句句深情啊！

本文中值得推敲、咀嚼的地方很多，再如写马克思发现的"人类历史的发展规律""历来为纷繁芜杂的意识形态所掩盖"，"纷繁芜杂"原意是杂草丛生，这里用来比喻形形色色的意识形态，就形象地说明了在这名目繁多的意识形态掩盖下的真理是很难被人发现的，也从来没有人能够发现，直到马克思才拨开重重迷雾。"掩盖"一词，则把乌七八糟的唯心论者蓄意歪曲事实，以维持资产阶级统治的丑恶行径揭露无遗。可以说，推敲这些词语，本身就是在接受思想政治教育。

## 二、在梳理结构中渗透德育

本文的中心论点包含在"这个人的逝世，对于欧美战斗着的无产阶级，对于历史科学，都是不可估量的损失"这句话中，从全文看，各层之间有着不可分割的内在联系，又以过渡段和承接性语句加强了各层衔接的紧密性。开头的叙述深沉委婉，结尾的悼念语收束有力，首尾遥相呼应，体现了全文结构的谨严感。梳理一下结构，我们就会看到总的方面，马克思是革命家和科学家的统一；在理论方面，是两大发现的统一，理论贡献的点与面的统一，科学世界观与科学成就的统一；在实践方面，是革命活动与战斗风格的统一。在作者恩格斯，则体现了高度赞扬和深切悼念的统一，抒情与述理的统一，层次分明与浑然一体的统一。

## 三、在理解内容中渗透德育

本文的中心是评价马克思在理论和实践方面的巨大贡献，要讲解其中的内容，本身就有很浓烈的政治色彩，比如教学有关第二个发现的内容，就必须弄清"什么是资本主义社会？资本家是怎样剥削工人的？"等问题，要弄清第二个问题，就是要初步介绍有关剩余价值的理论：在资本主义社会中工人一无所有，只有靠出卖劳动力养家糊口。资本家总是要工人延长劳动时间，有的一天干上十多个小时，而其中只有一小部分是必要劳动，也就是这是维持生活必须付出的劳动力，其余时间的就是剩余劳动，而剩余劳动创造的价值都被资本家占有了。资本家剥削工人的秘密就在这里，马克思创造了剩余价值学说，揭示了这个秘密，也就敲响了资本主义的丧钟。这里的讲解，目的在于理解课文，但本身就涉及了马克思政治经济学的重要理论。

## 四、在形象分析中渗透教育

本文虽然是一篇论说文，但作者在阐说马克思的杰出贡献的同时，饱含深情地描摹，塑造了马克思老人的光辉形象。比如开头一段就是处处落墨于马克思形象的高大。在阐说贡献时，作者起句就写："正像达尔文发现有机界的发展规律一样"，以类比的方法，点明了马克思形象塑造的基点，马克思凭他对人类历史发展规律的贡献已经取得了与达尔文同列的历史地位。然而，"不仅如此"，"马克思还发现了现代资本主义生产方式和它所产生的资产阶级社会的特殊的运动规律"，马克思有了两个发现，形象自然比达尔文更为高大。"但是马克思在他所研究的每一领域，甚至在数学领域都有独到的发现"，这时的马克思，不仅高度，而且厚度也远远超过达尔文了。至此，我们已经看到一个开创未来的理论巨匠的形象。"但是这在他身上远不是主要的"，恩格斯轻轻一笔，转而论述马克思作为一个革命家的历史功勋，描绘了他在革命实践中的战斗英姿。形象巍巍，高山仰止，不由得令人肃然起敬。可以说，正是恩格斯的描绘、塑造，使得读者的脑海中总要浮现出马克思的光辉形象。正是从作者的"形象塑造"这个角度入手，我们才能理解为什么本文的总纲讲"这个人的逝世，对于欧美战斗着的无产阶级，对于历史科学，都是不可估量的损失"，而在阐说过程中却先讲他理论上的贡献，再说其实践上的贡献。

以上的论述，只是着眼理解课文，阅读教学中的德育渗透还应有其他内容，但仅此就可看到，这方面该有多少工作可做。

作文教学中的德育渗透也是语文德育的重要渠道，在命题、指导、批改、讲评等作文教学的基本环节中，都应该而且可以体现思想教育。这里仅以一位老师批改"小练笔"的例子来说。浙江杭州的曹文趣老师看到一位同学在"练笔"里写了一首"无题"诗，最后三段是："我像一只离群的孤雁，在这迷茫无际的天空中，不知飞向何方；我像一棵涧边的小草，落下去，便要和那里的深渊拥抱。说什么'清溪不与浊流混'，说什么'自古忠奸不并存'，怎奈那临天浊浪将你掩，你一身正直也洗刷不清。秋风秋风，我将在你的风声里彷徨；秋风秋风，我将在你的风声里呜咽。"曹文趣老师针对这位同学成绩很好，但傲气滋长、孤芳自赏的思想状况，以"导"育人，就诗改诗，改成"堪叹那离群的孤雁，在这云雾迷茫的天际，不知飞向何方；痛惜那涧边的小草，失去了土壤，便要和深渊拥抱。常言道'清溪不与浊流混'，又说道'自古忠奸不并存'，纵有临天浊浪盖头顶，我一身正气并长存。秋风秋风，我不会在你的风声里彷徨；

秋风秋风，我偏要在你的风声里翱翔。"之后，曹老师又约这位同学谈心，两周后的"练笔"里，这位同学写道："树下，老师同学谈心。老师的话语，很轻很轻；学生的心情，很重很重。一块表，出了毛病，急躁是无用的。有经验的老师，听听声音，就知道毛病出在哪里。细心，是他的智慧；话语，是他的技巧。人类灵魂的工程师，他的手法是无形的，巧妙的。"老师欣慰之际，又写下批语："本来就是一块金表，轻轻一拨，永远正点。"试想，如果曹文趣老师看到"歪诗"，大发雷霆，把那位同学喊来训上一通，那位同学恐怕就真的在秋风中呜咽了，这块手表，也就很难正常运转。

课上与课下相结合，学习与生活相结合，是使语文德育渠道得以宽畅的重要方法。语文教师应当有育人的使命感和责任心，一方面要重视对语文课外活动的德育渗透，另一方面要注意从学生的生活实际出发，加强语文教学中德育渗透的针对性。比如有位中学语文教师所教的一名学生语文成绩很好，但她在一次考试中作弊了，又很快找到老师承认错误。不几日，老师了解到，这位同学的作弊竟然是为了"体验生活"，找老师承认错误，也是为了"积累素材"，她正准备写一篇反映中学生生活的作品。老师一方面与这位同学长谈，谈写作的热情，谈写作的方法，谈古今中外作家的创作道路，更谈了做人和作文的关系，又在语文课上结合教学朗读了一篇报刊时文《留给人们的思考》。这篇文章讲一个很有才华的大学生想写部描写小偷生活的长篇小说，可是哪里去找小偷积累素材呢？于是他心生一计，自己做起了小偷，以"体验生活"，终于从小偷小摸发展到大偷惯偷，从偷零星衣物发展到偷高级仪器、巨额款项，从胆战心惊发展到贼胆包天，一发不可收拾。至于长篇小说，早已抛到九霄云外去了。接着老师顺势扬起补充教材说:《吴荪甫的失败》节选自茅盾的《子夜》，茅盾为了积累素材，在1931年到1932年期间，经常到上海华商证券交易所去观察，但他是否一定要直接参与呢？恐怕茅盾不善此道，也无资金。如果作家要描写杀人犯都要去杀人，恐怕世界上就没有作家了。听到这里，同学们都笑了，那位同学也笑了。因为，由一篇时文引起的教育，一点不露斧凿，对全班同学是一种提醒，对她则是感性的补充，她理解了老师的良苦用心。[①] 在有些人看来，这位老师也许是"多管闲事"，但对学生的健康成长来说，这样的"管"和"导"恰如航行时对目标的校正，教者也是名副其实地发挥了灵魂工程师的巨大作用。

---

① 陶百妍. 领悟［J］. 语文学习，1991（7）.

# 第四章　美育论

在选取了教学艺术这个视角观照语文教育实践时，我们发现，美育是阐说、实践教学艺术的一根红线；如果缺少美育，教学艺术以至教育本身，就会有几分"丧魂落魄"。语文教学由于其"先天性"，在整个学校美育中占有重要地位，尤应如叶圣陶先生所主张的，"教师不仅要授予学生各种知识，尤其重要的是在于启发学生，熏陶学生，让他们衷心乐意向求真、崇善、爱美的道路上昂首前进"。如是，智育、德育、美育的目标可以得到全面落实，学生知、意、情这心理结构的三个部分也能够得到和谐发展。

美育的任务是多方面的，但其基本的则是完善心理结构，提高审美能力。因而，语文美育当在以下三个方面着力。

## 第一节　拓开广阔的审美天地

审美实践的进行从客观上说，是优秀的恰当的审美对象的选择；从主观上说，是要具备正确的审美态度和一定的审美素养。但这又主要在审美实践中积累。马克思说："艺术对象创造出懂得艺术和能够欣赏美的大众。"语文美育的首要任务就是要拓开广阔的审美天地，提供丰富的审美对象。在这方面，我们的着眼点首先要放在课文及围绕它进行的课堂教学上。"美是到处都有的。对于我们的眼睛，不是缺少美，而是缺少发现。"（罗丹语）从美学角度来审视语文教材，那真正是一个琳琅满目的美的世界。主要以小学语文教材为例，其丰富性也能显示出来：

## 一、催人奋发的社会美

社会美根源于人类社会生活实践之中，没有人的社会生活，就没有人的实践活动，也就没有社会美。生活美是社会美的主要内容，人是生活美的主体，人的美最能反映生活美的本质，而人的美又首先在于人的自由创造性的劳动。因此，所谓社会美首先是存在于、显示于人对自然的征服、改造以及其他方面的社会过程之中。打开语文课本，我们时时可以听到为这种劳动谱写的乐章。请看，"深秋的早晨，在辽阔的北方平原上，薄薄的雾气正慢慢散去，朝阳柔和地抚摸着一望无际的土地"，"老科学家带着两位助手来到了这块土地上"，他是那么"可敬"，是因为他带来了科学，带来了改变农村面貌的希望，正如图文绘写的，"他虽然不是庄稼人，但是多么热爱祖国的土地！"他的"目光落在右手心的一小撮泥土上"，"准是在想：土壤啊，我们要用科学让你充分地发挥潜力"，他从事的是符合规律的自由创造性的劳动，所以值得歌颂。(《老科学家下乡》)再看，认定"手术台就是阵地"的白求恩，"全心全意为人民服务"的张思德，"给自己写信的人"欧立希，在"两个铁球同时落地"的实验中获得成功的伽利略，他们之所以得到赞扬和推崇，就在于他们的活动体现了人的自由创造力量，他们的工作焕发出美的光彩，他们本身也成为美的形象。

然而，生活是充满着各种矛盾和斗争的，在社会前进的历史长河里，先进阶级和进步力量为争取人的自由和解放而进行的斗争，由于符合历史发展的客观规律，就成为生活美的重要内容，语文教材中以相当多的篇幅展示了这种艰难而壮丽的斗争画卷。比如前一章我们列举到以"没有共产党，就没有新中国"为主题的一系列课文，既是崇善，又是尚美。这类正义、壮阔的斗争作为生活美的主旋律在教材中得到了生动的体现。

在一切生活美中，其核心是由生产实践和社会斗争造就的人的美。人的美包括外在美和内在美两个方面：外在美指人的相貌、体态、语言、仪表、风度等方面的美；内在美指人的心灵、品格、情操、智慧、情感等方面的美。语文教材对人之美作了有力刻画，在这方天地中，人物的内在美和外在美常常是统一的，请看《钻石》所写。

当她走进县委大院，把用绸布裹着的稀世之宝双手献给国家的时候，在场的同志都仔细打量着这位姑娘：白里泛红的脸蛋儿，柔和安详的眼睛，从容平静的神情，朴素大方的举止，眼睛里没有炫耀的神采，嘴角边没有表白的话语。人们仿佛同时看到了两颗钻石，两件无价之宝！

但是，也时有不统一的，比如陈秉正的手：

手掌好像四方的，指头粗而短，而且每个指头都伸不直，外面裹着一层茧皮，圆圆的指头肚儿都像半个蚕茧上安了个指甲，整个看来真像用树枝做成的小耙子。

这样的手从外形上不被"欣赏"是正常的，但是当人们得知这"手"的来历时，不由得对陈秉正肃然起敬。

由教材本身的要求所规范，编者在选文时更注意人的内在美的体现，据初步统计，在小语教材中写人记事的文章中表现人物理想美、节操美的有56篇，表现人物关心集体、乐于助人的有36篇，表现人物聪明、勇敢的有20篇，表现人物对科学知识的追求及学习精神的有23篇。审美教育是道德教育的情感基础和有力手段，恰当地利用课文中大量丰富的美育材料，有助于以美储善，达到苏霍姆林斯基所说的："美是一种心灵的体操——它使我们精神正直、良心纯洁，情感和信念端正。"

## 二、赏心悦目的自然美

在告别了天真幼稚的幼儿生活，背着书包坐上"小小的船"，开始向知识的海洋进发后，孩子们会欣喜地发现，语文教材中描写的大自然的文章，给他们带来了众多赏心悦目的审美享受：神奇多彩的"海底世界"（《海底世界》），铺天盖地的钱塘江大潮（《观潮》），善解人意的点点"繁星"（《繁星》），奋发向上的一轮红日（《海上日出》）。北国的"林海"是那样莽莽苍苍、气势雄浑（《林海》），江南的绿潭又是这般雅静温柔、如梦如幻（《梅雨潭》）。"春风吹"来桃红柳绿，蛙鸣鸟飞，吹出些许明媚和欢欣（《春天来了》）；"秋天"浓墨重彩，铺金盖银，涂抹出一片辉煌和热烈（《秋天》）……大自然鬼斧神工般的"创造"，在教材中生动地"再现"，使孩子们领略到动人心魄、摇人心旌的自然美。

只要从美育的角度稍加留意，学生对教材中自然美的欣赏不仅能见其形，而且会得其神，有助于更好地理解、把握关于自然美的美学观念。比如，通过有关课文，我们可以强烈地感受到，与人类社会生活的紧密联系，使得大自然成为审美对象，也使自然美得以成立。经过人们直接加工并利用的自然对象如此，它们的"创作"融进了人们的审美经验、美学思想中，即使未经直接改造的自然也是这样，确如车尔尼雪夫斯基所说：自然界"只是因为当作人和人的生活中的美的一种暗示，这才在人们看来是美的"，"人一般地都是用所有者的眼光去看自然，他觉得大地上的美的东西总是与人生的幸福和欢乐相连的"。请看：

有几对燕子飞倦了，落在电线上。嫩蓝的天空，几痕细线连于电杆之间，线上停着几个小黑点，那就是燕子。这多么像正待演奏的曲谱啊！

——《燕子》

如今在海上，每晚和繁星相对，我把它们认得很熟了。……

——《繁星》

吟诵着这些诗一般的语言，人们非常自然地想起车氏（如上）所云，对于自然美的本质特征也渐渐有所领悟了。这些描写往往景中有"我"，景中有情，景中有理，成为人类社会生活美的一种特殊的表现形式。当然由于大自然与人们社会生活联系的多样性，自然美的不确定性也是时可见到的，美和丑的转化往往取决于与人类利益的联系，比如"窗含西岭千秋雪"（杜甫《绝句》），这里莽莽苍苍的大雪山是一种永恒、宽大的象征，为诗人的"窗口"所衔，又与艺术上的灵巧相连，是很具美感的。但在《大雪山》中，它则成为红军战士征服的对象。这里一方面可以看出"自然的人化"过程中人对大自然的征服，另一方面也因功利关系而决定了它的美丑特点。再如老舍笔下的《风》，狂虐不已，令人诅咒；但在林斤澜的《春风》中，同样的风则是"京味"的象征，代表着英武和刚毅。这除了时代环境不同外，又渗入了审美角度的区别。总之，是人的利益，人的认识，人的感情赋予了它们不同的色彩。在另一些场合，自然美则更是成为人的一种节操、理想、感情的寄托，比如：

王吉文看着，听着，他心里顿时激动起来，望着天空轻轻地吁了口气。天无边无垠的。好像为了衬托那令人目眩的蓝色，几朵绒毛似的白云轻轻地掠过。在那白云下面，一长串大雁正排成"人"字形的队伍，轻快地向南飞去。它们靠得那么紧，排得那么整齐。

——《三人行》

王若飞站定了，抬头望着北边那巍峨的大青山。大青山峰峦叠嶂，连绵起伏，在夜色中显得更加雄伟。

——《视死如归》

这些描写只是人的感情、意念、品格等等的外化、物化，更是"为人"所用了。

### 三、启迪才智的科学美

在人类审美心理、审美意识达到较高的发展阶段，理论思维与审美意识交融、渗透的情况下，科学美得以产生了，由语文教材自己的使命所决定，科学美在教材中占有相当的比重，其主要表现在两个方面：

#### 1. 科学世界的美

这里首先指科学探索的对象美。科学的探索者们最初往往是在美的光辉照耀下，去认识和发现真理的。① 在语文课文里，仅以"海域"说，那美丽的珊瑚，是科学家们通过研究，得知它是珊瑚虫分泌出来的石灰质骨骼聚集而成，但其外形，"有红的，有白的，还有花的"，"有的像鹿角，有的像扇子，有的像菊花，有的像树枝"，具有相当的观赏价值。（《富饶的西沙群岛》）而在静谧的"海底世界"，借助听音器，就可以听到各种美妙的声音，同样表现出科学探索的对象美。

这里还包括科学研究过程的美。比如对于"琥珀""黄河象"等化石的研究，体现出想象的丰富性及推论的合理性，是一种形象性与逻辑性的融合，美与真的融合。

科学理论应用美在教材中也有所体现。比如《外婆家的新厨房》介绍了太阳能的应用，《蝙蝠和雷达》《神秘的坦克》也都介绍了一定的科学知识。科学理论为社会实践所运用，不仅有美的观赏价值，而且有美的使用价值。

#### 2. 科学研究精神的美

能否具有坚韧不拔的科学研究精神，对于不少儿童来说，远比了解一些科学知识更重要，教材充分注意到这一点，通过对一些具体的科学家事迹的介绍，使德育因素与美育因素融为一体，给学生以道德、品格的熏陶，从小学语文教材看，这些精神主要包括：

---

① 海森堡.精密科学中美的含义［J］.自然科学哲学问题丛刊，1982（1）.

立志"争气"的精神。这是与理想，与追求，在很多情况下还是与爱国主义精神联系在一起的。在《一定要争气》里我们看到童第周就是凭着这种精神，后来居上，屡获成功，终于在科学研究的领域取得了突破，为祖国争得了荣誉。

忘我工作的精神。这是把自己的生命融入事业的奉献精神，比如德国的著名医生欧立希为了研制治疗正在非洲流行的疾病的新药，常常把亲人的生日都忘了，给自己写了信才使他没有忘记父亲的寿辰。

不畏重压的精神。在科学发展史上，能否顶得住嘲讽、打击和迫害，往往是一个科学家能否取得成功的重要因素。"富尔顿的胜利"（《试航》）是富尔顿不怕嘲讽、坚持科学精神取得的胜利；伽利略"两个苹果同时落地"的著名实验首先需要的是科学勇气；《火刑》中的布鲁诺更以自己的生命点燃真理的火把，照亮了后人的道路。这种热爱科学、坚持真理的奉献精神对于学生是很有感染作用的。

百折不挠的精神。这是一个科学家得以最终有所成就的重要原因。如爱迪生（《爱迪生》）作为一个报童就开始了科学实验的生涯，耳朵被打聋，眼睛差点被弄瞎，经历了数不尽的失败，终于成了亘古未有的发明大师，给人类留下了许多宝贵的财富。

### 四、匠心独运的艺术美

艺术美是美的最高形式，它比现实美往往更集中、更典型、更具普遍意义。在语文教材中，艺术美的内容相当丰富，体现在：

**1. 类型的多样性**

语文课文主要是以语言文字作为符号的，但也包括了或关系到雕塑（如《颗粒归公》）、建筑（如《南京长江大桥》）、园林（如《颐和园》）、音乐（如《月光曲》）等艺术样式，至于绘画，不仅有相当多的课文插图，而且还有看图学文、看图学词学句等课文类型，使它"介入"到语文教材中。从美学角度看，这些图画既是理解、鉴赏课文的一种美的凭借，又能使学生逐步积累对绘画这一艺术样式的审美经验。在教学中，对这些艺术样式，在随机认识其类型特点的同时，还要注意到它们与语言文字的结合点，从而充分发挥它们的美育功用，是我们特别要留心的。

**2. 形态的生动性**

艺术形态的生动在于艺术家的精心创造，尤其是在内容与形式的契合上，艺术家的品质、才干往往可以见出高下。如世界名著《安娜·卡列尼娜》一方面安排了爱伦斯基与安娜·卡列尼娜组合的一条线索，另一方面又有列文与吉娣构成的线索，细心的读者就会发现，这两条线索总是成反比，一张一弛，一悲一喜，乃至几乎在安娜卧轨自杀的同时，列文和吉娣家则诞生了一个新生命。恰如有些评论家所说，列夫·托尔斯泰如同马戏团的高手，别人驾驭一匹奔马已是不易，但他却同时巧妙地驾驶着两匹骏马在艺术的原野上驰骋。鲁迅有不少作品选进中小学语文课本，在那里我们也时可见到作者匠心独运给作品带来了怎样的生动。还是顺着两条线索的话题说，一般认为鲁迅的《药》里有明暗线索，所谓明线，是华老栓给华小栓治病；所谓暗线，是夏瑜的被捕、就义。稍加揣摩，读者可以看到，这两条线索叙述的顺序截然相反，华老栓买药则是夏瑜就义之时，谈药时则渐次带出了夏瑜的被捕、被捕后的"动员"以至就义，这显然是逆叙，这样安排两条线索，文章就既简洁凝练，又摇曳多姿了。

　　如果从共性角度看，艺术形态的生动性也是可以提出一些基本要求的，除了一些体裁规则外，有些同志提出"形神兼备"和"情景交融"的两个标准是颇有见地的。形神兼备，主要指记事写人；"情景交融"则指写景绘境。事实上，教材中就有这两方面不少成功的例子。就前者言，且不说鲁迅笔下那脍炙人口的描写，就以小学语文课本第九册的《避雨》说：

　　雨正下得紧，从大路上跑来一个姑娘，十八九岁，高高的身材。衣服被淋湿了，贴在身上，不时滴着水珠。一双很俊的眼睛，露出纯洁坚定的表情。她没有拧衣服上的雨水，也没有跺脚上的泥，只用手轻轻掠了一下额前几绺淋湿了的头发。她在草棚最边上找了一块刚能避雨的地方，不声不响地站在那里。

　　俊美的容貌，娴静的神态，以及下面写到的胸有成竹的劝告，清楚流利的解答，老老实实的回话，真正使人物呼之欲出了。

　　再说后者，如老舍笔下的《草原》：

　　这次，我看到了草原。那里的天比别处的天更可爱，空气是那么清鲜，天空是那么明朗，使我总想高歌一曲，表示我的愉快。在天底下，一碧千里，而并不茫茫。四面都有小丘，平地是绿的，小丘也是绿的。羊群一会儿上了小丘，一会儿又下来，走到哪里都像给无边的绿毯绣上了白色的大花。那些小丘的线条是那么柔美，就像只用绿色渲染，不用墨线勾勒的中国画那样，到处翠色欲流，轻轻流入云际。这种境界，既使人惊叹，又叫人舒服，既愿久立四望，又想坐下来低吟一首奇丽的小诗。在这境界里，连骏马和大牛都有时候静立不动，好像回味着草原的无限乐趣。

面对着如诗如画般的景色，作者深深地陶醉了，又想高歌，又想低吟，期盼着抒发心中的愉悦，这为后面所写的事铺开了舞台，浑然一体，就更显得意味深长了。

### 3. 特点的鲜明性

艺术美的特点是典型性、理想性。哪怕仅举一篇课文，我们也可以看到教材中艺术美的特征是多么的突出和鲜明。这里以看图学文《伏尔加河上的纤夫》说，11个纤夫，从人物身份说，有的至今"还保持着农民的打扮"，有的"是个退伍不久的士兵"，有的是刚刚步入这个行列的少年，有的是早已习惯于这种残酷生活的老纤夫，他们组成了一个群像，就很具概括意义，显然说明了劳苦大众已无路可走，"不得不"艰难地跋涉在这无尽的河岸边。据说，列宾创作《伏尔加河上的纤夫》的油画，从触发创作意识到作品的完成，前后经历了12年。这构思的过程，也可以看作是典型化的过程。

从列宾创作的动因看，他走在伏尔加河上，一方面在经过豪华的别墅区时，看到盛装艳服的游客，特别是那些花团锦簇的太太、小姐们组成了一个好像神话般的世界；另一方面，不远处纤夫的身影映入眼帘，这些纤夫衣着肮脏和褴褛，晒得黝黑的胸脯被纤绳磨得通红，阴郁的面孔不停地流着汗水。列宾被震惊了，因此，他决心要去画纤夫们，去表现纤夫们的痛苦生活，去控诉社会的不平。显然，在深思熟虑、精心琢磨之后，他成功地在画面中倾注了自己的思想感情，表达了他对生活的美学评判。

当然，在语文教材这个美的世界里，所包含的内容远不止这些，但仅仅以我们所言及的论，就可以看出语文美育用武之地的广阔。何况，语文美育审美对象的选择，并不限于语文教材，我们的"开拓"还应包括：

（1）拓宽美的课堂——在大自然中寻找美。"自然总是美的。"（罗丹语）丽日彩霞、明月清风、奇山秀水、鸟语花香，无一不呈现出美的魅力。语文教师应当努力结合教学内容，拓宽美的课堂，带领学生到大自然中去领略美的风姿。比如教学《春天》，到野外去寻找春的踪迹。在作文教学中，将学生带入大自然的某一特定场景，让他们"有感而发"，都可以取得较好的效果。

（2）布置美的环境——在教室里感受美。教室是学生生活的主要环境，在布置中应当渗透美育意识。教室布置中语文学科的特点较为鲜明，应当充分发挥学科优势，让学生生活在这个美的环境之中，"像住在风和日暖的地带一样，四周一切都对健康有益"，"像从一种清幽境界呼吸一阵清风，来呼吸它们的好影响，使他们不知不觉地从小就培养起对于美的爱好，并且培养起融美于心灵的好习惯。"①

（3）引入美的补品——在课外阅读中享受美。不管语文教师重视与否，课外阅读在量上总是远远超过了一本语文书的，在质上，教师的指导作用就相当明显了。从语文美育的要求出发，优化课外阅读材料，是亟待落实的。德国大诗人歌德认为："鉴赏力不是靠观赏中等作品而是靠观赏最好作品才能培养的。"当然，这里的"最好"必须受到学生认识能力和语文学习规律的制约，但在此前提下，让学生在课外阅读中尽可能地接触文质兼美的作品，享受美的陶冶，对提高学生的审美能力必然会起到促进作用。

（4）尝试美的创造——在活动中实践美。人的本质在于创造。开展有益的活动，为学生进行初步的美的实践创造条件，对锻炼学生的审美能力是很有意义的。诸如举行书法比赛、诗歌朗诵会、故事会，参加相关的社会实践活动，都是可行的。

## 第二节　创设良好的审美情境

在选择了具体的审美对象，引导学生进行审美实践时，良好的审美情境的创设就十分重要了。这个情境既是空间的（包括虚拟的空间），又是时间的，它包括了审美过程。在创设情境时，似乎可以从美育的本质特征上着眼，扣紧一个"情"字。我国美育的积极倡导者蔡元培先生说过："美育者，应用美学之理论于教育，以陶养感情为目的者也。"②当代美学家朱光潜先生也认为："美感教育是一种情感教育"，"美感教育的功能在于怡情养性"。③近代学者王国维甚至说美育就是"情育"。我们认为，把握住情感教育这个基本点，恰当地处理情感的诱发、情感的深入、情感的升华，良好的审美情境是可以成功地创设的。

---

① 柏拉图.文艺对话集［M］.朱光潜，译.北京：人民文学出版社，1963.
② 高平叔.蔡元培教育文选［M］.北京：人民教育出版社，1980.
③ 朱光潜.朱光潜美学文集［M］.上海：上海文艺出版社，1982.

## 一、情感的诱发

在设计审美情境时，一定要选择合适的对象作为审美中介，促使学生由日常心理状态向审美心理状态转换。以诱发情感的工具来区别，其方法主要有三种：

### 1. 语言诱发

作为新课导入的语言诱发可以分为描述式和悬念式两种。前者着重在激情，后者着重在引趣。因此，描述式的语言诱发往往可以直接作用于审美情境的创设，比如朱雪丹老师教学《再见了，亲人》的导入语是：

同学们都预习了《再见了，亲人》这一课，还提出了许多很有意思的问题。比如，志愿军为什么把朝鲜人民叫作亲人？志愿军跟朝鲜人民告别时，为什么那样依依不舍？这些都提得很好。

《再见了，亲人》这篇文章是在怎样的情况下写的？作者为什么要写这篇文章呢？1950年6月25日，美帝国主义发动了侵略朝鲜的战争，并把战火烧到了我国东北边境。为了抗美援朝，保家卫国，中国人民派出了自己的优秀儿女组成中国人民志愿军，于同年10月25日雄赳赳、气昂昂地跨过鸭绿江，与朝鲜人民一道抗击美国侵略者，给敌人以沉重的打击，迫使美帝国主义于1953年7月27日在停战协定上签了字。在这场战争中，中朝人民并肩战斗结下了深厚的友谊。《再见了，亲人》就是在志愿军即将离开朝鲜分批回国，与日夜战斗在一起的朝鲜人民告别的情景下写成的，当时是怎样激动人心的场面呢？

离别的日子终于来临了，行李装上了汽车，大车套上了骡马，大炮穿好了炮衣。这一夜，多少朝鲜亲人没有合眼，他们黎明前三点钟就起床了，走出家门等待着欢送亲人志愿军回国。

出发号吹响了，人们举起了火红的枫叶，孩子们撒着纸屑的雨花，"万岁"的口号声响彻云霄。志愿军的脚步移动了，人们的眼睛潮湿了，当战士们握着老妈妈的手，叫一声"再见了，阿妈妮！"时，老妈妈再也忍不住了，紧紧地握着战士的手哭出了声，接着是孩子们、姑娘们，连男人们也低声地抽泣起来……战士们简直是在朝鲜人民送行的泪雨中行进。这不是眼泪，这是中朝人民用鲜血凝成的战斗友谊的象征。在这友谊的巨流中，半小时过去了，一小时过去了，战士们还没有走出半里地。志愿军战士又是怎样跟朝鲜人民依依惜别的呢？这就是我们今天要学的第10课《再见了，亲人》。（板书课题）

一般说来，过长的导入语是讲读所忌讳的，但朱老师的导入由介绍必要的知识进而描述当时的情境，既切题意，更把学生的感情引到课文中来了。无论在知识上，还是在情感上，对教和学都起到了很好的铺垫作用。

2. 图像诱发

根据课文内容制作或放大有关图片，抑或借助投影手段以图像展现课文意境，可以起到诱发情感的作用。比如学习《桂林山水》，出示放大的桂林山水图，由图而文，先声夺人，使学生在为桂林山水的自然美所陶醉的情况下学习课文，阅读就变成了内在情感的一种需要。

3. 情境诱发

这里指物化意义上的情境，即把教室这个通用的阅读空间创设成主题鲜明的特定的阅读情境，给人以身临其境之感。比如在粉碎"四人帮"后不久，一些老师教学《周总理，你在哪里》《十里长街送总理》等，以幻灯片显示天安门前人群如海的壮阔的悼念画面，播放催人泪下的哀乐，让学生一个个佩戴起小白花。这样，学生一下子就沉浸到与课文人物及作者的感情相契合的特定情境中。

不管运用哪种方法诱发，教者都要注意把握学生生活与课文内容、旧知与新知、课外与课内的联系，以及知识、内容、情感上的契合。比如有位高中语文老师教学日本女作家壶井荣的散文《蒲公英》，恰是在学校组织观看了电影《屠城血证》之后，教师把握住良好契机，从电影这个"热门"话题切入，先让大家回忆电影内容，谈谈自己的感受，使学生带着一种激情进入新课的阅读。再如有位老师教学《狼牙山五壮士》，开场就用严肃、低沉的语调向学生述说，在解放军的一个连队里，至今还有这样一件事：这个连队每天早上点名时，全体指战员肃立着，只听连长点道："马宝玉！"，没有应声；"葛长林！"，仍没有应声；"宋学义！""胡德林！""胡福才！"，仍旧没人应声；直点到第六名战士的名字时，才听见应"到"。前五个战士为什么不应"到"？他们到哪里去了？既然他们不应"到"，连长为什么还要每天点他们的名呢？这样，学生的情绪一下子就激动起来，为学习课文开了好头。

## 二、情感的深入

随着审美对象的引入，审美的情感也有一个由不定而具体，由模糊而清晰，由外而内，由浅入深的过程。教师的主导作用往往可以加速这个过程，可取的方法如：

### 1. 拓开深入法

不是直接推进，而似宕开一笔，拓开审美视野，丰富审美对象，使情感丰满化、深刻化。比如于漪老师教学《荔枝蜜》，抓住课文中画家的一番话，引导学生回忆：在我们学过的诗词中，有哪些是描绘、赞美祖国大好山河的，然后和学生共同吟诵：

"如果画雄伟奇丽的庐山呢？"——"横看成岭侧成峰，远近高低各不同。不识庐山真面目，只缘身在此山中。"

"如果画庐山瀑布呢？"——"日照香炉生紫烟，遥看瀑布挂前川。飞流直下三千尺，疑是银河落九天。"学生满怀豪情地朗诵着，怡然自乐。

"如果画杭州的西子湖呢？"——"水光潋滟晴方好，山色空蒙雨亦奇。欲把西湖比西子，淡妆浓抹总相宜。"

……

正当师生共同沉醉于对祖国满腔热情满腔热爱的气氛之中时，于老师话锋一转，画龙点睛地说："然而，祖国幅员之辽阔，山河之壮丽，你纵然以蓝天作纸，海水作墨，也终难尽善尽美地把她描绘出来。你看，还有那孕育中华古老文明的黄河，一泻千里滔滔波浪的长江……正如画家说的，'你就是调尽五颜六色，又怎能画得出祖国的面貌？'……"

这里，插入的部分好像与课文的讲读无关，但又处处着意于课文，使学生的情感体验更见丰厚和深沉。

### 2. 设身处地法

又可称之为"代入"法，即让学生把自己"放"进去，设身处地地为课文中的人物着想，加深对人物情感的体会。比如教学《小抄写员》，我们可以把学生推到课文中情感矛盾的交叉点上，让他们代替叙利奥认真体会，叙利奥是怎样受到责备的？他又是怎样做的？为什么叙利奥受到责备、冷漠，还不能说明真相要继续这样做？这样学生成了剧中人，对人物感情的体会就会更真切，更深入。

### 3. 梳理线索法

这里的线索是指感情线索，在事的叙述、景的描写中往往包含有感情线索，要引导学生梳理这样的线索。理解课文本身就是一种审美实践，随着感情线索的显明化，审美情感自然也就得以深入。比如教学《草原》，在事件叙述的过程中，梳理出这样的线索：接近公社，热情隆重的远迎；蒙古包外，激情洋溢的会见；蒙古包里，盛情友好的款待；告别草原，情深谊厚的话别。稍加点拨，就可把握住事情中"热情—激情—盛情—深情"的情感线索，这样对文章思路的理解也才会见出深度。

### 4. 体味揣摩法

对一些准确传神、蕴藉丰富的语句加以揣摩体味，自然有助于审美情感的深入。相当多的古诗或文章中形成意境的地方都可以运用此法。

### 5. 比较深入法

比较的方法很多，比如抓住触通人物感情脉络的矛盾点，就是其中的一种。教《再见了，亲人》中有关写小金花与志愿军告别一段，可以从"小金花，不要哭了，擦干眼泪，再给我们唱个《捣米谣》吧！怎么？心里难过，唱不起来？你一向是个刚强的孩子啊。"这段话里，抓住"一向刚强"与泪流不止的矛盾点，引导学生深入人物丰富的内心世界，思考：哪里看出小金花"刚强"？为什么现在这么难过？从而体会小金花对志愿军深深的爱。

## 三、情感的升华

在审美过程的结束阶段，应当注意利用情境的深化实现情感的升华，以形成审美过程中高扬有力的收束。这种升华从内在方面说，是审美理性的融入，——美学情感之所以比一般性的感情高级，就是由于它在对事物的感情态度中包含了偏于理性的审美判断和审美评价，在感性的形式中沉淀了理智和思想这种社会观念性的内容。在总结阶段的审美情境中，教学目的往往要求感情旋律中理性化色彩更加鲜明，要求包含着更多的对事理的领悟，对本质的把握。这里理性的作用，自然可以使感情更为强烈与深刻。从外在形态说，它应该形成情感起伏的高潮，应当形成课堂情感运动的制高点。具体说来，"升华"的方法是多种多样的：

### 1. 由点而面拓宽法

根据课文叙写的具体的人和事，由点及面，把审美情感导向更广泛的范围，从而在广度上求深度，达到情感和认识的深化，可称为由点而面拓宽法。这里的面可以是诸多方面的，比如：

（1）空间的面。如《看球记》侧重描写了"我"在电视机前观看中国男子排球队迎战韩国劲旅的情景，生动形象地借比赛表达了观众盼望中国队胜利的心情。尤为精彩的是写关键时刻，转播停止，只能怀着几多怅惘、抱怨、不安离开了客厅，但情感的波澜已经掀起，"躺在床上，心情久久不能平静"，——

我一夜没睡好，第二天一大早便起床了。看到隔壁房里亮着灯，我隔屋遥呼："我们赢了没有？"

"我们赢了！五点就广播了！"好几个声音高兴地回答，声音大得好像要叫全北京市、全国同胞都听到这个喜讯似的。

在教学过程中，我们应该巧妙地利用作者的感情起伏，因势利导、水到渠成地把握住由"我"及他，由点到面，从反应的普遍性认识人们爱国主义感情的强烈性，还可不失时机地回顾课文，看看课文中在哪些地方写到不同空间其他人在看球打球的过程中爱国主义情感的表现，从而体会到客厅里的家人，球场上的球员、观众，其他许多地方汇成的二十亿只眼睛，十万万颗心，心系球场，情系球场。这样，对主题的认识自然就深刻了。

（2）时间的面。如《一夜的工作》记叙周恩来总理忘我的工作精神和简朴的生活作风，抒发了热爱和敬仰周总理的感情，作者在初步赞颂了周总理寓伟大于平凡的精神之后，意犹未尽道：

……我又想高声对全世界说，好像我的声音全世界都能听见似的："看啊，这就是我们中华人民共和国的总理。我看见了他一夜的工作。他每个夜晚都是这样工作的。你们看见过这样的总理吗？"

作者从"一夜"推至"每个夜晚"，抓住这"时间"的由点到面。无疑，使读者受到感染的，就不只是一时一事，而是一生一世了。

（3）性格的面。有位老师教学《一夜的工作》结束时是这样安排的：

师：总理与世长辞了，但是他那音容笑貌，他那感人肺腑的故事却永远留在我们心中。同学们，你们在小学生活中学过一个又一个有关总理的故事，你们还记得吗？（教师出示四幅插图。）

生：《温暖》《一辆纺车》《一件睡衣》《小桂花》。

师：好，我们一起来赞颂一下总理的伟大精神。（教师指图，学生简要复述课文内容。）

师：同学们再说说看，这些故事分别反映了周总理哪些高贵的品质？（学生概述，教师小结，略。）

教师在这里联系过去学习过的四篇课文，并引导学生复述，不能仅仅看作巩固学过的知识，更重要的是在复述中可概括到周总理众多的性格侧面，使学生对周总理有了全面的认识，从而在学生的心里矗立起总理立体化的高大形象。可以说匠心独运，用心良苦。

**2. 由表及里推导法**

从现象到本质，从事情到事理，在感情波澜的起伏中使理性的思维拾级而上，这也是审美过程中升华的一种基本方法，具体说来：

（1）由散而聚法。有些课文从众多方面着笔，但"异曲同工"，全文可凝聚到一个闪光点，这个"点"往往是照亮全篇的主题，是串联全文的红线。抓住这类教材的特点，借"散"，使形象具有丰富性的特点；而"聚"，使事情有个本质化的过程，是可以较好地完成审美任务的。比如教学《我的伯父鲁迅先生》，把作者回忆中的四件事：谈读《水浒传》、谈"碰壁"、救护黄包车夫、关心女佣阿三，归结到"为自己想得少，为别人想得多"这一闪光点上，既可见到鲁迅形象的丰满，也有助于从本质上加深对鲁迅先生的认识，从而更加增添对鲁迅先生的崇敬之情。

（2）由果溯因法。就是由事情的结果推导其原因，从而进入对事物本质性的把握，给审美情感注入深刻的理性内容。比如教学《伏尔加河上的纤夫》，由果溯因，就可以扣住"不得不"这双重否定的语言形式推导出纤夫受剥削、受欺凌的社会原因，从而把仅仅对货主的憎恨转向对纤夫们生活的那个社会，对沙皇统治者的憎恶。再如，教学《卖火柴的小女孩》《小音乐家扬科》，也可以在掬一把同情泪的同时问一声"为什么"，从而把握课文所包含的更深广的内容。在教《"你们想错了"》《视死如归》《刘胡兰》等课文时运用这种推导方法，则有助于认识方志敏、王若飞、刘胡兰等先烈们的性格内核，在晓理中更加动情。

（3）由事而理法。事中寓理，情中寓理，这是文章常见的表现方式，在教学时从课文描写的具体事件中推导出包含的事理，自然就是由表及里的一种"升华"。当然，这里要注意的是"升华"的准备和火候。因文而异，常中见变，恰到好处，妙乎自然，是成功之道。比如教学《唐打虎》，就应抓住平中见奇的表现方法，在众人经过"希望—失望—信服"的心理变化后，推导其理，于"山重水复"处见"柳暗花明"，从而获得更好的阅读效果。教学《挑山工》则应抓住挑山工与游人之间路程和速度的反差，设疑解疑，从而明乎事理：只要一心向着目标，一个劲儿往前走，就一定能到达目的地。这样，也才能理解作者所绘登山图的寓意。

### 3. 由此及彼联想法

联想，是由一事物想到另一事物的心理过程，是感物连类由此及彼所生发出的同类或与之有直接间接联系的形象的想象。根据课文有关内容，在"升华"时恰当地运用由此及彼联想法，在增加形象的丰富性、情感的感染力的同时，使理性的表现走上一个新台阶，是可行的。其具体方法可以分为：

（1）接近联想。接近联想，是指时间或空间上相接近的事物之间的联想。比如《腊八粥》是由腊八这个相同的时间展开的联想，教学时可把握住联想的三个层次："我"母亲的母亲煮腊八粥，是照应一种风俗；"我"母亲煮腊八粥是纪念她的母亲；"我"煮腊八粥是纪念我的母亲；"我"的第三代人煮腊八粥，是纪念敬爱的周总理，使学生画出由风俗而至亲情再至胜似亲人的情感运行轨迹，叩响感情的和弦，在共鸣中加深对周总理的崇敬之情。

课文中有一些写景的散文、记事的记叙文则运用了空间接近联想，比如《美丽的小兴安岭》写小兴安岭四季不同的景色，这些景色的变化因为发生在同一空间，所以被有机地组合在一起了。又如《山间又响马铃声》则通过"山间小路"这同一空间把苗寨同胞过去的困苦生活和今天的幸福日子联系起来。教学时我们则应抓住这些变化通过比较进一步把握主题。

（2）类似联想。类似联想是由两种不同事物在某一点上有所相似，因而展开联想，这里的类似不仅是指一般性的表象，即声音、颜色、形状上的形似，更重要的是神似，是事物的内在精神或人物的思想感情方面的一致性。我们教学一些课文时注意在总结阶段将历史与现实进行类比，以加深认识，这就是运用了类似联想。有些老师教学《小球门手》最后一个自然段时特别着力，也就是扣住了课文中的类似联想："大个子叔叔从这群孩子身上，想起自己小时候在街头踢球的那些美好的日子，看到了足球运动的明天。"使学生理解到"小球门手"认真得"多像一个真正的守门员"不同凡响的意义。

（3）对比联想。见到一种事物，头脑中自然地浮现出与之相对立的另一种事物；见到事物的一个方面，头脑中浮现出与之相反的另一方面；见到事物的此时，头脑中浮现出与之不同的事物的彼时。这种心理现象称之为对比联想。从审美体验的角度说，对比联想不仅仅是形式上的对立，更是内在的感情与意义对立的尖锐表达。运用对比联想，可以促使体会和体验的深化。比如我们教学《穷人》时在总结阶段可以回应文题"穷人",扣住"穷人不'穷'",引导学生进行概括性的对比联想,从而完成情感的"升华"。又如教学《小音乐家扬科》,引导学生联想自己周围的小音乐家、小画家、小诗人、小发明迷、小运动员的成长经历,加以对比,再究其所以然,使学生情感体验和思想认识同时得以深化。教学《卖火柴的小女孩》,有老师让学生张开形象思维的翅膀,进行假想,卖火柴的小女孩到我家,会怎么样?其中也就包含了对比联想,同样可以达到"升华"的目的。

(4)象征联想。这是把某种概念、思想、感情与特定的具体形象联系起来的心理过程。也可以称之为"虚实联想",——具体形象是实,抽象的意念、情思是虚。不少文章的结尾都运用了这种联想,比如《三人行》的结尾就是以大雁高飞象征了红军战士紧密团结、互相帮助、顽强战斗、奋勇前进的精神,这形象化的画面中就包含了一种"升华",在教学时我们就应扣住教材,组织高潮,强化"升华"效应。又如教学《钻石》,我们也应抓住作者以物喻人的特点,真正懂得两块"无价之宝"的内涵。

有时,这种联想还可以"跳出"课文,比如有位老师教《松树的风格》,在总结阶段启发学生进行审美思维,展开想象与联想。

师:为什么松树的外在形象能成为人们审美的艺术形象?
生:因为它挺拔苍劲,傲立峰峦……
师:为什么烈士陵园都栽松树?
生:因为它常青不老……
师:是的,因为松树的常青的自然属性已成为永恒、长寿的象征,所以常伴烈士不朽的精神……
师:为什么松树的风格会成为革命者的人格形象呢?能否举例谈谈。
生:因为它用途广泛,不吝惜自己的一切,要求于人的甚少,给予人的甚多,例如共产党员刘胡兰,她坚强不屈,视死如归,把生命献给了革命,因而她就具有松树的品格;还有雷锋同志……

在这里,通过由此及彼的联想,完成了对松树美的感知、理解的思维过程,对"松树的风格"也就更添肃然起敬之情了。

## 第三节　选择恰当的审美方式

在语文美育的过程中，选择恰当的审美方式，既可以体现学科美育的特点，也有助于培养学生的审美能力，应该予以高度的重视。这些审美方式主要指：

### 一、感染法

#### 1. 形象感染法

这是与美育的形象化原则联系在一起的。美育就是要通过事物的具体可感的形象来感染人、触动人的情感以达到美育的目的。这里的"形象"又可分为：

（1）实物形象。即生活本身实实在在的形象。比如教学《春天》，带学生到田野里去"找春天"，去观察青青的麦苗、静静的小河、灿烂的鲜花，去听鸟儿的鸣唱、河水的低吟、青蛙的合奏，去摸一摸酥软的泥土，嗅一嗅花草的清香，等等。就是让学生通过对实际形象的感知，去体会春天来了，春天多么美好。

（2）模拟形象。这里又可分为两种，一种是对某种动作、表情的模拟，比如让学生体会"微笑"的意思，教师粲然一笑，学生会在情感反应中还老师一个微笑，会自己模拟一个微笑。在这种情绪感染中，学生也就真心理解了"微笑"的词义，并学会运用。模拟形象还包括一些制作的教具，比如教学《海底世界》，制作一些教具模型，组合成"美丽神奇的海底世界"，对学生理解课文内容会有很大的帮助。

（3）图片形象。这里包括：屏幕形象。电教手段的引进，给语文教学形象化原则的运用带来了重大突破，也给语文美育创造了更好的条件，注意有机地恰当地运用幻灯、录像等电教手段，会大大提高语文教学的效益。挂图形象。与语文课本构成对应联系的有整套语文教学挂图，教师还可以在此基础上自己绘制一些。如教学《伏尔加河上的纤夫》，展开挂图，小读者的心灵就会受到震撼，情绪上也会受到感染。展开《桂林山水》的教学挂图，学生也往往会脱口而出："真美！"情动于中，转而阅读理解，效果自然会好得多。插图形象。语文教材中有相当数量的插图，合理地运用这些插图，可以培养学生的观察、想象等能力，图文并用，也可以更好地发挥文章的感染力。比如教学《难忘的一课》，我们可以引导学生观察插图认真思考：从图上看，学生们有没有发现"我"？在这种情况下，孩子们和"我"是怎样做的？进而理解"我"为什么也跟着孩子们一起学？（被师生强烈的爱国热情吸引了，"我"内心的爱国感情被诱发出来了。）为什么教室里多了个素不相识的人,老师和学生都不感到意外,继续学下去?("我是中国人,我爱中国"这句话把"我"、老师、学生的感情紧紧地联系在一起了。)

(4)间接形象。语文和语文教学的特点,都决定了在语文学科的美育活动中,完全依赖直观可感的形象来体现形象化原则,是不现实的,也是没有必要的。因此,应当重视以语言来描绘构造间接的虚化的形象。有时老师的描述使学生如见其人,如闻其声,如历其境,就在于这种虚化形象成功的营构。

在间接形象中还有一种,甚至可以称作次间接形象,这种形象不是再现,而是表现;不是摹拟,而是创造。它就是滕守尧在《审美心理描述》中所说的:"所谓艺术化教学,就是经过一番精心设计,将纯粹抽象的科学公式或结论化成易于感受和经验的'真',或者说,将'可能的真'变成'现实的真'('真'离开人对它的经验,就不能现实地存在),这种现实性的'真',只能是一种能被感受到的固定的式样,具有对称、均衡、和谐、节奏、多样统一等性质,也是人的知觉最喜欢或最容易接受的感受特征。"[①] 比如,一些精彩的板书设计就构成了这样的形象。

以上列举主要着眼于手段、形式,在教学过程中,我们更应提倡从内容入手,注意抓住人物形象或拟人化的艺术形象的——

(1)人格美。美育中以美储善,就是通过美的形式,用人物形象的高尚的道德情操熏陶感染学生。把握形象的人格美,并引导学生识乎此,感于此,有助于实现以美储善的美育功能。教材为我们提供了现成的例子:《古井》里写到乡亲们对老人热心帮助,不要报酬,体现了可贵的人情美,这是值得称颂的。但细细揣摩一下就会发现,这只是果,其因就在于老人(古井)高贵的人格美感染熏陶了他们。这"古井"是老人品格的象征,两个形象由于本质的相似点,复合在一起,作者正是借古井喻老人,这高尚的"古井"精神陶冶了乡亲们,也陶冶了远离家乡的"我"。教学时注意梳理人物之间的关系,把握借物喻人的特点,引导学生品尝体味,让小读者面对这口"古井"时,情动于中,自然也会使他们受到强烈的感染。从这个例子,我们可以看到人格美的感染力是多么巨大。我们的语文教材里有相当多的篇幅是写英雄人物和劳动人民的,他们的人格美大多具有强烈的震撼力,教学时因文设法,或图文并用,或"入境"体验,或动情描述,或引发遐思,由美而真、而善,是可以发挥其感染熏陶的作用的。

(2)感情美。以情动情,人物形象的感情美其感染作用是显而易见的。由

---

[①] 滕守尧.审美心理描述[M].北京:中国社会科学出版社,1985.

语文教材本身的德育功能所决定，人物感情的"善"即"合目的性"是站得住脚的，我们要把握的主要是：① 真挚性。真情才能动人，因此要注意循着人物性格的走向去体会感情，要从人物的相互关系构成中去体会感情，要注意从人物所处的特定环境中去体会感情，尤其要注意在违背常情的地方去体会真情。比如，在《一个苹果》里，"苹果，转了个圈儿，最后又回到我手里"；又"转了一圈，苹果还剩下大半个"，以同学们的生活经验简直不可理解。联系当时所处的环境看，"整整七天，没有喝过一口水"，"我的喉咙早就干得烟熏火燎似的"，运输员"比我们还艰苦"，步话机员小李"嘴唇干得裂了好几道血口子"，伤员小蓝"嘴唇干得发紫"……一个苹果不是太多了，而是太少了，正惟其少，苹果的遭遇才真，战友们之间互相关心体贴的真挚感情才表现得淋漓尽致。同学们读这篇课文时，也很少有不被志愿军战士这种真挚的感情所感动的。② 强烈性。要注意把握课文中的感情旋律，注意这种感情的旋律是怎样一步一步地推向高潮的，借助人物感情的强烈性叩击学生的心扉，以情动情，从而取得较好的审美效果。比如《难忘的一课》结尾写：

我紧紧地握着这位年轻的台湾教师的手，但是想不到还有什么话，比他刚才教给孩子们的那句最简单的话，更足以表达我这时的感情：

"我是中国人，我爱中国！"

这里的"最简单的话"也是最恰当的话，这里的"全部感情"指的是强烈的民族感情和深厚的爱国情意。教学时我们就要注意前面的感情铺垫，恰当地运用人物感情的一次次冲击波，使学生理解为什么"想不到还有什么话"更恰切？为什么这句话可以表达"全部感情"？从而体会人物内心世界的感情风暴。③ 深刻性。强烈，是指感情波动的幅度和力量，是从横向而展开的；深度，则是对感情的纵向的衡量，是对感情的纵深化和主体化的表述。有时，二者是统一的，比如《难忘的一课》抒写的爱国之情，——台湾被日本整整统治了50年，台湾光复了，人们终于有了学习祖国文字的自由，这情，这景，触动的真挚情感既是强烈的，也是深刻的。但有时，深刻的情感外在形态并不强烈，教学时就要注意引导学生认真体会。比如《藤野先生》里的藤野先生对"我"的关心并不靠慷慨陈词来表现，而在其一举一动之中。就谈改讲义："我的讲义已经从头到末，都用红笔添改过了，不但增加了许多脱漏的地方，连文法的错误，也都一一订正。这样一直继续到教完了他所担任的功课：骨学、血管学、神经学。"那种深挚的情感正如同滋润生物的潇潇春雨一般，同样令人感动不已。所以作者第一次"打开看时，很吃了一惊，同样也感到一种不安和感激"。这些地方，教学时就不能轻易放过，而要借以拨动小读者的感情之弦，去认识人物丰富的内心世界。

（3）外形美。这里包含两层意思：一是指人物形象本身美的外形，这自然是秀外慧中，外在美和内在美得以统一的。另一层意思是指不管以什么方式摹写人物，都要注意人物外形的逼真美，因为外形的"误差"必然会造成欣赏过程中感情的误差。从这个角度看，挂图、幻灯片等的绘制，也不单单是一个技术问题了。

### 2. 情境感染法

这"情境"至少包括：

（1）生活情境。比如在说写训练中，教师可以先将学生引入生活的情境，使学生在受到感染后产生一吐为快的欲望。

（2）教学情境。指在教学课文的过程中，因文设境，强化氛围，前文所举教学悼念周总理文章的例子便属此类。

（3）语言情境。比如有位老师教《最后一次的讲演》，在简要介绍背景后动情地描绘道："李公朴被杀害，闻先生悲恸万分，伏在李公朴的身边，眼睛凝视着前方，不断地说：'公朴没有死，公朴没有死！'当李公朴的爱人泣不成声地走下讲台时，闻先生便满怀着激情和愤怒走向讲台。于是就有了这《最后一次的讲演》。"这样的描绘，把学生召唤到闻先生的讲台之下，立即进入了课文的情境。

### 3. 抒情感染法

这里指教师情动于中，直抒胸臆。这种直接抒情，可以移情于学生，发挥感染作用。比如于漪老师教《茶花赋》时，一上课就洋溢着爱国主义感情说："这篇课文是一首歌颂伟大祖国的赞歌。祖国，一提起这神圣的字眼，崇敬、热爱、自豪的感情就会充盈脑际，奔腾欲出，我们伟大的祖国有几千年的古老文明，有960万平方公里的辽阔大地，有无数令人神往的名山大川，还有以勤劳勇敢著称的各族人民，每当提到这些，心中就会激荡起热爱祖国的感情……"这种直接抒情是真情与激情的结合，是教者与作者的共鸣，一下子就感染了学生，使学生的爱国主义情感油然而生，完成了学习课文的感情酝酿。

## 二、鉴赏法

### 1. 语言的鉴赏

这是与语感的训练结合的，叶圣陶先生说："不了解一个字一个词的定义和情味,单靠翻查字典辞典是不够的,必须在日常生活中随意留意,得到真实的经验,对于语言文字才会有正确丰富的了解力,换句话说,对于语言文字才会有灵敏的感觉,这种感觉通常叫做'语感'。"① 在教学过程中,吟诵、体味、推敲、比较,都是训练语言的灵敏感觉、鉴赏语言的精妙之处的可行之法。从审美的角度看,又特别要注意对语言的立体美、暗示美、色彩美、音乐美的鉴赏。

(1)立体美。说到立体,人们首先会想到雕塑。雕塑可以用直接的物体造型存在于空间当中,你不仅可以看,还可以去触摸。在冰冷的大理石之中,在突出的棱角之中,生活的面貌有形有色。相对于雕塑立体感的直接性,语言塑造形象则必然是间接的。但努力追求,语言的"魔力"也可以变幻出形象,可以取得雕塑般的立体感,造出语言的塑像。请看:

渔夫皱起眉,他的脸变得严肃,忧虑。"嗯,是个问题!"他搔搔后脑勺说,"嗯,你看怎么办?得把他们抱来,同死人呆在一起怎么行!哦,我们,我们总能熬过去的!快去!别等他们醒来。"

——《穷人》

这段话写渔夫考虑怎样对待西蒙的孩子的过程,可谓是其形可见,其声可闻,渔夫认真的态度、焦急的神情都活脱脱地表现出来了。这样的描写就是具有立体美的。从这里我们还可以把握住语言立体感的一个重要特征:动态之美。流动的运动的形象,较之静态形象更具生命感,更能调动读者的审美积极性,激发读者的审美愉悦。在鉴赏语言时,我们要注意把握这一特征,尤其要注意对动作描写的揣摩,比如鲁迅笔下写华老栓取钱买药和孔乙己掏钱买酒的一连串动作,一下子就使人物神形毕现,跃然纸上。揣摩之,自然有助于认识人物,理解主题。

(2)暗示美。文字,作为信息符号或信息系统,有两种主要的功能:一是说明意义,即指示性;一是启发作用,即暗示性。中国古典诗论讲"不着一字,尽得风流""一语百情""片言明百意"等等,皆指后者。语言的暗示性使其内涵具有伸缩性和延展性,加大了作品的容量,平添了作品的韵致。在鉴赏时应留意之。在"备课论"中谈到的《为了忘却的记念》结尾所署写作日期"二月七日—八日",就具有暗示性,是鉴赏时不应忽略的。

---

① 叶圣陶.叶圣陶论创作[M].上海:上海文艺出版社,1982.

（3）色彩美。马克思指出："色彩的感觉是一般美感中最大众化的形式。"[1]引导学生体会语言的色彩美，有助于丰富他们美的感受，比如读《燕子》：

阳春三月，下过几阵蒙蒙的细雨，微风吹拂着千万条才舒展开黄绿眉眼的柔柳，青的草，绿的叶，各种色彩鲜艳的花，都像赶集似的聚拢来，形成光彩夺目的春天。

读这段话就应体会到作者在拟人、比喻的基础上以恰当的色彩词描摹出景物的色泽和情态，画出了春天的"光彩夺目"。这样春天似乎增加了可见性，是赏心悦目的了。

如果再深入下去，随着审美经验的积累，我们还应体会到色彩与人物感情的联系，从而领悟作者的匠心所在。比如红色，常被用来表示温暖、热烈、激动的感觉或情绪。"春色满园关不住，一枝红杏出墙来"，那份热烈也"跳"出来了。黄色，作为深秋的象征，又常与悲哀伤感结下了不解之缘。"况属高风晚，山山黄叶飞"，肃杀之气也随风而至。绿色，与春天联系在一起，象征着生命和力量，"春风又绿江南岸"，王荆公浓墨重彩，化静为动，呈现出一个生机勃勃的绿色世界。这种种色彩词的运用都是耐人咀嚼的。

（4）音乐美。这首先表现在语言的节奏感上。恩格斯曾从审美角度这样评价他所熟悉的几种语言：意大利语"像和风一样清新而舒畅"，西班牙语"像林间的清风"，葡萄牙语"宛如满是芳草鲜花的海边的浪涛声"，法语"像小河一样发出淙淙流水声"。[2]我国当代诗人郭小川在谈写诗技巧时说："诗应当是叮叮作响的流水。"[3]这些比喻都提及惠风和流水，都是强调了语言的节奏美。这种节奏感在诗词特别是中国古典诗歌的律诗和绝句中表现最为突出，但节奏感中整齐的美、错综的美、抑扬的美、回旋的美在许多文章中也可见到，比如排比句式就具有整齐之美，以分号出现的语言段就具有错综的美，它们本身有的重复咏叹又使语言具有回旋的美，至于语气的舒缓快慢、音调的强弱高低构成的语言的抑扬有致，则更是俯拾即是的了。

韵律也是构成语言音乐美的重要因素，曾有专家从音乐美感的角度去考察

---

[1] 马克思，恩格斯.马克思恩格斯全集［M］.北京：人民文学出版社，1972.
[2] 冯克诚，田晓娜.世界通史全编［M］.西宁：青海人民出版社，1998.
[3] 杨九俊、姚烺强.小学语文新课程教学概论［M］.南京：南京大学出版社，2005.

汉语语音，发现汉语中元音特别多，汉语大多数音节是以元音结尾的，而在元音之中，占多数的又是乐音。因此，可以说汉语语音就是最富于音乐美感的语言，具有较强的审美表现力。在诗歌中，这个特点极为鲜明。韵脚的关联，使诗句构成了审美整体，也使诗作具有抑扬顿挫、流畅回环的韵律美，顺口动听，易记能唱。可以说，选入课本的每首诗歌都可作为例证。

**2. 意境的鉴赏**

意境是文学作品中作者的情与物象的形、神融为一体的艺术境界。对意境的鉴赏可以使阅读者享受到一种审美愉悦，"假如死盯着文字而不能从文字看出一幅图画来，就感受不到这种愉快了"。[①] 鉴赏意境可从以下几方面入手：

（1）把握意境的特点。独创美是意境的第一个美学特征。有人说，"意境"从唯一性的意义上说，就是"创意"与"创境"二者的完美结合，是很有道理的。缘于此，我们在教学时就要引导学生仔细体味意境中作者独特的"发现"和"创造"，比如选入小学语文教材的柳宗元的《江雪》，通过揣摩我们可以看出：作者先扯开广阔的背景，"千山鸟飞绝，万径人踪灭"，然后由远而近推出主体形象。以四句的领字看，"千""万""孤""独"，是以广大突出孤独，而全篇万籁俱寂，唯诗人"独钓寒江雪"。其实，这静寂正是写其心中烦闷喧闹到了极点，郁郁而不得志，在室内坐不住，于是到此排遣宣泄，演出了生活中的反常现象。恐怕理解不到这一步，是难解其中之味的。综合美也是意境美的重要特征。所谓综合美，是若干个体美的总和、融合与升华，是内容与形式完美统一的美。比如巴金的《海上日出》写晴朗时、微云时、浓云时日出的情景，三个画面渲染日出的艰难、日出的顽强、日出的辉煌，而作者自己强调的"奋发向上，向往光明"一线贯穿，三个画面构成了具有综合美的意境，于是每个画面就都活了。在教学时，我们就应据以重视作者对意境的整体创造，还其整体感。

（2）进入意境的天地。鉴赏意境，自然是"入境始于亲"，这种"入"在于功夫，而此功夫应看作是认真的态度和娴熟的技巧的融合。意境在某种程度上都是虚与实的融合。所谓实，指其客观的景物形成的物境；所谓虚，指其主观的感情形成的情境。二者融合就成了意境。这虚与实时常是交织在一处，但也多见前后各有侧重的区别，如果把握虚实结合的一般形态，对于我们"入境"则添了许多便捷。有论者曾概括出，在情与景这一对美学范畴中，情为虚，景为实；在今与昔这对美学范畴中，今为实，昔为虚；在时与空这对美学范畴中，

---

[①] 叶圣陶. 叶圣陶语文教育论集［M］.北京：教育科学出版社，1980.

时间为虚，空间为实；在有与无这一对美学范畴中，有为实，无是虚。读文吟诗，看其前后，可以较快地把握其虚实关系。比如小朋友尚是满口乳牙时就咿咿呀呀跟着吟唱的《登鹳雀楼》，我们不难识其前为景后为情（亦情亦理），然正因为前实后虚，由实而虚，雄浑之景与豪迈之情相融合，则又使读者生出一重境界："更上一层楼"后所见，这样"真境逼而神境生"，（清代笪重光《画筌》）诗的意境也就真正出来了。

（3）完成意境的再创造。前所提及的欣赏《登鹳雀楼》的例子已接触到这个问题。文学作品中的意境不是"感觉的艺术"，它具有间接性的特点，它不能离开读者的审美联想和想象而存在。诚如台湾学者林雨华所言："'意境'或'境界'是艺术形象及其艺术环境在读者心中所引起的共鸣作用；'意境'或'境界'又是读者艺术欣赏时的心理状态。"① 意境诞生于作者笔下，其生命又应当在读者的想象中得以延续。因此，在教学中应努力引导学生张开想象的彩翅，让他们在意境的天地间自由地翱翔，让他们以自己的灵秀之气去完成意境的再创造。这种再创造，或林雨华先生所说的"心理状态"，有两种基本形式，一种是再造性的，即通过想象使作品描绘的图景"活"起来，叶圣陶先生欣赏高尔基的《海燕》，即是这方面成功的例证，他说：

> 要领会这首诗，得在想象中生出一对翅膀来，而且展开这对翅膀，跟着海燕"在闪电中间，在怒吼的海上，得意洋洋地飞掠着"。这当儿，就仿佛看见了聚集的阴云，耀眼的闪电以及汹涌的波涛，就仿佛听见了震耳的雷声，怒号的海啸。同时仿佛体会到一场暴风雨之后，天地将被洗刷得格外清明，那时候在格外清明的天地之间飞翔，是一种无可比拟的舒适愉快。"暴风雨有什么可怕呢？迎上前去吧！叫暴风雨快些来吧！让格外清明的天地快些来吧！"这样的心情自然萌生出来了。回头来看看海鸥、潜水鸟、企鹅那些东西，它们苟安怕事，只想躲避暴风雨，无异于不想看见格外清明的天地。于是禁不住地叫道："让暴风雨来得更猛烈些吧！"②

还有一种想象是创造性的，是通过想象形成全新的形象。比如前已说道，欣赏《登鹳雀楼》，在对"白日依山尽，黄河入海流"进行再造性想象的基础

---

① 周康燮.中国近三百年学术思想论集［M］.香港：崇文书店印行，1974.
② 叶圣陶.叶圣陶论创作［M］.上海：上海文艺出版社，1982.

上,去构思、描绘"更上一层楼"后的更为雄浑壮丽的情景,就是创造性的想象。这类想象没有必要也没有可能整齐划一。因此,训练时让学生畅所欲言,各抒己见(自己的"发现"),是值得大力提倡的。

**3. 技巧的鉴赏**

写作技巧的成功运用是构成作品美的形态的重要因素。语文教材具有一定的典范性,技巧美鉴赏的内容是相当丰富的。仅以小学语文教材中几篇记叙文的写景来说,《雨中》是映衬手法,以环境美衬托了人物的心灵美、行为美;《卖火柴的小女孩》结尾处写景是反衬手法,"以乐景写哀情",强烈地渲染了作品的悲剧氛围;《三人行》结尾的写景则是象征手法,大雁结队南行象征着红军战士团结互助、目标一致,坚定地奔向胜利,就都具有鉴赏的价值。在鉴赏过程中,我们则应加强两点,一是把握文章中技巧运用的特色,二是把技巧的运用与其美感效果联系起来;前者是强调在共性与个性之间重点抓个性美,后者则要求把做法与效果联系起来,从效果美中见技巧美。就以反衬手法说,同样"以乐景写哀情"的,我们可以随手拈出三个例子:

第二天清晨,这个小女孩坐在墙角里,两腮通红,嘴上带着微笑。她死了,在旧年的大年夜冻死了。新年的太阳升起来了,照在她的小小的尸体上。小女孩坐在那儿,手里还捏着一把烧过了的火柴梗。

这是《卖火柴的小女孩》结尾所写。在《祝福》里,祥林嫂"老了",正是在一片"祝福"的氛围中:

我给那些因为在近旁,而极响的爆竹声惊醒,看见豆一般大的黄色的灯火光,接着又听得毕毕剥剥的鞭炮,是四叔家正在"祝福"了;知道已是五更将近时候。我在朦胧中,又隐约听到远处的爆竹声连绵不断,似乎合成一天音响的浓云,夹着团团飞舞的雪花,拥抱了全市镇。我在这繁响的拥护中,也懒散而且舒适,从白天以至初夜的疑虑,全给祝福的空气一扫而空了,只觉得天地圣众歆享了牲醴和香烟,都醉醺醺的在空中蹒跚,预备给鲁镇的人们以无限的幸福。

再说《红楼梦》中,这边林黛玉焚稿断情,气绝身亡,"正是宝玉娶宝钗的这个时辰","一时,大家痛哭了一阵,只听得远远一阵音乐之声。"……

把这三个片段联系起来,我们可以看到"以乐景写哀情"这种反衬手法的丰富性,其"倍增其哀"的审美效应突出了这种手法的感染力。具体到各个片段,我们又可以看出作者的创造:这种技巧的运用是服务于内容的,即以"死"说,小女孩是"愉快"的死,祥林嫂是惶惑的死,林黛玉是愤激的死。这些,又都是由主题和人物性格的内核生发出来的。如果我们把这里的一些"乐景"放到作品整体中看,这些景的描写又是与其他部分浑然一体的。这样,我们就能初步认识作品中技巧运用的妙处了。

## 三、外现

这其实不是一种而是一类审美方式,感染、鉴赏主要是"内省"式的,让学生"内省"的美感得以外现,一方面可以促进"内省",另一方面可以激发创造力。外现的方法可以从以下几个角度去看:

(1)读。能够使内省的美感外现的读主要有两种,即美读和分角色朗读。美读又可称为审美性阅读,也是内省与外现相互渗透的一种阅读。《文心雕龙·知音》说:"书亦国华,玩绎方美。"玩绎体味是其基本方法。叶圣陶先生也很强调要进入"美读"的境界,他在《中学国文学习方法》中说:"说理的文章大概只需要论理地读,叙事叙情的文章最好还要'美读'。所谓'美读',就是要把作者的情感在读的时候传达出来。这无非如孟子所说'以意逆志',设身处地,激昂处还他个激昂,委婉处还他个委婉,诸如此类。"他认为这样做不但"了解作者说些什么,而且与作者的心灵相感通了"。美读,更主要的应是出声地读,声情并茂地读。这样,"美读"才可以得到检验和肯定,可以得到交流和感染。有些老师教学结束时让学生听一段朗读的录音,——话剧演员们确实"激昂处还他个激昂,委婉处还他个委婉"。但更重要的是加强训练,使学生接近甚至达到这一重境界。

分角色朗读因为包含了角色体验,也应提倡。成功的分角色朗读,也能做到"与作者的心灵相通",可以看作美读的一种。比如教学《雷雨》鲁侍萍与周朴园相遇的片段,有位老师请一位同学出来做导演,安排分角色朗读,这位"导演"从同学中挑选出角色的 AB 角,又提出了一些具体的要求,让同学们在作了一些思考和准备后"进入角色"。因为有了明确的"导演意图",扮演者都努力按照规定的朗读基调,读出了人物的情感。即便有不是很成功的,导演又及时安排 B 角顶上去,取得了相当理想的效果。

(2)说。说画面、说感受是使"内省""外现"的重要方法。说画面就是让学生根据语言文字提供的信息，去述说想象的画面。比如根据"白日依山尽，黄河入海流"的诗句去描述这幅雄浑阔大的场景，自然要亮出自己的美学理解。相互间的交流、借鉴，又会促使理解的深化。这种说画面往往就是想象的思维之果的外现，其基本类型也是再造性和创造性两种。说感受一是表达对课文中人物情感的体验，二是交流审美的体会。比如有位老师教学李白的《静夜思》，要求同学们根据诗意和插图说说李白的思乡之情。值得肯定的是教者安排了一个"中介"环节，问："小朋友们有没有亲人在外地或出差去了，你是怎样想念他的？"在同学们诉说自己怎样思念亲人的基础上再提出关于李白思乡之情这一问，巧妙地把坡度降缓，使同学们的感受多了不少真切感、深切感。这属于说感受的第一种。第二种往往是结合总结课文进行的，说感受也就成了总结课文的有机组成部分。

（3）演。通过表演再现课文里的情节、情境，在"观众"可以更准确更真切地体验作者和课文中人物的情感，在"演员"则是一种生动的"外现"。比如有位老师教学《颗粒归公》，指导一个学生扮演弟弟，另几个扮演白鹅，其"戏剧效果"显然是多方面的。现在不少学校都很重视课本剧的排演，其意义恐怕已经远远超出语文美育的范围。

（4）写。及时地把审美体会形诸文字，把读和写结合起来，是"外现"的重要途径。从美育意义上看，这种写应努力激其进入一种愉悦、激动的心态中，应"趁热打铁"。阅读教学中的小练笔是值得提倡的一种做法，比如教学《穷人》，趁学生正被桑娜和渔夫心地的善良所感动时，顺承课文最后一句："'你瞧，他们在这里啦。'桑娜拉开了帐子。"以"桑娜拉开帐子以后"为题，让学生练一练，学生是会很乐意地在激动不已之中，根据人物的性格轨迹写活这一场景的。

当然，以上所论在语文美育的系统工程中，远不是全部。但只要我们在语文教学中，自觉地渗透美育意识，充分利用一篇篇课文的教学和一次次说写训练，持之以恒地引导学生进行"审美的锻炼"（鲍姆加登语），我们所期盼的学生审美能力的形成、心理结构的完善，借用叶圣陶先生的一段话说，"自会抽芽舒叶，开出茂美的花，结出丰实的果"。[1]

---

[1] 叶圣陶.叶圣陶语文教育论集［M］.北京：教育科学出版社，1980.

# 第五章　双基论（上）

苏霍姆林斯基曾经把中高年级学生学业落后、成绩不良的现象归咎于知识的"地基"不牢，他说："不妨设想一下，我们盖一座漂亮的楼房，可是把墙基打在很不牢固的混凝土上，灰浆不断地剥离，砖头也在脱落，人们每天都忙于消除工程中的毛病，可是始终处在楼房倒塌的威胁之下。"他还严肃地指出，许多语文教师正是处在这样的状况之中："他们在盖楼房，可是墙基在裂缝。"[①] 怎样夯实这个"地基"呢？办法只有一个，即加强基础知识的教学和基本技能的训练。提倡双基教学的技巧性、艺术化，无疑是"地基"工程优化的重要保证。本章所论正是着眼于这一方面展开。

由于这部分内容较多，故分为上、下两篇，上篇重点在词、句、段、篇，下篇重点在读、写、听、说。论述的重心更多地放在技能的培养上，即使专论基础知识教学时也是如此。这是因为，如苏霍姆林斯基所强调的，知识不仅是目的，也应是手段，应当成为获取新的知识的工具，所以，基础知识的学习就应当同时包含基本技能的训练。从这个意义上去评价知识的学习，学生就可以能动地参加"盖楼房"的工程，就可以成为"工地"的主人了。

---

① 苏霍姆林斯基. 给教师的建议 [M]. 杜殿坤, 译. 北京：教育科学出版社, 1980.

## 第一节　词语教学的优化措施

词语教学在语文教学中占有很重要的地位。一方面，"字不离词"，它是识字教学的重要组成部分；另一方面，"词不离句"，它又是阅读教学的基础；再者，词是语言中可以独立运用的最小的结构单位，词语教学的优化，有助于培养学生的表达能力和思维能力。

词语教学怎样才能实现优化？又应该采取哪些切实的措施？这里，我们提出"按需分配""瞻前顾后""授之以渔"十二字方针仅供参考，下面逐一说来。

### 一、"按需分配"

这是讲哪些词详略如何，在一个词的字音、字形和词义三者间以什么为侧重点，都应视具体情况而定。其"分配原则"主要参照下列方面。

（1）从教材角度看，一篇篇文章被选作课文，纳入循序渐进的教材系列，便有了它的特殊性，以生字说，就有一、二类之分，对于二类生字只要能借助汉语拼音读出字音，大体懂得在词句中的意思就可以了。"字不离词"，这自然影响到新词的教学。正确的做法是选择教材所规定的本年级学生应该理解和掌握的词语来讲。如果"逢词必讲"，实际上有悖于编者的意图，也增加了学生的负担。

（2）从学生角度看，着眼于学生生活，应当选择那些在日常生活中富有表现力的词语详讲，以求事半功倍的效益，比较冷僻的词则应适可而止，点到就行。

着眼于词语本身，音、形、义三者关系应当恰当处理，一般可分这几种情况区别对待：①

第一种情况，学生已经知道这个词的意义，仅仅是不认识字。如学生学习"妈"，教师只要教他们会认会写，字音字义就用不着费力了。

第二种情况，学生对新词的意思实际上是了解的，不过自己在口语中是用另一个词代替它。这时教师就应把注意力放在字音字形上，至于词义只要接通新词和熟词的"线路"就行，比如初学"母亲""目"，分别告诉学生"母亲就是妈妈""目就是眼睛"即可。

第三种情况，学生对新词的字是认识的，但不理解词义，教者则应把侧重

---

① 李秉德. 小学语文教学方法［M］. 兰州：甘肃人民出版社，1980.

点放在词义上。

第四种情况，学生对新词的字音、形、义完全陌生，就应在三方面都加以重视，根据字词本身的特点选择教法。

（3）从教者角度看，应当根据教学的需要，选择那些集中表现了文章精髓和作者感情的词语详讲。比如有位老师教学《小交通员立安》，紧扣"随机应变"讲，启发学生思考："随机应变"是什么意思？小交通员立安是怎样"随机应变"的（按故事发展阶段逐层问）？这说明了什么？这是因为这个词是人物精神的凝聚点，"牵一发而动全身"，教师实际上是以此为突破口，去梳理文路、理解内容、体会文题的，"详讲"是值得的。再如《海上日出》中写太阳升起的动态的一些词，如"慢慢地""一纵一纵地""使劲儿"，我们在教学时要着重讲，因为它们分别从速度、形态、力量等方面体现了可贵的"日出精神"，也就是作者所说的"向往光明，奋发向上"。把握了这些词，有助于体会作品的神韵。

## 二、"瞻前顾后"

由于词语的多义性（可能有多种义项）和使用上的灵活性（可以临时改变用法或词性），有些词离开了具体的语言环境，往往难以理解。因此，必须指导学生"瞻前顾后"，联系上下文学习词语。其方法大致有：

### 1. 找出前后文中的有关语句——明确词义

这是指有些词义已包含甚或直接出现在文章里，只要联系前后文加以明确就行了。比如《我的伯父鲁迅先生》中有"张冠李戴"这个词，只要引导学生读读前一句"有时候还把这个人做的事情安在那个人身上"，学生就把握住词义了。有时，这种情况还有些变化，比如《一夜的工作》中有"浏览"这个新词，但课文中找不到对得上号的解释，其实转个弯词义也就有了。比如，我们可引导学生理解：课文写周总理"不是普通的浏览"而是怎样的？这不叫"浏览"，那怎样才叫作"浏览"？周总理批阅文件"不是普通的浏览"说明了什么？说到第二问时，学生稍加归纳就能理解"浏览"了。

### 2. 在具体语言环境中推敲揣摩——把握变化

有些词在实际使用时用法和词性改变了，对这类"犯规"现象非得在具体语言环境中推敲揣摩，才能把握变化，确切理解。这里大致有两种情况，一是具有古汉语语言特点的一些词语，它们比较集中地出现在古诗课文里，但在其他文章里也有所涉及；二是现代汉语中的一些词语在使用时具有了一定的修辞色彩，"特殊化"了。比如，前面说到的"手捏一柄钢叉"的"捏"，就属于这种情况。

**3. 借助前后文决定取舍——选准义项**

有些词有多种义项，在文章中究竟取何种解释，就得"借重"前后文。这方面的例子很多。应提及的是一些《词语手册》"包办代替"，把词义与具体课文挂上号了，使学生缺少了翻查字（词）典、分析比较、对照课文、恰当选择这样一个学习词语的思维过程，是不可取的。

**4. 联系具体语言环境，分析词语在文中的具体含义**

有的词语孤立地看，无所谓好坏，但是放到一定的语言环境里就会显出优劣来。对课文中那些富有表现力的词语，教学时要引导学生联系语言环境分析，体会其妙处。如尽人皆知的"春风又绿江南岸"，就可联系具体语言环境，用比较鉴赏的方法，引导学生体会作者先后改掉了"到""过""入"等词，最后确定选用"绿"，把一个表示色彩的形容词用为动词，写出了生机蓬勃、春满江南的美好景象，使整个诗句显得清新而精练。

### 三、"授之以渔"

俗话说，授之以鱼，不如授之以渔。在词语教学中，注意自学能力的培养是十分必要的。在这方面大致可做的工作有：① 教会学生运用工具书。熟练地使用字典的能力是学习语文必备的基本功之一。② 传授方法。解释词语有哪些方法，它们与词语本身的构成有什么联系，解释时有哪些表述方法，都应使学生逐步掌握。③ 讲清用法。应当注意在讲清词义的基础上讲清用法，诸如运用的对象、范围、感情色彩等等。④ 加强练习。要让学生在运用中复习巩固，还要注意练习形式的多样化，避免枯燥无味的重复劳动。

下面再谈谈词语教学的方法，因为字音、字形更应在识字教学中论及，这里只就词义说。

（1）直观法。通过实物标本、模型、插图、挂图等，让学生通过观察或直接接触，借以了解词义。比如教学一些表示具体事物的词就可用这种方法。再如教学一年级课文《过桥》，可以用一幅挂图反映文意，讲清"桥""河""漫"三个词的意思。

（2）回忆法。通过回忆某种生活情景或看过的场面，造成一种"虚化"的画面，借以了解词义。有些词要准备挂图不太方便，可用这种方法。如教学"潜伏"，就可引导学生回忆在电视、电影里看到的有关场景。教学"庄严"，也可以调动学生的记忆，通过对开国大典、阅兵式等画面的回忆，准确理解词义。

（3）演示法。通过手势、表情、动作的演示，促使学生理解词义。比如教学"串"就可以准备具体实物在课堂上"串"。在《小猴子下山》的教学中，可用演示法教"拿""掰""捧""扛"等词。

（4）举例法。利用学生的生活经验，通过列举事例解词。如教"能手"，可以让学生说说班上谁是哪一方面的能手；教学"毒刑"，可以让学生交流自己知道反动派有哪些折磨、迫害革命者的手段，让他们列举事例说出如坐电椅、灌辣椒水、"十指连心""披麻戴孝"等，从而理解词义。

（5）解释法。用学生已经熟悉的词解释不懂的词，其中包括：

① 同义互释，如"充分"就是足够的意思。"渴"就是嘴巴干，口干。

② 近义加释，如激动和感动差不多，但比感动程度要深些。爱戴就是爱，但这是专指下级对上级，群众对领袖的爱。可见加释就是加释不同的部分。

③ 反义对释，就是用否定词"不"加在反义词上面来解释词义。如"执拗"可解释为"不随和"。

④ 分合补充，就是分释词素的意思，然后再合起来解释，必要时补充其解释不足的部分。如"辛勤"解释为辛苦而勤劳，分合则可。"傍晚"解释为靠近夜晚，就是天快黑的意思，则有所补充。

⑤ 大小概念互释，词语表现概念，概念之间有种属关系，即有大小概念之分，可以利用学生已知大概念来解释未知的小概念，也可以利用学生已知的小概念来解释未知的大概念。以大释小的如羔就是小羊，犊就是小牛；以小释大的如家畜是牛、羊、猪、马等的总称。

（6）造句法。有些词难以理解，可用造句的方法加深儿童对其含义的理解，有些虚词更适于用造句的方法。如有位老师教《小猫钓鱼》中的"三心二意"和"一心一意"两个词，先引导学生找出有关语句理解词义，然后再让学生造句，进一步体会词的意思和使用特点。

（7）字形分析法。引导学生从汉字的构字特点上去理解词义，如"小土为尘""日月为明""三人为众""双木为林"等，都是利用会意字的特点分析字形，理解词义。还可以利用形声字的特点，以基本字带字的方法理解。

（8）比较法。利用同义词、近义词、反义词、多义词作比较，加深对词义的理解。方法有：① 换字比较法。如前面论及的"春风又绿江南岸"，举出"到""过""入"，进而体会"绿"的妙处就是这种方法。② 造句比较法。如一对近义词就可用这种方法体会它们的细微差别。常见的选词填空也可以看成这种方法。③ 搭配比较法。从搭配关系上进行比较，如把新学的"妨碍"与学过的"妨害"进行比较，可用搭配的方法进行。此外还有反义词比较法、多义词比较法等等。

（9）科学概括法。就是用给概念下定义的方法解释词语。这种方法使用最为普遍，可注意将它与其他方法结合起来使用。

（10）由本及枝法。就是先找出词的本义，再明确在本文中的意思。如《月光曲》中"苏醒"一词可解释为：苏醒——从昏迷中醒过来，本课指从乐曲的意境中清醒过来。

## 第二节　难句的症结及理解的方法

句子是能够表达完整意思的语言单位，也是构段成篇的基础。在语文教学中，一篇课文或作文，都是由一句一句的话按照一定的规律组合而成的。因此，句子训练无论是对理解还是表达，都相当重要。理解句子又应是其重点。当然，"理解"的应当是难懂的句子。所谓"难懂"，通常指如下情况：

（1）从语言形式上看，主要有三种：

① 难在"词"上。即指句子中夹有重要生字或难懂的词，造成了阅读障碍。比如《小虫和大船》中写道："小小的蛀虫，竟毁了一艘大船。"这一句初读时学生很难理解，原因就在"竟""毁"这两个生字新词造成了阅读障碍。如果弄清"竟"是"真没想到""出乎意料"，"毁"是"损坏""破坏"的意思，就能明白句意了。

② 难在"句"上。即句子结构复杂，学生在理解时受抽象思维能力的限制，一时转不过弯来，理解不了。比如《晏子使楚》中晏子有一句话："同样的道理，齐国人在齐国能安居乐业，好好地劳动，一到楚国，就做起盗贼来了，也许是两国的水土不同吧。"如果不分析出句子中倒装式的因果联系，学生是很难理解的。

③ 难在"篇"上。句子是构段成篇的基础，从段、篇的整体看，有些句子承担了过渡句、总起句、总结句、支撑句的作用，不是着眼于段、篇，很难具体把握它们的意思。如《赤壁之战》中写道："周瑜说火攻是个好主意，可是这一仗怎样打，还得想个计策"，这个过渡句的容量较大，只有以全篇为"背景"，才能理解。

（2）从表现内容上看，难句主要也是三种：

① 难在"物"上。即句子里出现的事物对学生来说比较陌生，因而不能理

解。如《草原》写小丘之绿，"就像只用绿色渲染，不用墨笔勾勒的中国画那样"。学生受生活经验的限制，不懂"渲染""墨线勾勒"的意思，也就无法理解句子。而经过老师讲解后，学生既可弄清此一句，也能体会"到处翠色欲流，轻轻流入云际"的意境了。

② 难在"情"上。一是因为情"深"，即一些句意包含的内在感情深刻含蓄，学生一时不易体会。如《十里长街送总理》写"追灵车"："许多人在人行道上追着灵车奔跑。人们多么希望车子能停下来，希望时间能停下来。"如果学生尚未由事入情，由景入情，是难以体会人们真挚深刻的内在感情的。二是因为情"曲"，即表面是一层意思，认真体会后又可以领会更深刻的意思。如《卖火柴的小女孩》写："她们在光明和快乐中飞走了，越飞越高，飞到那没有寒冷，没有饥饿，也没有痛苦的地方去了。"表面上看来，没有什么不好懂的，但真正的含义则需要在老师指导下加以认真理解才能把握。

③ 难在"意"上。文章的立意，也就是文章的中心思想。在一篇文章中，往往有一句或几句话，要么透出中心思想，要么对表达中心思想有较大作用。如《种子的力》中写道："只要生命存在，这种力就要显现。上面的石块丝毫不能阻挡它，因为这是一种长期抗战的力；有弹性，能屈能伸的力；有韧性，不达目的不止的力。"这两个句子是文章的中心思想所在，又是难句。在教学时应着力指导学生理解。

根据这些难句的特点，在教学时应当因句异法，指导学生掌握恰当的方法，提高对难句的理解力。这些方法包括：

## 一、通过注释疏导理解句意

对造成阅读障碍的词语，教师要加以必要的注释疏导，帮助学生扫清障碍。如《记金华的双龙洞》第三自然段写道，"一路迎着溪流。随着山势，溪流时而宽，时而窄，时而缓，时而急，溪声也时时变换调子"。教师启发学生懂得"迎着"就是"对着"，"随着"就是"沿着"，"时而"就是"有时"，"时时"就是"常常"，学生就明晓句意了。对那些难在"状物"上的句子，也可用这种方法。比如《鸬鹚》写鸬鹚捕鱼后钻出水面时"喉囊鼓鼓的"，只要让学生了解"喉囊"为何物，学生对句意就一目了然了。

## 二、抓住关键词语理解句意

关键词语，显然是在句中起关键作用、核心作用的词语。关键与否，并不取决于是否属于生字新词，而是看其在具体语境中的地位。抓住关键词语理解句子，也可分成：

### 1. 扣词法

发挥关键词语的枢纽作用，扣住关键词语组织理解句意的教学过程。如《记金华的双龙洞》中写作者躺在船上进双龙洞时有这么一句话："眼前昏暗了，可是还能感觉左右和上方的山石似乎都在朝我挤压过来。"学生阅读时不理解为什么要用"挤压"一词，教师则可扣住"昏暗"这个关键词语引导学生理解：

师：山石真的会向作者挤压过来吗？
生：不会。
师：从哪个词可以看出来？
生：似乎。
师：为什么说似乎在挤压呢？这是什么感觉？为什么会有这种感觉？
生：因为眼前昏暗了。
师：为什么会昏暗呢？
生：因为是在石壁下的孔隙。
师：孔隙下边是什么？左右上方又是什么？
生：下边是水，左右上方是石头。
师：孔隙有多宽多高？
生：宽，只能过一个小船；高，人在船上还得躺下过。
师：这些作者看到了，会有什么感觉？
生：看到了，会有可怕的感觉。
师：那么带着这种怕的心情进入孔隙，当眼前一片昏暗时，还会有什么感觉？
生：还能感觉左右上方的山石似乎都挤压过来。

至此，学生终于理解了"挤压"一词，是作者进入孔隙时一种惧怕心理的写照。

### 2. 推敲法

琢磨推敲关键词语的意思，体会它的表现力，有助于准确地把握句意。如《手术台就是阵地》中写到由于炮弹在周围爆炸，师卫生部长赶来要白求恩和一部分伤员离开时，"白求恩沉思了一会儿，说：'我同意撤走部分伤员。至于我个人，要和战士们在一起，不能离开。'"有位老师教学时引导学生思考：白求恩为什么要"沉思"一会儿再说？白求恩在"沉思"什么？学生正是通过对这个词语的琢磨推敲，加深了对白求恩内心世界的认识，也加深了对白求恩高大形象的认识。

### 3. 删减法

即删减关键词语，通过比较体察句子的意思。如《大雪山》写："英勇的红军踏着没膝的积雪，一步一步向山顶前进。"可删去"一步一步"让学生比较，进而体会这"一步一步"正写出红军"踏着没膝的积雪"顽强前进的情景，正写出红军英勇的大无畏的革命精神。

## 三、借助句法知识理解句意

借助有关句子的基础知识，也可以加深对句子的理解，比如：

（1）勾勒构句间架，理解基本内容。有些句子比较复杂，可以指导学生先把构造的间架勾勒出来。句子的主干抓住了，基本内容也就抓住了。比如《大海的歌》中有这么一句话："只见海港岸边，钢铁巨人一般的装卸吊车有如密林，数不尽的巨臂上下挥动；飘着各色旗帜的海轮有如卫队，密密麻麻地排列在码头两边。"教学时可抓住"见"这个动词谓语，用缩句的方法勾勒出句子的间架，从而使学生明确这个句子主要写什么。

（2）分析修饰成分，找出表达重点。句子的修饰成分对句子起到修饰、限制、补充等作用，有时正是句子所要表达的重点所在，比如《桂林山水》中有一句："漓江的水真静啊，静得让你感受不到它在流动；漓江的水真清啊，清得可以看见江底的沙石；漓江的水真绿啊，绿得仿佛那是一块无瑕的翡翠。"它的间架很简单："漓江水静，漓江水清，漓江水绿"，但如果没有修饰成分，句子就描绘不出那一幅秀丽的景色，就不能表达作者赞叹不已的思想感情，因此要加以分析。

（3）理清逻辑联系，准确体会句意。这主要是就复句而言，复句中的分句与分句之间存在着总分、并列、递进、因果、假设、条件、承接等逻辑联系，把其间的关系理清了，才有可能准确地体会句意。如前言所及的《晏子使楚》中那个句子是一个倒装的因果句，认识到这一点，也就拿到了准确理解句意的钥匙。写漓江之水是并列句式，抓住了这个关系，就可以明确作者是从哪几个方面写出漓江水的独特魅力。

## 四、通过反复诵读理解句意

"书读百遍,其义自现。"从理解句意,体会句子渗透的感情这一诵读目的出发,要注意:

(1)读准语气。这也涉及句法知识里句式的类型,诵读时要把握句式的变化读准句式,读准语气,例如告诉别人一件事用陈述句,询问别人一件事用疑问句,要求或制止别人做某件事用祈使句,表示强烈感情用感叹句,随之而来也就有了陈述语气、疑问语气、祈使语气和感叹语气,在书面上则用句号、问号或感叹号表示,在语调上陈述句多用降调,疑问句多用升调等等,诵读时就要抓住这些句式语音上的特点,读准语气,从而更真切地理解句子的内容。

(2)读出感情。有些句子情感色彩比较丰富,就是要通过诵读体会句子中渗透的思想感情。比如《难忘的一课》中"我是中国人,我爱自己的祖国!"这句话反复出现,教学时就要引导学生体会这句话为什么不用句号而用感叹号,这句话三次出现时诵读各应有什么要求?从而让学生把握作者和课文中人物的感情旋律。

(3)读想画面。诵读常常应结合想象同时进行,这样有助于学生进入情境。如《小音乐家扬科》结尾写道:"白桦树哗哗地响,在扬科的头上不住地号叫。"一方面要指导学生懂得怎样读准"哗哗"等词语,理解"号叫"所表现的悲愤情感,从而读出感情;另一方面还要让学生想象句中情景,想象扬科是怎样死去的?死了以后躺在那里是什么情景?白桦树的号叫与他死的情态一起构成了什么样的场景?正是这些想象,有助于加深对人物感情的理解,使学生明白这句话不仅表达了作者对小扬科的无比同情,而且表达了作者对"吃人"社会的愤怒情感。

## 五、利用生活经验理解句意

理解句子,在学生也是一个从已知到新知的过程,教师就应该找准其间的衔接点,唤起学生的回忆,将他们的经历、感情和句子内容联系起来,促进理解。比如《草原》开篇写"空气是那么清鲜,天空是那么明朗,使我总想高歌一曲……"作者为什么会产生这种感情呢?有位老师教学时就抓住这个潜在的问题引导学生讨论:一个人处在什么情况下,才会产生这种感情?教师在学生讨论的基础上概括地指出:一个人,当他处在一个美好的环境里,同时被这种美好的环境所感染,为了表示自己的愉快和舒畅,他就会产生这种感情。然后,教师请学生回忆，在自己的生活经历中，有过类似的情况吗？有个学生叙述道："我乘着一艘客轮来到长江三峡。我站在甲板上，看见那陡峭的山岭高耸入云，那起伏的江水滚滚东流。船走着走着，前面好像没有路了，可是船一开过去，前面又有路了。看到这壮丽的景色，我真想高歌一曲。"这时，学生的心情和作者的心情融合在一起了。教师立即把学生的思维引回到课本上，问："那么，这时作者为什么总想高歌一曲呢？"引导学生去理解课文中的词句，领会作者第一次来到草原，被"比别处的天更可爱"所激起的那种激动的感情，这样，学生对句子的内容理解就比较深刻了。[1]

## 六、联系上下文理解句意

一定的语句有其固定的句法意义，但它一旦依附于具体的语言活动后，就产生了生动复杂的情境意义，能够恰如其分地表达丰富的思想内容。因此，理解句意应瞻前顾后，纵观上下，这既是理解句意最普遍的方法，也应看作理解句意最基本的原则。其作用较多，比如：

（1）从具体化的角度理解句意。对于那些难在"篇"上的起概括性作用的句子，只要联系上下文，或印证，或例释，或扩衍，句子内容就具体化了，学生也就较易把握了。

（2）从全面性的角度理解句意。有些句子只是孤立地看，会造成片面的印象，联系上下文，认识就全面了。如《在炮兵阵地上》中写道，"彭总的脸色有些不好看了"，"彭总电闪雷鸣地发作了"。如果就句论句，似乎只是一种急躁、不满情绪的流露，这就有损于彭总的形象。纵观上下句，想一想：彭总为什么有这样的表情流露？就会懂得这里正体现了彭总对同志真诚相待、严格要求，对工作认真负责、雷厉风行的作风。那些难在"情曲"的句子都需要这样联系上下文理解。

（3）从深刻性的角度理解句意。有些句子似乎浅白，但与上下文联系起来一看，就见其深度了。如《手术台就是阵地》一课中有这么一句话："白求恩仍然十分镇定地站在手术台旁。"从字面上看，这句话不难理解，但句子里面包含的丰富具体的、深一层的意思，学生并不容易一下子理解。有的老师在教学时要求学生联系课文前面的句子想一想，这时处于什么情况，在这以前处于什么情况。学生把前后句子联系起来思考，就会发现：在这以前，白求恩"已经两

---

[1] 徐根荣.小学语文教学例话［M］.上海：上海教育出版社，1985.

天两夜没有休息了,眼睛布满了血丝",他一直镇定地站在手术台旁,给伤员做手术;现在,"炮弹落在小庙前的空地上。黑烟滚滚,弹片纷飞,小庙被烟雾淹没了",白求恩仍然站在手术台旁,给伤员做手术。这样,学生不仅明白了这句话为什么用了"仍然"这个词,而且体会到句与句之间的联系,同时在联系中具体体会到白求恩大夫不顾个人安危、坚守工作岗位的崇高品质。①

　　句子是多种知识的综合体,句子训练往往可以从多角度入手,即以理解句子为例,建立句子概念是其必须进行的基础性工作,加强句法练习也有助于提高理解句子以至运用句子的能力;从其训练功能看,理解内容、学习语言、发展思维又应当统一在一起,等等。显然,在这个项目的训练中,应该系统地思考和实践的问题是不少的,还有待着我们认真地努力。

## 第三节　段落构成的规律和分段训练

　　曾经有同志对段落作过这样的描述:"一个段落对于全篇的中心思想来说,它只是连贯的思想之流中的一个点、一个步骤,显示着作者思维的凝聚。一个段落对于全段的要旨来说,它又是一个面、一个整体,显示着作者思想的开放。若干段落组成了完整的篇章,又好似一个精致的链,显示着作者思维的流动。段落集中地反映了作者的思维逻辑和用语动力。"因此,"认真地研究段落,探索段落的组织成分和规律,进行分析段落和组织段落的练习",培养分段能力"是提高学生阅读和写作能力的一个不可逾越的环节,是发展学生思维能力和认识能力的十分重要的途径"。②此说很有见地。但在语文教学的实践中,有相当一部分同志并不能识乎此,一个简单的事实是:学生从小学中年级开始就在学习分段,但直至高中毕业仍然不会;甚至部分中小学语文教师,离开了教学参考资料还难以分段。因此,提高对段落教学的认识,落实有关分段训练的措施,是十分必要的。

　　我们认为,分段训练要有成效,必须在三个方面着力。

### 一、总结规律性的知识,掌握分段的依据

　　从课文本身的一些规律性知识考察,使学生知其所以然,有助于学生以

---

① 袁微子.小学语文教学指导书[M].北京:人民教育出版社,1988.
② 王兆苍,冯一,张锐.中学语文教学中的智力开发[M].成都:四川教育出版社,1986.

性指导分段，举一而反三。这些规律性知识包括由显到隐三个层面：

第一，文章本身运用了段落形式的。如以数字标明段落的，以小标题标明段落的，以数字结合小标题标明段落的，以上下段落之间空开一行的形式标明段落的，这一类作者已经分好段落，不言自明。

第二，文章中出现了分段的标识。比如时间的推移、空间的转移、人物的出没等；在横式结构的文章中总结句、小结句、过渡句等。这些标识是文章内部的逻辑结构在文字上的表现，可作为分段的参考。

第三，文章段落之间的逻辑联系。这是最主要的。以语文教材为研究对象，可以看出其基本类型有：

（1）分合关系。有"先总起后分述""先分述后总结"或"先总起再分述再总结"等三种形式，这种联系，从文章思路、表现手法上看："总"是总体认识反映的事物，"分"是从某一"部分"或几个"部分"具体认识反映的事物。从思想内容看："合"是"分"的纲，"分"是"合"的目的；"分"使"合"有所着落，"合"使"分"有了前提或归宿；"合"与"分"相辅相成，共同反映客观事物的有机联系，表现文章的思想内容。

（2）点面关系。即以一段为"面"作概述叙述，其余一段或几段为"点"，用一个或几个方面的典型事例作具体叙写。写"面"是为开拓文章思想内容的广度，从多方面、多角度认识或表现事物。写"点"是挖掘文章深度，使读者深刻认识到事物，感受文章思想内容。它们有"一斑"和"全豹"的关系。

（3）对比关系。指上下段内容之间对同一事物、人物在不同时间、地点、环境中的对比，即通常所说的纵比。这种对比，可使各段内容更加突出鲜明，表达的思想感情更加深刻；前后对照，也可看出对比的意图——各段中常常有一个主旨段，另外的段落总是通过为主旨段服务发挥为中心思想服务的作用。

（4）顺承关系。指一般按事情发展的顺序叙述呈现的逻辑联系。所谓"顺序"又可分为：事情本身发展的顺序，事情中时间推移的顺序，事情发生的空间位置变化的顺序。

（5）间直关系。"间"指间接描写，"直"指直接描写。间接描写往往是对直接描写的铺垫、烘托；直接描写则起到对间接描写的印证、强化。间接描写的段落总是置于直接描写之前的。

（6）并列关系。指各段之间从不同方面对同一事物加以说明和描述形成的逻辑关系。各段之间并无主次之分，但排列的先后往往有其必然性。

（7）主次关系。或称为详略关系。主要部分往往是文章的主题所在，次要部分是不必详写但又不能完全略去的内容。以《给颜黎明的信》来说，主要谈应该怎样读书，由三个自然段构成一个意义段。另外三段内容虽然和读书问题没有联系，但作为对来信的答复不能略去；且从整体上加深了读者对鲁迅伟大精神的认识，更有存在的价值。

（8）因果关系。前因后果的是顺序式，先果后因的则是倒叙式，内容较多还常常构成"起因—经过—结果"或"结果—起因—经过"的叙述框架。

（9）承启关系。在文章的中间往往有一个承前启后的过渡性的自然段，有时还同时是全文内容的支撑段，形成了全文结构的一个衔接点。

（10）动静关系。在各段之间，事物表现出截然相反的运动状态，不同段落构成了鲜明的动静对比。以《鸬鹚》说，"捕鱼前—捕鱼时—捕鱼后"就呈现出"静—动—静"的逻辑联系。

这些段落间的逻辑联系，是段落划分的内在依据。在教学实践中，逐步渗透并让学生把握这方面的规律性知识，应当看作分段训练中的治本之举。

## 二、授以可行性的方法，学会分段的技巧

在分段方法中，最重要的就是整体分割法。所谓整体分割，就是在大致概括全文主要内容的基础上，利用文章结构的规律性知识，研究一下段落之间的逻辑联系，从而把全文内容分成几个阶段和几个方面。本文前面所列举的大部分类别，都应用这种方法分段。

此外，分段方法还有重点突破和相邻段合并两种。重点突破就是先看课文重点写什么，找出重点段的起讫点，然后再照顾其前后写什么，可分几段，前所谈到的点面关系、主次关系两类可以用这种方法分段；相邻段合并，就是在概括自然段段意的基础上，把描写说明同一方面的邻近的自然段归并成结构段，顺承关系的文章可用这种方法分段。

分段训练还应包括概括段意的方法。分段与概括段落大意，前者是由整体到部分的分析，后者则是由部分到整体的归纳，可以看作一个理解课文的过程。从语言表达的训练看，概括段意的方法有：

（1）组合法。即先概括结构段所属各自然段或各层的主要内容，然后将它们加以组合，归纳成结构段的段意。

（2）扩展法。找出文章中的中心句，加以必要的扩展，形成段意。

（3）摘句法。直接从这一段中找出一个句子作为段意，这个句子往往是总起句、关键句、警句、结束句等。一般来说，从段首摘总起句，从段中摘关键

句、警句，从段末摘结束句。

（4）连串法。画出这段中的重点词语，自己加上几个词，把它们连起来成为一句话。在此基础上再练习用自己的语言表述。

归纳段落大意更重要的还在于思维能力训练，真正教给了学生思维方法，教师在这个问题上才算做到了"鸳鸯绣取从君看，又把金针度于人"。根据有关同志的研究，在这里要授以的是两种方法。一是取舍法。即学会抓住主要的，舍去次要的。一段话中有几句话或者几层意思，其中有主有次，抓住主要的才可以归纳出段落大意。二是归并法。指把低一级的概念归并成高一级的概念，形成逻辑意义上的归纳、概括。[①] 这样，归纳段意也才能真正成为理解课文的一个必然步骤。

### 三、施以灵活性的处理，看准分段的时机

即如上文所论都有所重视，还不等于就能成功地分段。教学艺术之所以给人恰到好处的美感，不仅在恰如其分，还在于恰逢其时。训练的时机把握得好，本身就意味着一种成功。因此，一定要注意因文而异，注意铺垫，选准时机，求以实效。具体说来，就是要：

（1）在解题教学时打下基础。在解题教学时，引导学生抓住课题，运用联想、假设、推理等方法探求文章的思路，为分段打下基础。比如教学《第一次跳伞》，可以扣题设问：写"跳伞"大概会写到哪几个步骤？写"第一次跳伞"又会写到怎样的心情？通过讨论，学生基本上可以做到思维过程与事物发展的阶段相合拍，且突出了"第一次"，对概括段落也会起到提示、铺垫的作用。

这个推测不必拘泥于一次"到位"，要允许从推测到具体分段经历由误到正、由模糊到清晰的思维过程。以《蝙蝠和雷达》来说，有位老师根据课题引导学生作出如下有关题意的推测：

（1）雷达和蝙蝠之间有相似之处。
（2）分别介绍蝙蝠和雷达各自的作用。
（3）介绍蝙蝠的作用和发明雷达的经过。

接着要求学生快读课文，判断正误。这样，实际上对分段已经起到降缓坡

---

① 朱作仁.小学语文教学法原理[M].上海：华东师范大学出版社，1988.

度的作用。

（2）在词句教学时注意结合。前已提及，在课文中有时会出现一些分段的标识，在词句教学中，有意地摘出相关的句子，有助于显现标识，提示分段。如有位老师教学《寒号鸟》时安排了下列练习：

说说下面句子的意思，注意带点的词语。
（1）几阵秋风，树叶落尽，冬天快要到了。
（2）冬天说到就到，寒风呼呼地刮着。
（3）北风像狮子那样狂吼，河里的水结了冰。崖缝里冷得像地窖。

教师先引导学生体会这三句话具体、形象地写出了深秋、初冬、隆冬三个不同的时节，接着提问：本文是按什么顺序写的？可分几段？学生对这样的分段训练感到轻松自然。

（3）在讲读课文前先行分段。有些课文内容有一定深度，先分段有助于集中精力理解课文，可在讲读前先行解决。如《古井》的课后练习之一是"给课文分段，说说各段段意和课文的主要内容"。从课文特点看，有必要先完成这个任务。因此，教学时可安排这样的三步：

第一步：归纳各自然段的段意。（第一自然段，讲故乡的古井哺育着故乡的人。第二自然段，讲乡亲们取古井水的情景。第三自然段，讲乡亲们长年帮助两位老人挑水不要报酬。第四自然段，讲老人要给报酬。第五自然段，讲人们不要报酬的原因。第六自然段，赞美古井给人的贡献。第七自然段，讲古井给"我"的启迪。）

第二步：用相邻段合并法分段并用组合法归纳段意。（第一、二自然段各自成段。第三至五自然段为第三段，写乡亲们长年为一对老人挑水不要报酬及其原因。第五、六自然段为第四段，写古井给乡亲们和"我"的启迪。）

第三步：整理段意，并联接成课文的主要内容：在作者的故乡有一口哺育着人们的古井。乡亲们长年地从古井里取水饮用。乡亲们长年为一对老人挑水不要报酬。古井启迪着乡亲们和"我"怎样生活，怎样做人。

在此基础上进入讲读，就更能品尝出古井泉水的"甘甜"了。
有些课文结构比较典型，也可在讲读前指导学生运用分段方法独立分段。

如《钻石》是顺承式课文，可指导学生按事情发展的顺序和时间推移顺序两种方法分段（二者是一致的），不仅完成了分段练习，同时让他们体会到只要方法正确，着眼点不同，分段的结果是一样的。

（4）在讲读课文时逐步显示。有些结构或内容比较复杂的课文可用此法。如教学《种子的力》可在逐层讲读的过程中注意自然段（大多也是意义段）段意的归纳，最后在概括作者的论述层次时点一下就行了，并不一定要再安排一个"分段"。

（5）在讲读课文后据义合并。这种方法一是用于分段训练的起步阶段，二是针对分段难度较大的课文。比如教学《劳动最有滋味》时可在概括文章主要内容、总结结构特点时再讨论分段：说说各自然段之间的联系是什么？（第一自然段是总写，第二至四自然段是具体写劳动事例，第五至七自然段是写劳动的体会。第一自然段与后面各自然段是总分关系，第二至四自然段与第五至七自然段是因果关系。）这样有关分段、段意的归纳等等就如瓜熟蒂落了。

## 第四节　归纳主题思想的训练技巧

凡文章，总有"写什么"（题材）、"怎样写"（手法）和"为什么写/写这些/这样写"（目的）三个问题，后者就是人们通常所说的文章的立意或曰"中心思想""主题思想"。在写作过程中，"意在笔先"；在阅读过程中，对它的归纳、理解则是总结阶段重要的任务。在语文教学中，教学生学会归纳主题思想，对于提高学生阅读和写作水平，都是大有裨益的；对汲取文章的道德和美学精华，也是不可或缺的。这里，仅以原人教版小学五年制语文教材第八册第一组课文为例，来谈谈在归纳中心思想的训练时，应讲究哪些方法和技巧。举例较窄，在阐说时增加了难度；但一般寓于个别，管中见豹，尚可见到一片斑斓，正说明了在这个问题上创造的天地之广阔。

### 一、指点迷津，引导贴近"目标"

与归纳文章的中心思想相联系的是中心思想表现的基本形态。在语文教学中，自觉地随机性地揭示、总结这方面的写作规律，使学生了解中心思想与文章体裁、类别的联系，显然会有助于学生在具体的训练中明确方向，贴近"目标"。比如应该使学生了解：记叙性文章，无论写人或记事，布局的中心都是人的思想、品质、精神、面貌或事的情理；议论性文章，中心往往包含在作者提出的论点中；说明性文章则着意把事物或问题的情貌、内在的规律揭示出来。而从小一些的范围看，文章类型与中心思想的"挂钩"，关系会更明确。比如以写景为主的游记，主要有两种形式，一是纵式，所谓"移步换景"（如《记金华的双龙洞》），文章的每一部分都包含有游踪、风貌、观感三个方面，中心思想必然地包含在观感当中；另一种是横式，所谓"分类摹写"（如《桂林山水》），它总离不开"总—分"或"总—分—总"的结构形态，中心思想的语言标志必然是在"总"的部分。如是，学生在阅读训练中捕捉、归纳中心思想就有把握得多。这样，即使有些文章有"出格"处，要领略其奥妙也方便些。比如这一组四篇课文，记事、写人、绘景、状物各有一篇，状物的《燕子》不是一般笔法，但站在"一般"基础上体会"特殊"，感受自然会深刻些。针对课文的特点，我们在归纳中心思想时，可以用"辨异法"——提出若干意思相近的"中心"，让学生在反复阅读的基础上，通过辨析找出准确贴切的中心：

（1）本课写燕子的各种特点，告诉了人们有关燕子的知识。
（2）本课通过小燕子在春天里飞翔的美景，反映了作者对大自然的热爱。
（3）本课写了小燕子在春光里自由飞翔、停歇的样子，生动地描绘了春天给人们带来的生趣，反映了作者欢乐愉快的心情。

就一般状物文章言，第一、二种归纳未尝不可，但在辨异过程中我们应引导学生认识：① 这是一篇看图学文的文章，中心思想应是对图和文的总体归纳。② 本课以烂漫春光为背景写燕子，又处处写燕子融进了春光（结合看图），实际上意在写春天的生趣。这样，学生就能较为准确地体会课文主题。而让学生领悟这里物与境的内在联系，又进一步丰富了他们的写作知识。

## 二、明确要求，强调思考深度

在引导学生归纳中心思想的教学实践中，存在着相当普遍的"浅尝辄止""生搬硬套"的现象。所谓"浅尝辄止"，就是"找出"有关词句了事，而不能真正"入乎其内"。其实，以记叙性文章来说，思想和倾向大多渗透和体现在文章的整体中，作者有时有所点化，甚至直接出来评说，只是为了加强所描述事实的说服力而已。通常所说的"寓论断于叙事""寓观点于事实""寓思想于形象""寓感情于画面"，正是记叙文立意的特点，归纳中心思想是阅读过程中的一环，应当在感知、理解课文的基础上进行，应当是理解的深刻性与概括的精辟性的综合体现。所谓"生搬硬套",就是"公式化",用几个现成的词语句子作"筐"去"套"去"装"。因此,有必要强调思考深度,使中心思想的归纳真正"到位"。如果说,上文所说主要在缩短思维与文章中心间的距离,这里则强调由表及里式的"钻探"。以《梅雨潭》的中心思想来说,往往归纳成:描绘了梅雨潭周围的美丽景色,表现了作者对祖国山河的热爱。试想一下,把这里的地点换成桂林或别的什么地方,那些文章的"中心思想"不也有了?这不仅"空"了,而且阅读的思维过程简单化了,文章的个性也失去了。以《梅雨潭》论,我们可以凭借"抓文眼法"进入对中心思想的归纳,这个文眼就是文章的最后一句。文眼总是"牵一发而动全身"的,置于篇末,"前必注之",我们可由此发问:谁"送"的?为什么"寻"它?"我"站在什么地方?观察点有过变化吗?所见有变化吗?写"送""钻",写"温暖的怀",写"寻它",反映了"我"什么样的心情?在明确文中景物方位的同时,可梳理出本文结构图:

至此,学生可以较为深刻地体会梅雨潭独特的美,领悟文中"物我一体"的境界,理解作者欣喜、愉悦的心情,从而准确地归纳出属于《梅雨潭》自己的中心思想。

### 三、"授之以渔",教以具体方法

教以具体方法,对于学生形成举一反三的能力很有好处。在这里,一方面要使学生明确中心思想表现形式与一定体裁、题材的联系;另一方面要充分利用相关的语言材料,鼓励学生试用多种方法归纳,拓宽他们思考的天地,激活他们的思维,使它们相互间形成补充,在总体上加深对文章的理解,比如《伟大的友谊》《心愿》就可以至少用五种方法归纳。

(1)审题法。文章标题大致分为两类,一是关于写作内容,二是关于文章中心(最典型的例子是同类题材的两个题目:《少年犯》《寻找回来的世界》;同样题材的两个题目:《江姐》《在烈火中永生》),关于文章中心的都可借审题法归纳中心。《心愿》《伟大的友谊》都是关于中心的，都可以用审题法进入。《心愿》只"什么样的心愿？"一句，就可"逼"出中心思想。《伟大的友谊》可提问：哪些方面的友谊？友谊的程度怎样？为什么说友谊是伟大的？中心思想就出来了。

（2）主要内容归纳的方法。如读《伟大的友谊》可用连接段意的方法概括出主要内容：革命导师马克思和恩格斯是好朋友。在进行革命活动的艰苦日子里，马克思的生活非常穷苦，恩格斯竭尽全力帮助马克思；在共产主义事业上，他们互相关怀，亲密合作。再在此基础上进一步思考：革命活动那么艰苦，生活那么穷苦，马克思为什么还要坚持从事研究工作和革命活动？恩格斯为了在生活上帮助马克思，宁愿去经营他十分厌恶的商业，这又是为什么？马克思和恩格斯为什么能这样亲密合作呢？这样就能比较准确地归纳出课文的中心思想。《心愿》也可运用这样的方法。

（3）摘要法。即摘出关键词语、句子进行归纳。比如《伟大的友谊》最后一段和《心愿》最后一句都各自点明了中心思想，摘出这样的句子，中心思想就明确了。

（4）文章类型入手法。这两篇分别写人记事，归纳中心思想都可着眼于人物的精神面貌、思想品格，中心思想也就容易归纳出来了。

（5）由课后习题入手法。《心愿》第2题和第3题的最后一问，都是直通中心思想的，《伟大的友谊》第2题也是关于中心思想的。由此入手，也能较快地归纳出中心思想。

当然归纳中心思想的方法远不止这些（包括"辨异法"和"抓文眼法"），笔者只是以此为例说明方法是多样的，进入文章的角度可自由选择。但还应明确：第一，归纳中心思想的时机一般应放在后面，在理解的基础上进行。第二，具体方法应"按需分配"，根据一定的需要同时又联系前面教学的各个环节通盘考虑，比如审题法就是在开讲时提出悬念，而到讲读结束时引导学生回应开头，解开疑问，这样不仅归纳了中心思想，而且首尾呼应，体现了课堂结构的严谨性。

# 第六章　双基论（下）

## 第一节　读的战略

阅读教学，应当以读为主要活动。读，包括朗读和默读。义务教育和高中课标分别要求："培养独立阅读的能力，学会运用多种阅读方法。有较为丰富的积累和良好的语感，注重情感体验，发展感受和理解能力。""发展独立阅读能力"，"注重个性化阅读"，"根据不同的阅读目的，针对不同的阅读材料，灵活运用精读、略读、浏览、速读等阅读方法，提高阅读效率。"基于这样的要求，在进行读的训练时，有必要明确：

### 一、读本

读本即阅读材料问题。读本，首先是指课本。在一般情况下，我们进行阅读训练最重要的质量指标就是理解课文，阅读能力也大都是在理解课文的实践中形成的。有些同志主张在阅读课之外去开"读法课"，如果这种"读法课"不是指一、二专题讲座，我们认为是没有必要的。事实上，只要巧于设计，二者是可以统一的。例如《把牢底坐穿》这首革命烈士的遗诗里有一句是："今天，我们坐牢了，坐牢又有什么稀罕？"为了使学生领会这里的反问语气，我们可以改变句型，进行比较朗读：

陈述句：坐牢没有什么稀罕。
感叹句：坐牢绝没有什么稀罕！

在比较朗读中，引导学生认真思考，可以使他们认识到：改用陈述句语势减弱，表达效果降低；改用感叹句语势较强，但不及原诗用反问句，能将"又有什么稀罕"这蔑视的不屑一顾的语气读出来，且联系上下文，前后都是感叹句，这里是反问句，语势并未减弱，却造成语流上的一层波折，朗读的整体效果更好。这样训练，练习了三种句型的朗读，加深了对课文的理解，至少是一举两得。

当然，"读本"，不仅仅是指课本。学生的语文阅读应当有三个系列，第一是计划性系列，即教材这个主系列；第二是指向性系列，即围绕教材组织的阅读，常常起到回应课文、拓宽视野的作用；第三是自由式系列，即广泛的自由的阅读。后两个系列中的阅读材料，也是学生学习语文不可缺少的读本。关于这个问题，我们在"课外阅读论"中详作阐说，这里就不展开了。

## 二、读境

这里的"境"包括课堂上的阅读情境和学生的阅读心境。前者对后者的影响是不少同志注意到的，此处不赘述，而主要着眼于后者。好的阅读心境就是形成主动阅读的心理状态。心理学研究表明，人们在阅读时实际上存在着两条视线，一条是生理的，即眼睛的视线；另一条是心理的，即"心灵的视线"。眼睛的视线吸收阅读材料的"语言信号"，给心灵视线以选择和辨认，心灵的视线"看"到了一个个逻辑和意义的单位；反过来，心灵的视线根据已有的认识和阅读经验的推断，制约着眼睛视线究竟落在何处，要不要"回视"（回头重读），还决定着眼睛移动的快慢，那么是什么"驱动"这两条视线呢？科学研究表明：一般性的阅读，是靠"材料"本身的吸引力，求学问的或针对具体问题的阅读则靠"问题驱动"。主动性阅读则把二者结合起来，且以"问题驱动"为主，激发学生的阅读动机，发展他们的理智感，培养学生善于为每一轮阅读提出具体的"分目标"，并把它联成"目标链"。这样，学生始终带着一个或一些问题，在阅读中寻求问题的答案，就可以在主动探索中一步步接近阅读的"总目标"。[①]有些老师在教学时常常说"请同学们把课文读一遍"，学生不带目的，自然目标分散，效果不好；还有些老师在讲读过程中让学生先读完课文，再提出问题要

---

① 李德成.阅读辞典[M].成都：四川辞书出版社，1988.

求学生解答，其实是违反了阅读规律的，学生为了回答问题还得去看课文，这就造成了阅读浪费。因此，要十分重视确立主动性的阅读战略，要精心设计由浅入深层层递进的"目标链"。很多优秀教师在教学实践中都是这样做的，以《西门豹》的教学设计为例：①

一、引出"管理"，理解含义。

初读课文，回答：

1. 战国时期，魏王派西门豹做一件怎样的工作？

2. "管理"怎么解释？

二、比较前后，激起悬念。

根据课文的开头和结尾，思考：

1. 西门豹管理邺地之前，那里是什么景象？

2. 西门豹管理邺地之后，那里又是什么景象？

3. 为什么会有这么大的变化，他是怎样管理的？（此题不要求回答，意在激发探索的兴趣，让他们带着悬念自学课文。）

三、启发自学，弄通课文。

（一）自学第一段。（1～9自然段）

1. 概括说一说，西门豹去管理邺地时，首先做了一件什么事？

2. 他找谁调查？为什么要特地找了位"老大爷"进行调查呢？

3. 西门豹向老大爷一共调查了几个问题？懂得了哪些情况？

4. 如果你是西门豹，根据小黑板上提供的这些情况（即讨论结果），你能分析出邺这个地方田地荒芜、人烟稀少的根本原因吗？你是怎样分析的？

（二）自学第二段。（10～13自然段）

1. 反复阅读第11自然段，说说西门豹管理邺地做的第二件事是什么？

2. 西门豹惩办巫婆与官绅头子的过程是怎样的？这种办法妙在什么地方？

3. 联系第9自然段想一想，西门豹这一巧妙的办法是什么时候想出来的？你是从哪里看出来的？

4. 读第12自然段，概括说出西门豹管理邺地做的第三件事是什么？你是从哪些词句中看出来的？

5. 阅读第13自然段，联系第2自然段老大爷说的话想一想，西门豹管理邺

---

① 姚烺强. "一点突破法"探索 [M]. 上海：复旦大学出版社，1990.

地做的第二件和第三件事使当时站在漳河边上的老百姓受到了怎样的教育？依据在哪里？

小结：教育邺地百姓是西门豹管理邺地做的第四件事（一是调查研究，二是惩办巫婆、官绅头子，三是灭了其他官绅威风）——这是一件非常重要的工作，做前面的两件事就是为了这件事。老百姓破除了迷信，不再受骗上当了，邺这个地方就有了希望了。

（三）自学第三段。（第14自然段）

1. 读课文，概括说一说西门豹管理邺地做的第五件事是什么？联系上文想一想，他为什么要做这件事？

2. 文章最后一句在全文起什么作用？

四、适当点拨，由"文"悟"道"。

1. 本文写了西门豹管理邺地所做的五件事。如果把中间三件事归并为一件事，该怎样概括？

2. 想一想"调查摸底"这件事和后面的"为民除害，破除迷信""开凿渠道，引水灌溉"这两件事有什么联系？

3. 读了这篇课文，你最佩服西门豹哪一点？为什么？

这篇设计分四步，实际上仍然是三个阶段：第二步是承前启后的，不仅提出了"驱动"思考的问题，而且强化了"材料驱动"的作用：先讲前后，使学生有新鲜感，又以悬念激发学习兴趣，这样把两个"驱动"结合起来，就从整体上使学生形成了主动阅读的心理状态，每一步的分目标都很明确，总体上又形成了符合"整体感知—分步理解—整体升华"这样一个学习规律的"目标链"，教路清晰，<u>丝丝入扣</u>，是一篇难得的教学蓝本。

## 三、读技

阅读技巧是构成阅读能力的重要因素，有些学生读书一直是小和尚念经式的唱读，还有的学生过了低年级阶段仍习惯于一字一顿的指读，都是因为没有掌握朗读的技巧，有的学生在理解性阅读中，声似"默"读，形如"诵"读，在默读时仍念念有词，有嘴唇伴动的现象，实际上不是默读，而是在低声喃读，就是因为默读的技巧没有掌握；也有的学生在速读训练中"快"不起来，或者不会科学用眼，或者不会选准"阅读本位"，或者不会筛选信息，这是因为速读的技巧没有掌握。因此，在阅读训练中，应当重视读技的训练，在语文教学的最初阶段，可以朗读技巧的训练为主，二、三年级以后，就必须抓好默读训练，中、高年级时，可适当开始速读训练，随着年级的升高，技巧训练的难度也应加大。下面选用的这张表，比较系统地介绍了朗读技巧的有关内容，对于阅读指导有较大的参考价值，这里以符号标示，目的就是提示朗读者在出声朗读时注意运用有关的朗读技巧。

| 名　　称 | 朗读方式 | 符　号 | 标示示例 |
| --- | --- | --- | --- |
| 逻辑停顿（自然停顿） | 短句按标点停顿，长句内部根据文意划分语组停顿。 | ∣ | 井冈山∣五百里林海里，最使人难忘的∣是毛竹。 |
| 感情停顿 | 根据感情（心理）的需要而作的停顿，停顿的时间由感情决定。用在激动、回忆、疑虑、思考、沉吟不决处。 | ∨ | 然后他呆在那儿，头∨靠着墙壁，话也不说，只向我们做了一个手势："放学了——你们∨走吧…… |
| 语气连贯 | 前后句子的关系衔接紧密，中间的停顿极短。 | ⌒ | 但它们只给人一种外表好⌒看的印象，不能给人以力量。 |
| 语法重音（一般重音、自然重音） | 根据语法结构的规律而读作重音。语法重音只是在音节的原有音量上稍稍加重。 | · | 1. 人欢马叫（主谓结构中的谓语重读）<br>2. 光荣的使命（修饰语重读）<br>3. 坏透了（补语重读） |
| 感情重音 | 为文中情绪驱使而加强音量。兴奋、激昂、愤怒、欣喜时会出现感情重音。 | · | 李先生究竟犯了什么罪，竟遭此毒手？ |
| 拖长音节 | 为了抒情的需要，或为了使音节传送清晰的需要，把要强调的字词的字音拖得长一些。 | —— | 1. 松树的生命力可谓强——矣！松树要求于人的可谓少——矣！<br>2. 立正——，向右看——齐。 |
| 重音轻读 | 把要强调的字词减弱音势，用于表达深沉凝重、含蓄内向的细腻感情。 | ～ | 昨天整日都在朦胧的雾罩之中，今天却阳光一片，这庄严秀丽，气象万千的长江真是美极了。 |

续表

| 名称 | 朗读方式 | 符号 | 标示示例 |
|---|---|---|---|
| 升调 | 句尾的音先低后高。一般用于：<br>（1）提出问题，等待回答；（2）情绪亢奋，感情激动；（3）中途停顿，全句未完；（4）发布命令，进行号召；（5）惊异或呼唤。 | ↑ | 1. 刘胡兰正气凛然地回答说："说我是共产党员，我就是共产党员。共产党员又怎么样↑？"<br>2. 我还有什么话可说呢↑？我懂得衰亡民族之所以默无声息的缘由了。 |
| 降调 | 句尾的音先高后低。用于：<br>（1）情绪平稳的陈述句；（2）肯定的语气；（3）感情强烈的感叹句；（4）表达愿望的祈使句。 | ↓ | 在朝鲜的每一天，我都被一些事情感动着↓；我的思想感情的潮水，在放纵奔流着↓；它使我想把一切东西都告诉给我祖国的朋友们↓。 |
| 曲调 | 句调由高转低再升高，或由低转高再降低。用于表达复杂的情绪或隐晦的感情等。常用于：<br>（1）语意双关；（2）言外有意；（3）含蓄幽默；（4）讽刺嘲笑；（5）意外惊奇；（6）有意夸张等。 | ～ | 几句电文，说得明白极了：怎样的党国，怎样的"友邦"。"友邦"要我们人民身受宰割，寂然无声，略有"越轨"便加屠戮；党国是要我们遵从这："友邦人士"的希望，否则，他就要"通电各地军政当局"，"即予紧急处置，不得于事后借口无法劝阻，敷衍塞责"了！ |
| 平调 | 保持平稳的声调，起伏不大，句尾保持平直。用于表达内容分量较重的文句：<br>（1）庄重严肃；（2）冷淡漠然；（3）思索回忆；（4）踌躇不决等。 | → | 我在朦胧中→，眼前展开一片海边碧绿的沙地来，上面深蓝的天空中挂着一轮金黄的圆月→。我想：希望是本无所谓有，无所谓无的→。 |

续表

| 名　称 | 朗读方式 | 符　号 | 标示示例 |
|---|---|---|---|
| 节拍<br>（顿、节奏） | 表现诗句的节奏而划分的若干相等的节拍群。朗读时节拍群相对整齐和谐。自由诗的节拍群大致整齐；格律诗的节拍群有固定的划分格式。 | ∣∣ | 春　望<br>杜　甫<br>国破∣∣山河∣∣在，<br>城春∣∣草木∣∣深。<br>感时∣∣花∣∣溅泪，<br>恨别∣∣鸟∣∣惊心。<br>烽火∣∣连∣∣三月，<br>家书∣∣抵∣∣万金。<br>白头∣∣搔∣∣更短，<br>浑欲∣∣不胜∣∣簪。 |

### 四、读法

读法是构成阅读能力的另一重要因素，它有比较丰富的分类，仅以理解课文为阅读目的来说，就会涉及普通阅读法、文体阅读法、经验阅读法（或曰名人读书法）。但从语文教学的角度看，基点还是朗读、默读这些普通阅读法。以朗读说，我们可以把它分成三种读法，以加强训练的针对性。

（1）正音朗读。是以落实读"正确"的要求为目的的，一般安排在初步感知课文的阶段，通过指名试读，求得在字音方面做到发音标准，不读错字，在词句方面读完整，读准确。

（2）明义朗读。往往在讲读过程中进行，求得理解句意，明晓段意。这样，就为达到课标提出的"读得流利"创造了条件。

（3）感情朗读。叶圣陶先生称之为"美读"。他的那段关于美读的论述，指明了美读的基本特征和方法。美读，必须在理解课文的基础上进行，一般安排在各段及全文讲读深化、升华阶段，使学生在加深理解的同时受到感染和熏陶。

如果说朗读是一种声读，默读对文字符号的感知是眼脑直映，则是一种视读。默读速度快、理解深、运用广，是个人阅读的主要方式。默读的训练要注意循序渐进。以小学阶段而言，第一学段要求"学习默读"，老师要耐心引读，让学生从"有声"走向"无声"，逐步学会视读。第二学段要求"初步学会默读，做到不出声，不指读"，养成"不出声，不指读"的习惯，形成默读的能力。第三学段要求"默读有一定速度，默读一般读物每分钟不少于300字"。训练时则要达到默读速度的具体要求。

　　无论是朗读，还是默读，都必须明确理解和速度这两个方面的质量指标。朱熹说："读书须有三到，谓心到、眼到、口到。"三到之中，他尤其强调"心到"。叶圣陶先生主张在"吟诵"中吸收文章中的精华。从阅读实践看，也确乎如此，理解了再默读，速度才有意义；朗读，也才能进入"美读"的境界。但要注意，这"理解"都是就特定的阅读目的而言，有时根据阅读需要，也可以在阅读中对语言所负载的信息流中的多余信息乃至某些次要信息"置之不理"，而只去捕捉主要信息，只是对于这种粗读、略读，则又应提出速度的要求了。就阅读的速度而言，朗读贵在自然，默读弹性较大，因为它会因人、因文、因阅读目的而异。与默读相联系的一些阅读方法有必要提倡，着眼于理解的，比如笔读法——"钩玄提要"，眼观手录：划段落、标重点、加批注、拎中心等，这对于理解课文并形成研究性阅读的习惯很有好处；着眼于速度的，比如速读法——科学研究表明，默读速度的潜力很大，"左顾右盼""一目十行"是必要的，也是可能的。长期进行速读训练，速度潜力就可以不断转化为速读能力。而且，它也与理解相关，它是在注意力高度集中下的以获取有价值的信息为目的的一种积极性的、创造性的理解过程。因此，如前论及，可以考虑从小学中、高年级起，把课堂教学与课外阅读结合起来，有计划地进行速读训练。

　　从一般意义的阅读看，边读边想是一种必用的读书方法，也是应着力培养的一种阅读习惯。因此，在阅读教学中应结合理解课文的阅读任务，加强这方面的训练。比如有位老师教学《蓝树叶》，把林园园的四次答话作为朗读训练的重点，但老师先要学生做的是带着问题默读课文："想一想林园园是个好孩子，还是坏孩子？从哪里可以看出来？"在把握准了人物的感情基调，理解了人物的感情变化后，教师再指导朗读，效果很好，这就是因为边读边想，在理解的基础上再读，就能读出人物的真实情感了。再如在《一粒种子》一课中，有两个"啊"字句，读法截然不同："啊，我一定要出去！"读这个"啊"语气要坚定有力，句末要急促收尾；而"啊，好个光明的世界！"这个"啊"读音要拖长，全句要放慢速度，读得字字响亮。但是，为什么要这样读呢？教师指导学生带着这个问题去阅读，去思考，去体会，终于悟出了：第一个"啊"字句表现种子急着要出去的心情和决心，所以语气短促，速度要快；而第二个"啊"字句是种子已经破土，看到了光明世界，心情喜悦，又感到惊奇，所以要放慢读，语气要拖长。这样的训练，对于学生形成边读边想的习惯是有作用的。

### 五、读艺

阅读艺术，是指结合具体阅读情景创造性地运用了阅读的方式、技巧和方法。要掌握阅读艺术，必须在掌握阅读规律的基础上，依据一定的科学方法不断实践，严格训练。从阅读教学角度看，首先要使课堂教学活动中的"读"在符合科学性的基础上"艺术化"。长此以往，学生在阅读实践中从课堂内的熟悉"模型"走向课堂外的"模拟"，再走向生活中的"创造"，就可能进入到掌握阅读艺术的境界，很多老师在这方面积累了不少成功的经验。比如，以朗读的示范说，有范读示范，有播放录音示范，有音像结合示范。以方法的运用说，因文而异，有时用描绘法把学生带入课文的意境中，有时用提示法为学生阅读指路，有时用比较法让学生选择朗读方法，有时用体验法让学生"如出我心，如出我口"，有时将默读、朗读、个别读、集体读、分角色读等等方法综合安排，恰到好处。以范读及学生朗读节奏的快慢说，有些同志就总结出：读到内容重要处应放慢速度，以便于听众理解和记忆，读到一般内容时，则可稍快些，但更应服从感情的需要，在感情激烈之际，其速度就要急骤些，或如大河决堤，或如电闪雷鸣，使听众心潮翻腾；在感情平静之时，其速度就要舒缓一些，或如清风徐来，或如小溪淙淙，使听众恬淡逸适。爱的感情，当以柔软的声音读得慢些，造成亲切感；憎的感情，当以沉硬的声音读得快些，造成挤压感；悲的感情，当以顿缓的声音读得慢些，造成沉郁感；喜的感情，当以高亮的声音读得快些，造成欢愉感。如果真正这样，做到内容和形式的高度统一，显然是进入到阅读艺术的高境界了。

## 第二节　语感训练的目标和途径

在前一章讨论词、句、段、篇时，我们更多地侧重在理解能力上，而阅读能力的另一个支点——感知能力，并未展开。鉴于这个问题的重要性和语文教学实践中被冷落的境遇，本节再加以集中阐说。

阅读的感知能力主要是指语感能力。在现代语文教育史上，首先提出"语感训练"这一观念的是夏丏尊先生，后来叶圣陶先生专门著文阐发了这一观念，叶圣陶先生认为："一个人即使不预备鉴赏文艺，也得训练语感，因为这对于治事接物都有用处。为了鉴赏文艺，训练语感更是基本的准备。""至于文学语言的训练，最要紧的是训练语感。"① 确实，作为对语言文字的敏锐感受力，正确理解力，语感，是语言能力的核心。在语文教学中，抓住了这个关键，培养学生语言能力这个目标才有可能实现。

语感训练的重要性还可以从语感能力的三个特点来观照。第一，从感受速度上说，它有瞬时性的特点。具备了语感能力，就能够一读就懂，一听就清，一写就通，一说就顺，而且听得真、懂得深、说得好、写得美，② 这里的"一……就……"的句式就凸现出其瞬时性的特点。提到语感，常常联系到"敏锐""敏察"等词语，原因也在于此。第二，从思维方式上说，它有直觉性的特点。所谓直觉，简单的解释就是"直接了解或认识"，是洞察事物的特殊思维活动。有一定语感能力的人往往用不着语法分析就能正确地抓住整句整段的意思，甚至是那些"只可意会，不能言传"的意思，这个理解的过程就是直接思维的过程。叶圣陶先生在《训练语感》一文中引用过夏丏尊先生的一段话：

在语感敏锐的人的心里，"赤"不但解作红色，"夜"不但解作昼的反面吧。"田园"不但解作种草的地方，"春雨"不但解作春天的雨吧。见了"新绿"二字，就会感到希望、自然的化工、少年的气概等等说不尽的旨趣，见了"落叶"二字，就会感到无常寂寞等等说不尽的意味吧。真的生活在此，真的文学也在此。③

夏先生这里所说的"语感敏锐的人"的种种联想、感受，显然也是直觉（形象）思维活动。

第三，从功能上说，语感能力具有综合性的特点。我们强调学生的"一般发展"，从语文教学角度看，除了培养语文能力这一特殊目标外，还应发展学生的智力、审美能力，培养学生良好的道德品质。语感训练则可以在全面素质的培养上发挥重要作用。这是因为一个人的语感和他的思想感情有着千丝万缕的联系；语感能力是一个人诸多品格、学识的综合体现；语感训练，又会使学生得到体验生活、认识生活、陶冶情操的锻炼。美国的一位鲁迅研究者说："鲁迅风格中最打动人的因素是语调。他的语调有时恨，有时爱，有时讥讽，有时抒

---

① 叶圣陶. 叶圣陶语文教育论集［M］. 北京：教育科学出版社，1980.
② 王尚文. 语文教学的错位现象［J］. 教育研究，1991（10）.
③ 叶圣陶. 叶圣陶论创作［M］. 上海：上海文艺出版社，1982.

情,但从来没有漠然中立的时候。一听他的语调就知道他对所写事物是爱还是恨。"[1] 正如有些论者所指出的,如果在教学中能使学生的语感对鲁迅作品的语调作出灵敏的反应,在朗读中准确地再现他的语调,实际上就是学生的思想感情通过语感的渠道与鲁迅注入作品中的思想感情的对流与契合。这样,思想教育与语言教育就自然而然融为一体,文和道也就自然而然地达到完美的统一。

参照语感能力的这些特点,我们可以把语感训练的主要目标确定为:

(1)语言的形象感。我们在前面提到的"读想画面"等做法就属于这一种,也就是在读书时脑海里要能浮现出生动活泼的形象画面,甚至如见其人,如闻其声,如临其境。(2)语言的意蕴感。就是要读出文章深刻的含义,比如言在此而意在彼的,言已尽而意无穷的,用委婉、象征、反语等手法表达思想感情的,等等,都要能读通、读懂、读透。(3)语言的情趣感。就是要体会文章包含的感情和趣味。文章不是无情物,在语文学科里,情感不仅粘附于语文表象而存在,还能通过语言的表现性而得到传递,甚至以标点符号为载体得以表达,通篇看来,情感往往又是贯穿始终的红线,穿珠成链的金丝。语感训练的目标之一就是要使学生具备这样的能力:通过对语言文字的敏锐感知,就能把握人物情感的脉搏,与之发生共鸣。这样,语文教学情感领域的训练任务也能得以落实——不间断的情感体验,使情感内化成为一种可能。(4)语言的形式感。就是不仅仅从内容角度研究"写什么"和"为什么写",而是更多地从形式角度注意"怎么写"和"为什么这样写",把握作者表达上的特点,给语言能力的训练赋予实实在在的内容。

那么,怎样训练学生的语感呢?

第一,确立正确的指导思想,增加实践机会。

正如有些同志所指出:在现在的语文教学中,感受与理解错位的现象相当普遍,因为片面强调理解,因此一味条分缕析,甚或肢解割裂,满堂讲下去,不给学生喘息的机会。其实,"理解与感受既有联系又有区别,理解主要是通过抽象思维把握言语对象的意义,它一般只及于言语的内容;而感受则是在一定程度的理解的基础上调动感觉、知觉、表象、联想、想象、情感等心理功能去触摸言语对象的整体存在,品味它说什么、怎么说以及为什么要这样说,不但及于它的内容,同时也及于它的形式,感受基于理解,又能加深理解;理解只能深化感受却不能取代感受。对语文教学来说,既需理解更需感受,感受重于

---

[1] 邹云方,樊月娟.当代文学跟踪录[M].哈尔滨:黑龙江人民出版社,1988.

理解。"[①] 而要加强感受，则应端正思想认识，多给学生实践机会，不少老师在课堂结构上进行了有益的改革，如魏书生的定向、自学、讨论、答题、自测、自结的"六步教学法"，钱梦龙的认读、辨体、审题、发问、质疑、评析的"六步自读法"，都给了学生更多的自主权，进行感受、感知课文的实践，对学生语感能力的培养无疑有很大好处。而在课堂活动的安排上，多组织学生进行读、写、听、说的实践，尤其多给学生预习、朗读、体味、涵咏的机会，也都是加强语感训练的良法。有些老师经常组织的课前五分钟口练、课余小练笔等等生动活泼的语文活动，也可以起到促进作用。总之，关键在于拨正思想认识。这样，实践中的错位现象就纠正有日了。

第二，把语言训练与形象思维训练结合起来。

培养语感能力，要多进行朗读、背诵等方面的语言训练。同时要训练学生在练读时让思想插上想象的彩翼，在作者描绘的艺术天地里，甚或在"读者"创造的艺术天地里，自由地飞翔。这种想象的内容是相当丰富的。我们以《卖火柴的小女孩》为例：

（1）"还原式"想象。即根据作品里语言文字的描绘，化符号为画面，化间接为直接。想一想，作品描绘了怎样的人物形象、自然景色、活动场面，使作品的内容清晰而具体地"再现"出来。比如卖火柴的小女孩是怎样一个形象，就可以根据作品的描写激起"内心视像"。

（2）"推测性"想象。即根据作品的一些概括性描写或者一些暗示，去想象画面以外的东西。比如课文里写："她不敢回家，因为她没有卖掉一根火柴，没有挣到一个钱。她爸爸一定会打她的。再说，家里跟街上一样冷。他们头上只有个房顶，虽然最大的裂缝已经被草和破布堵住了，风还是可以灌进来。"读到这里，既可以想象小女孩有一个怎样的家，又可以推测，她如果回去了，会受到怎样的遭遇，她爸爸为什么会打她，她家里可能面临怎样的艰难境地，等等。这样，对小女孩的"了解"就更深了，对她的同情心也就更强了。

（3）"连续式"想象。不是停留在一个画面上，而是在想象中放映"电视连续剧"，把一个个画面连接起来，在整体上加深对作品的感受，比如卖火柴的小女孩四次擦火柴出现的幻觉，就应形成学生想象中的画面层次。

（4）"比照式"想象。即拿别的画面与作品的描绘相比照，使想象的画面更丰富。比如有的老师教《卖火柴的小女孩》时组织学生想象"假如小女孩到我

---

① 王尚文.语文教学的错位现象[J].教育研究，1991（10）.

家"，就是意在将我们今天的幸福生活与小女孩悲惨的遭遇相比较，从而更深刻地体会造成卖火柴的小女孩命运悲剧的社会原因。

第三，将语感能力的培养与语文知识规则的学习结合起来。

捷克教育家夸美纽斯曾说过："一切语文从实践去学习比用规则学习来得容易。这是指的听、读、重读、抄写，用手用舌头去练习，在可能的范围以内，尽量时时这样去做。但是规则可以帮助并且强化从实践得来的知识。"① 叶圣陶先生也说过："从前人读书，多数不注重内容与理法的研究，单在吟诵上用工夫，这自然不是好办法。现在国文教学，在内容与理法的讨究上比从前注重多了；可是学生吟诵的工夫太少，多数只是看看而已。这又是偏向了一面，丢开了一面。惟有不忽略讨究，也不忽略吟诵，那才全而不偏。吟诵的时候，对于讨究所得的不仅理智地了解，而且亲切地体会，不知不觉之间，内容与理法化而为读者自己的东西了，这是最可贵的一种境界。学习语文学科，必须达到这种境界，才会终生受用不尽。"② 他们都主张将语感训练与语言规则的学习相统一，以求相互为用。从语文的实践活动看，"感"是"知"的基础，而科学的语言规则又可以为语感提供理性经验，都不能偏废。从语文教学的实践看，二者的统一应该体现在：（1）先重感受，后求理解。（2）注意总结语言运用的规则，逐步赋予语感能力以理性内容，锻炼真正敏锐地、准确地、深刻地理解和鉴别语言的能力。（3）加强结合的针对性，寻求结合的最佳点。例如针对阅读语义感的训练，应传授必要的词语知识、段落结构的知识、逻辑的知识、文体的知识、表达方法的知识；而对阅读中的情境感、情味感的训练，应传授必要的文学手法的知识，以及想象、联想等鉴赏方法的知识。让学生应用这些知识阅读，并逐步加快阅读速度。再如语言表达离不开对言语的准确感和畅达感。而准确感与掌握词汇、语法、修辞知识关系密切，畅达感与掌握句式、语序、句型变换、句间的逻辑关系有密切的联系。都应该结合具体的语言和语感训练内容，教给学生必要的知识，并指导他们学会运用。③

第四，引导学生联系生活经验，仔细揣摩比较。

敏锐的语感是和对生活的感受密切联系在一起的。培养语感，应结合情境联系生活经验理解语言，运用语言。叶圣陶先生说："要求语感的敏锐，不能单

---

① 夸美纽斯.大教学论［M］.傅任敢，译.北京：人民教育出版社，1979.
② 叶圣陶.叶圣陶语文教育论集［M］.北京：教育科学出版社，1980.
③ 谢贤扬.语感与语文理法［J］.重庆师院学报，1991（1）.

从语言文字上去揣摩，而要把生活经验联系到语言文字上。""单靠翻查字典，就得不到什么深切的语感。惟有从生活方面去体验，把生活所得的一点一点积聚起来，积聚得越多，了解就越深切。"① 因此，在语文教学中要多引导学生调动、联系自己的生活经验，通过揣摩、比较来感知课文、理解课文。这种生活经验有时是直接的，比如教《钓鱼》让钓过鱼的同学回忆一下自己钓鱼的经历，再去对照阿成钓鱼的步骤，这样理解就很真切。有时也可能是间接的，比如教学《我的"自白"书》，要理解"毒刑拷打"的具体含义，可以引导学生回忆自己看过的影视剧中反动派对革命者施行的种种惨无人道的毒刑。这样，朗读时就能"读出画面"，也有助于掂出诗篇的感情重量，激发对革命烈士大无畏精神的崇敬之情。这种经验有时还可以"创造"出来。比如通过幻灯、录像、录音等电教设施再现课文描绘的情景，再联系到具体的语言文字，语感自然会敏锐不少。

## 第三节 读写迁移的训练要求

杜诗曰："读书破万卷，下笔如有神。"诗句点明的读书与创作的关系，用我们的"行话"说，就是"阅读是写作的基础"。叶圣陶先生说："教材无非是个例子"，这不仅是对阅读能力的培养而言，就是对于写作能力的提高也是如此。叶老的另一段话对此有很清楚的表述："阅读和写作是对等的两回事"，"说两回事，是从各有的目的来的。说对等的两回事，并不等于说彼此不相干的两回事。""阅读任何文章，主要在得到启发，受到教育，获得间接经验，等等，而在真正理解的同时，咱们对文章的写作技巧必然有所领会，可以作为咱们练习写作的借鉴。"② 确实，从读中学得技能去练习作文，从写的要求出发去剖析范例，教材之于写作，是必不可少的"例子"。

阅读与写作是个互逆的过程，这里仅以读向写的迁移为重点加以论述。

### 一、训练内容的全面性

阐说这个问题，可以从写的角度去审察：一篇文章或作品的形成需要具备哪些要素？概言之，大抵是三个方面：一是作者内在的主观人格力量，二是作

---

① 夏丏尊，叶绍钧. 阅读与写作 [M]. 上海：开明书店，1940.
② 杜草甬. 叶圣陶论语文教育 [M]. 郑州：河南教育出版社，1986.

者所选取的题材内容,三是作者用来表现这些题材的艺术技巧和样式。显然,我们对学生写作能力的训练重点应在这三个方面,而他们在阅读中接触的作品无一例外地包含了这些内容。因此,从读到写应该在这三个方面着力。

好多同志在谈到读写迁移时眼光落在后两个方面,殊不知第一个因素是起决定作用的。古人讲"修辞立其诚",这"诚"就是对主观人格力量的一种要求。思想的平庸,必然地决定了作品的平庸;意志的消沉,必然地决定了作品的颓废。雪莱《西风颂》里的名句:"如果冬天已经来临,春天还会远吗?"之所以成为千古绝唱,是因为恰如马克思所说的,这位"天才的预言家","从头到足是个革命者","假如他活得长一些,他必然会参加到社会主义先锋队中去"。所谓"文学即人学",从作者与作品的关系看,应当理解为作品是作者感情的投影,人格的写照。我们培养的学生不仅仅是建设者,还首先是接班人,尤其要强调做人与作文的统一性,因此,在阅读教学中培养学生的写作能力,首先就是利用语文课本这"生活的教科书",加强德育意识,让学生从中接受思想感情的陶冶。离开这一点,一味模仿语言技巧,多少有些舍本逐末。冰心老人在《漫谈语文的教与学》一文中说:"很好的思想内容,像一盏画得很美的纱灯,表达思想的文字就像纱灯里的烛光,若是里面的烛光很亮,这盏纱灯上的美丽图画,就会映得纤毫毕现;若是烛光昏暗,无论是多美的纱灯,也会减色。"[①] 从作者看是如此,从读者看也应扣住这个文章的本质特点,通过语言文字去理解中心思想,再研究作者是怎样使思想较为完美地表达出来的,如叶圣陶先生所说,在"接受教育"的同时得到"写作的借鉴"。

我们强调思想教育的重要性,并不是说仅此而已,"读中学写"应包含的内容至少还有:

(1)作者是怎样观察生活、观察事物,从"事"或"物"中归纳出中心思想,而不是使作品成为思想观念的简单的传声筒。也就是怎样认识事物、认识生活、提炼主题的。

(2)作者是怎样根据中心思想选择材料、组织材料的,也就是说是怎样选材和谋篇布局的。

(3)作者是怎样根据表达中心思想的需要记叙、说明或讨论的,也就是怎样运用语言表现技巧的。

(4)写作应广开"材"路,课本是习作题材的来源之一,课本中哪些材料

---

[①] 冰心. 冰心全集(第五卷)[M]. 福州:海峡文艺出版社,1994.

可以转化为写作材料,哪些材料可以引发写作材料。

(5)作品中有哪些词句应该作为学生的词语积累,可以起到丰富学生语汇的作用。

## 二、训练方式的多样化

### 1. 对应式

读写之间存在着种种对应关系,这些对应关系是读写联系的天然纽带。从作文能力看,写一篇文章必须具备审题能力,搜集材料的能力,谋篇布局的能力,语言表达的能力,修改文章的能力。这些能力的训练,大都可以借助读写联系的对应性,有机地贯穿于阅读教学过程中。比如阅读中的解题对提高学生写作的审题能力以至拟题能力会有较大的帮助。以藏有题眼的文题说,有的是动词作文眼,如《我爱故乡的杨梅》《十里长街送总理》,在解题和讲读过程中要让学生体会到这里的动词包含着很强的感情色彩,往往暗示了贯穿全文的感情线索;有的是修饰语作文眼,其中主要分动词前修饰语和名词前修饰语,在解题时都要注意突出题眼,比如《董存瑞舍身炸暗堡》的题眼是"炸"前面的"舍身",教学中板书时可用留空法,最后突出"舍身":是怎样炸的?为什么要"舍身"炸?"舍身"炸说明了什么?《狼牙山五壮士》的题眼是一个"壮"字,教学中可抓"战士"与"壮士"的区别,抓什么时候不说"战士"而说"壮士"的?作者是从哪些方面写其"壮"的?以此来突出题眼,突出主题。经过这样的解题训练,学生在写作诸如《我爱……》和《XX里难忘的一件事》等作文时,审题就能抓住重心,在拟题作文时也会根据文章中心,比较准确地画出文题的题眼了。

### 2. 仿作式

从仿到创是学生作文的一条必由之路,成功的"仿"是仿中有创,有助于"创"的能力早日形成。因此,既要注意"入乎其内",读为基础;又要注意"出乎其外",仿中敢创。即以课改前的教材体系明确规定的仿作说,小学语文课本中的"习作例文",都配有仿作的训练任务,如第七册有六篇习作例文,"基础训练"中都规定了相应的作文题,大多在作文题中直接挑明了要"仿照"某篇,如果不在认真阅读的基础上总结出某些知识和技能,"仿照"就要落空。但如果刻板式模仿,训练就达不到要求。而具体的从仿到创则要根据训练要求和读写材料的特点来决定。尤其要注意的是不能从"文"(例文)到"文"(作文),而要吃透文题,理解全面,真正仿"作"。比如第七组的习作例文是《我爱故乡的杨梅》，写作训练内容是"在作文中写自己家乡的特产或住家附近的景物，写出自己对它的喜爱"。教学时在读的一方面要研究：作者写"我爱故乡的杨梅"表现了什么样的思想感情，作者是通过故乡的杨梅树的哪些特点写出自己深挚的感情的？在写的一方面则要研究：你的家乡有什么特产或景物是你喜爱的？为什么要你写出喜爱的感情？你怎样通过这种特产或景物表现你的感情？这样，无论是思想认识，还是选择材料、谋篇布局等方面，就必然要走上从仿到写这座写作训练的桥梁。再如第二组写作训练内容是"仿照《爬山虎的脚》作者的做法，观察一种植物。先从远处看，再从近处看，特别要仔细观察它的茎、叶、花等，看看有什么特点，再具体写出来"。这实际上首先是观察方法的总结，观察技能的运用，最后才是观察结果的叙述，把握住这样的训练步骤，"仿"中自然有了"创"。

### 3. 铺垫式

写作训练主要有词句训练、片段训练、篇章训练三种形式，前两种往往对后一种形成铺垫作用，而词句训练和片段训练的相当一部分可结合阅读教学的相关内容进行，形成从读到写的顺利迁移。如课文出现了使用"像"的比喻句，在说话训练前，教师先进行一词多句的说话训练：

把下面的句子说完整。

| | | | | | |
|---|---|---|---|---|---|
| 秋天到了 | 稻子 | 熟了 | 黄澄澄的 | 像 | 铺了一地金子 |
| | 橘子 | | | | |
| | | | 雪白雪白的 | | |
| | | | | | 点燃了一支支火炬 |

经过这一铺垫，学生在根据课文要求看图说话时就能比较自然地把比喻句用起来了。再如第十二册第七单元写作训练的要求是"抓住要点"，教师在作文练习前，先让学生运用讲读课上学到的有关知识和技能进行片段训练：

阅读下面内容，按要求填写。

扁鼻子军官温和地对雨来说："不要害怕，皇军是爱护小孩的。"说着叫人给雨来松绑。扁鼻子摸着雨来的脑袋说："刚才有人跑进来，看见没有？"雨来抹了一下鼻子说:"我在屋里什么也没看见。"

扁鼻子伸手掏出一把糖块塞给雨来,接着又伸出戴戒指的手说:"只要你说出来,这个金的,也给你。"雨来仍摇摇头说:"我什么也没看见。"

扁鼻子的眼光立即变得凶狠可怕,他伸出两只手扭着雨来的耳朵,雨来疼得直咧嘴。鬼子又抽出一只手打了两巴掌,又揪起脸上的肉,咬着牙拧。雨来的脸白一块,紫一块。鬼子又向他胸脯上打了一拳,雨来倒在炕沿上。他直起身还是说:"没看见!"

1. 这部分为了表现雨来坚强不屈,确定了这三个要点:

（1）＿＿＿＿＿＿＿＿＿＿＿＿＿＿＿＿＿＿＿＿＿＿＿＿＿＿＿＿＿＿＿

（2）＿＿＿＿＿＿＿＿＿＿＿＿＿＿＿＿＿＿＿＿＿＿＿＿＿＿＿＿＿＿＿

（3）＿＿＿＿＿＿＿＿＿＿＿＿＿＿＿＿＿＿＿＿＿＿＿＿＿＿＿＿＿＿＿

2. 这三个要点是按（　　　）式确定的。

3. 将第（3）要点的有关情况写下来。

① ＿＿＿＿＿＿＿＿＿＿＿＿＿＿　② ＿＿＿＿＿＿＿＿＿＿＿＿＿＿

③ ＿＿＿＿＿＿＿＿＿＿＿＿＿＿　④ ＿＿＿＿＿＿＿＿＿＿＿＿＿＿

教者再辅以其他训练,对学生的写作就形成了很好的铺垫。

### 4. 转换式

以课文为基点,取材于课文进行作文练习,浇铸新篇,在中小学语文教学中都是常用的一种训练方法,对读写的相互促进作用也很突出。有位高中语文教师在自己的实践中就归纳出延伸、转化的种种方法:①

（1）对于头绪较多篇幅较长的课文,抽取一个侧面,就一人一事单独成文。如《祥林嫂的一生》《鲁侍萍的血泪》等。（2）以课文中一个细节、一个警句等为题进行议论。如《"从来如此,便对么?"——从狂人的疑问谈起》。（3）对课文中的人物事件进行分析评价。如《别里科夫的形象使我想起一种人……》。（4）把两篇或几篇可比可联的课文中的人物事件加以联系对比,然后作文。如联系《党员登记表》和《母亲》写《两位母亲的共同心声》。（5）对教材进行想象和补充性练习,如根据《项链》的结尾写作《真相大白之后》。（6）结合教材进行应用文体的训练。如学了《雷雨》写《〈雷雨〉公演海报》。（7）对教材中的文言文篇目或历史题材篇目,在充分理解的基础上,以作文命题的方式引导

---

① 唐向荣. 作文命题也要注意引导学生钻研教材［J］. 河北师院学报,1987（3）.

学生联系现实，阐发讨论。如学了《甲申三百年祭》写作《惊心动魄的历史教训——从李岩被冤杀说起》，等等。小学语文教材中的改变体裁、改变人物、延伸结尾、补充中间的空白情节等等也属于这种形式。

### 三、训练安排的整体观

这主要指两个方面，一是每一单元的读写训练要作为一个整体看待，这个整体的内核就是本单元训练重点，在课改以前的教材中，小学中高年级这个训练重点常常是以"读写例话"的形式理论化了。在其他年级段中，训练重点也往往借习作的训练要求挑明。教学时要紧扣这个训练重点，通过"例子"看作者是怎样突出这个重点的，通过习作看自己应该怎样达到训练的要求。尤其是在讲读时要注意渗透，还以第十二册第七单元说，有位老师在讲读教学时就紧扣"抓住要点"这个训练重点进行，在讲清要点要以服从文章的中心思想为前提的情况下，启发学生懂得本组的课文就包含了三种确定要点的方法：（1）纵式确定法。如《琥珀》的要点有三：一是松脂球的形成，二是化石的形成，三是化石被发现。这三者之间具有时间的先后关系，因此就在时间链条上按其发展的阶段性确定要点。（2）横式确定法。也就是不按时间先后，从事物的不同侧面并列确定。如《激光》的要点就是这样确定的。（3）总分总式确定法。如《未来的房屋》就是按照这个思路确定要点的。由于从理解的角度渗透了有关要点的知识，训练了在阅读中抓住要点，学生在习作中要达到这方面要求，就不是很困难。同样，小学语文课本第三册第一单元中"仔细观察，抓住特征"是以读、说（写）为训练重点，在教学时可以渗透有关内容：

课文《秋天》正是抓住秋天一些景物特征来描写的，我们可以结合作者从上到下、由远而近的观察顺序来加深认识。

$$
秋天 \begin{cases} 天空 \\ 天底下 \end{cases} \begin{pmatrix} 上 \\ \downarrow \\ 下 \end{pmatrix} \begin{matrix} 高 & 蓝 & 几朵白云 \\ 稻田 & & 稻子熟了 \\ 池塘 & & 黄叶落下 \\ 燕子 & & 到南方去 \end{matrix} \begin{pmatrix} 远 \\ \downarrow \\ 近 \end{pmatrix}
$$

作者写秋天的天空的"高""蓝"，正写出秋高气爽这一秋空特征；写"稻子熟了"，点明了秋天另一重要特征：收获季节。接着写动植物变化，也抓住了典型的秋景。

《温暖》也紧扣事物的特征写："一阵秋风吹过，从树上落下几片黄叶"，这是深秋的季节的特征；背景的建筑、灯光和"清扫"这一事情，点明了特定的时间和空间特征；人物衣着体现出深秋清晨寒冷的气候特征；清洁工人的装束、工具是他自己的身份特征；紧握的手、前倾的身，绽开的笑颜则是他心头感觉到了"春天般的温暖"的感情特征。

这样，相对于一个单元来说，教学每一篇，都能体现整体观念了。当然，整体观的体现有另外的要求，这就是要从整个读写训练的序列上考虑，分步安排，循序渐进，比如有同志总结出小学阶段读写训练的重点有注意观察、言之有物、言之有序、抓住重点、抓住特点，这五个要点是在通用教材的第五、六册提出的，在低年级教材中有所渗透，到了高年级则化成32个重点训练项目。我们就需要进一步研究，这五个要点前面各有哪些构成了铺垫，后面又各自化成了哪些重点训练项目，这样就可以从读写整体训练系统中考虑问题，从而把训练落到实处。

## 第四节　口语交际能力的培养

叶圣陶先生曾说过："口头说的是'语'，笔下写的是'文'，二者手段不同，其实是一回事。"并指出：二者合言之，"亦见此学科'听''说''读''写'宜并重，诵习课文，练习作文。因为读写之事，而苟忽于听说，不注意训练，则读写之成效亦将减损。"[①] 然而，长期以来，很多同志对学生的口耳训练并不重视，重"文"轻"语"、重"写"轻"说"的现象相当普遍。近些年来，随着教育改革的逐步深入，这种状况有所好转，但要真正达到与"读""写"并重的地位，还需要广大语文教育工作者不懈地努力。因此，我们有必要在认识上进一步提高，在措施上进一步落实，逐渐实现其科学化和艺术化。

### 一、口语交际培养的要求

在正确使用普通话的前提时，口语交际要注意：

#### 1. 速度要求

速度是效率的体现。如果一个人说话时支支吾吾、结结巴巴、拖拖沓沓，甚至好半天憋不出一句话来，那么这个人或是思维迟钝，或是言语组织的能力

---

① 叶圣陶.叶圣陶教育文集[M].北京：人民教育出版社，1994.

太差，都是"质量"问题。因此，在进行听说训练时要把速度作为重要的质量指标。可以先训练学生按通常表达的速度，用自然语调说话；再训练学生限时"逼"说，逐步培养快速表达的能力；还要训练学生根据具体情境掌握语调，形成快慢相宜、运用自如的"调速"能力。

### 2. 强度要求

这是从思维角度说的。听的能力是理解能力，说的能力是表达能力。以小学来说，根据大纲要求，听，要能"理解内容，抓住要点"；说，要能"说出自己要说的意思，做到清楚明白，有中心，有条理"，都体现了对思维质量的要求。在训练时要达到这个标准，就要注意思维强度。在这里，组织学生讨论，是一种基本的训练方法。培根说："讨论犹如砺石，思想好比锋刃，两相砥砺将使思想锐利。"而问题则是讨论的"导火索"，因此，设计问题要让其"跳一跳，摘得到"。如果把问题分为判别性、叙述性、述理性、扩散性四类，那么随着年级的升高，随着逐步加强思维强度的要求，我们要多提供述理性、扩散性问题，让学生产生可望而又可即的思维难度，激发思维的兴趣和热情，"逼"其深思，并通过讨论和交流，提高听说的准确性和灵敏度。

### 3. 态度要求

多年来，我们时常听到一些有识之士的大声疾呼：口语污染的现象极为严重，脏话、粗话、下流话不绝于耳。这不仅影响到思想交流，而且也不利于学生道德品质的培养。还有的学生听、说时漫不经心，也给人一种缺少修养的印象。针对这种状况，从大纲到课标提出了听、说态度的要求，根据大纲、课标精神，听话注意力要集中，边听边想，要体现对说话人的尊重和礼貌，说话要先想后说，表达得体，态度自然，声音适度，正确使用礼貌用语；更要注意语言健康、举止文明。这就需要我们把听说训练和道德修养教育结合起来，把课内训练和课外活动结合起来，发挥听说训练的综合功能。

## 二、口语交际能力训练的原则

### 1. 训练内容的生活化原则

这是强调"从内容入手"，让学生有话可说，有话想说，通过训练做到有话能说，有话善说。

第一，顺应生活。说话内容要向生活取材，学生的生活（包括课堂练习）有了说话的需要和内容，就要为他创造说话的机会。心理学家维果茨基说过："在说每一句话，进行每一次谈话之前，都是先产生言语的动机——我为什么要说话，这一活动的激情的诱因和需要的源泉是什么。口头言语的情境每一分钟都在创造着言语、谈话、对白的每一个新的转折的动机。"①教师顺应、利用学生生活的内容和需要组织训练，可以最有效地促进其言语的发展。从听话训练的课型看，一是专门的说话课，单独划出课时列入课表；二是课前五分钟口练，其内容可能是对课文学习的铺垫，也可能是对社会上、学校里的热门话题的议论；三是结合阅读、作文课随机进行的。后两种都属于直接向生活取材，是值得提倡的。

第二，丰富生活。组织学生主动接触生活，扩大生活视野，丰富生活内容。比如，让学生到千姿百态的大自然中去观察，引导学生接触千变万化的社会生活，同时指导他们时时处处做有心人，勤于观察、勤于思考，在认识生活的同时学会怎样生活，这样，言语表达也就能转化为生活的需要。

第三，模拟生活。即努力创设听说的生活情境，激发听说的兴趣，"练""演"结合，为从"练"到"用"创造切实的过渡。

当然，坚持训练内容的生活化原则，并不意味着一切听任自然。恰如赞科夫所说："口头言语的自然性和生活性并不妨碍教师对学生的言语发展进行指导。但是，教师的这项工作就其质的方面来说，是与语法教学有所不同的。教师对言语发展过程进行指导的方面之一，就在于恰当地选择材料和说话的情境，以便促使学生沿着言语发展的阶段不断上升。"

### 2. 训练组合的效益观原则

听、说能力是不可能孤零零地培养的，它们是一种综合性训练。比如，听、说并提就反映了它们联系的紧密性，听、说与读、写也常常组合在一起，这是因为这些活动都是由"想"这个总开关启动，它们之间存在着十分密切的内在联系。从语文实践活动看，它们大多是以组合形式出现的，而成功的组合，往往可以取得综合性效应。因此，在教学中，我们要树立效益观念，把握其内在联系，以求组合的最佳效果。第一，要抓住训练的侧重点。比如重点训练听、说能力，就要组织听与说的组合；要把听、说的内容写下来，就要组织听、说、写的组合。在突出训练重点的同时，要注意环节之间衔接的巧妙性，形成训练过程的整体感。第二，要注意组合的可行性。应该研究有哪些较好的组合形式，研究听、说、读、写之间组合的规律，有效地促进各项能力的和谐发展。第三，要体现组合的开放性。要取得听、说训练的高效益，不能只限于课堂教学内的

---

① 赞科夫.教学与发展[M].杜殿坤，张世臣，俞翔辉，等，译.北京：文化教育出版社，1980.

组合，而应组织学生参加课外的各种语文实践活动，为他们提供良好的语言环境，增加听、说实践。第四，要把握语言与思维联系的紧密性。"没有语言，就不可能有人的理性的思维；同样，没有思维，也就不需要作为承担工具或手段的语言。"[①] 具体说来，口语表达与思维的对应关系为："语言的准确性体现思维的明晰性；语言的连贯性（语流）体现思维的准备性；语言的条理性（语脉）体现了思维的周密性；语言的说理性（语理）体现思维的逻辑性；语言的多样性（语点、语式）体现思维的形象性。"[②] 抓住了二者联系，对于任何一次训练、一种组合取得高效益都是至关重要的。

### 3. 训练措施的针对性原则

要针对学生学习语言的实际，抓其主要矛盾。如果是嘴、脑分家的，就要培养他们边听边想、边想边说的习惯，教会他们用内部语言思考问题的方法；如果是性格内向、不善表达的，就要为他们创造条件，增加他们在公开场合的语言实践，在起步时，要让他们"想一想"，多一些组织语言的时间。说话过程中教师要学会耐心地"等一等"，逐步使之敢于说，乐于说，善于说；如果是言语受污染的，就要加强日常行为规范的要求，培养他们高尚的道德情操，以心灵美的建设来促进语言的净化和美化；如果普通话较差，就要加强语音方面的辅导，使他们能准确使用普通话，提高言语交际水平。再者，一个班学生听、说能力总有这样那样的差距，不分高低，同一标准，必然会造成时间和智力的浪费。因此，要对全班情况进行摸底，区别不同类型，安排相应内容，采用恰当方法，这样才能真正收到实效。

## 三、口语交际能力训练的方式

这里主要根据阅读课堂教学中口语交际训练的实践归纳。

### 1. 侧重于"听"的

（1）听辨。比如有辨音的，指名读课文后问一句："刚才这位同学哪里读错了？"就是要求学生听准读音；有辨词的，删减一些词语后，进行听辨比较，从而体会这些词语的重要性；有辨句的，比较一下句式的不同，语气、语调有什么变化，就是通过听辨把握句式的特点。

（2）听写。主要有：记录性听写，比如记录佳词妙句或课后规定的某篇文

---

① 朱智贤，林崇德. 思惟发展心理学 [M]. 北京：北京师范大学出版社，1986.
② 朱仁作. 小学语文教学法原理 [M]. 上海：华东师范大学出版社，1988.

章，用"写"来检验"听"；记忆性听写，比如几乎每一课都规定了生字生词或重点词句，以"写"来检验"记"；选择性听写，即随着教师讲解的进行，选择自己认为重要的内容记录下来，这是一种独立听记能力的锻炼；整理性听写，即根据课堂笔记，整理出最主要最关键的材料，作为对听课的总结。与选择性听写一样，整理性听写属于听写中比较高级的形式，比选择性听写包含着更复杂的听、读（默读）、写的组合性操作及相关的思维活动。

（3）听品。俗话说："听锣听音，听话听声。""听"而后"品"，是提高鉴赏能力的重要渠道。内容包括：听音品味，比如让学生结合阅读听录音或听分角色朗读课文里的人物对话，揣测人物心理，想象人物情态，然后讨论这些对话的特色，这样，通过品评就能比较深刻地认识人物的内心世界；听音品情，比如让学生听教师范读重点句段，品评老师是怎样读的，老师为什么这样读，就是引导学生借助听音去体会课文里人物的思想感情，而教师根据课文特点或慷慨激昂，或深沉严肃，或诙谐幽默，或低吟浅唱，都有助于叩响学生心灵的琴弦，提高学生品评的层次。

**2. 侧重于"说"的**

（1）复述情节。可分为：① 简要复述。即用简单连贯的语言讲述课文的基本情节。要注意一抓主要，二抓连贯。主要的抓住了，基本内容也就出来了；做到连贯，情节的完整性就有了保证。② 详细复述。可以根据课文内容安排记忆的"支撑点"帮助复述，这些"支撑点"可以是图片、提纲、问题、主导词等。③ 创造性复述。即在不改变主题和基本情节的前提下，对课文进行改编，基本形式有：改变人称、改变记叙次序、扩展内容、延续情节等。前两种是形式上的"创造"，后两种则是对内容的进一步丰富，都是借助想象，对课文中的人物、事物和景物或某一局部、某一细节作想象性的具体化的补充描绘，是一种对课文相关内容的"再创作"。

（2）讲述插图。根据有关同志的研究，运用插图训练说话的方法有：① 描述画面。在认真观察的基础上有顺序有重点地描述画面内容，而这些内容往往也是课文的重点所在。② 组合画面。把同组教材中相关的画面放在一起，引导学生重新观察，并要求根据确定的主题重新组合。如小语第四册第二组课文中几幅插图都反映了春天的季节特点，就可以组织学生围绕"美丽的春天"，把几幅图的有关内容连贯起来讲述，并要求他们边说边想象新组合的画面。③ 补充画面。根据训练需要，对一些插图，可引导学生把有限的画面加以补充、扩展，在脑海里浮现更加生动丰富的画卷。④ 比较画面。利用插图中的相关内容，引导学生进行比较观察，更好地把握事物的特点。⑤ 概括画面。课文里有多幅图，可要求学生各用一句话概括图画的内容。这实际上与段意的概括是相通的。⑥ 印证画面。插图与课文的有关内容构成对应关系，可引导学生在观察插图的基础上讨论问题，再在阅读课文时加以印证。这样，不仅感受深刻，而且也可以不断地测验自己观察和表达的能力[①]。

（3）表述见解。比如根据老师的要求，回答相关的问题，大致包括释词释句，概括段意、主题，说明自己对课文的理解等。对于教师来说，提出的要求要明确，抛出的问题要能启动学生的思维，这样学生答有方向，答有内容。比如，《手》这篇课文写陈秉正的"手掌好像四方的，指头粗而短，而且每个指头都伸不直，里外都是茧皮，圆圆的指头肚都像半个蚕茧上安了个指甲，整个看来真像树皮做成的小耙子。那个学生看了这双手并不欣赏，而且有点鄙视。这个学生的神情，陈秉正都看出来了，却没有理他，只是自豪地笑了一下……"有位老师教到这里启发学生想象陈秉正当时的心情，说说陈秉正想到了什么才自豪地笑了。由于问题能启动学生的思维，所以学生有话说，也乐于说，有的说："陈秉正当时心里准是想：嘿！你别看不起我这双手，正是我这样的手才把荒坡变成良田……"有的说："陈秉正当时心里可能想：我这双手是经过艰苦劳动磨练出来的，它是劳动的象征，所以自豪地笑了。"还有的说："陈秉正当时可能想：你别看我这双手粗大，样子难看，像把耙子，实际上用处可大了，除了开荒劳动外，在泥地上抓柴都不怕呀，你呢，行吗？所以他为自己有这样一双手自豪地笑了。"这样的训练就有了多方面的功能。

另外，表述见解也包括在课堂讨论或论辩中发表自己的见解，因为是"论""辩"，对言语与逻辑思维的结合，对言语的表现技巧都提出很高的要求，为了提高成功率，要做到善攻（主动辩驳对方）、善守（积极防范）、善转（抓住有利时机作顺应性变化）、善断（作出结论时当机立断）。无疑，真正达到"四善"的境界，除了随着年龄的增长和年级的升高，综合能力得以增强外，还得依靠长期切实的训练。

---

[①] 叶存铃.听说训练［M］.福州：福建人民出版社，1986.

# 第七章 能力论

能力，是人们成功完成某种活动所必需的个性心理特征。大多数人认为，能力包括：一般能力，指在活动中必须具备的观察力、记忆力、想象力、思维力、注意力等；特殊能力，指人在不同种类活动中所需要的各种不同的能力，如读、写、听、说等就是语文学习的特殊能力；创造能力，指产生新思想，发现和创造新事物的能力，以其新颖性和独创性等特点区别于一般能力。前两章论述，涉及的就是语文学科的特殊能力，本章所论的则是一般能力和创造能力。分别阐说，只是方便起见，而并非不能作另一种形式的归并。

## 第一节 一般能力训练的非智力性原则

能力训练是一种复杂的心智活动。但是，如果不重视非智力因素的作用，智力结构是很难完整构成的。伟大的生物学家达尔文说过："作为一个科学家，我的成功，不管是多大，是取决于种种复杂的思想品质和条件的。其中最重要的是热爱科学；在长期思考任何问题方面，有无限的耐力；在观察和收集事实资料方面，有勤劳努力；还有相当好的创造发明本领和合理的想法。"[①] 达尔文列在前面的诸种条件，就是非智力因素，我们现在所要求的"一般发展"，简言之

---

① 查尔斯·罗伯特·达尔文.达尔文回忆录[M].毕黎，译.北京：商务印书馆，2015.

就是智力因素和非智力因素全面的协调的发展。因此，明确一般能力训练的非智力原则，强调教育过程中非智力因素的渗透，是非常必要的。这些原则包括：

## 一、动机性原则

动机是激励人们从事某种活动的"内驱力"，它常常是由愿望、需要、目的等转化的。动机性原则与一般能力的构成联系密切。比如从认识论的角度看，观察就是有意识有目的地知觉自然或社会现象的过程，这种自觉性、主动性的特点决定了它始终和有意注意结合在一起。而记忆，首先就是要明确记忆的重要性，下决心"必须记住"。考试前突击强记一些材料，效果较好，就是因为记忆的目的明确，决心很大。如果记忆的目的是必须"长期记住"，则效果又将不同。心理学家曾经做过一个实验，让学生在规定时间内记两段难度相同的材料，并且告诉学生，第二天测验第一段材料，过一段时间再测验第二段材料。实际上第二天没有测验第一段材料，而是在两个星期以后同时检查这两段材料。测验结果表明，第二段记忆的成绩比第一段好。因为记忆的动机有所区别，在记第二段时，心里想的是——不知什么时候测试，必须长期记住。[1]再以想象说，从有无目的性和自觉性划分，想象可以分为无意想象和有意想象，有意想象（包括再造想象、创造想象、幻想）是想象的高级形式，也是培养想象力的重点。至于思维，其目的性、方向性是被看作思维结构的核心因素的，更是不必详说了。

## 二、兴趣性原则

苏霍姆林斯基说过："所有智力方面的工作都要依赖于兴趣。"（《给教师的100条建议》）兴趣作为力求认识、探究某种事物的心理倾向，对于观察、记忆、思维、想象等活动有很大的推动力。以记忆力的培养为例说，布鲁纳说过："一般地说，按照一个人自己的兴趣和认知结构组织起来的材料，就是最有希望在记忆中'自由出入'的材料，或者说，那多半是遵循着与一个人自己的智慧航向相联系的路线而安置妥帖的材料。"可见记忆与兴趣联系的紧密。在语文教学的实践中，很多老师都力求把课上得生动些，以激发学生的兴趣，有效地组织各种能力性的训练。比如，有位老师教第四册"归类识字一"时，以儿歌的形式让学生填写新学的词语，大大增加了记忆的效率，其中的一首是（括号里是

---

[1] 陈心五. 愿你学会学习［M］. 北京：人民教育出版社，1986.

新学的词语）：

（槐树）绿，像把伞。（榆树）叶，像铜钱。（桑树）功劳大，造纸又造药。
（桦树）（桦树）逗人爱，有黑、有灰、有黄，还有白。
（枫树）（枫树）真会变，春夏绿油油，秋天红艳艳，冬天一片叶儿也不见。
白果孩儿你从哪儿来？哟！（银杏）妈妈身上掉下来！

李吉林老师在进行情境教学时也注意以培养兴趣为前提，诱发主动性，她教学《数星星的孩子》的一个片段是：①

〔教学课文第四自然段〕

1. 爷爷走过来怎么说？你能把爷爷说的话全部找出来吗？（自由读爷爷的话。）（创设情境：出示星空的电话教具。理解爷爷讲的天文知识。）

△边演示边讲述：我们看这七颗星连起来成为一组，叫北斗星，离它们不远的那颗叫北极星。（按电钮：北斗星、北极星闪亮。）

△（按电钮：天鹅星座、牛郎星、织女星依次闪亮）这里几颗星连接起来又是一组，样子挺像天鹅，就叫天鹅星。这两组星在银河两岸，就是牛郎星和织女星。

△（出示地球仪转动）地球自转着，我们在地球上不觉得地球动，而觉得北斗星在绕着北极星转，就像我们坐在汽车里，不觉得汽车跑，而觉得树在跑一样，这颗星到那颗星之间的位置是不变的。

2. 你们看天上这么多星星。（星座教具上星星全亮，闪闪烁烁）谁能用"星星"说一句话。可以说星星多，星星亮，可以说星星眨眼，也可以打比方。
（出示句式："星星＿＿＿＿＿＿＿＿＿＿＿＿＿＿＿＿＿＿＿＿＿＿＿"）

不难想象，观察、记忆、思维、想象诸种能力的训练都在学生兴趣盎然的学习活动中得以落实了，而且是不着痕迹、轻松愉快地落实了。

## 三、情感性原则

马克思说过："激情、热情是人强烈地追求自己的对象的本质力量。"（《马

---

① 李吉林.情境教学实验与研究［M］.成都：四川教育出版社，1988.

克思、恩格斯全集》）可见，情感是人们行为的重要动因。以记忆力的培养说，人们都强调理解对于记忆的重要性，但很少注意"感情记忆"的重要性。其实，真正让学生与作者的感情发生共鸣，记忆是会轻松许多的。同样，让情感活动伴随着理解课文过程的始终，思维的操作就如同添加了润滑剂。在这方面很多人都有自己的阅读经验。我们举一位中学生的例子说，这位同学曾这样描述过自己阅读冰心的《往事》和屠格涅夫的《猎人笔记》时自己的感觉和心境。

### 读《往事》有感

……静坐下来，慢慢品味，竟不能自已了：多么优美、哀怨、恬静的格调！其中的语句似音乐中那徐徐飘动的颤音，能在耳边久久地回响，那绝不粉饰的语句，那清丽的风格，深深地打动了我。我仿佛看见一个身着素衣的少女，卧在病榻上，对着窗外一轮皎白的月亮，低诉自己的心声……

### 读《猎人笔记》有感

……只觉耳目一新，仿佛自己正沐浴在大森林的晨雾中，耳边充盈的是鸟语兽鸣，眼前呈现的是绿的草、亮的露，而溢在空气中的，却是花的醇香。多美的景色！书中那壮丽的日出，瑰丽的日落，奇异的雨景，别具一格的狩猎……更使人拍案叫绝，真恨不得跳进书里，给屠格涅夫背枪，一起向大森林挺进。

这位同学由此认识到："读书的时候，必须带着你的感情，带着你的心，甚至带着你的热泪，完全把自己化入彼时彼事彼景中去。"[①] 不难看出，正因为带着感情读，一系列心智活动都在顺其自然、协调和谐地运行着。

正因为这样，一些优秀教师十分注意在教学时自己先"进入角色"，把作者寄寓的情思化为自己的真情实感，以情动情，去叩响学生的心弦，去感染学生的情绪，诱发其内在的主动性。比如陈钟梁老师在谈到"感情记忆"时就设想过这样一个教例：

闻一多先生的《最后一次的讲演》，如果平铺直叙读一遍，学生听后能够留下多少印象呢？但是，如果教师朗读的时候心情十分激动，连声音都颤抖了，

---

① 黄岳洲.怎样阅读——中学生谈阅读[M].北京：语文出版社，1988.

真所谓声色俱厉，气势磅礴，读到"他们的心理是什么状态，他们的心怎样长的"时，挥舞拳头，"捶击桌子"；甚至还可以组织学生在听到激烈的地方时"鼓掌""热烈地鼓掌""长时间热烈地鼓掌"，真正做到如闻"闻一多先生"其声，如见"闻一多先生"其人。这一堂课、这一篇文章必然会给学生留下深刻的印象。

顺着陈老师的思路，仍以记忆力的培养来说，在中小学语文教学中，记忆的内容词语部分有词语的音、形、义和词语的积累；篇章部分有文章的思想、内容、写作方法以及精彩的全文或片段；一些必要的语言知识和观察方法、思维方法等，其中大多数内容都可以发挥"感情记忆"的作用。

### 四、意志性原则

意志是人们自觉地确定目的，并根据目的调节支配自身行动，克服困难去实现预定目标的心理过程。苏东坡在《晁错论》中说过："古之立大事者，不惟有超世之才，亦必有坚韧不拔之志。"马克思认为："在科学上没有平坦大道，只有不畏劳苦沿着陡峭山路攀登的人，才有希望到达光辉的顶点。"在这个问题上，马克思更是一位成功的实践者。以记忆力的培养说，马克思的记忆力极强且准确，就是凭借意志锻炼出来的。从少年时代起，他就用一种不熟悉的外国语背诵诗歌，来锻炼记忆力。学习俄语时他已经五十多岁了，而且俄语与他掌握的任何一种语言都没有联系，但经过半年学习，他已经能津津有味地阅读俄文作品了。这造成了他非凡的记忆力：能够背诵海涅和歌德的许多诗歌，常在讲话时援引他们的句子；对莎士比亚剧作中最不惹人注意的人物都很熟悉；能阅读所有主要的欧洲语言；除了政治经济学专业，对于各国的历史、哲学、文学也是了如指掌。[1]确实，学习是一个长期的艰巨的复杂的心理过程，没有坚韧不拔的意志，是难有作为的。大到如马克思这样，追求终身进取的目标，小到一个学习细节，都离不开意志的作用。比如一些机械记忆的材料，就得记"死"背"硬"；再如在思维过程中常常需要排除出现的干扰，这都需要意志力的支撑。因此，我们在教学中需加强意志和毅力的培养，以此促进一般能力的发展。事实上，这些非智力因素在学习过程中既是手段，又是目的，它们孕育的巨大力量既有助于智力的发展，也可以在与智力有比例的协调发展中完善自己的心

---

[1] 许国璋.英语（第四册）[M].北京：商务印书馆，1979.

理结构，从而在根本上促进人的全面成长。

## 第二节　一般能力训练的方法

### 一、观察力的训练

#### 1. 空间顺序法

观察对象是"静"的物，要掌握好观察顺序，即由远而近或由近而远，由上而下或由下而上，由左而右或由右而左，由前而后或由后而前，等等。但有时也应"灵活"一些，让兴趣性原则发挥作用，比如观察一幅小朋友游戏的图画，有的老师就有意不用顺序的框框去限制，而是让其从自己最喜爱的活动项目入手，先观察图画相应的部分，这样有助于激发学生观察和表达的积极性。

#### 2. 时间顺序法

对"动"的物，则要用时间顺序法，也就是要按时间的顺序，进行多次的反复的观察，比如观察植物的生长特点，就应强调观察的连续性。

#### 3. 多角度观察法

有些空间状态的物，"横看成岭侧成峰，远近高低各不同"，观察时既要选择最佳观察点，把握观察顺序，又要注意从众多侧面观察，以求了解观察对象的绰约丰姿。

#### 4. 比较观察法

这是抓住特点的重要方法。比较有纵比、横比。在时间顺序法中，我们进行"跟踪"观察，就要着眼于纵比，把握观察对象随着时间的推移或事件的发展而产生的变化。对空间状态的物则要用横比，对在同一时间、同一环境的不同人物和事件进行比较，从而把握其特征。

#### 5. 综合观察法

观察是以视觉分析器为主的活动，但并不限于视觉，人的诸多外部分析器如听觉、嗅觉、味觉、肤觉等都可能参与活动。曾有同志对朱自清的散文《春》中对春景的描写进行过分析：

　　桃树、杏树、梨树，你不让我，我不让你，都开满了花赶趟儿。红的像火，粉的像霞，白的像雪。（视觉）花里带着甜味儿；（嗅觉）闭了眼，树上仿佛已经满是桃儿、杏儿、梨儿。花下成千成百的蜜蜂嗡嗡地闹着，（听觉）大小的蝴蝶飞来飞去。野花遍地是：杂样儿，有名字的，没名字的，散在草丛里像眼睛，像星星，还眨呀眨的。（视觉）"吹面不寒杨柳风"，不错的，像母亲的手抚摸你。（肤觉）

……

在这里，观察主体就调动了多种分析器。儿童在开始学习观察时并不明白这方面的道理，因此要引导他们在实践中锻炼，比如学了《春天》，到田野去找"春天"，就要让他们在看的同时，去听听青蛙的鸣唱，嗅嗅花儿的香味，抓把松软的泥土，等等。这样感受才准确，才真切。

## 二、记忆力的训练

记忆力的培养还应注意两点。

### 1. 记忆内容结构化

记忆内容结构化，就是要努力把记忆材料纳入自己的认知结构中，布鲁纳说过："人类记忆的首要问题不是储存而是检索。"他在做完一个分组记词的著名实验后指出："在信息的任何组织中，如果信息嵌进了一个业已组成的认识结构之中，而减少材料的复杂性，那就会使那些材料易于恢复。"[1] 从这个要求出发，可用以下方法记忆。

（1）联想记忆法。以有关词语的记忆来说，可以进行接近联想有关句段，形成记忆背景；可以进行类比联想，如形、义、音相近的字；可以进行对比联想，比如褒贬词、反义词等。

（2）规律记忆法。即在理解记忆内容的基础上，力求找出其内部联系和规律，做到了这一点，记忆内容就纳入了认知结构。上海的陈钟梁老师举过一个很有说服力的例子。

课题：复习标点符号。

提问：标点符号有几种？

第一次回答，三个学生大致能答出，但都有遗漏，速度也慢，老师就帮助学生归类理序：

根据标点符号的不同作用，把表示"停顿"的归入点号，把表示"标记"

---

[1] 布鲁纳. 布鲁纳教育论著选［M］. 邵瑞珍，张渭城，等，译. 北京：人民教育出版社，2018.

的归入标号。

点号，按停顿时间的长短排列成序：顿号、逗号、分号、冒号、句号、问号、叹号。（指出后三种是表示句的停顿的。）

标号，按有无前后排列成序：无前后之分的是省略号、破折号，有前后之分的是引号、书名号、括号。

间隔两周后，仍指名原来三位同学回答，结果三位同学都能流利地答出。

前后情况对比如下：

| 次数 \ 项目 | 遗漏 | 速度 |
|---|---|---|
| 第一次 | 1～3个 | 50秒～70秒 |
| 第二次 | 无 | 25秒～30秒 |

此例足可见知识的系统化对于强化记忆力的作用。

### 2. 记忆技能科学化

死记硬背，事倍功半；讲究科学的技巧和方法，则是事半功倍，前面说到的自然也是科学的技巧和方法，此外还可抓：

（1）过渡环节。这是从记忆的过程看，怎样化难为易，化长为短，化粗为细，关键在"过渡"，其中包括：

① 分层过渡法。即在背诵时对全篇文章整篇识记的基础上，再分段分层一部分一部分地背诵，最后把各段联成整体记住。

② 支撑点过渡法。支撑点可以是重点词句，也可以是全文的纲要，背诵课文时不管是什么样的支撑点，都要结合讲读课文时出现，而无需"另起炉灶"。

③ 尝试过渡法。即在记背的过程中，多来几次尝试。清代唐彪说："学生背书，必须使其文高而缓，先生用心细听，则脱落讹误之处，了然于目，然后可以记其脱误，而令改正。"那种私塾式的教育有条件这样做，我们在班级授课制的学校里则要指导学生自己尝试。这样一方面可以不断增强学生信心，另一方面有助于及时发现问题，重点加工。

（2）协调环节法。这是从具体操作感官的运用看，同一感官可以有不同的动作，多种感官更应协同运用。比如什么时候默看，重在理解；什么时候高声读，重在口耳的双渠道运动；什么时候小声快读，重在熟练和速度；什么时候小声回忆，重在检查等等，都值得研究。宋代理学家朱熹说："心眼既不专一，却只漫浪诵读，决不能记，记也不能久也。"(《训学斋规》)强调的也是多感官协同工作的重要性。

### 三、思维力的训练

思维训练的内容相当丰富，其方法也是多种多样，这里我们仅围绕思维的特性加以阐述。

**1. 坚持"两面磨练"，训练思维的概括性**

概括性是思维最显著的特性，有人甚至把思维训练称之为"概括模式"的"框架训练"，这个"框架"基本上是由两种推理程式建构的，其一是归纳推理，即由个别、特殊到一般的推理；另一种是演绎推理，即由一般到个别、特殊的推理。在语文学习活动中，这两种推理方法的运用是随处可见的，比如词语概念这一思维细胞的获得，就是抽象概括的结果，对人物、事物的分析，对文章主题思想的把握，对语言规律和写作技巧的研究都运用到归纳推理中。而把所学到的一般性的概括性知识推回到个别的具体的事物、现象那里，从而加深对规律的理解，这就是演绎推理。而且，二者常常相互为用。比如中学课文《焦裕禄》最后交代："这就是他，一个共产党员的遗言。"有位老师教学时就引导学生思考：为什么这里要特别交代他是"一个共产党员"？引导学生从平凡中看伟大，认识焦裕禄闪光的精神世界，认识"共产党员"这个词语的真正分量。实际上形成了演绎和归纳的双向推理过程。

恰如胡克英、吕敬先二位先生所说："概括模式"的训练，如同打刀和磨刀，刀刃必然是两面，要打刀必须打出两面刃；要磨刀也要磨出两面刃。"概括模式"的训练必须经过由特殊到一般的归纳，和由一般到特殊的演绎，来一个反复的两面磨练。这样，刀刃越磨越锋利，思维的概括性水平也越训练越高。[①]这是我们在思维训练中应该充分注意的。

**2. 遵循思维规律，训练思维的逻辑性**

思维的逻辑性是指思维过程中有一定的形式、方法，是按一定规律进行的。阅读教学中的思维逻辑性的训练可着眼以下几个方面：

（1）揭示作者的思维轨迹。思维的过程是运用概念构成判断和进行推理的过程。概念、判断、推理就是思维的形式，作者在写作过程中对这个形式的运用总会留下或明或暗的思维轨迹，顺理成章地揭示这个轨迹，有助于发挥教材

---

① 胡克英，吕敬先.小学教学简论［M］.长沙：湖南教育出版社，1983.

在思维训练中的"例子"作用。比如学生在学习《琥珀》时，由于知识背景的不充分，可能会认为这个故事是凭空编造的。真如此，课文就失去了应有的认识价值。教师有必要引导学生认识科学家想象的过程也是进行逻辑推理的过程，作者正是依据这个推理画出本文的逻辑框架，整个故事构筑在严密的逻辑性之上：

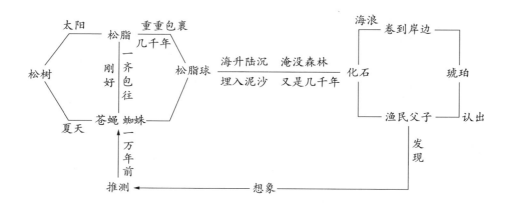

（2）认识课文包含的思维法则。逻辑思维的法则主要指：① 同一律。在同一思维过程中，每个概念和判断都必须具有确定的同一内容。遵循同一律，可以使思维具有确定性。② 排中律。要求在两个矛盾判断中必须二者择一。遵循排中律，可以使思维消除不确定性。③ 矛盾律。在同一时间、同一关系下，对同一对象所作的两个矛盾判断不能同时都真，其中必有一假。遵循矛盾律，可以使思维保持一贯性。课文作为文质兼美的范文，思维法则大多能得到准确的体现，而其中人物心理、语言又提供不少"活"的材料，教学时可以加以利用。且不说议论、说明等文体，即是写人记事的也是如此。比如我们在"学法论"中谈到的《晏子使楚》《"你们想错了"》，就为我们提供了正反两方面的例子。晏子使楚不失尊严就在于他充分利用了大家都必须遵守的思维法则，特别是运用了排中律、矛盾律，从而把楚王"逼"上了尴尬的境地。搜查方志敏的两个国民党士兵之所以"想错了"，就在于他们违反了思维的同一律，把推理建立在一个并不具备同一内容的虚假了的大前提上，反而充当了可怜、可笑、可悲的精神"俘虏"。

（3）在理解性表达中自觉遵循思维规律。理解性表达是与学习的"内化"活动相联系的，一方面可以加深理解，另一方面有助于形成能力。教师要根据具体的教学目的和循序渐进的原则，逐步要求学生的表达不断规范化。比如李吉林老师教学《南辕北辙》，为了帮助学生揭示寓意，设计了两种句式训练：

这个坐车人以为马跑得快，车夫是个好把式，带的盘缠多，就可以到达楚国，你们认为像他这样能到楚国吗？出示句式："不但……而且……""因为……"。

现在让我们来帮助这个坐车人，怎样就可以到达楚国？请用上"只要……就……""越……越……"。

这两个句式，其一实际上是要求运用演绎推理的形式推出寓意，其二引导学生从已知的否定判断推出一个新的肯定判断。这样的训练既可以加深对寓意的理解，锻炼了推理能力，同时又包含了思维同一律和辩证思维的训练，其功能是多方面的。

### 3. 讲求有疑而进，训练思维的问题性

从某种意义上说，思维的过程也就是解决问题的过程。因此，在教学中，教师要善于设疑问难，要避免无需思考的是非问，讲究问题的思维价值，使问题真正起到激活思维、启动深入的作用。比如广东省的刘清涌老师教《甲申三百年祭》，在指导学生自学理解文章的基本观点后，板书了以下三个判断：

1. 李自成不是刚愎自用的人。
2. 李自成的失败，他自己实在不能负责，而牛金星和刘宗敏倒要负全部的责任。
3. 假设初进北京时，自成听了李岩的话，不使士卒败坏了军纪，对于吴三桂等又及早采取笼络政策，清人断不至于那么快就入了关。

然后刘老师让学生掩卷思考，看看这三个判断是否符合作者原意。学生不敢贸然作答，于是再去读书，读得更仔细；再去思考，思维更活跃；再去讨论，争辩更热烈。因而其收获也就不仅仅是答案本身。

训练思维的问题性还应包括培养学生发现问题的能力，巴尔扎克曾说过："打开一切科学的钥匙都毫无疑义是问号。"能否发现问题，是是否具有自学能力的重要标志，也是阅读水平的重要标尺，应当鼓励、指导学生通过自读提出问题，然后对学生的提问进行筛选、归类，使他们明确哪些问题是有价值的，

哪些问题是不成问题的，哪些问题是需要老师和同学们的帮助才能解决的，哪些问题是自己通过查找工具书或积极思考就可以解决的，哪些问题是有关文章整体的，哪些问题是局部的，哪些问题是仅仅涉及某些具体细节的，又怎样化大为小，怎样贯串一线，等等，使学生逐步形成较强的质疑能力，学会发现问题。

### 4. 重视迁移应用，训练思维的生产性

毛泽东同志指出："认识的能动作用，不但表现于从感性的认识到理性的认识之能动的飞跃，更重要的还须表现于从理性的认识到革命的实践这一个飞跃。"[①] 这就决定了思维生产性的存在。有人把思想产品分为认识性的、表现性的、指导性的、创造性的四大类别，中小学生的作业大多属于第一类，这一方面是思维向实践转化的体现，另一方面又是检测思维能力的重要凭证。有经验的老师在教学中都很重视这个问题，比如并列式结构的课文让学生仿说仿写就是指导学生"创作"新的"产品"。如有位老师教学《小壁虎借尾巴》，在向学生介绍了孔雀尾巴和松鼠尾巴的功能后，指导学生仿说，有位学生说："小壁虎爬啊爬，爬到森林里。它看见松鼠翘着尾巴在树上跳来跳去。小壁虎说：'松鼠哥哥，您的尾巴借给我行吗？'松鼠说：'不行啊，我从树上跳下来时要用尾巴当降落伞，晚上睡觉还要把尾巴当被盖呢。'小壁虎告别了松鼠，又向前爬去。"这样的"产品"表明学生对课文的句式、段落已较好地掌握了，又体现了学习语文与认识事物、语言训练与思维训练的较好统一。

## 四、想象力的训练

想象力的训练首先是指"再现"，即让词语形成以形象思维为基础的语言想象力，在阅读过程中充分调动感性生活的表象储备，保证语言符号所唤起的形象的鲜明性、生动性、恰切性和独创性，从而更好地理解课文情境，并为进一步的美感体验和鉴赏评价打下基础。除此之外，还应进行以下各项想象技巧的训练。

### 1. 联想

联想包括接近联想、类似联想、对比联想、关系联想等，对前三种类型，"美育论"一章已经论及；对于第四种类型，可以先看事物之间关系的类属，再相机进行训练。比如描写四季景色的《美丽的小兴安岭》，在总分结构明确了的情况下，可以由总的"美丽"联想到春、夏、秋、冬各自"美丽"的季节特点，

---

[①] 毛泽东.毛泽东选集（第一卷）[M].北京：人民出版社，1991.

让学生尝试利用自己的生活积累去"创作",有助于激发学生学习的兴趣,加深对课文的理解。再如抓住事物的因果联系,由生活现象而去联想到社会原因,实际上是对主题的升华。这些训练都可以收到切实的效果。

### 2. 分想

这是指大脑将贮藏在内部的形形色色的经验分离出一种或若干种加以想象的方法。课文中的分类描写等等,常常包含了分想的技巧,比如朱自清的《春》就是在分想的基础上描绘了一幅春意盎然的图画。在阅读过程中,我们也可以运用分想法,加深感受和理解。比如教学《风景谈》第一部分,就可以引导学生进行分想,正是通过这样的分想,学生能真切地体会到作者行文之妙,体会到字里行间撼人心魄的生命的力量。

### 3. 追想

这是一种回忆性想象。为了加深对课文的理解,我们可以组织学生回忆追想,利用自己生活中储备的表象,去架设新知旧知之间的桥梁。比如学习《荔枝蜜》,开始时让学生回忆一下自己与蜜蜂打过的"交道",在结束时回味一下自己喝蜜的甘甜,都可以增加理解人物感情的真切感。

### 4. 推想

即推测性想象。一是文中"空白"处,可根据上下文推测"填空",把省略的情节具体化。二是文尾"余音"处,可根据全文情节和人物性格等去推测这"余音"将是一曲怎样的新唱,不少练写的片段训练就是以推想为其内容。

### 5. 扩想

课文中时有一些概括性句子,可以组织学生以这一句为总起句,从一句话扩展为一段话,通过想象学生对这句话增加了感性认识,理解当然会更深刻。同时,又把形象思维和抽象概括的思维能力训练较好地结合起来,有一石二鸟的妙用。

## 第三节 一般能力训练的综合功能

由于各种因素之间的互渗性,一般能力训练在一定意义上,都是"综合训练",可以发挥多种功能。如前一节所论,非智力因素可以促进一般能力的形成,而一般能力训练本身也起到培育非智力因素的作用,二者相互作用的特点使得训练必然一举多得。当然,有些同志并未属意于此,也时常意外地享受到"无心插柳柳成荫"的喜悦,但如果有意为之,或许那该是一片郁郁葱葱的柳林的。这也可以看作引出本节话题的缘由。这里，仅仅从三个方面加以阐说。

## 一、从一般能力内部的互渗关系看训练的综合功能

首先应当说到的是思维能力。众所周知，一般能力属于智力范畴，它们和言语能力等等构成了认识活动的综合能力，换言之，也就是构成了智力。"其中思维能力是智力的核心部分；思维能力的发展程度，是整个智力发展的缩影和标志；思维能力的发展，既依赖于其他的认识能力，又赋予其他认识能力以有意性、深刻性、创造性，也就是自觉的能动性。"[①] 在诸种一般能力之间，思维能力不仅是无所不在，而且至关重要。可以说，在任何一种成功的能力训练的实践活动中，思维能力都可以得到发展。下面试从思维能力与其他一般能力联系的角度来看：

### 1. 思维与观察

恩格斯说过，鹰的眼比人的眼看得远得多，但人的眼比鹰的眼在事物中所看到的东西也多得多。这就是因为人的观察是一种渗透了理性因素的感性活动。学生在带着问题观察列宾的著名油画《伏尔加河上的纤夫》时，脑子里必然会伴随着分析、判断、比较、综合等具体的思维活动。我们常常说"一叶落而天下知秋"，也正可见观察中渗透着思维。人们通常说的"眼力"，并不指生理上的眼睛是否近视，是否"达标"之类，而是指伴随着观察活动所体现的思维的敏锐性和深刻性。可以说，决定人们观察水平高低的，正是原有的认知结构和在此基础上的思维能力，而观察为思维不断提供材料，也使思维力不断得到锻炼。

### 2. 思维与记忆

一切记忆方式的生理基础都是大脑神经的暂时联系，而理解可以在新旧知识之间建立和巩固神经联系。赞科夫在《和教师的谈话》中说过："如果一个人深入思考所读课文的内容，那么虽然他并没有努力去记住材料，而材料却能很容易地印入并牢固地保持在记忆里。"[②]《十里长街送总理》"等灵车"的场面中一些表示人物动作的词一下子是很难记准确的，如果教学时注意把"拄""靠"与老奶奶的年龄和耐心联系起来，把"挤""探"与青年夫妇带着子女和人行道上人数之多这些情况联系起来，把"扶""踮"与一群"红领巾"联系起来，学生在记忆时就不会有差错。强记的材料遗忘得极快，也是因为缺乏理解的基础。

---

① 朱智贤，林崇德. 思惟发展心理学 [M]. 北京：北京师范大学出版社，2002.
② 赞科夫. 和教师的谈话 [M]. 杜殿坤，译. 北京：教育科学出版社，1980.

### 3. 思维与想象

想象的过程在一定程度上是形象思维的过程。金开诚先生说他在学习心理学的过程中，曾长期存在一个疑问，既然想象是改造原有的表象以创造新表象的过程，那么它主要就是一种表象的活动，为什么有的心理学著作要把它算作思维呢？后来，他终于解开了这个疑团，提出了三方面原因，这就是朱智贤、林崇德在《思惟发展心理学》中归纳的三点：

能动地反映客观世界，并反作用于客观世界；又能够反映事物的发展、联系和本质，所以它是一种思维。这种思维又以表象为主要材料，始终带有形象性，所以是形象思维。

形象思维要受抽象思维和内部言语的指导、配合、制约和渗透，但它本身所起的作用又不能为其他意识活动所替代，所以是一种相对独立的思维活动。艺术形象的创造主要是自觉表象运动的直接结果。

形象思维必须通过形象概括来反映客观事物的本质。这就是说，一方面是具体的、活生生的、有血有肉的、个性鲜明的形象，另一方面又有着高度的概括性，能够使人通过个别认识一般，通过事物外在特征的生动具体、富有感性的表现认识事物的内在本质、内在规律。（有改动）

这个"词解"把思维对想象的参与性阐说得相当充分。另一方面，想象为思维提供了内容和材料，促进着思维的发展。如前面说到的"一叶落而天下知秋"，这个"知"的思维过程不仅是以观察也是以想象为基础的。

再从其他几种思维的互渗情况看：

（1）观察与想象。想象的第一个条件是表象，而表象则要靠观察来获取、积累；当然，想象又可以促进观察的深化和扩展。在语文教学中，阅读有"看图学文"，作文有"看图作文"，都体现出观察、想象等项能力训练的综合性。

（2）观察与记忆。高尔基曾向青年作者强调过对观察结果的记忆："你们在街上走，看见一个人和所有的人有点不同。……你们的记忆就把这些特征记下来，记的也许是不平常的或有点可笑的服装，也许是姿势，也许是步态，也许是脸部的特征。……一旦需要，你们的视觉记忆会来帮助你们，而你们就会从这些丰富的零碎印象中得到你们需要的人物。这是一种普通的积累经验的过程。"[1] 所谓"见多识广"，这"识"应该包括"知识"（主要指一些客观事物）

---

[1] 高尔基.论文学［M］.孟昌，曹葆华，戈宝权，译.北京：人民文学出版社，1978.

和"见识"两方面的内容，前者在很大程度上得之于记忆，而某些记忆又可以触发观察，深化观察，所谓触景生情、睹物思人，都可以看出记忆对观察的作用力。

（3）记忆与想象。想象力的原料是什么？就是"内在图式"。"内在图式"指以信息的形式储藏在大脑中的种种意象，在想象时，这些意象就出现在"心灵的眼睛"里，也就形成了"内在图式"。据说，茅盾先生能一字不落地背下《红楼梦》，这不能不说是其具有丰富想象力的一个原因。茅盾的巨著《子夜》的某些场面可以看出受《红楼梦》的影响，这就是"内在图式"在起着作用。因此，在学习过程中，引导学生加强记忆力的训练，储藏丰富的"内在图式"，可以为想象力的培养提供充足的原料。而想象对"内在图式"的利用，也是对记忆的某种"温习"和强化。

## 二、从一般能力与特殊能力的辩证关系看训练的综合功能

一般能力与语文特殊能力的辩证关系主要有：

### 1. 物质和精神的关系

如前所论，一般能力乃至整个智力的核心是思维，而诸多语文特殊能力都是理解语言或者运用语言的能力，拈出思维和语言这两个最关键的对应性概念看，恰如马克思和恩格斯所说，思维和语言"具有同样长久的历史"，"'精神'从一开始就很倒霉，注定要受物质的'纠缠'，物质在这里表现为震动着的空气层、声音，简言之，即语言"。(《马克思恩格斯选集》)思维和语言，这对"精神"和"物质"是一个密不可分的统一体。语言成了思维的物质外壳，没有语言，就产生不了人的理性的思维；同样，如果没有思维，也就无需语言的存在。认识到这种"物质""精神"联系的紧密性和作用的辩证性，我们就应在语文教学的实践中加强训练的针对性，比如注意不断地增加学生的语汇积累，传之以语言运用的规律，锻炼其语言运用的技能，必然会起到丰富思维内容、提高思维能力的作用；在语言训练中适当地加大训练的思维强度，多提供"跳摘"的机会，也会有助于学生语言的发展。所谓"物质变精神，精神变物质"，在一定意义上还是可能的。

### 2. 原因和结果的关系

在学生读写听说的实践中，我们时常发现种种不尽如人意处，有时一再加大训练量，也未见好转，原因可能是训练方式不当，更可能是受一般能力发展水平的影响。在很多场合，看上去是语言运用的问题，实际上是智力问题。二

者之间存在着一定的因果联系。比如，所谓言之无物，就隐含了观察力、想象力等方面的病因；所谓言之无序，则显露出思维条理性的缺乏；听记能力不好，显然是理解力和记忆力较弱；等等。另一方面，这种因果关系还可能转化，如语言训练的方法不对，语言材料选择不当，就会限制着一般能力的发展。明白了这样的道理，我们就应在训练中努力做到治标和治本相结合，以求在其相互作用中相互促进。

### 3. 手段和目的的关系

一般能力是通过特殊能力体现出来的，任何一项语文活动中，都包含了一般能力的因素。一般能力的培养，实际上要通过特殊能力的训练来进行。心理学家们认为语言是思维的工具和手段，也包含有这样的意思。识乎此，我们在语文教学中，就要看到读写听说的训练是要借以为手段，培养一般能力。但是，还应看到，这个"手段"不是"敲门砖"，它本身就是手段和目的的统一，它在运用的过程中也培养了自己，锻炼了自己，它和一般能力同步提高的"双丰收"，才是训练的全部目的。这样，利用一般能力对特殊能力的反作用力才有价值。这就需要我们认真处理好二者关系，以求最大限度地发挥训练的综合功能。

## 三、从一般能力对创造能力的铺垫关系看训练的综合功能

一般能力主要指正确的认识能力，而创造能力则是在人的心理活动最高水平上实现的综合能力，"是运用一切已知信息，产生出某种新颖、独特、有社会或个人价值的产品的能力"。（《思惟发展心理学》）一般能力与创造能力既有区别，又有联系，其联系主要表现为一般能力对创造能力起着铺垫性的基础作用，而创造能力则对一般能力起着发展性的升华作用。

先从观察力与创造力的关系看。众所周知，瓦特改良的蒸汽机，是从壶盖被沸水蒸气顶起的现象中受到启发；张衡成为著名的天文学家，其"科学"实践可以追溯到儿时对星星的观察。乌申斯基说过："初步教学的责任是要教儿童真实地观察，要以尽可能完全的、真实的、鲜明的形象来丰富他的心灵，这些形象以后成为儿童思维过程的要素。"[①] 这里的"思维"，自然也包括创造性思维。观察对表象的储存作用，是培养思维的广阔性和敏捷性的一条必不可少的"材"路。

就记忆力与创造力的关系说，记忆是创造的基础，创造是记忆的深化。如果没有记忆能力，没有对人类所创造的知识的记忆，创造能力就成了无米之炊；

---

① 张焕庭.西方资产阶级教育论著选［M］.北京：人民教育出版社，1964.

假如没有创造能力，没有对原料的加工创造，前人的知识就不能得到发展。因此，我们在语文教学中，一方面要重视记忆力的培养，为创造力的形成打好基础；另一方面要摆脱片面追求记忆力发展的情况，革除"高分低能"的弊端，开发学生的创造力，完善学生的智能结构。

所谓创造性思维，就是相对于再现性思维即一般的思维活动而言，二者之间并无不可逾越的鸿沟，创造性思维具有再现性思维的特点，又不等同于再现性思维，它是再现性思维的发展，而再现性思维则是创造性思维的基础。创造性思维较多地运用形象思维、直觉思维、灵感思维，但它也很难离开逻辑思维。瓦特改良蒸汽机是在类比的基础上进行推导的，张衡"发现"星星运行的一些"规律"，也包含了逻辑思维的活动。朱智贤、林崇德先生在《思惟发展心理学》中曾分析过直觉思维与逻辑思维的联系性："在一定程度上，直觉思维就是逻辑思维的凝结或简缩，从表面看来，直觉思维过程中没有思维的'间接性'，但实际上，直觉思维正体现着由于'概括化''简缩化''语言化'或'内化'的作用，高度集中地'同化'或'知识迁移'的结果。"可以认定，要培养创造力，必须要架设好再现性思维的阶梯，而抓住创造力培养这一思维发展的制高点，也有助于提高再现性思维训练的质量。

英国诗人雪莱说过："想象就是创造力。"康德认为："想象力是一个创造性的认识功能，它有本领，能从真正的自然界所呈现的素材里创造出另一个相当的自然界。"[①] 想象分为再造想象和创造想象，创造想象本身就是创造性思维活跃的因子，再造想象力也包含了一定的"创造"。可以说，从丰子恺笔下瞻瞻两把芭蕉扇"组装"的脚踏车，到世界上最具有划时代意义的发明，概莫能外。因此，在语文教学中训练想象力，甚至可以看作创造力培养的重要内容。想象力发展了，在适宜的气温下，往往可以抓住一瞬而逝的创造契机，点燃创造的火苗，在人生的道路上熠耀出智慧的夺目光彩。

## 第四节　创造能力的培养

创造力是人类在最高水平之上实现的一种综合能力。根据心理学家的研究，它不仅仅属于凤毛麟角的发明家和艺术家，而是每个人都具有的，甚至在稚气未脱的幼儿身上，也可以看到创造性思维的片片嫩芽。当然，在不同层次的人

---

① 中国科学院外国文学研究所.外国理论家作家论形象思维［M］.北京：中国社会科学出版社，1979.

们那里,"创造"的含义不尽相同,但从基础教育的育人目标看,在青少年的心田里埋下创造的种子,催发出株株绿苗,对于他们的成长,对于祖国的建设,甚至对于人类的进步,都是具有重大意义的。

语文教学对于学生创造力的培养,似可在以下三个方面努力。

## 一、重视非智力因素的培养

和讨论一般能力的理论基点一样,我们认为非智力因素对于创造力的形成具有重大的影响力。美国心理学家推孟等人曾对1500多名智商超群的学生进行了长达半个世纪的追踪考察,并将其中成就最大的150名与成就最小的150名进行了比较研究,结果发现这两类学生的差别不在智力上,而是在非智力因素上。成就最大的都有较强的事业心、进取心、自信心及社会适应能力、坚持力。因而有人据此论定,中等智商以上的人要具有创造力,最重要的是非智力因素。我们认为,智力因素和非智力因素二者在总体上具有相辅相成、相互促进的作用,应当追求它们高水平的和谐的发展。从"矫枉"这个角度说,我们更要强调非智力因素的培养。

着眼于创造能力培养非智力因素,语文教师在教学中应当做到的是:

### 1. 当好引路人

不少课文写了一些发明家和伟人的事迹,让学生从这些人物身上接受到意志、毅力、事业心、责任感等优秀人格的熏陶,这是语文教学的分内事,也有助于学生全面认识这些人物的成功的原因,加深对他们的了解。以原小学语文教材第六册的内容说,我们就要带领学生深情地远眺八角楼上的灯光,从毛泽东寒夜凝思的侧影去想象他是怎样凭借巨大的热情和超凡的毅力"发现"了真理,"发现"了马克思主义与中国革命具体实际相结合的光辉道路;我们也可以来到美国纽约的哈得孙河畔,看看富尔顿是怎样屡试屡败,屡败屡试,终于取得了"富尔顿的胜利";我们还应向童第周老人请教,在中学差点被退学,在国外被人瞧不起的他是怎样顽强拼搏,唱出曲曲"争气"之歌的……

为了强化学生奋发向上、不畏艰险、不怕嘲笑、持之以恒等意识,还应引导学生充分认识创造的意义和艰难程度。仅以后者说,教《八角楼上》有必要描述毛主席"指明"之前夜色的浓重,教《一定要争气》有必要强调童第周极低的起点和薄弱的基础,教《试航》当讲清富尔顿遇到的巨大精神压力。长此以往,这样的教育有助于学生认识到"创造过程的艰巨性决定了创造者需要有顽强拼搏的精神,创造过程的超常性决定了创造者需要有自辟蹊径的精神,创造过程的持久性决定了创造者需要有坚韧不拔的精神。"[1] 长大要成就一番事业，就应该从小培养这些精神。

### 2. 当好保护人

根据心理学家的研究，创造力高的儿童，多数具有三个特征：（1）顽皮、淘气、荒唐不羁；（2）行为时逾常规；（3）处事不固执，较幽默，但难免带有嬉戏的态度。这些特征是大多数老师不喜欢的，有些学生的创造性才能往往被扼杀在萌芽状态。因而，教师要特别留心，注意观察、发现学生的创造性萌芽，对他们表现的好奇心、求知欲要加以保护，并引导学生克服不良的心理习惯，如自卑心理、急躁心理、紧张心理等，使他们得以健康成长。

这种"保护"不仅要顺其发展，还要促其转化。如前所说，创造力是每个常人都可能有的，对那些后进生也要注意利用他们的某些长处，激其向上，开掘他们的潜能。比如有位老师发现一位学生作文水平较差，朗读水平也低，但具有很好的音色。教师就多方面加以培养，给他放课文朗读唱片，安排他收听、品赏、鉴别广播电台的节目，强化了他朗读的欲望，燃起了他兴趣的火苗。他不但利用课堂上的机会朗读，课余也用心练读，终于使朗读能力大有长进。成功的喜悦如同别样的"火中烧油"，转化为上进的燃烧的火焰，其他方面也逐步赶了上来。尤其是写作，进步很快，作品还在全国获了奖。试想，这位老师不要说表现出厌恶和不满，哪怕任其自然，这个学生早已湮没无闻了。

### 3. 善于尊重人

"尊重"是"保护"的前提，教师是否尊重学生，是课堂民主气氛能否形成的关键。许多实践证明，课堂气氛活跃，学生精神振奋，创造的激情才可能产生；反之，学生处于一种"胁迫感"之下，创造欲望就受到极大的压抑。因此，上课时应该敢于"放"，求以"活"，鼓励学生发表不同见解，为他们提供火花迸发的机会。

尊重人还应表现在教学设计上深浅得当、巧妙合理。因此，要注意了解学生的知识程度和个性特点，避免教学中"硬塞"和"强扭"的现象，提倡课型和教法的创造性。这样，再做到上课时发自内心的尊重，和谐的民主的教学氛围才会真正形成，教者教学艺术的火花和学生创造性思维的火花就可能不断撞击，交相辉映，争奇斗艳。

---

[1] 张蓁. 创造是一种复杂的心理整合［J］. 教育研究，1991（1）.

## 二、重视思维品质的培养

思维品质，是指个体的思维活动中智慧特征的表现。它虽然根植于逻辑思维活动，但更多地可以从创造性思维的角度认识，具有了深刻性、灵活性、独创性、批判性、敏捷性等思维品质，应当看作创造性思维已经成熟，看作创造力的初步具备。下面，逐一论之。

### 1. 思维的深刻性

思维的深刻性指在思维过程中，能够去粗取精、去伪存真、由此及彼、由表及里，把握事物的本质和内部联系，认识事物的规律性，预见事物的发展进程。在语文教学中，这种思维的深刻性主要体现在对课文理解和对主题概括的深刻性上，以及对语文知识体系和语言技巧规律把握的系统性上。以思想内容说，歌德说过："优秀的作品无论你怎样去探测它，都是探不到底的。"我们常讲的作品的深度，是指用最简洁的文字去生动地体现思想的广阔性、感情的深厚性、事物的本质性。因而，教师有必要不断加强智力操作的难度，积极引导学生挖掘教材内涵，使学生真正"登堂入室"，在"探测"作品深度的过程中训练思维的深刻性。以《祝福》为例，不少老师都注意让学生认识到"政权、族权、神权、夫权"如同四根绳索一样捆绑着祥林嫂，如同四条毒蛇吞噬着她的肉体和灵魂，我们认为，这是不够的，应当通过讲读、讨论，使学生了解《祝福》的思想锋芒主要是抨击旧礼教（家族"秩序"也是靠旧礼教来维持的），作者是把祥林嫂的悲剧放在封建礼教不可调和的矛盾交叉点来表现的。封建礼教规定了妇女要"从一而终"，如果能恪守这一条，祥林嫂至少不要担忧死后在阴间被锯开身子。但封建礼教又规定妇女要"嫁鸡随鸡，嫁狗随狗"，丈夫、公婆的话必须听之勿漏，行之不遗。这里的两条法规在祥林嫂那儿尖锐地对立着，互相矛盾着，恪守其中的任何一条，就必然要触犯另一条，她无论如何也要在外在势力的压迫下违反封建礼教，不是违反第一条，就是违反第二条，最终为那个社会所不容，陷入活又活不了，死又死不成的痛苦境地。作者在矛盾冲突中展现了祥林嫂的命运，也深刻地揭示了封建礼教不可调和的矛盾。这里不可调和的下一步是什么呢？作者实际上已经提出了这个意味深长的问题。这样，才算是抓住了要害，体现了深度。①

---

① 周恩珍，杨九俊. 鲁迅小说的艺术对比［M］// 鲁迅研究（第十三辑）. 北京：中国社会科学出版社，1988.

在理解课文的过程中，我们还应注意，文章的各部分一脉相承、不可分割，对某些具体场面、具体细节的分析都应着眼整体。"左顾右盼"，在广阔度中体现深刻性。教师则要根据课文特点，精心设计"牵一发而动全身"的问题，拓宽学生思维的空间。以上海的陈钟梁老师教《药》的一个片段为例：

训练中心问题：坟场相遇是偶然的吗？

师：《药》最后一个场面中，华大妈和夏瑜母亲在坟场相遇，是偶然的还是必然的？

学生发言整理如下：

甲：清明节上坟是我国古老的风俗习惯，这便是两位老妇人坟场相遇的主要原因。（清明节上坟必然相遇吗？）

乙：清明节有一整天，只有在同一天的同一时刻去上坟，才会相遇。两位老妇人都在凌晨上坟，所以相遇了。（为什么两位老妇人要在一大早去上坟呢？）

丙：夏瑜母亲迫于政治舆论的压力，羞于见人，所以选黎明无人时去上坟。华大妈迫于生计，茶馆店人手不够，想早去早归，所以也选黎明去上坟。（即使在清明节的同一时刻，偌大的坟场，也不一定相遇啊！）

丁：坟场左边是"埋着死刑和瘐毙的人"，右边是"穷人的丛冢"，中间是一条踩出来的小路。这就使两边上坟的华大妈、夏瑜母亲能在近处相遇。（这也不一定，如果小栓的坟或夏瑜的坟离小路远呢？）

戊：坟场两边都已埋得"层层叠叠"，只剩下小路边缘处还有些空地。小栓的坟和夏瑜的坟都在路边，这就使两位老妇人能相遇了。

师：两位老妇人坟场相遇看来好像是偶然的，但是具有内在的必然性。这个必然性的实质是什么？给人们什么启示？（共同综合分析结果，图示如下。）

$$
\left.\begin{matrix}时间\\地点\end{matrix}\right\}必然性\left\{\begin{matrix}政治\\压迫\\经济\\剥削\end{matrix}\right\}\begin{matrix}愚昧\\麻木\end{matrix}\left\{\begin{matrix}革命者的母亲愧见人（夏母如此）\\买饱蘸革命者鲜血馒头（华家如此）\\一条小路分左右（大众如此）\\遭受政治迫害的人社会地位更低\end{matrix}\right.\begin{matrix}导致\\辛亥\\革命\\失败\end{matrix}\rightarrow\begin{matrix}必须唤\\醒民众\\（救国\\良药）\end{matrix}
$$

教者正是引导学生深入问题内部，观个真切；"跳出"问题本身，见个深刻。这种从现象见本质，从偶然见必然，从局部见整体的研读，必然会起到锻炼学生"洞察"能力的功用。

### 2. 思维的灵活性

思维的灵活性是指思维活动能依据客观情况的变化而变化，表现在思想能从过去经验中巩固下来的解决课题的方法和方式束缚下解放出来，广辟蹊径，择善而从。从思维过程看，思维的灵活性包括：

（1）起点的多向性。在思维起点设计多向性的问题上，帮助学生拓宽思路。比如教学《故乡》，在讨论杨二嫂这一人物形象时，应引导学生不是简单地用"好""坏"论定，而是分析杨二嫂性格的多重性，从而把学生的思维引向发散状态，在深入思考中充分认识杨二嫂这一形象的价值和意义。

（2）途中的变通性。即在学生思路阻塞时，要帮助他们灵活变通。比如有的老师在学生阅读某部分文章产生阅读困惑、难以深入时，运用假设法，要学生设想：如果不写这一段，文章会是怎样的？行不行？学生就可以从另一角度认识这一段文章存在的价值，然后再续上思路，思维又回复到流畅的境界。

（3）运用的自觉性。在思维达到深刻性的基础上，还有一个运用、迁移的环节。如果这种运用是主动的自觉的，那也是思维灵活性的体现。因此，要多加强迁移性练习，学会正确的迁移方法，形成主动运用的习惯。

### 3. 思维的独创性

所谓"创造"，"其原因在于主体对知识经验或思维材料高度概括后集中而系统地迁移，形成新颖的组合分析，找出新异的层次和交结点。"（《思惟发展心理学》，有改动）独创性有如下三个特点：

（1）独立性。无论发现问题、提出问题，还是掌握新知、克服"经验障碍"，都是独立进行的，这是独创性的个性的特点。要坚持独立性，可发挥两种"因子"的作用，一是"怀疑因子"，遇事敢于质疑，敢于"打破砂锅问到底"，长期训练可形成发现问题的能力；二是"抗压因子"，所谓"人所易言，我寡言之，人所难言，我易言之"。异议权威，超越众人，要承受巨大的心理压力，这就要锻炼敢于坚持真理的勇气。因此，语文教师一方面要创设民主的和谐的课堂气氛，另一方面要通过讨论、演讲、辩论等形式训练学生的"抗压"性。

（2）发散性。要能独创，就要能从给定的某一信息中产生众多的信息，找出两个或两个以上的假设、答案等。可以说，灵活性正是为独创性创造了条件。北京的宁鸿彬老师谈到一个教例：《太阳的光辉》一文中说，太阳里也有黑点，但它毫不影响太阳的灿烂光辉；我们党也有缺点错误，把它揭露出来，也无损于我们党的光荣伟大。正当老师据此讲解比喻的贴切生动时，一个学生站起来发言说："我认为这个比喻不恰当。因为太阳的黑点永远抹不掉，而我们党的缺点错误是可以改正的。"宁老师认为,尽管这个学生对太阳的黑子运动和比喻这种修辞手段,理解上还有偏差,但这种独立思考的精神是非常可贵的。如果分析一下这个学生的思维过程,可以说,他的这种"独创"正是以"发散"为基础的。

(3) 新颖性。新颖程度是思维独创性的最重要的指标。真正的独创必然是新颖的。课文《两个铁球同时落地》介绍了"怀疑因子""抗压因子"对伽利略的"发现"起到的积极作用。既是"发现",他的理论也就是全新的。

### 4. 思维的批判性

思维的批判性主要指思维活动中通过自我监控进行自我反省的品质特点,起主要作用的是"自变性因子"。具有这种智慧风格的学生一旦发现自己的方法、观点有不妥之处,就会毫不犹豫地修正或者抛弃它,去寻求新的解决途径和答案。思维灵活性、独创性的训练中实际上也可以进行思维批判性的训练。

思维的批判性也包括对待思维材料采取独立思考的态度,这个"材料"指课文、前人、老师和其他同学的观点。在这一点上,它是与独立性一致的。

### 5. 思维的敏捷性

据说控制论的创造人维纳在实验室里做实验几乎老是打翻东西,原因竟是他的思维太快了,以至手上做的跟不上脑子里想的,造成了"手忙脚乱"的局面。维纳在这里表现的就是思维的敏捷性,也就是思维过程中的迅速程度。朱智贤、林崇德认为:思维的敏捷性应当以思维的正确性为前提,特别是青少年,要克服思维的轻率性,在这个基础上,具备了思维的敏捷性,才能"在处理问题和解决问题的过程中,能够适应迫切的情况来积极地思维,周密地考虑,正确地判断和迅速地做出结论"。我们认为,这种观点是很有见地的,是与育人目标联系在一起的。因此,我们一方面要求其准确,另一方面高度重视前面四种思维品质发展的速度指标,这样,才能真正达到培养思维品质的目的。

## 三、重视思维形式的培养

创造性活动得以展开的主要心理因素是创造性思维,创造性思维又是多种思维形式的综合表现。结合语文教学的特点,培养创造性思维,可着重培养如下思维方式:

### 1. 发散思维

发散思维指为了达到某一确定目标,重组当前和过去记忆系统中的信息,从而产生大量变化的、独特的新信息的思维。流畅性、变通性、独特性是发散思维的三个特征。培养发散思维的能力，可由此入手。比如：

（1）开启思想的闸门，训练思维的流畅性。有些老师在发散性思维训练中，提出"多""快""好"的要求，前二者，"多"指数量，"快"指速度，而"好"则是其质量保证。在语文教学中，要使学生的思维发散"多""快""好"，就要注意开启思想的闸门，加大学生思维的量，不断提高思维的迅捷度。

在这一方面训练的形式是多种多样的，以竞赛式的组词练习为例：

看字组词。如"严"——严格、严峻、严肃、严厉、严守、严禁、严密、严重、严惩、严刑……

"滚雪球"组词。如：下——

下雪——雪白——白花——花生——生产

下车——车工——工厂——厂长——长大——大人——人口

下山——山水——水牛——牛皮——皮衣——衣服——服务

近义词组词。如：

拂晓——黎明、凌晨、天麻麻亮……

这种主要着眼于数量和速度的训练推至极致，就是"暴风骤雨"联想法，也就是要求以极快速的联想，引出新颖的而又具有创造性的观念。进行这种联想，只要思维飞转，就要将涌现出来的任何观念，不论好坏，一律即刻记录下来，有关的评价放在联想结束以后进行，似乎是"乱"，其实，"乱"只是一种发散的现象，是一个必然的过程，是正确的聚合的前奏曲。

另一方面，给予引发思维的议题，组织确有实效的讨论，也是开启思想闸门的重要方法。讨论，不仅可以打开学生的"话匣子"，而且能磨砺思想的锋刃，本身包含了"多""快""好"的训练指标，应当引起足够的重视。

（2）转换透视的角度，训练思维的变通性。引导学生从多侧面、多角度审视观照，有助于培养学生思维的变通性。比如，小学语文课本里有《滥竽充数》这则寓言，中学语文课本中《善于建设一个新世界》也引了这则寓言，有的老师就注意利用这一题材培养学生的发散思维能力：① 逆向法，使学生从常规思维反面提出问题。南郭先生虽然不懂装懂，但不是执迷不悟，"逃之夭夭"就是其醒悟的开端。② 比较法，使学生发现和认识矛盾。齐宣王、齐湣王二人，对骗术并不高明的南郭先生，一个不能识破，一个能识破。③ 求因析果法，使学生排除表面现象，抓住实质，齐宣王好大喜功而又不辨真伪，致使南郭先生有机可乘。这些做法给学生输送了信息，使学生从定势思维中解放出来，有助于"变通"能力的形成。①

正是着眼于培养思维的变通性，不少老师不仅注意到讲解分析的多角度，即在组织学生练习时，也能精心设计，让学生多角度回答，多样性解答，多方案选择。比如让学生根据"天气真冷"说一段话，但不允许"冷"字在这段话中直接出现，就可以引导学生多角度叙述：以人的活动说，可从衣、食、住、行的角度叙述；以景说，可从山川、河流、花草、树木的角度叙述；等等。还可把人、景、动物等活动放在一起进行综合性叙述。这样，在全班就可以形成一个丰富多彩的冬日的世界，视野大为开阔。

（3）架设过渡的桥梁，训练思维的独特性。思维活动中过渡的桥梁，从横向看，可以由此及彼；从纵向看，能够由浅入深。正因为广度上的拓宽和深度上的掘进，才可能引发思维的独特性"发现"。

比较，是过渡的一座桥梁。把题材相同体裁不同的作品放在一起，文体的特征就容易被抽象出来；把题材不同主题相同的作品放在一起，有助于对主题认识的深化；把题材相同主题不同的作品放在一起，主题的丰富感就大为增加。

转换，是过渡的另一座桥梁。比如指导学生逆向思维，就有助于学生得到独特性感受。有位老师在作文教学时上了"标新立异的一堂课"，② 就是指导学生运用逆向思维反向立论，使学生多有收获——

"两耳不闻窗外事——两耳要闻窗外事"。
"知足常乐——知不足常乐"。
"玩物丧志——玩物长志"。
"皎皎者易污——皎皎者难污"。
"近水楼台先得月——近水楼台后得月"。
……

这里逆向所得，已带有了一定的独特性。

"爬坡"，是又一座过渡的桥梁。即根据具体情况，加以恰当点拨，不断提高学生思维的层次。比如有位老师引导学生分析"蚕"字的结构，注意在一定

---

① 靳保太.试论创造能力培养的几个问题 [J].中学语文教学参考，1988（12）.
② 王士加.标新立异的一堂课 [J].语文学习，1991（3）.

的层面上加强思维难度的要求,通过讨论,使学生先后归纳出四种方法:

①"蚕",上下结构,上面是"天",下面是"虫"。
②"蚕",上下结构,上面是"天",下面是"虫",表示蚕会吐丝,是天下最好的虫。
③"蚕",上下结构,上面是"天",下面是"虫",因为它是最好的虫,人们喜爱它,就叫它"天虫"。
④"蚕",上下结构,上面是"天",下面是"虫",因为虫会变成蛾,蛾会飞上天,就是虫子最后能上天,所以写成"蚕"。

分析一下,不难看出,从第二种说法开始,学生的思维就有了新颖感。第三种能引申第二种说法,第四种在此基础上揭示了蚕的生长过程,又与课文内容紧紧挂上钩,可见,"爬坡"是成功的。

**2. 直觉思维**

直觉思维是不经过复杂智力操作的逻辑过程而直接迅速地认知事物的思维形式,在创造活动中占有重要的位置。培植学生的直觉思维,可以从以下方面考虑:

(1)建立合理的知识结构。扎实的合理的知识结构是发展直觉思维的前提和保证。爱因斯坦之所以选择物理学作为研究对象而不是选择数学,他认为这是由于自己"在数学领域内的直觉能力不够强",其实也可以理解为他关于物理学方面的知识结构对直觉能力的形成更为对路,更趋合理。因此,我们在语文教学中要注意扩大学生的知识背景,帮助他们夯实知识基础,建立科学的合理的知识结构,从而提高直觉的水平线。

(2)设置引发的适当情境。直觉思维通常经过三个阶段:第一是提出任务的阶段,第二是苦思冥想的阶段,第三是直觉解决的阶段。而直觉思维能一下子解决百思不得其解的问题,往往与特定的情境有关。阿基米德能在沐浴时"涌现"著名的阿基米德定理(浮力定理),这沐浴本身就是一种适宜的情境,能够触发他思维的火花。许多文学家、科学家认为做梦有助于问题的解决,那是因为"日有所思,夜有所梦",在梦中精神状态比较放松,思维无拘无束,有助于奇思异想的迸发。着眼于这一点,在语文教学中,一方面我们要设置和谐的教学情境,让学生有感而发;另一方面,要鼓励学生走上社会,面对现实,增加激发直觉思维的机遇,使直觉思维能力在直接的锻炼中得以发展。

（3）进行必要的方法训练。直觉思维的方法很多，有些可以结合语文教学进行训练。如：

① 速思法。逻辑学把直觉思维定为"快速的思考"，尽管并不准确，但速度也确实是其与分析思维的区别。曹植的《七步诗》就是极为典型的速思篇。要学会速思，可多用"逼发"的方法，让学生比谁答得快，想得多，说得好，即有错误，也取原谅的态度。还可逼其"跟着感觉走"，尝试跳过逻辑分析的阶段回答问题，形成简缩思维过程的能力。

② 预见法。创造往往就是一种对未来、对新知的"预见"。语文教学中培养预见性，可采用猜读、假想等方法，其过程一般可为：a.确定猜想的起始点。从文章的有关材料出发，或者是文题本身，或者是某个词语，或者是某个段落，或者是某条注释，等等。b.联系语境作合理推想。比如，猜想小说中人物性格的发展，矛盾冲突的展开及解决，就得回想已读部分所介绍的人物所处的环境，该人物与其他人物的关系，矛盾冲突的性质，作者的感情倾向，等等。c.对照阅读。即快速阅读后文，寻找与自己猜想的内容有紧密关系的部分，重点阅读。d.将原文内容同猜想内容作比较。(《阅读辞典》)

③ 间歇法。研究结果表明，得以产生直觉的最为典型的条件是：先对问题进行一段时间的紧张、热烈的思考，同时伴有一种对解决该问题方法的强烈渴求，再休息一段时间，或尽情嬉戏嬉乐，或转而考虑其他工作，恰恰是这个"休息"的空当儿，便会发生预料不到的戏剧性效果，即苦苦思索的问题直觉地得到了解决。① 我们的学生要学会这种"间歇"，首先应鼓励他们养成刻苦钻研、勤于思考的习惯，否则，"间歇"也不会有什么收获。另一方面应指导学生在问题百思不得其解时，不妨休息一下，通过主动调节，为直觉的闪念提供思维的时间和空间。随着年级的升高，这方面的指导应予以加强。

④ 勤录法。直觉是突如其来、稍纵即逝的一种心理现象。因此，一有所得，就应立即记录下来，以免不期而至的直觉内容被遗忘。在学生学写日记的同时，让他们记记直觉思维的流水账，应看成一种有意义的工作。

### 3. 创造性想象

想象是形象思维的主要心理因素。想象可分为再造想象和创造想象，前者同样包含有创造性成分，但后者更具有独立的创造性。爱因斯坦说，想象力比知识更重要，因为知识是有限的，而想象概括世界上的一切，推动着进步，并

---

① 方展画.现代人的思维训练［M］.上海：上海人民出版社，1986.

且是知识进化的源泉,严格地说,想象力是科学研究中的实在的因素。爱因斯坦所指的,主要是创造想象。可以认为,没有人类的创造想象,世界只能永远停留在原有水平上。

语文教学中培养创造想象的能力,可着重训练以下想象方法:

(1)联合法。即联合几种已知的成分,组成新的整体性形象。在写作训练中,根据几个生活原型创造新的艺术形象,就是运用的联合法。

(2)强调法。强调是创造想象的一种特殊方法。就是将客体的某种性质或某些方面的关系突显出来,加以扩大或缩小,建立一个新的形象。比如修辞格中的夸张手法就是一种强调。漫画及童话故事中的大人国、小人国之类,更是这种创造想象的产品。有些老师在低年级利用童话引路组织语文教学,培养说写能力,其中就包括了对学生进行强调法的指导。

(3)虚构法。虚构就是通过创造想象,对生活中的原材料进行高度的提炼、加工,塑造新的艺术形象。高尔基说过:"在用语言、画笔和刻刀来描绘生活现象的艺术里,'虚构'是完全适当和有用的,只要这'虚构'能使描绘更加完善,使它具有最大的说服力,加深它的意义——显示出它的社会根源和必然性。"同时,高尔基又说:"但是有一条限定'虚构'的很好的规则:'你尽管撒谎,不过要撒得使我相信你'。"① 在写作训练特别是文学社团的写作活动中,大多会涉及虚构法,教师有必要加强指导。

正如有些同志指出的,创造是一种复杂的心理整合,它是智力因素和非智力因素的结晶,是显意识和潜意识的交融,是形象思维与逻辑思维的互补,是发散思维与聚合思维的统一。② 我们在讨论思维形式的培养时对逻辑思维、分析思维等未加评述,并不是认为它们的地位、作用不重要,而是因为在讨论逻辑思维能力培养的有关章节中已有不少阐说,这是要加以说明的。

---

① 高尔基.论文学续集[M].戈宝权,冰夷,满涛,等,译.人民文学出版社,1979.
② 张蓁.创造是一种复杂的心理整合[J].教育研究,1991(1).

# 第八章　教法论

哪怕是狭义的教学方法，在学术界也是个相当模糊的概念，各家所论着眼点不同，必然带来了许多理解的歧义。而在教学实践的第一线，其外延就显得十分宽泛。以阅读教学说，曾有人罗列过数十种教法，其中有的是相互交叉的，有的存在着包含被包含的关系。本章无意去作进一步的考订和分类，而是企图从大处着眼，先寻求拨通所有教法的总钥匙，再从众多的教学方法中指出常常引起误解的"讲"和"练"这两种方式，探讨一下在教法应用的实践环节中教学艺术的奥秘究竟在哪里。

## 第一节　"活"，拨通基本教法的总钥匙

叶圣陶先生的《语文教学二十韵》有句云："教亦多术矣，运用在乎人。""在乎人"什么？无非是"活用"。吕叔湘、刘国正二位先生也表述过同样的意思。吕先生说："成功的教师之所以成功，是因为他把课教活了。如果说一种教学法是一把钥匙，那么，在多种教学法之上还有一把总钥匙，它的名字叫做'活'。"刘国正先生也认为："现在教学法的研究很盛行，是有益的。但是离开这个活字，千法万法也难以奏效。换句话说，活，也许可以算是贯穿诸法的

一个基本法。"[①]

然而,说"活"是拨通基本教法的金钥匙,仅仅是一个譬喻,它既是一种方法,又是一重境界——教艺纯熟的高境界。要执掌这把钥匙,还得"修炼"。为了这种"修炼"的可操作性,我们不妨将"活"再分解一下,看看应用教法的过程中,它在一些环节上的基本要求。

## 一、教法选择时见优化

任何教学方法,都不是包治百病的灵丹妙药。在教学方法之间,甚至很难有优劣之分。用叶圣陶先生的话说:"凡是能让学生得到实益的就是好教法,而不在于用什么形式。"(《小学语文教学经验谈》序)怎么才能让学生"得到实益"呢?这就要看运用恰当与否。从教法选择说,在教学一篇或一组课文前,选择的教学方法能达到教学效率最高和目标实现最优,这就是人们追求的"优化"。具体说来,这种选择应当体现如下原则:

### 1. 目的性原则

教学方法总是服务于一定的教学目的的。但在明确教学目的时,应当注意到,不少老师考虑教学目的,对传授知识、发展能力、形成智力等由语文学科的工具性特点决定的教学指标比较重视,往往忽视情感的熏陶、个性的培养也是教学目的之一。心理学研究成果表明:一个人在学习过程中一般有两个心理过程:一个是感觉——思维——知识——智慧(包括运用)的过程;另一个是感受——情绪——意志——性格(包括行为)的过程。我们在教学具体课文拟定教学目的时,应当兼顾这两个方面,为教法的选择确定好坐标点,以求充分发挥语文学科教育、教养、发展的功能,促进学生的全面发展。比如教学《茶花赋》可拟定这样的教学目的:(1)理解本文巧妙的构思,学习托物言志、借物抒情的写作方法;(2)学习、掌握本文词语:擅长、廊檐、猩红、沉吟、玛瑙、忧患、斟酌、桩、愣、乍;(3)激发学生热爱祖国的感情,教育学生学习劳动人民建设祖国、美化生活的革命精神,立志为创建新生活而艰苦奋斗。根据这样的教学目的,我们在选择教法时就会较多地考虑情境法,考虑怎样形成波澜起伏的教学高潮,让学生在情感熏陶、情感体验中把握文章特点,升华思想认识。当然,还应指出的是,一般教案中的教学目的也总是包括了情感、思想认识等方面内容,只是不少同志视之为"软任务",并未在实践环节中体现。因

---

[①] 刘国正. 也谈一个"活"字 [J]. 课程·教材·教法,1991(10).

此，必须强化选择、应用教法时的目的性原则。事实上，优秀的老师们都注意到这一点，一些老师在可能的情况下较多地运用直观性教学方法，就是企图以美引真，激发学生的情趣，促进大脑左右半球的协调发展；一些老师在引导学生进行思维操作时，鼓励探索精神，也是考虑到品格、意志的养成。这种种努力，都是应当肯定的。

### 2. 对象性原则

教学方法的实质性对象应当是学生的发展。所谓选择教法时要"目中有人"，就是讲执教者对学生生理、心理的特点要十分清楚，采用教法要有利于学生的发展。小学生以形象思维为主，比如适宜运用表演法、演示法、图像法等直观性的教学方法；小学中高年级和初一的学生有一定的语言表达能力和强烈的表达欲，运用谈话法较为适宜；随着年级段的升高，抽象思维的发展趋向成熟，就比较适合运用讨论、辩论等方法。这样，把教学对象从大的层次上区别开来，有助于增加教学方法的实用性。

教法选择的对象性原则，还包括考虑教学班内学生身心发展的不平衡。常常有这样的情况：同一种教学方法对这部分同学很起作用，另一些同学却无动于衷。教者在动机上虽然没有"厚此薄彼"，但由于忽视教学对象之间的差异性，效果上确实"厚此薄彼"了。所谓"因材施教"，在教法的选择上就应体现出来。另外，由于每种教法都是由一系列的方式组合成的，比如提问法就包括提问、答问、讨论、小结等方式，在运用某一具体方式时，也应考虑教学对象的差异。这样，就可以大大提高教法运用的整体效益。还以提问来说，一个问题抛出去，应当从学生本身发展的水平和课堂上学习的精神状态等实际情况出发，确定相宜的答问层次。一般而言，容易的问题先找后进生回答，中、上水平的同学可作补充；难的问题可找优秀的同学示范，再让后进生回答；大部分同学都能回答的一部分问题，可先让中等生回答，然后老师借助他的回答引导组织课堂讨论，再让学习较好、肯动脑筋、注意力集中的同学归纳，最后由老师小结概括。这样面向全体，区别对待，才能各得其所。

### 3. 对应性原则

教法的选择应当与具体的课文对应起来，应当符合教学内容的特点，这些特点有：

（1）文体特点。文体特点对于教学方法的制约性是显而易见的。比如，文章可分为语体文和文言文，文言文教学一般采用诵读法、串讲法、对译法、点评法，这些方法对于语体文基本上都不适用。转换一个角度，也可把文章分为一般文章与文艺作品两类，一般文章可分为记叙文、说明文、议论文、应用文四类，文艺作品可分为诗歌、散文、小说、戏剧、童话、寓言等等。由于这些体裁的特点有别，教学方法当然不应该一样。比如提纲法之于记叙文，思维法之于议论文，直观法之于说明文，练习法之于应用文，想象法之于诗歌，朗诵法之于戏剧，情境法之于散文、童话，等等，几乎是这些体裁不可或缺的教法。当然，每篇文章都有其具体的个性，教法的选择不仅要符合文体的共性，而且要切合文章的个性。这样，教法的运用更可见出千姿百态。

（2）课型特点。课改前的中小学语文教材都有三类课文之说，小学的三类课文是指讲读课文、阅读课文、独立阅读课文，中学的三类课文是指讲读课文、课内自读课文、课外自读课文。根据编者介绍，这些三类课文是在叶圣陶先生提出的"'讲'都是为了达到用不着'讲'"的思想启示下设计的，着眼点在于调动学生的学习积极性和主动性，培养学生的自学能力。根据编者意图，这些不同类型的课文，教学要求各有不同，以小学语文的三类课文说，"讲读课文是三类课文的主体，体现重点训练项目，它承担着训练重点项目和一般基本功训练的任务，是自学能力训练过程中的第一个环节；阅读课文是复习巩固从讲读课文那里学到的重点项目和其他语文基础知识，使之化为技能，它是训练过程中的第二个环节；独立阅读课文则是学生主动地从讲读课文那里学到的基本功，经过阅读课文复习、巩固之后，能够独立地运用，从而形成学生自己的学习能力，它是训练过程中的第三个环节。"[①] 由于着眼点的区别，不同的课型应当选择不同的教学方法。"一般说来，讲读课文以教师讲解为主；阅读课文以教师指导为主；独立阅读课文关键是'独立'，教师则应大胆放手让学生自己去读。"有些老师一上课就讲得口干舌燥，一开讲就面面俱到，不可谓不尽力，但正是忽视了课型特点，用教一类课文的方法去讲二、三类课文，结果只能是事倍功半。

### 4. 优势性原则

教师，是课堂上的执"法"人。教法的选择应当符合执教者的特点，尽可能发挥教者的优势。笔者在一所小学里曾碰到这样一件事：学校里来了许多参观的同志，两位老师为他们讲公开课，教学内容都是《卖火柴的小女孩》。前一位老师有着播音员那样字正腔圆的朗诵技巧和节目主持人一般随机应变的调控能力，她在执教时主要采用情境法，通过不断的情境渲染和声情并茂的范读指导，引导学生感受、理解。而另一位老师在这方面相形见绌，但他长于逻辑思

---

[①] 杨九俊.小学语文教案（第八册）[M].北京：北京师范大学出版社，1989.

维，抽象概括能力很强，于是他执教时扬长避短，创造性地运用思路教学法，引导学生从事件的结果逆推，理出课文中环环相扣的因果链（参见"板书论"中《卖火柴的小女孩》一课的板书），同样取得较好的教学效果。他们的成功就在于各自选择了最能发挥自己优势的教学方法。

### 5. 低耗性原则

语文课的时间和总的学时都是有限的，选择教法必须考虑到时间因素，必须以低耗为原则。如果老师和学生耗费的精力太大，采用的绝不是一种好的教学方法。1953年5月，北京市第六女子中学举行了一次《红领巾》课文的观摩教学，采用逐词逐句讲解的方法，七页课文竟用了六个课时。苏联教育专家普希金在这次观摩教学评议会的总结发言中以这一课的教学为例，批评了当时流行的一些教学方法。后来，北京师范大学中文系学生根据普希金教授的意见，用谈话法在师大女附中再次试教这篇文章，花了四课时，取得了比原来六课时还要好的教学效果。这并不是说谈话法就是最佳选择，但对这篇课文的教学来说，相对于逐句讲解，它是符合低耗性原则的，是一种进步。现在，我们进行语文教学改革的一项内容，就是逐步废除或改造那些高耗低效的方法，尽可能如夸美纽斯在《大教学论》中所指出的，寻求使教师因此可以少教，学生因此可以多学，而且学得容易、快乐的教学方法，以教学方法的改革促进课堂教学质量的全面提高。

## 二、教法转换处见必然

所谓灵活，就是讲究一个"变"字，但是"万变不离其宗"，它必须受以上诸要素的制约，必须符合教育教学的基本规律。在一定的规律性允许的范围内，"花样翻新"，新意迭现，这个"变"就是一种创造，就是规律性与创造性的统一，就是绽开的教学艺术的艳丽花朵。因此，在教学方法转换时，应是"尽在情理之中"。具体说来，又可分两个方面：

### 1. 组合式联系的内在性

在课堂教学的实践中，我们常常看到数种教学方法或是映衬式，或是主次式，被组合在一起，共同承担起完成教学任务的重任。这种"团体操"如能达到"运用之妙，存乎一心"的境界，比起"单项表演"，效果会更好。但是，这种组合必须有其内在联系，某种教法的渗入必须是不可或缺，而不能"凑热闹"。当然，这里需要很高的科学性和艺术性。但在追求创造性的过程中紧紧扣住教育教学的基本规律，并非不能做到。比如于漪老师教学《晋祠》，这样设计

了教学的主体环节：①

（1）听写《中国名胜辞典》中"晋祠"条目，并组织学生相互订正；（2）对照辞典条目，阅读课文，仔细辨析异同（有的同学还将《阅读手册》中吴伯箫写的有关晋祠的内容一并引入比较阅读）；（3）交流比较阅读的收获；（4）速读，比较条目与课文在写法上的不同点，并议论两种写法的长短。显然，于漪老师在这里主要运用了比较阅读法，而在阅读方法上又有变化，先是一般阅读，到比较写法的异同、议论写法的长短，就变成了定向阅读。从总体上看，这一阶段基本上是学生的活动，又可以说是较为成功地运用了自学法。这种设计形式新颖、容量丰富，给人耳目一新之感。但其中不同教法的组合又是浑然一体，各显其能，比如从一般阅读到定向阅读，是阅读理解不断深入的需要，又渗透了阅读方法的不断引导，对不同体裁的内容进行比较阅读，给学生以新鲜感，调动了学生的学习主动性；而阅读过程变成学生自读、自思、自议、自结的过程，又充分体现了以"学"为出发点，以训练为主线的科学教育观。正因为如此，这种"活"，收效甚丰；这种课，耐人寻味。

如果说，这个教例中比较法与自学法的组合，是一种横向渗透式的，那么，在教法转换中，还时可见到纵向变换式的。按照苏联教育家巴班斯基的观点，教学方法可以分为三个类别：（1）组合、实施教学活动的，如讲授法、谈话法、实验法、练习法等；（2）激发学习动机的，如创设情境法、交待学习目的法、激发学习兴趣法等；（3）检查学习效果的，如检验法、作业法等。这些教法中的相当一部分，可以构成纵向式的组合关系。但是，这种组合相互间也应当构成环环相扣的教学链条，从某种意义上说，在这里，"焊接"都是不应当的。这就需要加强教法运用的整体意识和全盘观念。还以刚才那个教例来说，于老师上课伊始的导入环节是：

师：我们伟大祖国历史悠久，名胜古迹星罗棋布，在世界上是首屈一指的。同学们能不能想象一下，你知道祖国哪一处名胜古迹呢？

（按照座位"开火车"，全班同学从上海的小刀会会址讲到西藏的布达拉宫，从杭州的西子湖说到长白山的天池……）

师：不到两分钟，大家口述的已经是伟伟乎壮哉！可是，你们还只讲了一小部分。（老师拿出一本《中国名胜辞典》）介绍我们中国名胜的就有这么一大

---

① 肖蕴.于漪如是说［J］.语文学习，1990（10）.

本。(同学们惊奇不已,议论纷纷。)

不难看出,于漪老师激趣式的导入环节与下面的比较阅读一脉相承,简直是无可置换。

### 2."顿悟"式变换的有机性

教学的对象是活泼可爱、充满生气的学生,教学且又必须在一定的环境中进行,无论教师在教学设计时怎么精心预测,要想穷尽课堂上的种种变化都是不可能的。有时是教学环境产生了变化的因素,有时是学生突然打来"横炮",有时是原来的教学设计不切实际。好的教师往往在意外的干扰面前,能产生"顿悟",情急智生,灵感闪动,随机进行教学方法的再选择,顺利地推进教学过程的发展。关于这个问题,我们在"调控论"中将作论述,这里要强调的是,不管出现什么意外,教法变换都必须有机地纳入教学的整体过程。要尽量做到:

(1)与教学情境融为一体。比如,一个班的小朋友正在专心致志地听讲,突然,几只麻雀飞进教室,在梁间欢快地鸣叫,势必有学生受到干扰,分散注意力。有的老师把张望的学生喊起来"训"上一通,师生双方教与学的心境都遭到破坏,其"干扰"远远超过了麻雀的鸣叫。而有的老师则运用激励学生学习动机的方法,要同学们"听一听教室里有什么声音",顺势激励学生:"麻雀也为我们同学认真学习的精神所感动,来向我们致意哩!"麻雀鸣叫几声飞走了,但老师的教艺在学生的心田里泛起的涟漪不会平息,全班同学特别是分过神的同学受到了"保护",受到了鼓励,学习更加专注了。这个处理虽和教学内容挂不上钩,但对学生的学习活动产生了激发作用,是一种成功的处理。

(2)与教学思路接通联系。在更多的情况下,要把生出的枝节嫁接到教学主干上,因势利导,顺乎自然。比如,一位老师教《草船借箭》,正在讲读的过程中,忽见两位同学在私下争论,一了解,原来一位同学忽发奇想,认为课题错了,不应叫"草船借箭",而应叫"草船骗箭"。这位老师并未搪塞过去,简单地"维护"一下教材,而是随机组织学生讨论,在讨论中不少同学发表了很好的见解:

生:"骗"是贬义词,本文是赞扬诸葛亮的,不能用贬义词。

生:"借"字突出了诸葛亮的智取。

生:草船收箭后,诸葛亮吩咐军士们齐声高喊:"谢谢曹丞相的箭",诸葛亮是"明人不做暗事",如果是"骗",就不会这样喊了。

生：诸葛亮有"借"有"还"，后来在火烧赤壁时，这些箭都"还"给曹操了。所以，不能用"骗"，只能用"借"。

应该说，这是一个插曲，是岔出的一个枝节，但是，由于教者正确地加以引导，使学生从语言的感情色彩、作者的创作意图、人物的本质特征、故事的后续结尾等方面加深了理解，无论是相对于阅读思路，还是相对于学生的思维训练，都可以说是嫁接到主干上去了。

### 三、教法内化中见深刻

从本质上说，学习是一个"内化"的过程，也就是把外部知识转化为内部心理的精神财富的过程。这是在教法运用时应当注意的教、学双方更深刻的一重联系。所谓"教，是为了达到用不着教""教学，教是为了学"，想必也包含了这样的意思。实现了这个内化，"活"就愈见深度，而内化要能实现，就必须注意：

#### 1. 内化的主动性

教学方法主要是运用信息来影响、控制人的发展的手段。由于受教育者不同于一般的控制对象，他们具有意识、情感、意志、能动性、创造性等主体性因素，因此，教学方法必须通过受教育者的内部心理活动，通过内化才能获得实际的效果。从这个特点出发，我们在教学实践中应选择那些科学的先进的教学方法，发挥教育方法对受教育者的积极影响，把学习转化为受教育者的自觉活动，特别是调动受教育者的主动性和创见性，使教学活动能够发挥积极的效应，产生自觉的效果。[①] 比如，凭借"满堂灌"的方法，也有不少学生在分数竞争的"羊肠小道"上一路顺风，考取了大学，但是这种方法使学生仅仅充当了知识的"容器"，阻碍了他们在信念、理想、能力等人格品质方面的健康发展，结果高分低能，意志脆弱，终将落伍。而启发式则包含了对学生潜能的开掘，使学生在学习活动中得到综合发展，使教趋于"用不着教"的境界。因此，前者当淘汰之，后者则应在优选之列。

还应看到，内化过程是通过群体对个体行为的赞许与鼓励或批评与制裁实现的。因此，要形成主动性的内化，教师要发挥积极调动、调节和指导的作用，在教法运用上，要恰当地运用激发学习热情和形成学习动机的教学方法，如于

---

[①] 靖国平.论教学方法的基本特性[J].课程·教材·教法，1990（11）.

漪老师教学《晋祠》导入的方法就起到了激发情感和兴趣，形成主动探究心理的作用。把学习变成自己的欲望，变成一种快乐，内化的效果自然会很好。

### 2. 内化的规律性

根据巴班斯基的观点，教学方法的本质在于它是教师与学生二位一体的活动，每一种教学方法都是相互联系着的教师与学生一定的活动方式的构成体。可见，教与学双方、教法与学法有着相当程度的对应性；但是，教法并不能等同于学法，更不能代替学法。在这里，应当提倡研究学生学习活动中内部智力活动的规律性，研究教法向学法、向主体的认识活动内化转换的规律性。一方面如陶行知先生早就说过的，"教的法子必须根据学生学的法子"，在选择教法的同时考虑学法，使教适应学；另一方面应结合一定的教学方法的运用，传播相应的学法。比如运用讲授法，就要指导学生学会怎样听讲，怎样记笔记，怎样结合听讲思考问题。再如运用朗读法，就要指导学生懂得怎样朗读，为什么要这样朗读，从而发挥学的能动作用，使之适应于教。这样，使教、学双方融为一体，教法、学法协调一致，内化就可在符合学习过程客观规律性的前提下进行。

### 3. 内化的实践性

学习的内化过程，从本质上是主体性活动，教师能否真正发挥主导作用，唯一的标准要看能否引导学生发挥主体作用，从而把外部的客观真理内化为真知，把真知转化为技能和技巧；把知识、技能和技巧转化为独立学习能力和实践能力（包括劳动能力），最终能促使学生高尚文明的精神面貌的形成与全面和谐的发展。（《小学教学简论》）因此，在激发主体学习的热情、兴趣的同时，要加强教学过程中主体的实践环节，不管选择什么样的教法，都要把握训练这一贯穿整个教学过程的主线，学生真正动起来，这才是课堂教学真正的"活"；而知识技能靠他们自己学懂、学会、会学，学习过程才是内化的过程，这一点，在说"练"时，我们还将论及。

"活"的内涵是相当丰富的，但仅从以上所说，就可以看到我们还有许多的工作该做。怎样才算把握"活"这把拨通基本教法的"万能钥匙"呢？刘国正先生曾列过三条：第一，教师要具有合乎科学道理的语文教学观，要有高超的教学艺术。第二，教师要拿学生真正当作自己的子弟和朋友，了解他们的生活和思想，了解他们在语文学习中的乐趣和苦恼。第三，再扩大开来说，教师的身教也十分重要，道德文章要成为学生的楷模，获得学生的敬仰和信任。由于受本书体例的影响，在本节中我们并未全面展开，但从全书看，刘先生所论三点，已多有阐说。刘先生还说："要做到这几点是不容易的。我们要努力去做。"我们对照一下自己的教学实践，更能掂出这句话的分量。我们每个语文教师都应"努力去做"，争取早日步入教学艺术的殿堂，成为手执金钥匙的探珠求宝人。

## 第二节　讲什么与怎样讲

在一般意义上，教师在课堂上必要的"讲"是不可缺少的。然而，在这个最基本的问题上，存在着一些误解。在有些同志那里，很有几分谈"讲"色变，似乎"讲"就一定是满堂灌。对此，张志公先生一语中的："不能从这里得来不能讲，教师一讲，或者教师讲得多一些，就是满堂灌了，不能得出这样一个结论。教师就是要讲，得会讲，得善于讲，得讲得好，讲不等于灌。"[①]叶圣陶先生也曾多次指出："'讲'，当然是必要的，问题可能在如何看待'讲'和怎么'讲'。"他还指出："当学生提问不能答，指点不开窍"时，"畅讲"也是必要的。这里，我们首先要做的工作是根据学这一内因与教这一最重要的外因条件之间的辩证关系，一方面为学而教，让讲服务于并落实到学生练的活动之中；另一方面以教导学，以讲导读，逐步提高学生议和练的质量。这里包含有"为什么讲"这一目的性问题；其次，我们就应研究"讲什么"和"怎么讲"。

### 一、讲什么

关于"讲什么"，李秉德先生曾颇有见地地提出过三条标准：

第一条，看需要不需要。

第二条，看学生是不是已经懂了。

第三条，看学生现在能不能接受。

相对而言，后两条是"变量"，第一条说的是教材，是"不变量"。现在很多人注意到对"变量"的研究，却忽视了不少教师对"不变量"的掌握远不如人意，所谓"讲风过甚"往往就是不看需要，一些同志教的是文章，而不是教材，不是课文——编者意图没有能体现。比如把阅读课文与独立阅读课文（或自读课文）当作讲读课文教的现象就相当普遍。因此，要切实把握语文教材综合性和系列化形成的特点，要把"不变量"与"变量"联系起来研究，不仅要考虑可以讲什么，还要考虑应该讲什么，不该讲什么。从教学过程看，有些同

---

① 张志公.谈"启而不发"[J].语文教学之友，1982（1）.

志提出的如下三种类型重在讲,余则不讲的经验可以借鉴。

### 1. 提示性讲

　　一般用在学生学习课文或完成某一特定的理解课文的任务之前,具有铺垫、引路和激发兴趣的作用。比如教《难忘的一课》如果不讲述一下文章的时代背景,小学生就难以理解人物深挚炽热的爱国之情。"讲一讲",学生才具有了"入境"的可能性。再如钱梦龙老师讲知识短文《词义》时,为了使抽象的"词义"知识能迅速为学生所接受,一开始就先讲一个阿凡提理发的故事:阿凡提为了整治一个只理发不付钱的阿訇,在刮脸时问他:"眉毛要不要?"阿訇说:"当然要!"阿凡提就把眉毛剃下来给了他,那人虽气,但又不好责怪阿凡提,因为自己有话在先,说"要"眉毛的。阿凡提又问:"你的胡子要不要?"阿訇忙说:"不要!不要!"阿凡提哗哗两刀把他的漂亮的大胡子给剃掉了,结果阿訇的头像个剥光的鸡蛋。正在学生哈哈大笑时,钱老师顺势问道:"阿凡提究竟玩了什么花样,让那个人上当的?"学生立即领悟到阿凡提在"要"这个词的词义上做足了文章,于是教学自然地"言归正传"了。这里"讲一讲",学生不仅来了劲,而且实际上已进入了对课文的理解中。当然,这样的"讲"比搬语法书去解释"词义"效果要好,但说回来还是一句话:不在于讲不讲,而是在讲什么,怎样讲,归结到本书主题,还是个教学艺术的问题。

### 2. 释疑性讲

　　一般用在学生学习过程中,多为帮助学生理解难点,扫除路障。要求学生自学、讨论去解决所有的难点、疑点,是不切实际的想法,在必要的时候,教师应勇于站到"前面"讲。具体地说,这里的讲要针对难点、疑点、模糊点,尤其是后者,讲不讲似乎都可以带过去,但讲不讲大不一样。笔者在教学苏轼的《念奴娇·赤壁怀古》时就碰到过这种情况,学习上片时,学生无意间提出一个值得玩味的问题:为什么"三国周郎赤壁"前面要加"人道是",难道大文学家苏轼就靠"道听途说"选材吗?学习下片,读过"遥想公瑾当年,小乔初嫁了,……"学生则有可能"上当",造成一种心理错觉,认为周瑜是个年少英俊的英雄,实际上形成了理解词作的模糊点。如果深入一步,正是从这两个"点"我们可以看出词作的重要特色,理解作者的匠心。于是在教学过程中,我穿插着作了如下畅讲:上片"故垒西边,人道是,三国周郎赤壁。"这里"三国周郎赤壁",容量很大,包含了时间、人物、地点,但这地点经不住推敲,江汉一带,地名赤壁的有好几处,有黄冈县的赤壁,有蒲圻县的赤壁,据说武昌东南也有个赤壁,汉阳县也有个地名叫赤壁,发生赤壁之战的地方,历来众说纷纭，难成定论，博学聪明如苏东坡者，当然不会不考虑这些情况，但诗人此刻不是考据，而是怀古抒情，所以要"借用"一下此地的赤壁之名，何况这里也发生过战争，尚有旧时营垒可以利用，但苏东坡绝对不会轻易地让人抓住把柄，于是，他以"人道是"三字轻轻带过，"道听途说"，是不是这回事都不要紧，高明之至。这种处理就是化实为虚。下片写周瑜容貌，"雄姿英发"；婚姻，"小乔初嫁了"；风度，"羽扇纶巾"；才干，"谈笑间，樯橹灰飞烟灭"。一个年轻有为、风流倜傥的英雄形象跃然纸上。作者这样写，确实有事实基础：周瑜在孙策手下担任将领时，才24岁，人们因其年轻，称他为"周郎"；他"长壮有姿貌"，仪表堂堂，性情温厚，善与人交友，人们赞赏说："与周公瑾交，如饮醇醪"；他精通音律，人又说："曲又误，周郎顾"；他娶的是乔玄的幼女，是著名的国色。但你要注意的是，赤壁之战中34岁的周瑜与28岁的诸葛亮一起统率孙刘联军，把久历戎行、老谋深算的年已54岁的曹操打得一败涂地，这时周瑜已经结婚十年，如果实写，作者以美人为英雄刷色的用心就要落空，国色天香就会失去魅力，"再造形象"也不会很美，周瑜这一主体形象就可能是另一种色彩。在欣赏心理上，词作里的周瑜是英俊有为的年轻大将的形象，就靠的"小乔初嫁"，然而正是在这里作者非但未留破绽，却是妙笔生花，"小乔初嫁了"，这一"了"字是"已经完成时"，——十年后谈起，也是一个"了"字，本来似乎没有的事情被作者这一处理倒成为实实在在的了，这就是化虚为实。

在讲读过程中，学生情绪饱满，笑谈不绝，然后再去吟诵、体味，从学生的情绪看，似乎也有了几分得意，因为他们对词作有了更深的感受。

**3. 总结性讲**

一般用在某次讨论或全篇学习结束之前。在总结阶段，教师要做的工作有：（1）由散到聚，把学生分散的零星的知识集中起来；（2）求同存异，在可能的情况下，把不同的意见集中起来，给有价值的"异"以明确的肯定；（3）纠错为正，把学生片面的错误的认识纠正过来；（4）由暗到明，把学生没有认识到的和认识不清楚的补讲出来；（5）由感性到理性，把一些知识的规律性讲出来。要达到这些要求，当然可以在讨论中归纳，但也常常需要教师讲上一番，即在讨论之中，教师的发言也可能更多些。比如袁瑢老师教《少年闰土》时，在组织学生讨论感想后有这么一段总结的话：

师：好，刚才同学们讲得很好。你们学了这篇文章都有感想、有体会。我觉得除了你们讲的以外，这篇文章在写"我"跟闰土的感情时，也写得非常好。

"我"跟闰土的感情,是有个发展过程的。先写"我"知道闰土要来了,很高兴。"我"在厨房里看到他,很快便熟识了。第二日,闰土讲了那么多稀奇的新鲜事,"我"很佩服他,感情深了一层。最后正月过去了,不得不分手。从此,"我"很怀念他。他们的感情有这么一个发展过程,作者写这个过程写得很清楚,也写得很好。你们说是吗?……

其他问题,学生在讨论中已经明确,"看学生是不是已经懂了",懂了,就不再讲,而隐含的人物感情发展的线索学生难以看出,所以教者通过讲解挑明,这一点又暗通课外阅读(老师要求学生自己找《故乡》读,了解"我"和闰土三十年后的感情变化),因此,这种"讲"是需要的。

我们认为,仅仅在如上所列的三种类型的"讲",就一个相对独立的教学过程来说,从数量意义上,是"精讲";但"精讲"首先还应看作是一个质量的概念,因此还应在"怎样讲"上多下功夫。

## 二、怎样讲

### 1. 着眼启发性

启发性教学,是指符合儿童认识活动规律的教学过程,我们安排课堂结构、选择教学方法、讲授教学内容都应着眼于此,以启迪心智,发展思维。张志公先生曾针对这个问题的误解说:"启发式不是谈话式,不是问答式。""不管用哪种方式,只要你能够迅速有效地打开学生的脑子让他动起来,这就叫作启发。"如前面谈到的那个教例,袁瑢老师在学生认真阅读、热烈讨论的基础上,帮助学生梳理出人物感情发展的线索,对学生就有所启发,学生的脑子肯定是在运转之中,因此这就是启发性的讲。当然,提问这种方式有助于启发,问题提得好,就如一颗石子投向平静的水面,能激起学生思维的浪花。但是,这石子绝非俯拾即是,形式主义的满堂问那种"飞沙走石"的现象只能引起学生思维的间断和混乱,因此,要注意不断提高提问的艺术,特别注意在学生不能生疑的地方主动设问质疑,这其实也是一种"讲"——讲出课文精华之所在,含蓄之所在,奥秘之所在。比如,朱自清先生的《背影》中有一句:"他给我拣定了靠车门的一张椅子。"学生读时是很少注意到这句话的情感分量的,教师可以问一问:"为什么在'拣'后还要加个'定'?这个'定'是不是多余的?"这就启发学生思考,甚至会在脑海里想象父亲"东挑西拣"的画面,从而懂得这个"定"不是多余,也不是可有可无,它表达了父亲为儿子选择座位的认真,儿子的座位是经过父亲多次挑选比较才"确定"下来的。如是，才算是"读懂"了这句话。

## 2. 体现整体性

阅读教学的整体性有不同层次的内涵，比如一册书、一单元、一篇课文，另外还有以字词句段篇、听说读写思为内容的知识网络的结构布局。就一篇课文言，至少包括两个观察点，一是"跳出"课文，看课文在一个单元中的地位，我们常说的抓住重点，这个重点一方面指理解课文的重点，另一方面则指单元训练的重点，二者常常是合一的。因此，"重点"也往往是知识传授与能力训练的结合点，抓住这样的"重点"教学，能够从本课与其他课文的联系上体现整体性。二是"进入"课文，即处理好部分和整体的关系。一般地说，可以按照从整体到部分再到整体的顺序进行教学。当然，这里的"整体"前后内涵不同，如庖丁解牛一样，讲解前，"所见无非牛者"，讲解后，"未尝见全牛也"，所见的是一个透彻理解了的整体。因此，应当抓住整体感知、部分探究、整体优化这三个环节，在具体的讲解中，则要注意体现文脉的连贯性、文眼的统率性、文章结构的内在逻辑性，这样，在总结时才能水到渠成地还它一个整体。笔者曾分别在中小学教过《与朱元思书》和《桂林山水》，对此颇有感受。开始教时抓住这一类散文"分类摹写"的共性特点，按照文章顺序，先说"异水"，再讲"奇山"，自己也觉得讲不出味来。后来经过反复揣摩，终于领悟到，"自富阳至桐庐""奇山异水天下独绝"以及桂林山水"甲天下"，其独特魅力都在于山与水相映成趣，又融成一个有机整体。李健吾先生曾这样赞誉山中之水："山没有水，如同人没有眼睛，似乎少了灵性。"同样，水有山相映，也必添水之声势。在教学时，我就扣住"山水相映"，讲出了美之特质，讲出了文章内在的逻辑联系，以《与朱元思书》的"异水"部分说，我结合讲解，引导学生体会到：

异水图："水皆缥碧，千丈见底。游鱼细石，直视无碍。急湍甚箭，猛浪若奔。""缥碧"，写水之色；"千丈"，写水之深；"见底"，写水之清；"游鱼"，写水之活。这一句使水之清澈具体化、形象化，写出水之静美，与下句"急湍甚箭，猛浪若奔"的水之动美形成对比。然而，水之"异"还不止于此，"奇山异水"，美在山，美在水，还美在水中有山，山水相映。且看写水之色，"缥碧"，清绿之色，这是暗衬山色，高山寒树，倒映水中，必是加浓了水色。写水之清，"细石"历历在目，可见山水有别。而水底和山峰之间，正以细石相连，后来柳宗元写小石潭"全石以为底"也是一样笔法，可见这是明写水清，暗写山之质。继写水的飞动之美，则暗写了山之形，"急湍甚箭，猛浪若奔"，把一个"夹"

字活活地画出了。

这样,再注意到文章以"人迹"串起一路景色的特点,文章内在的整体感是不讲自明的了。

### 3. 揭示规律性

我们常常要求学生举一反三,因为正是"举一"和"反三"两点相连才体现了学生能力发展的飞跃。而学生能否如此,首先在于教师的"举一",在于用好教材这个"例子",教得好,才可能"用不着教"。在这方面,教学生以规律性的知识和方法是很有意义的一项工作,掌握了规律性的知识和方法,学生在运用中就可能将其转化为能力。比如,从小学到中学,要通过阅读实践使学生逐步了解:阅读记叙文,要弄清记叙的顺序,借以了解所写的基本情况和事件过程,弄清文章的条理层次,在此基础上分析作者所要表达的思想观点;分析描写、议论或抒情的作用,进而把握人物的思想品德、作者的观点和思想感情。阅读议论文,要弄清论点,包括论点的位置、中心论点与分论点的关系,揭示论证层次;理解论据,包括论据的类别、特点,揭示论据和论点的内在联系;分析论证,即文章用什么方法把论点和论据联接起来。还可以转换角度看,从篇章结构说,有引论、本论、结论;从构成要素说,有论点、论据、论证;从论证方法说,有归纳论证、类比论证等等。阅读说明文,要抓住说明的事物的特征和本质,了解说明顺序,弄清说明方法,推敲说明语言。阅读小说,要以分析人物为中心,弄清情节发展和人物生活环境以及表现人物的各种手法,借以揭示作品的主题和艺术特点。阅读散文,要弄清线索,通过背景、意境、联想、寓意把握主旨,赏析语言特点。阅读诗歌,要抓意境、想象和情感,分析各种修辞方法的表达作用,注意结构的跳跃和语言节奏。阅读戏剧,要抓戏剧冲突和戏剧结构、潜台词的含义、戏剧的特点等等。[1]这里有知识,有方法,只要勤于实践,它们就能较快地转化为阅读能力。

### 4. 注意针对性

讲解课文要讲求实效,不同年级要有不同的要求。根据不同的课文,针对不同的对象,采取不同的教学方法。这也就是我们在本章第一节讨论教法时选择的对应性原则。我们认为,真正做到讲逢其时,"讲"得其法,"精讲"就是讲得精确,讲得精当,讲得精彩,不仅必要,而且应当提倡。

---

[1] 及树楠.阅读教学战略[J].中学语文教学参考,1989(11).

# 第三节 "练",贯穿教学过程的主线索

练,作为学生巩固知识、深化理解、形成能力的基本实践活动,是贯穿教学过程的主线,也是教学方法的落脚点。在教法运用的过程中,练的形式是多种多样的,其中的读、写、听、说,我们在"双基论"中已作详述,这里主要就练习题的"练"展开讨论,以求与"讲"形成对应关系,与"双基论"的有关内容形成互补关系。

一般说来,在保证一定的质、掌握一定的度的前提下,练的内容多一些,次数多一些,形式多一些,学生的手、脑、口一起动起来,就容易理解、掌握语文知识并提高阅读能力。但在语文教学的实践中,"多练"常常被误解,不少练是盲目的、生硬的、芜杂的,在质、量、度上都不符合要求,成了学生学习的严重负担。因此,必须加强对练的研究,应切实注意:

## 一、练的整体性

### 1. 以单元意识体现整体性

在语文教材的序列中,单元往往是一个"点",它由一组课文组成,这组课文又包括了不同的类型,其教学要求、教学目的各不一样。我们在教学中就应从单元整体出发,正确处理重点与一般的关系,使各课的"练"相互补充,融为一体。这样,就有助于每个单元的教学成为语文训练链条上的有机环节。比如课改前的小学语文课本第八册第二单元包括了四篇课文,其训练重点是"怎样读懂一篇课文"。"怎样读懂"呢?编者在"读写例话"里作了提示:"就是要理解字词,读懂每一句话,能给课文分段和概括段落大意,抓住课文的主要内容。"在教学时,我们就应该围绕这个训练重点去正确处理各课课后的作业题,以分段、概括段落大意和主要内容来说,前三课都明确了这方面的要求,教学时则要根据课文特点同中见异:《古井》是讲读课文,分段时有一定难度,可先讲读后分段,即用归纳性分段法,然后把各段段意连接起来形成全文的主要内容;《钻石》也是讲读课文,但课文是记叙一件事的,分段较容易些,可用分析性分段法,先分段后讲读,用简略概述事情的方法概括主要内容;《高大的皂荚树》是习作例文,可让学生在讨论中集中分段意见,用学习《古井》的方法把各段段意连接起来形成主要内容;《女邮递员》是独立阅读课文,没有明确的分段等任务,但课文是以时间为顺序的,也可指点学生分段,在应用中锻炼分段

等能力。这样处理,角度不同,方法不一,但重点突出,顾及一般,较好地体现了训练的整体感。

### 2. 以"讲""练"结合体现整体性

就具体课文的教学说,"讲""练"结合至少包括:

(1)"讲"是"练"的基础。在很多情况下,"讲"的质量决定了"练"的质量。斯霞老师就曾强调,在小学低年级,减轻学生负担,主要是在课堂上要把字词教好,尽可能使学生印象深刻,当堂记住。她在教"蚯蚓"两字时说:"蚯蚓是虫,所以两个字都是虫字旁;小山丘里都是土,蚯蚓喜欢钻在土里,所以'蚯'是虫字旁一个'丘'字。"为了怕学生把半边多写上两点成"兵"字,斯老师又说:"蚯蚓没有脚,所以'丘'字下面不能写两点。"为了帮助学生记住"蚓"字的字形,她又说:"蚯蚓有时候弯弯曲曲的像个'弓',有时伸得笔直像'丨'。"这样形象的讲解当然就能提高练的质量。也有的老师用顺口溜教字形结构取得较好效果,如"弟"字结构复杂,学生难记,老师编个顺口溜:"小弟弟梳着分分头,右手叉着腰,迈开大步向前走。"孩子对"心"字的三点常点错位置,老师编成口诀:"一只锅炒了三颗豆,一颗跳到左,一颗跳到右,锅中还有一颗豆。"这样,学生当然就不会写错了。再如著名儿童教育家孙敬修讲"聪明",先从人怎样变得聪明说起,说人要聪明,首先要用好身上的四件宝,第一件:东一片,西一片,隔个山头不见面——耳朵;第二件:上边毛,下边毛,中间一粒黑葡萄——眼睛;第三件:红门楼,白门槛,里面坐个胖娃娃——嘴巴;第四件:小白孩,住高楼,看不见,摸不着——脑子。这四件宝(耳、目、口、心)合起来就是一个"聪"字,让耳朵多听,眼睛多看,嘴巴多说,心里(实际是脑子)多想,巧用这四件宝,日日用,月月用,(日、月合成"明")天长日久,就变得越来越聪明。如此一讲,学生对字的结构和意义怎么也不会忘了。

(2)"练"是"讲"的应用和深入。除了少量的课前练、讲前练,其余的练习都起到这方面的作用,比如教学《腊八粥》,在讲读即将结束时,老师出示小黑板,要求学生填空:

佛教寺庙煮腊八粥是为了_____,民间煮腊八粥是为了_____,"我"和"我"的母亲煮腊八粥是为了_____。我的第三代煮腊八粥是为了_____,表达了_____。

显然,这项练习起到了总结全文、深化认识的作用。至于大量的组词、造句、小练笔等等，更多地着眼于应用，以期学生在应用中、在运动中将知识转化为技能，这方面的例子我们在后面还会谈到。

叶圣陶先生曾讲过，自学能力的培养最重要的途径是指导学生"历练"，他说"自力"需要"锻炼"，"学习语文要练基本功"，又说："大凡传授技能技巧，讲说一遍，指点一番，只是开始而不是终结。""所以讲说和指点之后，接下去有一段必要的工夫，督促受教育的人多多练习，硬是要按照规格练习。"（《叶圣陶语文教育论集》）叶圣陶先生在这里不仅强调了"讲"后之"练"对于形成技能技巧的必要性，指出了基本的方法——多练、严练，同时也论及了"讲"对"练"的示范性、指导性、规范性，是值得我们认真领会的。

### 3. 以沟通联系体现整体性

一篇课文后面的一组作业题，也应看成一个整体，应当注意沟通各题之间的内在联系，发挥训练的整体功能。以《古井》为例，课后的练习题是：

1. 查字典，结合课文理解下面的词语，并用带点的词造句。

启迪　　提供　　报酬　　长年不空　　相依为命
温情　　歉意　　无所求　　难以估量　　暮色降临

2. 说说下面句子的意思。

（1）古井像一位温情的母亲，用甜美的乳汁，哺育着平原上的儿女。

（2）那口古井给人们出了多少力气？可它从来没有跟人们要过报酬。

（3）故乡的古井啊，不仅为乡亲们提供着生命的泉水，还陶冶着乡亲们的品格，使他们懂得了应该怎样做人。

3. 故乡那口古井的哪些事给作者留下了深刻的印象？作者受到什么启迪？

4. 给课文分段，说说各段段意和课文的主要内容。

5. 有感情地朗读课文。

认真分析一下，这组题的各题之间包含着种种联系。比如"启迪""提供"，正是课文中从精神和物质两方面歌颂古井时所用的重点词，词句的训练与篇章的训练是相连的；再如，要真正理解《古井》，我们就应引导学生悟出"哺育"在本文中不仅指"提供"，而且也包含了"陶冶"；又如，第2、3、4三道题相互间联系很密切，"主要内容"差不多就是"深刻印象"，就可引出"做人的道理"；等等。把握住这些，把作业题当作一个整体，教学时就可能收到事半功倍的效果。

#### 4. 以纳入全程体现整体性

把课后作业题的完成有机地纳入教学过程，也是练的整体性应当体现的一个方面。从"空间"意义上说的"课后作业题"，并不意味着一定要在时间上的"课外"去完成，题序也不一定就是时序，而应当因文而异，灵活处理。恰如有些同志所总结的："练习环节的安排，主要有三种：预习，尤其是中、高年级，可把部分作业作为预习的提纲，使学生学得更主动些；阅读实践，结合在阅读训练的过程中指导学生完成；复习巩固，在阅读理解全文之后，通过运用，巩固知识，转化为技能。"① 中学阶段，处理就应更灵活了。

### 二、练的科学性

练的科学性指练要符合学生生理、心理的特点，具体说来，可把练分为：

#### 1. 适应型

学生在不同年龄会有不同的生理、心理特点，能适应这种特点的"练"，就可以起到"扬长"的效果。原江苏省教育厅厅长吴天石先生曾讲过，低年级识字教学要教得活，如大小、上下、山羊等字，可以把它们组成各种词语，大羊、小羊，大羊大、小羊小，大羊上山、小羊下山，大羊在山上吃草、小羊在山下吃草……这就是要求根据学生的思维特点安排训练，使学生学得灵活，学得有趣，也学得巩固。

#### 2. 针对型

安排训练，不仅要"扬长"，而且要"补短"，比如课文中有些写法相近的片段，储存在学生头脑中是分散的，很容易造成遗忘或混淆，有些老师就有针对性地设计比较性阅读训练题，意在将贮藏在学生大脑记忆库里的信息提取出来，并按照一定的思路组织，凝聚成"知识纤维"，进而形成认识系统的骨架。如一位中学语文老师复习小说单元的内容时，设计的一道题是：②

一、下面几段文字，是从几篇文学作品里节选出来的片段（字母代表作品中的地点）。试根据所提供的材料回答问题。

① 一九四三年的 A，颤栗（    ）在凛冽的寒冬里。风卷着雪花，狂暴地扫荡着山野、村庄，摇撼着古树的躯干，撞开了人家的门窗，把破屋子上的茅草

---

① 叶存铃. 小学生的语文训练 [M]. 北京：中国国际广播出版社，1987.
② 金建陵. 比较性阅读训练题的设计思路 [J]. 江苏教育，1989（12）.

大把大把地撕下来向空中扬去，把冷森森的雪花撒向人家的屋子里，并且在光秃秃的树梢上怪声地怒吼着、咆哮着，仿佛世界上的一切，都是它的驯顺的奴隶，它可以任意地踩 lìn（　　）他们……

② 看那雪，到晚越下得紧了。再说_____踏着那瑞雪，迎着北风，飞也似奔到 B 门口，开了锁，入内看时，只得叫苦。原来天理 zhāo（　　）然，yòu（　　）护善人义士，因这场大雪，救了其性命。

③ 天色愈阴暗了，下午竟下起雪来，雪花大得有梅花那么大，满天飞舞，夹着烟 ǎi（　　）和忙碌的光色，将 C 乱成一团糟，我回到_____的书房时，瓦楞上已经雪白，房里也 yìng（　　）得较光明。

④ 一进 D，我就心里发慌。这地方，天晴的日子，也成天不见太阳；顺着弯曲的运输便道走去，随便你什么时候仰面看，只能看见巴掌大的一块天。

1. 根据注音，在（　　）内填上适当的汉字。
2. 在②③段文中的画线处填上人物的姓名。
3. 填写下面表格：

| 序号 | 地点是何处 | 篇　名 | 雪景描写在文中的作用 |
|---|---|---|---|
| ① | A | 《　　》 | 烘托 |
| ② | B | 《　　》 | 推动 |
| ③ | C | 《　　》 | 反衬 |
| ④ | D | 《　　》 | 交代 |

设计者认为："这样的训练，不仅使学生在记忆里再现了一个纷繁多姿的雪的世界，而且对自然环境描写在小说中的不同作用有了'烙印'般的印象。"

### 3. 发展型

根据学生思维的阶段性特点，通过引导，使学生进入"最近发展区"，"跳一跳，摘得到"，促进学生思维的发展。比如，设计台阶式练习，让学生由易而难，由浅入深，增加训练的容量、难度，可以起到这种作用。如一位老师指导学生用"温和"造句，设计了这样一组作业：

一、把下列句子补充完整。

1. _____还是那么温和，那么慈爱。

2. 趁现在鱼汤还温和，_____。

二、照样子用"温和"这词语写出三个内容相同的句子。

例：父母的关怀，使我感到温暖。

1. _____

例：父母的关怀，使我感到多么温暖啊！

2. _____

例：父母的关怀，怎么不使我感到温暖呢？

3. _____

这样的练习，逐层增加难度，形式富于变化，学生既爱做，也能做。①

### 三、练的精巧性

人们常说的"多练"，也应包括内容丰富、形式多样、角度多变这些质量的要求。因此，在练习设计上要十分讲究艺术。前面所举及的例子大多达到这方面的要求，这里还可以举出一些类型。

**1. 少中见多**

练习题虽少，但题中生"题"，训练量并不少，这就体现了"精练"与"多练"的统一。比如有位老师教《黄继光》，提出一个问题供学生讨论、说写：在不改变文章的主题和事件的前提下，怎样用别的结构形式来写这个故事呢？同学们通过讨论，总结出：可以用倒叙的结构形式来写；可以用先中间再两头的重点突出的结构形式来写；可以用抒情手法写，如出示一张"黄继光舍身扑向敌暗堡"的图，引导学生看图想文，触景生情；可以用"访问记"的形式来写，如访问黄继光的老战友，记叙访问经过；可以用"日记"的形式写，以战友身份记日记；可以用参观革命历史博物馆的形式来写。②这样从多角度启发思考，重点突出，内容丰富，对于启迪思维，开阔思路，很有作用。

**2. 练中见趣**

训练要切实，这是练的基本的指导思想。训练题给人的印象也是平实者居多，但如能实中藏趣，平中见奇，就是精巧之作了。比如有位老师教学《鲸》布置的作业题是：红星动物园刚接到捕鲸队赠送的一条小鲸，经科学鉴定已能在动物园辽阔的湖中生活了，为了向游人开放，鲸湖前尚缺少一块鲸的介绍牌，

---

① 林贻坤.如何提高语文课堂教学效率[J].小学教学参考资料，1989（4）.
② 李凤兰.《黄继光》一课多练的尝试[J].小学教学研究，1989（10）.

你能设计出一块漂亮的牌子,并写出鲸的介绍内容吗?学生以笑脸接受了老师布置的任务,结果发现除了加深对课文的理解这一主任务得到落实,这项作业还体现了如下作用:(1)开拓了大家的知识面,从作业中看出不少同学课外看了《鲸》《辞海》《十万个为什么》等书,使介绍的内容超出了课文的范围。(2)巩固了语言知识,如必要处夹写了注音,恰当地运用了修辞手法等。(3)丰富了想象力,介绍牌的形状有方形、五角星形、鲸形、书形、圆形等,插图也各见特色,真正体现了"兴趣是最好的老师"。①

### 3."无中生有"

在别人不注意的地方,巧妙地利用课文提供的训练材料组织训练,就见出了高人一筹的教学艺术。比如《画鸡蛋》开头一段写:"四百多年以前,有个意大利人叫达·芬奇。他是个著名画家。"斯霞老师在教这一段时引导学生换一种介绍方法,但要讲清楚时间、地点、人物、事件,学生立即说了许多种。像这一变换句式的练习似乎"无中生有",是"多练",然而安排巧,质量高,又是"精练""巧练"。

## 四、练的指导性

加强练的指导性,可以使学生的练习具有明确的目标,取得良好的效果。练的指导性可从如下侧面体现。

### 1. 在讲解中包含指导

这在讨论讲、练关系时已经讲过,不妨再举一例以说明:在教学《试航》时有一个复述的要求,教者在讲解中可有意为之,抓住训练重点,组织学生讨论,归纳出下表:

| 阶段 | 人们 | 富尔顿 | 轮船 |
| --- | --- | --- | --- |
| 开始 | "富尔顿的蠢物"<br>要出丑 | 亲自操纵<br>机器 | 机器响了<br>前进 |
| 中途 | 骚动讥诮<br>蠢物真蠢 | 不理睬<br>立即检查<br>排除故障 | 不动了 |

---

① 朱敏芳,陆佩玲.一道受学生欢迎的课后作业题[J].小学教学研究,1991(8).

续表

| 阶段 | 人们 | 富尔顿 | 轮船 |
|---|---|---|---|
| 结果 | 那玩意儿<br>又开动了 | | 机器又响<br>轰鸣　轮子<br>桨片　浪花 |
| | "克莱蒙特号"圆满地结束了试航 | | |

实际上，对"练"的指导这时候就已渗透进行了。

**2. 在布置时考虑指导**

学生的练习，一部分是课后题，另一些则出自教者之手。自行设计，当自然地体现教师的指导作用，以上举例凡涉及自行设计的，题目本身大多包含了这种指导性。然而，无论是编者设计，还是教者设计，在布置时都要考虑到对学生作业的指导，比如在复述前，就可以考虑或提出问题，或指明插图，或引导学生编出提纲，学生复述就不会乱套了。

**3. 在调控中实施指导**

调控，本身就包含了指导。因此，在学生练习的过程中，或在对作业进行批改、评讲时，加以恰当调控，是很有必要的。比如指导造句时不断加以点拨，引导学生"变通"，就有助于学生扩展思维的天地。如有位老师教学《老水牛爷爷》，指导学生用"酷爱"造句，看到学生受课文里"他酷爱养狗，黄狮被他训练得简直通人性了"这一例句的影响，造了一些爱猫爱鸟的句子，老师就回应词义"非常热爱"，引导学生回想："我们学过的课文里有哪些人物的事迹可以用'酷爱'造句？"这样，学生的思维方向就由"物"到"人"，联想到课文里科学家和一些先进人物的事迹。但学生造句的句式并无变化，都是"什么人'酷爱'什么"。教者又适当点拨："能不能用反问句、感叹句表达？能不能把'酷爱'当作事业成功的原因造句？"这样句式训练的内容就丰富了。教师再引导学生由课内走向课外，联系课外阅读及生活中的真人真事，训练更有了多重意义。

# 第九章　学法论

面对新知识的激增，把学生的大脑仅仅作为知识"容器"的传统教育观、教学法已经堵在"此路不通"的死胡同里：现在的科学技术正以 10 年、5 年甚至更短的时间作为一个周期的速度在发展着，而在 18 世纪更新的周期是 80 年，20 世纪初也只有 30 年；据联合国教科文组织统计，1975 年全世界一共出版图书 568400 种，相当于每分钟就要出一本书，这些都决定了任何一个硕大的"容器"要想读完将来从事专业工作所必需的知识，都是不可能的，何况"将来"知识还要"旧貌换新颜"。严峻的现实促使世界各国都在组织专家寻找出路，谋划良策，其中被人们广泛接受并形成世界性教改热点的就是"学习如何学习"，学法指导也就成了教育科研中的一个重要课题。教学艺术，从某种意义上说，也是教学生如何学的艺术。其间，学法指导地位的重要性可想而知。

## 第一节　优化教法，促进正确学法的有效形成

教师作为学生智力活动的指挥员、心灵成长的引路人，对于学生的影响是直接的、具体的，也是深远的。以学法说，在儿童少年时代，由于受知识基础和年龄特点的限制，他们的学法形成主要受教法的影响，因此，从教学的角度看，教师应当着眼学法的形成，优化教法，真正提高教和学的质量。

## 一、重视教法对学法影响的全面性

所谓"如何学习",包含的内容有:"① 解决课题或问题的方法;② 一般能力(如观察力、推理能力等);③ 学习能力(如图表的读法,梗概要点的掌握,辞书的使用等);④ 学习欲望或学习态度。"[①] 根据这个比较权威的阐释,教法对学法的影响不仅要注意到智能体系,还应注意动力体系,而这一点,在讨论学法指导时是常常被忽略的。以学习欲望说,我们就应在教学中培养学生的:

(1)参与欲。改变学生仅仅作为"教学过程被动体"的状况,让学生在作为受教育的客体的同时,又成为自我教育的主体,增强主人意识,使教学变成师生共同的"创作"。比如,分角色朗读让学生当一次"导演",挑选角色,"面授机宜";鼓励有把握的同学:"我们请×××来解释一下。""我们请×××到讲台前面给大家讲一下。"这样长期的训练,会使学生在上课时受到参与感的鼓舞,处在"跃跃欲试"的心理状态之中。

(2)求知欲。以"引子"吊起胃口,让学生意识到将会进入一片知识的新天地,造成"欲知原委,请看课文"的心理效应。比如教学《沙漠的船》先这样引导学生:"船是在什么地方行驶的交通工具?缺水的沙漠上怎么会有船呢?这种船有什么特点,使它能在沙漠的海洋中行走呢?"学生就在"急不可待"之中去阅读课文了。

(3)探究欲。激发的方法有很多,比如可以利用兴趣规律,根据教材特点,发挥教学个性,使教学过程中不断出现情趣、理趣、谐趣,并使学生不断享受到脑力劳动的乐趣,造成"课前引趣——课中荡趣——课后余趣"的良好形态,激发学生步步深入、逐层探究的欲望,让他们一直在一种主动性学习中接近阅读目标。

(4)审美欲。抓住课文美感和学生审美心理的契合点,引发学生潜在的审美期待,比如有位老师教学吴伯箫的《菜园小记》,首先用生动、形象、抒情的语言,将吴伯箫的这篇文章描绘成一组有声有色的图画,为学生创造出一个充满诗情画意的延安菜园的情境,接着找来几张延安大生产时期的宣传画,让学生看清画上的内容,写一段介绍说明的文字,然后又将延安大生产时期的歌曲播出,让学生目睹图画,静听歌声,展开想象的翅膀。正在同学们感叹"好像闻到蔬菜清香"时,又让学生背诵《桃花源记》,作对比欣赏。这样,学生一直

---

① 朱智贤.心理学大词典[M].北京:北京师范大学出版社,1989.

处在愉悦之中，步入课文中那美的殿堂，去领略作者将艰苦的劳动写得那么轻松愉快的高超技巧，效果很好。

（5）创造欲。发挥课文在写作中的范例作用，揭示课文特色，鼓励学生"跳一跳，摘得到"，带着一种创造欲望去参加阅读活动，指向性明确，收效也明显。比如教学《古井》《高大的皂荚树》，可以引导学生思考：这两篇文章都是以物命题的，在写法上有很多相似之处，大家在学习时注意一下，它们有哪些相似之处？同学们写过赞美某一事物的文章，有的赞美的原因交代不清楚，有的文章的条理不分明，再想一想，写赞美某一事物的文章有什么要求？如果现在要你再写一篇这类文章，你会特别注意哪些问题？这样，学生想着阅读可以将课文与作文比量对照，还可以在高一级的认知台阶上一显身手，学习的积极性就高了。

这里是从教法方面看，而实际上经过长期的严格训练，就可以转化为学生的阅读经验，形成他们良好的阅读习惯，无疑是学之法了。

再从学习态度角度看，"教"也可以给学生施加积极的影响。于漪老师曾谈过这样一个教例：

有一次教学《木兰诗》，我说："历史学家范文澜先生在世时说过乐府诗有双璧，一块是《孔雀东南飞》，另一块就是反映古代女子刚劲风格的《木兰诗》，这首诗音韵很美，大家课后要认真朗读。"一学生站起来说："好是好，尽是吹牛。"我说："何以见得？"学生说："你想想看，从军十二年，不知木兰是女郎，军队里的人都是傻子。"我要他谈谈理由，他说："行军打仗，关山度若飞，跋山涉水就要脱鞋，就要洗脚，鞋一脱，洋相就出来了，因为古代女子是小脚。"我告诉他，那时女子不缠足，学生立即追问："老师，你说我国古代女子是什么时候缠足的？"我只得说，我没研究过，不能回答你。这样好了，你也思考，我也思考，大家也可以找找资料。"后来我终于在古籍和《文物》杂志上找到了准确的答案，重新向学生作了介绍。

于老师谈这个教例是说明教学相长的，而我们认为，教者在这里表现出来的"知之为知之，不知为不知"的诚实精神和不放过疑点锲而不舍的钻研精神，对学生学习态度的形成是会起到潜移默化影响的。

## 二、寻找教法与学法结合的最佳点

教法与学法结合的最佳点用一句话来表述,就是教师高质量的教和学生高效率的学。其具体表现是丰富多彩的,比如说:

### 1. 施教和受教的理论结合点

胡克英、吕敬先二位先生在《小学教学简论》中说:"我们把教师的教学职能,按其本质属性,理解为三件事:一是以全面发展的、科学的教育理想为方向,解放学生的自觉的能动性;二是培育学生的自觉的能动性;三是促进学生自觉地、能动地全面发展。"从这段精辟的论述中可以看到,施教和受教的理论结合点是学生的"主观能动性"。论者接着强调:"如果没有教师的这种'解放'和'培育'的艰苦工作和教学艺术,就不能'促进'学生的发展。"这是从教师的主导作用来说的,而对学生而言,主观能动性是很好的发展动因,也是很高的发展要求,从这个角度看,受教者掌握学习方法十分必要,因为方法比之学习结论更有其广泛的适用性,方法在变化了的情境里仍有生命力。胡、吕二先生接着指出:"在教学过程中,如果一个教师只有懂得解放和精心培育儿童的自觉能动性,尊重每一个儿童的人格,坚定地相信他们必然可能散发出智慧和创造力,那么他才可能发挥教学工作的创造性,赢得出乎意料的发展要求。"因此,我们的出发点和终结点都应放在这个"主观能动性"上。

### 2. 学会和会学的智能结合点

教学,就是教学生学,而这最后一个"学"字,应该包括好学、学会、会学,至于好学,属于动力系统,前已论及。学会,或者叫作"教会",是指学习结果。会学,则指学习方法。在这二者之间,要充分重视掌握学法的重要性,爱因斯坦曾经用一个简单明了的公式表达自己的体会:成功 = 刻苦努力 + 方法正确 + 不说废话。他把"方法正确"当作成功最重要的因素之一。我国所谓的"授之以鱼,不如授之以渔",也是强调学法指导的重要性;另一方面,也要注意,离开了"学会",难以说得上"会学",一定的学习方法往往是以一定的知识作为基础的,当然,应该符合"系统掌握"的要求。保尔·拉法格在《忆马克思》一文中曾有一段回忆:"马克思的头脑是用多得令人难以相信的历史及自然科学的事实和哲学理论武装起来的,而且他又是非常善于利用他长期劳动所积累起来的一切知识观察的。无论何时,无论任何问题都可以向马克思提出来,都能够得到你所期望的最详尽的回答,而且总是包含有概括性的哲学见解。他的头脑就像停在军港里升火待发的一艘军舰,准备一接到通知就开向任何思想的海洋。""马克思的头脑"值得研究处很多，单从知识构成看，就是因为他大脑中的知识不是孤立的、零乱的，而是经过了分析、整理、归类以后纳入了他的智能体系，已经包含了丰富的潜能。因此，我们在教学中应该帮助学生建构知识体系，这种"学会"才是高质量的，向"会学"的转化也是水到渠成般的。

### 3. 导学与主学的实践结合点

在具体的教与学的实践过程中，教师的导学与学生的主学处于一种运动状态，从学的效率要求出发，我们应当在教学的动态过程中寻找设置最佳结合点。比如提问与思考，问要问在"点子"上（"点子"指重点、难点、疑点、特点、突破点等），问要具有启发性（能激起学生进入积极的思维状态），问要有系统性（围绕教学思路提出问题，引导学生有序学习），问要有可答性（不能过易，否则造成思维假象；不能过难，应当降低坡度，形成思维阶梯；不能空泛，空则让人摸不着头脑，失去思维方向）。再如，点拨与研索，根据有关同志的研究，应当明确，研索为点拨提供基础，点拨为研索的深入提供条件。点拨不能是"牵羊式"，其要义是指点迷津，拨通思路，而不是包办代替，强行入轨；研索也不能是"放羊式"，应当受点拨的制约。又如，举一与反三，应当要求前者做到：（1）"举一"的动机要明确，所举之"一"能使学生"反三"；（2）"举一"要精要，要有启发价值，要有触类旁通的作用；（3）从学情出发，略有"超前感"。后者要做到：（1）要有一个比较合理的知识结构网络；（2）不能只有得"一"的满足，重要的是要有"反三"的追求；（3）对教师的"举一"，心领神会，有跃跃欲试之感。①

## 三、加强教法对学法形成的针对性

针对性问题，说到底就是因材授法。这里的"材"首先是指教材，教材也可以从两个层面上看，一是教材整体，二是具体课文。从教材整体看，因"材"授法，就应当将其他学科的学习方法和语文学科的学习方法区分开来，又要把各科通用学法与语文的特殊学法结合起来。根据研究，通用的学习方法可以分五大类：②

（1）模仿的学习方法。这是学习的最初阶段必须经过的一级阶梯。

（2）抽象概括的学习方法。其特点是把知识加以碎割，分成若干部分，将

---

① 杨舜山.教法与学法的最优结合试探［J］.中学语文教学参考，1988（2）.
② 严成志.试论学习方法的基本类型［J］.教育研究，1985（4）.

其简约化，或者分成若干层次，分别加以认识、反映和思考，以区分本质的和非本质的属性，这种学习使学生从低级的感性阶段上升到高级的理性阶段。

（3）解决问题的方法。学习就是解决问题的过程，也是学习怎样解决问题的过程。解决问题就是要在已知和未知之间作出联想，建立严密的逻辑体系，使已知成为理解未知的根据和源泉，未知成为已知所引申、发展的必然结果。因此，解决问题的学习可以使已经理解和掌握了的知识结构扩大而形成新的知识结构。

（4）逻辑推理的学习方法。其思维过程是从抽象到具体和个别，具有演绎的性质，这与具有归纳性质的抽象概括学习之从生动的直观到抽象的思维过程，是相反而又相成的，从而构成一个比较完整的学习阶段。

（5）总结提高的学习方法。它使学习活动从一个圆圈过渡到更高的一个圆圈，反映了一般的学习规律，也是一类基本的学习方法。

语文学习方法是指学生学习语言文字的特殊方法，包括识字、阅读、作文等各种学法。具体又可分为一系列单项学习法，朱作仁主编的《小学语文教学法原理》列举了19种：查字典；解词；解句、解句群；分段、分层次；归纳段意；概括大意；概括中心；朗读；默读；背诵；质疑问难；做读书笔记；复习；独立解题；阅读与作文的审题；立意；围绕中心选材、组材；列写作提纲；自我修改。再细分，这些单项学习法又可分解成若干子项。在教学中授之以法，既要注意到这些学习方法本身的特点，体现语文学法的个性，又应以个别体现一般，适时地传授通用的学习方法。事实上，凡是成功的学法指导，这二者的结合都是相当紧密的。

从具体课文看，在解决了上一个结合的前提下，应根据课文文体和类型的特点，巧用其法，仅以实用文体的阅读方法说：

（1）记叙文，要注意的是：① 弄清记叙要素，即时间、地点、人物和事件；② 找出文章线索，可从时间的推移、空间的转换、感情的变化、事物的特点等方面去寻找；③ 分清记叙方法，弄清是顺叙、倒叙，还是插叙，并理解这种方法运用的原因和效果；④ 分析表现手法，如象征、对比、记叙和抒情、说明、议论相结合的手法，托物言志、借景抒情的手法等等。

（2）议论文，要抓住：① 找出论点。了解作者在文章中提出的见解和所要解决的问题；在有些文章中还要注意围绕中心论点作者提出了几个分论点。② 理解论据。要理解文章中选用的论据能否证明文章的论点，选用的论据有没有典型性。③ 分析论证。一要分析论证过程，揭示论据与论点之间的逻辑联系；二要分析论证方法。

（3）说明文，要注意的是：①抓住事物的特征，把该事物同其他事物区别开来；②理清说明顺序（如空间顺序、按工作过程的先后为序、按事物发展的先后为序、按事物本身的条理为序等），了解各个说明点，从整体及其联系上把握文章的中心思想；③分析说明的方法（如分类别、下定义、举例子、作比较、列数字、打比喻等等），看文章怎样说明事物的特征和本质；④琢磨说明的语言，看看文章是否准确地反映了客观事物。

当然，再具体地说，这些文体还可分成若干类，比如议论文可以分成立论文、驳论文、政论文、评论文、史论、科技论文等，其阅读方法又各有特点。再进一步，选入教材的每一篇文章都会有它的个性，我们在教学时都应加以考虑，真正做到教材意义上的因"材"授法。

这个"材"另一层意思是指学生，因"材"授法，就应把握学生的生理、心理在特定年龄阶段中的本质特征，比如根据低年级儿童的特点，思维活动是以形象思维为主体的，但随着儿童年龄的增长和学习的深化，思维特点就随之逐步由形象思维占据主导地位向抽象思维占据主导地位的方向发展着，如果仍是以形象思维训练为主，学生的抽象思维得不到应有的训练，其智力的发展就大受影响。当然，某一年龄阶段主导思维形式的存在，并不否认两种思维的内在联系，两者在学生的心理发展过程中应当是相互联接、循环上升的，在注意年龄特征的阶段性的同时，不能忽视其连续性；在把握年龄特征的主导性的同时，抓住两种思维方法的渗透融合，对于学生的成长至关重要，作为问题的另一面也应引起我们的重视。

"人材"意义上的"材"，还应包括同一年龄阶段儿童少年的个性特征，这也是"因材施教"的本来意思，胡克英、吕敬先二位在《小学教学简论》中曾将个性心理不同的学生分为四种类型：第一种，聪敏但不踏实；第二种，既聪敏又踏实；第三种，不太聪敏却很踏实；第四种，既不聪敏又不踏实。即是同一种类型的内部，其个性差异也是存在的，我们在进行学法指导时就应充分考虑学生个性的差异性，真正做到因"材"授法和因材发展，促使每个孩子的智慧之树都绽开出独具特色的花朵。

## 第二节 把握本质，训练学生掌握科学的思维方式

从本质上说，学习方法是思维方式的外化形式。良好的学习方法的形成，

必须以掌握科学的思维方式为前提。学习活动的规律必须遵循思维活动规律，学习方法的科学性也反映了思维方法的科学性。以语文教学来说，语言作为一种特殊声音的（口语）、光波的（文字）、运动的（言语发音器官的运动）刺激物，是思维的发动者，又是思维过程的凭借和物质外壳，还是表达和交流思想的工具，是和思维密不可分的。发展语言和发展思维是有机地联系在一起的。比如要掌握理解词语、概括段意、归纳中心等方法，实际上就是要掌握分析综合、抽象概括等思维方式。因此，在教给学生语文学法的同时，必须教学生掌握如下基本的思维方式。

## 一、分析—综合

分析，就是把事物的整体分解为个别的部分或分成各种不同的特征；综合，是把事物的各个部分或各种不同的特征组合成为整体。在阅读过程中，常见的理解课文的过程："整体—部分—整体"，就是把整体分解成部分，再把各部分综合成整体的思维过程，在这里，语文学习的方法与思维的方法是同一的。当然，要注意的是两个"整体"（综合）的区别，前一个是感性的，甚至是朦胧的，但它对分析具有引导作用；后一个是在完成分析工作而被认识得更深入、更充分后形成的，是理性的，带有抽象概括的特点。在教学中，我们应该教会学生从整体出发，有意识地发掘课文中潜藏的智能因素，对学习进行"分析—综合"的思维训练。

这种训练可以着眼于课文局部的理解进行。比如我们教学茅盾的《风景谈》中"沙漠驼铃"的画面，感觉到面对作者描绘的融和的景，读读讲讲，乱而无味，就引导学习运用分析—综合的方法理解课文，先让学生整体感知，说说写的是什么？给你什么感觉？然后引导学生从形、声、色三个方面分析课文：

沙漠驼铃 { 形：点——线——队——方阵（由小而大） 声：柔声——合奏（由弱而强） 色：（点）黑——（旗）猩红（由暗而明） } "愈行愈近"

在分析的基础上，我们再要求学生思考：（1）想象一下，"沙漠驼铃"是怎样的一番景象？其形、声、色是怎样融为一体的？（2）这幅画面是以作者的视线穿起来的，它体现了作者什么样的心情？（3）为什么说这幅画面能体现目睹者热情的期盼和极度的振奋？这样，对这一画面的理解加深了，就整篇课文的教学说，既完成了分析的部分任务，也为整体综合作了准备。

这种训练可以着眼于人物形象的认识进行。要准确、全面地认识课文里描写的人物形象，其基本的方法就是分析、综合。比如教学《将相和》，我们就应在初步感知的基础上，引导学生经历这样几个分析—综合的过程：第一个过程，通过对具体的人物言行的分析，概括出人物言行所表现出来的性格特征；第二个过程，在分析了整个故事中人物言行的基础上，综合出这个故事中人物的主导性格特征；第三个过程，在三个故事都已分析的基础上，综合探究人物的本质性格特征。以第三个过程说，可以抓住理解的难点引导思考：蔺相如对强秦见其勇，遇廉颇一味让，为什么？从而顺势综合出蔺相如的本质性格特征——爱国思想：出使，相君不辱国，忍让也为国之安宁，爱国主义统一了他性格的各个侧面。外抗强秦，表现了他智勇双全，威震敌国；内让廉颇，正见他忍辱退让，名重如山。于是一个忠诚祖国、智勇兼备的贤臣形象巍然而立了。

这种训练自然也可以着眼于全篇课文的学习进行。如教学《一定要争气》，可安排这样的训练步骤：

（1）初读课文，思考：课文写了童第周爷爷的哪两件事？这两件事与课文题目有什么关系？这里要求学生了解事情的概貌，并让学生将事情与题目挂上钩，暗示思维方向，使学生在不求甚解的感知中抓住了课文整体，这是第一个综合。

（2）精读课文，思考：① 第一件事写童第周为谁争气？他的成绩为什么较差？他不争气就会怎样？他是怎样做的？结果怎样？② 第二件事写童第周为谁争气？童第周到比利时留学时，外国学生为什么瞧不起中国同学？这时他是怎么想的？童第周是怎样进行剥掉青蛙卵的外膜的实验的？这项实验为什么震动了欧洲的生物学界？

以上是分析的阶段，学生完成了对文章部分的具体分析，也就可以从局部的理解回到对整体的认识上来了。

（3）总结课文，在认真默读、朗读的基础上思考：课文写童第周中学和留学的两件事都是以他的感想结束的，作者为什么这样写？这两件事表现了童第周怎样的品质？

这是对整体的理性认识，是第二个综合。思维过程往往就是思维方法的同义语，这样的训练，把分析—综合的方法贯穿于教学的全过程，也就使学生知道理解一篇课文的科学的思维方法了。

## 二、比较—归类

比较是对不同事物或者事物的特征加以对比，以确定其异同点；归类则是在比较的基础上，对相同或相似的事物的组合。比较归类是思考分析问题的重要方法，也是学习语文的重要方法。在教学时，要注意发挥它的作用。

### 1. 充分利用课文的对比材料

有些课文包含了不少对比因素，应充分利用。比如有位老师教学《鸿门宴》曾引导学生用比较归类的方法，将课文中虎视眈眈、阵容分明的对立群列为下图：

```
         ┌ 刘邦 ┌ 态度──谦恭委曲
         │      │ 用人──知人善任
         │      └ 处事──干练果断
  主帅 ──┤
         │ 项羽 ┌ 态度──骄傲自大
         │      │ 用人──任人唯亲
         └      └ 处事──优柔寡断

  谋臣 ┌ 张良──足智多谋、沉着冷静
       └ 范增──老谋深算、暴躁褊狭

  勇士 ┌ 樊哙──勇猛粗豪、胆大心细
       └ 项庄──有勇无谋、缺少权变

  叛徒 ┌ 曹无伤──自觉、未出场
       └ 项伯──不自觉、出场
```

这里是着眼于一个比较归类点，即人物身份，借助于归类比较这一艺术的"聚光灯"，两个对立集团的对等人物，思想性格形成鲜明对照，在此基础上，如果再着眼于另一个比较归类点——所属阵营，那么，孰胜孰败也就不言而喻了。这些材料都是直接取自课文的。

### 2. 努力增强自觉运用意识

比较法是语文教学中常用的一种方法，从思维训练的高度出发，我们就应自觉地、有意识地运用这种方法，增加训练量。自觉运用了，不仅可使有关课文发挥材料的对比功能，而且可以由课文的思维点生发开去，形成新的对比材料。比如教学《自相矛盾》，在讲读过程中运用比较法，将卖矛、盾的人的两段话进行比较，其"自相矛盾"的窘态跃然纸上。有位老师不止于此，而是让学生讨论：卖矛、盾的人如果不自相矛盾，应该怎么做？学生提出了三种方法：第一种，他回家不卖了；第二种，他每次出来只卖矛和盾中的一种；第三种，他仍然既卖矛又卖盾，但是改变了说法："我的矛能把别人的盾戳穿；我的盾能挡住别人的矛。"在此基础上，老师引导学生比较，然后再按可行不可行归类，并要求释其"所以然"。学生经过认真讨论，统一了认识，第一种，虽然不卖了，但内心的"自相矛盾"仍然存在；第二种，每次只卖一种，但纵比还是"自相矛盾"。这两种都是不行的。第三种确实解决了自相矛盾的问题，是可行的办法。这样，学生的语言思维能力得到了切实的训练，又在比较中加深了对课文的理解。

### 3. 认真总结比较归类的方法

比较法在具体运用中有多种做法，对其加以"比较""归类"，有助于构建这一学习、思维方法的内部联系。这些方法大致有：

（1）古今比较。如将古今同形词语或同义词语进行比较归类，可以为文言文知识的迁移创造条件。

（2）中外比较。如将中外同题材或同主题的作品进行比较归类，可以进一步了解认识对象的特征及其社会、历史、文化等诸多背景，在扩大的视角中深化认识。

（3）正误比较。如课文与原稿、原文的比较，学生作文前后阶段的比较，学生习作与内容相近的作家作品的比较，在比较的基础上进行归类，有助于辨明是非，树立楷模，提高学生的语文水平。

（4）点面比较。即同一时空范畴内，个体与整体或者是个性与共性的比较，本身就应结合归类活动进行。如分析范文写作方法时，与该作品体裁要进行比较；分析典型人物时，与共性相似的其他典型人物要进行比较等等。这样可使个体与整体、个性与共性相得益彰。

（5）虚实比较。如个体的行为表现与时代的思想倾向的比较，不同的人物行为表现出来的思想品格的比较，同一人物行为表现与所思所想形成的比较，等等。[①]

（6）异同比较。从狭义看，专指同一时间范畴内两事物间异同点的比较归

---

① 文镜容. 浅谈比较法在语文教学中的运用［J］. 贵阳师专学报，1989（3）.

类，其运用相当普遍。

如果从归类角度看，其方法也有不少。如布鲁纳就把归类思维分为同物归类（把各种形式的同一事物归为一类）和等物归类（把某种意义上相等的事物归为一类）两种。其中等物归类按其归类标准的不同又可分为三种：

（1）按感情归类——对一些引起共同情感体验的事物进行概括，归为一类；

（2）按功能归类——对一些具有一种共同功能的事物进行概括，归为一类；

（3）按形式归类——按指定的固有特征对事物进行概括，归为一类。

明其理，在教学中恰当运用，分类归纳的思维方法也就包含了更丰富、更系统、更深刻的内容了。

### 三、抽象—概括

抽象，是从事物的许多特征中抽出其本质，而舍弃其非本质特征的过程；概括，是根据事物共同的和本质的特征而把同类事物联结起来。从语文教学的具体实践看，这种思维方法的运用相当普遍，而且与形象思维的方法结合得相当紧密，其基本形态有：

**1. 从形象走向抽象**

概括段意、中心思想等属于这种形态，比如教完《自相矛盾》，问一问：什么叫自相矛盾？学生就会根据具体的故事概括出：自己说话、办事前后不一致叫作自相矛盾。

**2. 从抽象走向抽象**

"走向"的桥梁是什么？自然是具体的形象。比如前已提及，《我的"自白"书》中"毒刑"这个词语是由具体的事物概括出来的抽象的概念，教学时可以引导学生回顾：从电影、电视、连环画上看到哪些反动派折磨拷打被捕的革命战士的情景，孩子们会满腔怒火地说出敌人怎样给英勇的革命战士"坐老虎凳""灌辣椒水""十指钉签""披麻戴孝"等等，在此基础上再抽象概括出"毒刑"的意思，这样，对"毒刑"的理解有血有肉，对革命者宁死不屈的英雄气概也就有了更为真切的体会。词语、概念的理解一般都可运用这种方法。

**3. 寓抽象于形象**

比如1985年高考语文试题第四题要求通过人物对话把握人物性格，这是属于形象思维范畴的，但又需要逻辑思维尤其是抽象概括的思维方法来配合。仅举一小题为例：

A：（由衣内取出支票，签好）很好，这是一张五千块钱的支票，你可以拿去用。算是弥补我一点罪过。

　　B：（接过支票，把它撕了）我这些年的苦不是你拿钱算得清的。

　　A：你不要太固执。这一点钱你不收下，将来你会后悔的。

　　（B望着A，一句话也不说。）

　　试题要求从上面一段文字中各选出两个描述人物动作而又富有表现力的词语（写在横线上），并说明这些词语表现了人物性格的哪一个侧面（填入括号内）：

　　人物B①＿＿＿＿＿＿＿＿＿＿；②＿＿＿＿＿＿＿＿＿＿。这些描述表现了这个人物性格中（　　　　　）的一面。

　　这道题要求学生透过"撕了""一句话也不说"这两个词语所描写的动作把握人的性格（即把人物的本质属性抽象概括出来）。此例告诉我们，语文课中启发学生对文学作品形象进行分析，也就是训练学生抽象概括的逻辑思维能力。

### 4. 从抽象走向形象

　　或者从概念出发，或者以具体的形象的材料作为思维起点，但通过抽象概括后又加上一个具体化的思维环节，把概括的知识迁移到新的学习情境中。理解词义可用这种方法。如用比较的方法教"大"和"小"，拿出足球、皮球、乒乓球演示，让学生在事物的联系和比较中建立"大""小"两个概念，但并不到此收场，而是进一步启发学生："谁能用另外一个东西或一件事情，说一说大和小？"学生通过学用结合，就能把"大""小"两个概念牢牢地掌握住。理解中心思想、写作特点也可用这种方法。如有位老师讲《荔枝蜜》一文时，概括出该文"以物喻人"的特点后，启发学生触类联想：你能从自己读过的作品及生活感受中举出以物喻人的例子吗？并引导学生引出有关的例句：以"牛"喻吃苦耐劳的人——"横眉冷对千夫指，俯首甘为孺子牛"；以"青松"喻刚强不屈的气节——"大雪压青松，青松挺且直。要知松高洁，待到雪化时"；以"春蚕""蜡烛"喻为人类贡献毕生之精神——"春蚕到死丝方尽，蜡炬成灰泪始干"。这样，达到了知识的灵活运用，有助于知识向能力的转化。

## 四、逻辑推理

推理，指人在头脑中根据已有的判断，经过分析与综合的作用，引出新判断的过程。在语文教学中训练推理能力，要充分利用课文本身的推理因素，比如《晏子使楚》中写楚王对晏子的三次侮辱，由"个人"到"国家"进而到"整个国家的人"，越来越尖刻；晏子的三次回击由"国格"到"国家地位"再到"国家制度"，越来越有力，充分体现了晏子的才智。有位老师教学时就抓住晏子回击楚王的三段话，引导学生分析晏子的推理过程，从中学习推理方法：

第一段话的推理分析：
① 访问"狗国"应该钻狗洞，访问"人"国应该进城门。
② 如果要我钻狗洞，那你们就承认了什么？（是"狗国"。）
③ 如果你们不承认是"狗国"，那你们就应当怎样？（开城门。）

第二段话的推理分析：
① 上等人访问上等国家，下等人访问下等国家。
② 如果说我不中用，是下等人，那我访问的是什么国家？（下等国家。）
③ 如果说你们是上等国家，那我就是什么人？（上等人。）

第三段话的推理分析：
出示小黑板，比较类推：

| 比较柑橘 | 原因 | | 比较齐人 | 原因 | |
| --- | --- | --- | --- | --- | --- |
| 淮南的柑橘又大又甜 | 土壤适宜（好） | 水土不同 | 在齐国安居乐业，好好劳动 | 社会制度（好） | "水土不同" |
| 种于淮北，只能结又小又苦的枳 | 土壤不适宜（差） | | 一到楚国就做强盗 | 社会制度？ | |

结论：如果说齐国人到楚国没出息，就是承认楚国社会制度腐败。

有些课文，没有这么完整的推理模式，可以补出，如《"你们想错了"》那两个国民党士兵之所以"想错了"，就在于大前提不成立，他们说："你骗谁，像你这样的大官会没有钱？"这里隐含的大前提是："凡是大官都有钱。"于是就有了下一步的推理：你是大官，你一定有钱。于是他们才"不厌其烦"地"摸""捏""威吓""捏遍"。方志敏同志的话则"订正"了他们的"逻辑错误"：

凡是国民党的官员，个个都有钱。如果能长期地有意识地坚持这方面的训练，尽管没有接触到逻辑术语，学生也是能形成推理能力的。

## 第三节　着眼"会学"，全面培养学习语文的能力

掌握了一定的学习方法，并且能用这些学习方法去获取知识，这标志着已经具备了一定的学习能力，真正"会学"了。学法指导的落脚点就应该在这里。在语文教学的实践中，怎样通过切实有效的训练，培养学生的语文学习能力呢？似可在以下三个方面着力：

### 一、系统掌握基础知识，形成熟练的基本技能

扎实、系统地掌握基础知识，并努力形成基本技能，是掌握学法、培养能力的奠基工程，且协调得当，还能"水涨船高"。试想，如果句子的基本式样、基本结构搞不清楚，怎么谈得上去扩句、缩句，去变化句式、造句，甚至也不可能有感情地去朗读句子。再如，阅读能力是独立获取知识的第一基本功，但字、词、句、篇、语、修、逻不甚了了，读、写、听、说就得落空，阅读能力也难以形成。因此，重视基础知识，并不断注意把新知纳入自己的知识体系，真正做到"系统掌握"，并且做到学用结合，形成熟练的基本技能，是至关重要的。

关于小学语文教学的基本技能，根据朱作仁先生的研究，由以下这些方面组成：[①]

（1）使用工具书的能力：不但能迅速而准确地从字典中查出某个生字词，而且还能联系上下文从中选出合适的词义大致理解，从而为疏通课文作好准备。

（2）理解题目的能力：在初读课文时，能自觉地在题目和课文内容之间建立实质性联系。

（3）分段并概括段意，或编写段落提纲，或立小标题的能力。

（4）根据课文中心内容，理清作者思路，提纲挈领、提要钩玄的能力。

（5）捕捉中心句或概括课文中心的能力。

（6）读懂并找出课文中的重点词语、句子、段落的能力。

（7）从运用句子的角度，对照自己的习作实践，从课文中找出写作方法为

---

① 朱作仁. 从调查看小学语文自学能力的特点［J］. 教育研究，1983（4）.

自己仿效的能力。

（8）提出疑难词语或问题，有发现问题、分析问题并试着作解的能力。

（9）做读书笔记的能力。

这里所列的当然是一个较高的标准，但从一些老师的成功经验看，经过认真努力还是可以达到的。比如对第（1）项，可用读查法，通过实践掌握查字典的方法；对第（2）项，可用读推法，读文先读题，由题推想，文章可能写什么，然后在阅读中再对照回应题目和自己的推想；对第（6）项，可用读悟法，围绕文脉逐句逐段体会、自悟，以求悟有所破，得其要领；对第（8）项，可用读议法，读读议议，提出问题，互相切磋，等等。

## 二、引导学生掌握自己的学习过程

胡克英、吕敬先两位先生认为："所谓学习过程，就是包括学习方法、程序和智力活动方法的总和。"（《小学教学简论》）真正掌握了自己的学习过程，这本身就是一种学习能力。要引导学生"掌握"，应当：

（1）引导学生回顾自己的学习过程。回顾学习过程，就能弄清是真懂假懂、真会假会，就能把学习结果与学习方法、学习过程联系起来检查。在本人，有助于他们把握自己的学习思路；在他人，可以从交流中得到启发。因此，教学时要多问：你是怎么想的？你为什么这样说？

（2）引导学生探索自己的学习过程。即在回顾的基础上进行归纳总结，看看自己是怎样学的？这样学对不对？应该怎样学？这就使学习过程充满着自我探索的精神，体现出学习主体的主动性。比如有位老师教学《在炮兵阵地上》安排了这样几个环节：① 在初读分段后引导学生通过讨论认识到：在读书时，不仅要理解字词，读懂每一句话，能给课文分段和概括段落大意，抓住课文主要内容，还要一边读一边想。② 怎样才算是"一边读，一边想"呢？通过讨论懂得，就是读得细一些，想得深一些，多问几个"为什么"，自己设疑，自己解答问题。③ 以第2、3自然段为例，"一边读一边想"，把学生提出的问题与教师激疑的问题用小黑板挂出来，表扬好的，组织讨论。④ 回顾总结是怎样读这两段的：先把读书中想到的问题提出来，然后带着这些问题读书思考，在初步弄懂的基础上，找出彭总感情变化的句子，再分析变化的原因，从而对彭总有了初步的了解。⑤ 迁移。用同样的方法自己阅读第4～9自然段。这样的课更多的不是"教"，而是"学"了。

（3）引导学生调节自己的学习过程。不管多么聪颖好学的学生，在学习过程中，方法、节奏、详略，甚至学习结果都可能有种种不当之处，教师有责任引导他们学会自我调节，比如学习结果不对，应回顾一下自己在什么地方错的，为什么错，探讨自己错误所在的关键原因。比如节奏快慢把握不当，就应引导他们学会根据课文内容和教学要求调整自己的学习节奏。联系到课外阅读，更要根据学生自身的特点，引导他们形成具有个性特点的学习方法。

### 三、引导学生把握解决问题的过程

从某种意义上说，学习就是不断地发现问题、解决问题的过程。学习，也就是为了解决问题。因此，必须引导学生把握这一过程，形成这方面的能力。

解决问题首先要明确问题，这里的"明确"有两层含义，一是老师或课本提出的教学要求，二是自己提出问题。巴尔扎克曾说："打开一切科学的钥匙都毫无疑义地是问号，我们大部分的伟大发现都应归功于'如何？'，而生活的智慧就在于逢事都问个为什么。"爱因斯坦甚至提出："提出问题比解决问题更难更重要。"从语文教学的角度看，老师要努力为学生提供发现问题、提出问题的背景，因此必须抓好预习、导入等教学环节，同时还要通过启发、示范传授提出问题的方法。比如有位老师为了培养学生的质疑能力，在讲《十里长街送总理》时，示范提出："灵车来了，长安街两旁的人们怎么样？"学生答后，又问："我是根据什么提出这一问题的？"学生答道："是根据课文的主要内容。"教师交代："提这类问题，要初步掌握事物的全貌，常以'是怎么样的'形式出现。"于是在下段文章中让学生提出这样的问题。教师又提出一个有关人物性格品质的问题，让学生分析"是根据什么提出来的？""怎样才能提出这样的问题？""常用什么形式？"使学生明确是"根据人物的性格品质提出的""要在掌握人物行动、语言、外貌等的表现后提出""常用'这反映了什么''这表现了什么''你学到了什么'等形式"。接着就结合课文训练学生针对人物提出问题的能力。然后在独立阅读课上让学生利用所获得的能力进一步探索："还可根据什么提出问题？怎样才能提出？常用什么形式？"有的提出："可以根据事物的前因后果提出问题，一般要在掌握事物的结果后提出，常用'这是为什么'的形式。"有的提出："可以根据题目、中心句提出关键性的问题。"；等等。这样的训练，无疑有助于学生掌握提出问题的技巧。

问题提出后就要解决它，解决问题的方法很多，比如前面提到的"一边读一边想"及各种思维方式的运用等，都相当重要。从中小学生语文学习的特点看，应该把他们的思维方向引向课文本身，引向课文深处。从课文本身找答案，有的是直接的，比如教《桂林山水》，要回答桂林的水有什么特点，只要仔细读书圈出重点词语，答案就有了。有的需要联系语境体会，比如教《我的战友邱少云》，问："课文写'看看时间，从发起冲锋到战斗结束，才20分钟'。这时间是长还是短？从哪个词可以体会出来？课文里还有哪个地方用到这个词，作用是不是一样？"学生联系语境就会体会到，这里的"才"表明时间很短，而前面"烈火在他身上烧了半个多钟头才渐渐地熄灭"的"才"则表明时间很长。教师再问："读读课文，想一想，为什么这两个'才'不同？两个'才'之间有没有联系？"学生就会联系到"我"的"担心""不忍"和痛苦，联系到战友们怀着满腔怒火为邱少云报仇的心情，这样的理解就能透过字面本身的意思理解到作者的思想感情。还有的需要通过比较复杂的思维操作才能找到，比如不少着眼于归纳中心思想、写作特色的问题，就要经过一系列的思维环节才能解决。

解决问题，还应该引导学生利用自己的生活经验和生活体会。袁微子先生在《和青年教师谈小学语文教学》中曾举到这样一个教例：有位老师教《静夜思》时注意让学生渗透自己的感情，问学生："你们有谁的爸爸妈妈在外地，你们是怎么想的啊？"这就把学生对亲人的思念跟李白对亲人的思念联系起来，从而加深了对诗的理解。这位老师在教"疑是地上霜"时不是问学生什么是霜，而是问："你们有没有看见过霜？"有个学生说："我那天跟妈妈买油条，看见房子上面有白颜色的东西。我就对妈妈说，这个天怎么下雪呢？妈妈说，那不是雪，那是霜。"这个孩子把认识事物的过程都具体地表达出来了，自然会引起其他同学有关"霜"的联想，增加了思维容量，又巩固了新学的知识。

解决问题的过程实际上也就是获取新知的过程，苏霍姆林斯基说："在我看来，教给学生能借助已有的知识去获得（新）知识，这是最高的教学技巧之所在。"利用已知学习新知，由已知向新知转化，这也是最基本的解决问题的方法，前面所谈利用学生的生活经验等也属此类。根据胡克英、吕敬先两位先生的研究，在已知向新知的转化过程中要抓住已知与新知之间的逻辑联系。(《小学教学简论》)

（1）单向顺向的联系。如由句式的基本结构（主谓结构），扩充导向增加宾语、定语、补语、状语等等，属于这类联系。

（2）单向逆向联系。如反义词的训练：平坦—崎岖，高贵—卑贱，从容—慌张，仔细—马虎，温和—粗暴，等等。

（3）综合性联系。综合运用若干已知概念原理来解决一类问题，如做有关阅读短文的练习，就是综合性思维训练。

（4）类同性联系。如弄清词语、概念的归属：家具，包括桌、椅、床、橱等；文具，包括纸、笔、铅笔盒、练习本等；笔，又有钢笔、铅笔、毛笔、圆珠笔等。

（5）近似性联系。如找近义词的练习：哭泣—抽泣，坚决—坚定，陌生—生疏，几次—屡次，渐渐—慢慢，等等。

抓住这种种联系，既使新知能较快纳入学生原有的知识体系，又使思维训练更见科学化，是应当引起重视的。

从学习能力的培养看，解决问题后，也应有个回顾过程的环节，这在前面讨论引导学生掌握学习过程时已经论及，在此，就不赘述了。

# 第十章 结构论

任何事物都有其存在形式，语文学科的课堂教学也有自己的存在形式，这个存在形式被称之为结构。"结构"一词，原是建筑学上的术语，是指把各种建筑材料，通过结合构造以成为一所房子的方法。课堂教学的结构与之有相通的地方，又有其个性，这就使它不仅成为教学内容，而且也是教学过程和师生联系的整体表现形式。但不管怎么说，"房子"总是要盖的。现在就让我们来看看，阅读教学怎么立足于教学艺术的高度去盖房，去盖好房，去盖种种别致的房。

## 第一节 结构安排的空间意识

时间是物质运动的持续性；空间是物质运动的广延性。恩格斯说过："一切存在的基本形式是空间和时间，时间以外的存在和空间以外的存在，同样是非常荒诞的事情。"[①] 课堂教学也是如此。马赫穆托夫认为："把课看作是相对于教学过程而言的一种独立的整体系统，是在时间和空间中进行的一种有目的的活

---

① 马克思，恩格斯.马克思恩格斯选集［M］.中共中央马克思恩格斯列宁斯大林著作编译局，译.北京：人民出版社，1995.

动。"① 邓金主编的《培格曼最新国际教师百科全书》也引用了达尔文的观点："结构因素的共同点是，它们给学校教学过程中的那个部分定下了时间和空间的限度。"但是传统的教学论在讨论课堂教学结构时，却只见时间的因素，只从教学过程去看它的纵向联系；而忽略了它的空间因素，不注意从系统构成看它的横向联系。在这里，我们首先着眼于空间因素讨论课堂教学结构，并不是因为课堂教学结构中空间比时间更重要，而是由于它的被忽视，包含了提请注意的意思。

强调课堂教学结构的空间意识，要注意哪些问题呢？我们认为，以下几个方面是应当努力以求的：

## 一、信息传递体系的交叉型网络式

在教师、学生、教材这三要素中，教材的作用主要基于教师的认识和处理，它的内容往往包含在师生的联系之中，所以不另专论。教师和学生自始至终是教学过程的参与者，二者之间又互为教学的"环境"，自当是关注的重点。

众所周知，传统教学的一个弊端就是师生之间信息传递系统的不完整和不畅通，教师重教轻学；重传授、灌注，轻启发、思考；重"讲"，轻"练"；重课本，轻学生；等等。因此，实际上信息传递不到位，也无法形成有效的反馈。有的老师教学时难跳窠臼，又期望学生能"动"起来，"活"起来，当然只会失望，于是或是埋怨学生不聪明，或是斥责学生不合作，实在是一种"冤枉"。所谓"埋怨环境天昏地暗，改变环境天高地阔"。在课堂教学的优化过程中，我们必须着力改进信息传递体系，建立交叉型网络式的科学化结构。曾有同志列举过四种师生间的信息传递模式以作比较。②

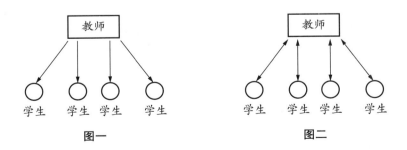

① 马赫穆托夫.现代的课（续完）[J].外国教育资料，1984（3）.
② 倪文锦.中学语文课堂教学新结构特点浅探[J].教育评论，1986（3）.

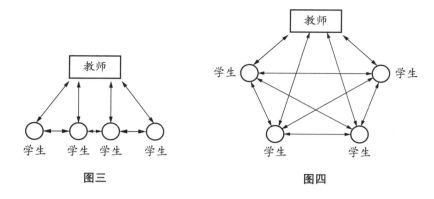

图三　　　　　　　　　　图四

　　论者认为，在传统的课堂教学中师生信息系统基本上是前三种方式。其中，图一表示教师和学生保持单向的信息传递；图二表示教师和学生保持双向的信息传递；图三表示不仅教师和学生保持双向的信息交流，而且还存在学生之间的相互交流。但是这三种方式都呈点面结构，它们是"平面"的。而图四所表示的传递方式则明显不同，它把师生之间纵向交流和学生之间的横向交流交织起来，组成网络结构，使信息交流呈立体交叉传递方式。我们应该追求的，显然是第四种模式。

　　要确立这一模式，在指导思想上，要突破传统教育观念的樊篱，真正把学生当作学习的主人。比如辽宁的魏书生老师就是这样的，有关语文教学和班级活动的事，他总是与学生多商量，诸如上课讲哪些内容，写什么作文，搞什么课外活动，甚至连考试的形式，改卷的方法，都注意采纳学生的意见。这些工作，虽然做在课外，但一定能在课内开花结果。在教学的实施过程中，当然也得强调教学的民主化，不仅不能目中无人，也不能满足于目中有人，而是要真心实意地做到心中有人。比如魏书生老师在课堂提问和讨论时多给后进生一些机会，比如一些老师教学时"眼观六路，耳听八方"，恰到好处地引导激发学生，都是对信息传递体系的优化措施。

　　要确立这一模式，在具体方法上，则应提倡讨论法。倪文锦同志在文章中曾分析道：以教师"讲"为中心组织课堂教学，其信息传递方式必然是点面结构，而要突破这种传统框架的束缚，就必须从课的内部组织形式上，即课堂教学结构上保证"讨论"的有效实施。语文教坛上出现的一些新的教学结构，如育才中学读读、议议、练练、讲讲的"八字教学法"，其中的"议议"环节；钱梦龙自读课、教读课、作业课、复读课的"基本式"，其中的"教读"；黎世法自学课、启发课、复习课、作业课、改错课、小结课的"六课型",其中的"启发";魏书生定向、自学、讨论、答疑、自测、自结的"六步法",其中的"讨论",都包含了"讨论"这一共同的成分,这说明一些课堂教学新结构都在注意利用和发展学生之间的横向交流,并使之与师生之间的纵向交流构成立体交叉网络。由此,也可看出这一模式的生命力。

## 二、教学对象组合的小型化、多层次

教学对象的组织形式,也应是课堂教学结构空间感的一个侧面。在这里,应当提倡组合形式的小型化,比如将学生每四人组成一个学习组,充分发挥"两张桌子四个人"的整体功能,就比总是全班集体行动的"大兵团作战"效果要好。还以讨论这一具体的方式说,借助于自然结合的小组,不仅可以大大增加学生相互间信息交流的量,也可以提高师生之间、同学与同学之间信息交流的质。霍懋征老师在教学时充分注意到这种组合的优势,她把班上的学生按座位前后左右,四人一组编成十几个小组,遇到容易产生分歧的问题,如掌握文章的思路、概括课文的内容、评议文章的优缺点等,就让学生在回答之前,先在小组轻声讨论。霍老师在总结这方面经验时认为,这种做法的好处有:学生发言的机会多,有助于促进他们口头表达能力的提高;学生毫无拘束,畅所欲言,可以随时得到别人的纠正和补充,有时还能引起争论,有助于激活思维;教学内容中有的观察项目,如图画、标本等,可以发到小组里,让学生一边观察,一边议论,从而加强了训练的综合性;学生在小组议论的基础上,再在课堂上当众回答问题,就产生了跃跃欲试的情绪,有助于改变他们习惯于接受现成结论的被动状态。笔者在教学中,也曾注意运用这种方法,并定时调整座位,不断改变小组的人员构成,同时锻炼学生的交际能力,从教学效果来说,也可以算作是这种方式的"既得利益者"。

但是,组别的划分并不仅仅有小型化的要求,还应体现其多层次。《培格曼最新国际教师百科全书》在论述这个问题时认为:"使教学适合于个别差异的一种流行的方法是把学生分成若干小组。在大多数情况下分组的目的是要降低在一起受教育的那些学生中间的变异性。支配这种实践的逻辑是:既然社会不可能为每个学生单独提供一位教师,学生通常就必须在小组中受教育,所以,使教学适合于学生个人特征的最适宜的方法,是把学生分成同质的小组,每个小组由彼此相像的学生组成。"这种做法的理论基础有两点:第一,掌握学习原则。该原则认为,每个学生都应有均等的机会去达到学习目标,而不管各个学生达到目标的途径互不相同。贯彻这种原则，应当允许学习困难的学生花较多的时间去达到目标，应当包括提供另一种教学程序以适合于不同学生的能力和学习风格，以及对那些采用通常的教学方法未能成功的学生提供矫正教学。第二，持续进步原则。该原则认为，每个学生为了完成在有效时间内能够完成的所有一切，应不断地向着新的学习任务前进。学生不应浪费时间去重复他们已掌握的任务，也不应要求学得快的学生在从事更高深的学习任务之前浪费时间去等待学得较慢的学生赶上来。这样，才能保证每一个学生都得到比较充分的发展。

我们欣喜地看到，早在上个世纪 80 年代，在我国的语文教育界，已经有一些老师进行过这种分等级组的实验，尤应提及的是南昌三中的张富老师，为了组织学生以最好的情绪、态度去学习，都在各自不同基础上逐步提高，他将全班学生分成甲、乙、丙、丁四个不固定的程度组。从他们相互比较中来判定情绪、态度的好与坏并决定表扬或教育。张富老师的具体做法是：[①]（1）按程度组定要求。对四个组分别提出高、较高、一般和偏低的不同要求。对基础好的要求高，给予"山外青山楼外楼"的压力，防止发生骄傲、松懈情绪，马虎、应付态度；对基础差的，提出合理偏低要求，增强他们的信心。（2）按程度组定训练内容。有时对某组加大或降低难度，增加或减少分量。（3）按程度组定表扬和个别教育对象。每进一步就表扬，每退一步就帮助。衡量的标准在组里，而不是班里。这样，学生"跳一跳，摘得到"的积极性就大大增加了。

这种程度组的组合，改善了一个个具体的点，造成了一个个最新的面，实际上是对课堂教学结构的优化，是值得提倡和鼓励的一种学习形式。

这里要说明的是，程度组与学习组并不互相排斥，学习组的建立与大班教学和个别指导等也并不互相矛盾。还以张富老师为例，他划分了程度组，又精心设计了班上的学习组，小组学习也仅仅是课堂活动的一种形式，具体说来，他以程度组的划分为基础，分别采用如下学习形式：大班教学，处理带普遍性问题；小组议论、检查，把大班教学活动引向深入；个别指导，有针对性地解决问题；个人钻研，让学生自己去发现问题，分析解决问题。这样，不仅有多层次，而且有多渠道，教学时课堂空间的"利用率"就大大提高了。

新课改推进后，随着合作学习作为一种基本理念和方法，课堂空间结构的变化成为一种常态，所创造的经验也更加丰富，但应注意的是，并不是座位的

---

[①] 张富.关于改革语文课堂教学结构的研究［J］.课程·教材·教法，1986（5）.

变化、小组的组成都是正面效应。诚如不少老师指出的，合作学习要有具体的主题、任务，不是空头合作；合作要有明确的组织分工，各司其职，不是闹哄哄的虚假合作；要有合作的成果，不是不了了之的形式合作。座位的变化关键是能否有利于信息交流网络的优化，而不是仅仅作为时尚。

### 三、教学环境优化的科学性、开放性

如果我们把范围仅仅局限于常规教学，那么，教学环境一是指教室的心理环境，即指作为潜在地影响学生学习的社会集体——班级的气候和氛围，这一点，我们在前面已经谈到；另一方面，则是指物质意义上的环境。按照系统论的观点，任何系统都受到环境的作用和影响，同时又作用和影响着环境。不论研究什么系统，不但要注意系统内部要素间的相互联系，也要注意系统与环境的相互联系、相互促进作用。因此，我们在讨论教学结构时，不能不提出优化教学环境的命题。

先让我们"走进"教室。在教室里，一排排课桌都面对着前方，这已经是教育一个十分稳定的特点。除了这种常规的座位安排外，还有没有一些可供选择的安排？在国外，就有人安排学生按排、群、U形就座并观察这样安排座位对学生变量产生的影响，也有人研究了因方便讨论问题而形成的圆形座位安排的内部结构。再从常规的座位安排看，我们更多地着眼于生理特点，比如高矮、男女以及视力的好坏，仅仅着眼于这些方面，显然对学生是不公平的，有人曾经调查过817名中学生，询问他们对自己的看法、对学校的态度、个人兴趣及座位的爱好。调查结果表明，学生对座位的选择确实反映了他们对学校的感情。喜欢坐前排的学生一般对学习持十分积极的态度，他们认为自己在学校有获得成功的能力，并表示要努力学习以取得好成绩。而那些更喜欢坐在后排的学生则对学校、学习持消极态度，对自己获得成功的能力也缺乏信心。反推之，由老师指定的长期不变的座位安排，对学生也起着或正或负的潜在影响。还有一种比较普遍的情况，在课堂讨论时，坐在教室前排和从前排到中间的学生发言相对要多些，这是因为这一地带是教师的"行动区"，具有地理位置的优越性。因此，在《培格曼最新国际教师百科全书》这本相当权威的著作中，对教室座位的安排提出如下建议：第一，既然行动区被假设与教师的位置有关系，那么，教师在只要有可能的时候沿教室来回走动并直接对周围的学生讲课就很重要。第二，定期调换学生的座位，免得有些学生始终坐在行动区外听课，也是明智之举。第三，如果学生被允许自己选择座位，那么，这一行为可以用来作为研

究学生的自尊心和他们对学校喜爱程度的线索。如果我们能根据教材和学生的特点，把非常规座位安排的形式和常规安排的科学性结合起来考虑，那么，就有助于我们把教学空间设计得恰到好处，把每一个学生安排到最佳位置上。这样，课堂教学结构中各个交叉的点就具有质的定位，教学结构的整体就能进一步得以优化。

我们徘徊于教室之内，主要考虑的是教学环境构设的科学性。而教学环境的优化还应有另一重内涵，即提倡开放性。在这一方面，很多老师进行了有益的探索，比如李吉林老师创设情境教学途径的第一种方法就是以生活展现情境，通过把学生带入社会，带入大自然，从生活中选取某一典型场景，作为儿童观察的客体，并凭借教师语言的描绘，鲜明地展现在儿童眼前。再如魏书生老师帮助学生制定了包括长跑、游戏、郊游、音乐、美术、课外阅读在内的时间表，并在这些活动中进行听说读写的训练，锻炼能力，开发智力，通过这些丰富多彩、生动有趣的语文课外活动，把学生引向广阔的社会生活的大课堂，扩大其视野，丰富其知识，增长其才干。还有些老师注意把学校、家庭、社会三者与课堂教学有机地结合起来，充分利用环境对语文教学的有利影响，努力构筑具有一定广阔度的立体的教学结构系统。这些做法，如果是与具体的课文教学相联系，"课堂"的内涵大大扩展，教学结构必然注入新鲜的内容。如果仅仅作为一项单独的甚或渗透其间的语文活动，它对教材的革新意义显而易见，对教师和学生的作用力也是积极和深远的。当然，要真正使学生"得法于课内，得益于课外"，教师还有许多工作应做，对于这个问题，我们将另章以论。

## 第二节　教学结构的纵向形态

从时间角度看，教学结构呈现着纵向形态。这种形态，换一个说法，也可叫作教学的纵向结构。对它的研究，不妨从辨识类型开始。

教学结构的形态很多，在这里，我们并不想采用穷举法，而是选择几个不同的立足点作一番审察：

### 一、受通用教学模式影响而形成的基本类型

某一学科的教学，总要受到以整个教育为研究对象的教育学、教学论的支配和影响（当然也有它的反作用）。从这个意义上看教学结构的类型，相当一部分都是某一通用教学模式在特定学科的个性化。比如，19世纪末德国教育家赫

尔巴特把教学过程分为四个阶段：

第一阶段："明了"，就是要把所学习的东西从它所联系的一切东西里分析开来，深入加以研究，这就要求教师向学生明确地讲述新教材。

第二阶段："联想"，就是使新教材和已有的观念发生联系，教师要通过谈话对新旧观念进行分析比较。

第三阶段："系统"，就是指学生在新旧观念的联系中得出结论，形成原理、法则、规则。

第四阶段："方法"，是通过各种练习把已学到的知识应用到实际中去。

后来，赫尔巴特学派又把第一阶段"明了"，分为"预备"和"提示"两个部分。"预备"就是引起学生对新教材的兴趣，"提示"则是介绍新教材，这样就构成了赫尔巴特派的五段教学法，这种方法被引进后，人们在语文教学中也企图以此为借鉴，设计出合理的教学程序。1916年《教育杂志》上介绍了一种被称作"渐明法"的国文教学模式，其步骤为：①

一、复习（指对旧课的温理）

二、预习 { 形式（让学生从课文中发现自己难解的语句）
内容（启发学生初步了解课文意义，并提出疑问）

三、教授 { 甲、读法（校正误读的生字；解释生词新语的含义）
乙、意义（讨论难解的语句；联系课文的内容和形式，在内容上作必要的补充、发挥）
丙、玩味（让学生讨论、欣赏课文中的精彩片断；让学生找出课文中的逻辑重音、心理重音，进行有感情的朗读——美读）
丁、话法（让学生注意模仿读文中的语言）

四、整理（总结新课教授要点）

五、应用（处理各种作业）

"渐明法"努力与传统的讲解法相对，以学生为学习的主体，使学生通过教师的组织引导逐步明白课文的真味、真趣，完全排斥了教师一味逐字逐句的讲解和灌注。其五阶段教学程序显然是赫尔巴特派教学法在国文教学中的具体运用。

---

① 顾黄初.现代语文教育史札记［M］.南京：南京出版社，1991.

根据有关同志的研究，在现在的教学第一线，有多种通用教学模式影响较大。这些模式包括：[①]（1）传授和学习系统知识的模式。基本步骤是：① 感知教材；② 理解教材；③ 巩固知识；④ 运用知识。（2）范例教学的模式。它把教学过程分为：① 通过整体的一个或几个特征来说明这个整体；② 对个别事物属性的认识进行归类；③ 运用已获得的认识进一步探究出规律性认识；④ 在获得规律性认识的基础上取得关于世界的经验和生活的经验。（3）探索性教学模式。它的一般程序是：① 提供结构性材料，掌握课题；② 提出解决问题的假说；③ 验证假设，交流初探成果；④ 得出原理或概念。（4）情境教学模式。一般程序是：① 根据教学目的，创设教学情境；② 引导学生，身临其境；③ 启发学生，进入意境；④ 指导学生实践，再入情境。（5）引导学生从活动中学习的模式。其程序结构是：① 设置问题情境；② 确定问题；③ 拟定解决问题的方案；④ 执行计划；⑤ 总结与评价。

如果认真踏勘一下语文教学的广袤土地，我们不难发现这些教学模式的影响所在。正是这些教学模式，使语文教学结构的类型多样化了。

## 二、受课型特点而形成的基本类型

课型，是根据教学目的和要求来确定的。现在的中小学语文课文都有三种类型，进行教学设计时，当然要对得上"型号"，有时教师根据需要对教材作出新的处理，结构安排也要与之吻合。仅以精读和略读说，叶圣陶先生早就提出过两种指导程序：

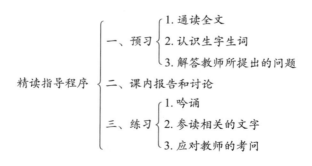

---

[①] 刁维国. 教学过程的模式［M］. 教育科学，1989（3）.

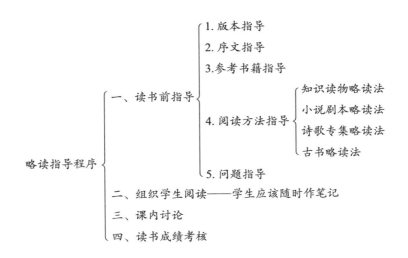

尽管我们还可以进行充实和提高，但其框架的科学性和稳定性是显而易见的。

### 三、因教法特点而形成的基本类型

也有同志把教学方法和教师、学生、教材一起，列为教学结构的要素。虽然，采用什么样的教学方法是由教师决定的，不必单独列出；但教学方法和教学结构互为影响的关系是显明的。有些教学结构的模式确实是与教法的选择联系在一起。比如，20世纪50年代初，苏联的小学阅读教学法被介绍到中国，谢皮托娃所著的《小学语文阅读教学法》一书中提出了"文艺作品教学"（即记叙文教学）的程式。其程序是：（1）启发工作；（2）阅读全文；（3）读后谈话；（4）逐段阅读分析；（5）编写段落大意；（6）复习阅读；（7）复述和创造性讲述；（8）结束谈话。这就是人们称之为"讲读法"的教学程序，现在的讲读法教学结构面目有所改变，但演变痕迹是十分清楚的，比如有的老师认为现在小学阅读教学讲读型的教学程序应是：

（1）启发性谈话。（提供知识背景，指引阅读思考的方向。）

（2）准备性阅读。（或教师范读，或指名朗读，或齐读，使之对全文有初步了解，并通过读后谈话，激发学生求知欲。）

（3）分析性阅读。（逐段深入具体地理解课文内容，学习表达技巧。）

（4）分段编提纲。（在整体理解的基础上，将全文分解为互相关连的逻辑部分，并将这些部分进行内部概括。）

（5）复述和朗读。（进一步熟悉作品，入境悟情，加深理解。）

（6）总结性谈话。（概括作品思想意义，体会作品主题思想，了解写作方法。）

（7）巩固作业。（进行字词句篇的综合训练，形成学习能力。）

如果换一种教法，当然就不能采用这种教学程序，比如采用练习法，其基本程序就成为：[1]

（1）以练导学。（通过预习性练习，感知全文，发现疑点。）

（2）检查反馈。（目标筛选，发现突破口，使思维定向。）

（3）点拨启发。（引导学生深入理解重点难点，体会写作意图，并从中受到感染、教育。）

（4）巩固练习。（根据本课教学目标而设计的字词句篇、听说读写方面的综合性练习。）

（5）再检查，再反馈。（根据练习情况，对照教学目标检查、反馈。若某方面未达到目标，则再引导、再点拨，再设计针对性练习。）

再如我们前面提及的通用教学模式，也都与具体教法的运用联系在一起。从这个角度看，教学结构的类型之丰也可想见。

面对姿态各异、争奇斗艳的教学结构，一方面我们要"求异"。即使是同一模式，因教者思维立足点的不同，也会因人而异，以导读型教学结构说，至少有：

（1）以培养能力为出发点的导读型结构。如钱梦龙根据以学生为主体、教师为主导、训练为主线的基本思想，设计了四种课式：自读课、教读课、作业课、复读课。

（2）以信息论为设计原理的导读型结构。如前已提及的魏书生老师设计的"课堂教学六步法"。

（3）以主导主体的对应配合为出发点的导读型结构。比如靳守彦、李守仁在《小学语文导读式教学新探》一书中设计的课型结构：

---

[1] 叶启明. 阅读教学的基本课型结构［J］. 小学教学研究，1989（9）.

（4）以文体个性为切合点设计的导读型结构。如有的老师设计的导读步骤是：① 辨体。先确定体裁，再按文体明确方法。② 设疑。根据文体特点，设计相关问题。如记叙文、议论文的设疑都可以从要素入手。③ 自学。针对问题自读试解。④ 研讨。⑤ 揭示。在学生讨论的基础上进行总结，归纳出阅读某种文章的规律，进而使学生悟出写这种文体的规律。⑥ 创造。肯定学生表露出来的新思想、新观念、新意图、新方法。

另一方面，我们还要善于"求同"。求同的方法很多，分析教学程序的基本结构单位就是一种。在谈到文学结构时，曾有人说，对于叙事文学，它的基本结构单位是事件；对于戏剧文学，它的基本结构单位是动作；对于抒情文学，它的基本结构单位则是"像风飘过琴弦一样震动诗人心灵的瞬息感觉"。① 参照这种说法，我们认为，教学过程的基本结构单位是环节。教学的纵向结构就是由一个个教学环节联接、组合的。我们不妨分析一下：语文教学有哪些基本环节？我们应该选用哪些基本环节？有的同志曾将这些环节归纳为②：预习（预备、明了、理解）；自读（自学）；参读；略读（通读）；精读；评读；复读；质疑问难；答问；概括、整理；练习（作业、应用）；巩固（复习、回忆、复讲）；自测；自给、改错；组织；定向；提示；指导（启发、诱导）；讲读；教读；谈话；讨论（议论）；提问；答疑（解释）；检测等。很多结构模式都是上述环节在一定条件下的排列组合。钱梦龙的导读结构模式是自读、教读、练习、复读的联接，黎世法的单元教学结构模式是自读、指导、巩固、练习、自给、改错的组合，魏书生的教学结构模式则是定向、自读、讨论、答疑、自测、自给、改错的有机组合。识乎此，我们在安排教学结构时，面对种种可供借鉴的模式，就不至于是门外汉买瓜，"满船拣瓜，拣得眼花"了。

当然，对于大部分老师来说，可以先"仿"后"创"，先学习、掌握已经更新了的语文课堂教学模式的基本思路。这个基本思路就是"定向—自读—研

---

① 别林斯基. 别林斯基论文学［M］. 梁真，译. 上海：上海文艺出版社，1958.
② 刘守立. 阅读教学论［M］. 合肥：安徽教育出版社，1989.

讨—归纳—应用—反馈"的线性程序。①定向，即提示学习目标或学习重点；自读，即学生按照提示的目标或重点自己独立阅读（这是提高学生独立阅读能力的关键环节）；研讨，即师生围绕学习目标或学习重点提出问题，共同研究和讨论；归纳，即"举一"，概括某些规律性的知识和方法；应用，即"反三"，学生运用某些规律性的知识和方法解决实际问题；反馈，即总结"应用"环节的得失，作为下一次教学活动"定向"环节的参照。这一基本思路以"确立学生的主体地位"为内核，具有较高的实用价值。

还应看到，教学结构的"时—空"结合状态是有机的，不可分割的。每一个教学步骤的实施，既需要一定的物质空间，又离不开教师、学生、教材的结构系统。仅以后者说，靳守彦、李守仁的"预、引、议、练"四环节课型每一步都包含了师生间的信息交流：

（师）诱导　　引导　　指导　　辅导
（教材媒介）　导读　　（自学能力）
（生）预读　　细读　　议读　　练读

再如浙江林炜彤老师设计的"五步"课堂教学结构的图示表（见下页），也可以看出每一步都注意到时空的结合。②

这里的"五步"是自读、研读、练习、总结、迁移。论者认为，这个设计是在体现阶段性的同时，十分注意空间整体性，并对教师、学生、教材的三者关系作了阐述：对于学生来说，教材、教师是信息源（特别是教材），学生根据教材和教师的一些提示，建立了信息量，并在自我处理信息量后又反馈给教师。对于教师来说，教材和学生是信息源，它们是教师组织课堂教学的依据，同时教师又把学生学习教材反馈过来的疑难、误差进行调节后输送返还学生。对于教材来说，它是教师和学生教学活动的凭借，师生都有对教材进行加工处理的任务。而这一切又都是伴随着教学过程进行的。应该说，这种设计及解说，对我们是有启迪意义的。

---

① 顾黄初.语文教育研究的理论跋涉——就新时期语文教育理论研究答编辑部问［J］.中学语文教学参考，1989（4）.

② 潘力平.科学的课堂教学结构一例［J］.语文学习与研究，1986（10）.

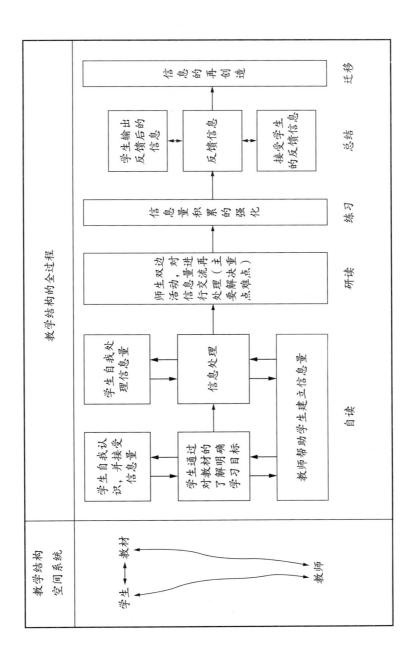

## 第三节 教学结构的变式

所谓"没有规矩，不成方圆"，有了教学结构的模式，教师有格可循，有规可遵，有助于克服教学的盲目性和随意性，但是模式本身并不是僵化的东西，它不应限制、束缚教学的灵活性和创造性，因此，还应研究它在常式之外有哪些变式，以便教学时作出更恰当的选择。

### 一、围绕认知规律形成的变式

在语文教学中，学生认识事物一般表现为"感知—理解—运用"的基本程序，在这一基本程序保持稳定性的前提下，可以形成如下变式：①

（1）递进型。即按照一堂课一篇课文或一个单元的教学顺序，依感知—理解—运用三个阶段顺次进行。如图：

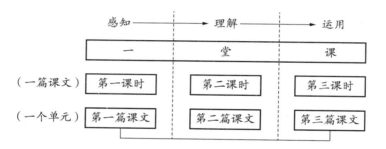

这种结构，前后承接，逐级递进，脉络清楚，井然有序，但经常使用或使用不当，容易造成板滞。

（2）波浪型。按照学生的心理规律，依据教学过程，有起有伏，有密有疏，有张有弛，使教学呈波浪式地向前推进。如图：

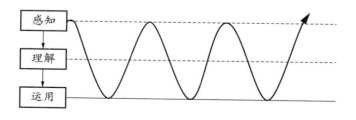

---

① 于余. 系列化·网络化·多样化——现代语文课课堂教学结构探索 [J]. 语文学习，1987（6）.

这种结构，有波峰，有浪谷；波峰是教学的高潮，浪谷是教学的间歇。这样波澜起伏的结构，有助于学生大脑兴奋和抑制两种状态的调节。其难点是较难驾驭。

（3）螺旋型。根据学生认识事物螺旋式上升的规律，设计螺旋型的课堂教学结构，既使感知、理解、运用衔接紧密，又使学生的学习能力逐步升华。如图：

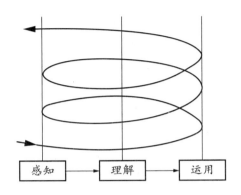

这种结构适宜于难度较大的课文，能使学生温故知新，运用比较、联想、想象等思维方法，使学习的新知同过去的旧知结为一体。它有利于听、说、读、写能力的历练和形成，但用之不当，容易给学生庞杂、繁琐的印象。

（4）辐射型。为了培养学生的创造性思维，抓住教学的重点、难点，引导学生的思维扩散、求异、求新，从而训练学生思维的流畅性、变通性和独特性。如图：

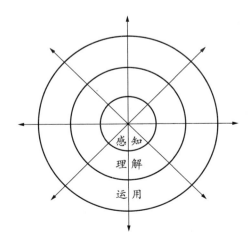

这种结构，教师要抓准教学的关键问题，引导学生迅速感知、运用，使思维朝不同的方向辐射，最后再通过筛选、归纳，使其对课文学习的理解达到一个新的高度。经常运用这种结构，能使学生思想活跃，应变能力强。但处理不好，课堂上容易出现混乱现象。

## 二、围绕教学侧重点形成的变式

每堂课或每篇课文的教学，总有其侧重点，这就可能带来结构的变式，比如各个环节排列顺序的变动，各个阶段时间比例的变化，等等。教学侧重点主要包括：

### 1. 某种新知的传授

有时为了结合课文重点介绍一种新的知识，就必须对课文的有关部分精琢细磨，这就可能引起时间安排和环节顺序的变化。比如有位小学语文老师教学《渡船》，已经引导学生概括出人物感情和行为变化的线索：妈妈：愁眉不展——更加焦急、发愁——流露喜悦——愁云聚拢——拍着、动着——露出笑容，船上人：纷纷议论——"找她！找她！"——沉默、安慰——同声欢呼——欢欢喜喜——回头再望；也通过对比分析归纳出渡船上的人们把病孩及病孩的亲人当作自己的亲人，他们想人所想，急人所急，热心关切孩子的病情，千方百计为别人分忧这一课文的中心思想。按照讲读课文的常式，已经经过了"整体—局部—整体"即"初步感知—分析理解—整体综合"的阶段，但教者把本文的教学重点定为：细心体会作者具体、生动的细节描写，懂得怎样进行描写。前面都是"略讲"，在中心思想概括出来后，安排了回读的环节，围绕细节描写再进行一次"整体—局部—整体"的程序，于是就有了下面的设计：[①]

（1）根据课文的中心思想，大家认为哪些内容应该作为细节详细描写？（这样设问有利于调动学生自己学习的积极性，会变被动学习为主动学习，在学生积极动脑的过程中，老师给予适当的点拨，就会使学生豁然开朗，懂得作者为什么这样写。在教学环节的转换上，也相当自然。）

（2）看看作者是否和我们意见一致。要求学生默读课文，找出课文中有关的细节描写，讨论分析，领会其中的意思并体会它的作用。（分析的重点就是感情、行为变化的六次情况，引导学生体会作者是紧扣中心思想写的。）

---

① 冯静.《渡船》教法新探［J］.小学语文教学，1987（5）.

（3）结合课文的学习，说说怎样才能写好文章中的细节。（引导学生懂得写文章时，哪些地方与中心思想关系密切，这里的细节要着重写，细致地写，细节又来自生活中的观察，要注意多观察，而且观察得越细致越好。）

### 2. 某种能力的训练

比如要培养学生的质疑能力，讲读课文的结构就应成为：初读课文，提出疑点——重点读议，分析疑点——教师总结，解决疑点；培养学生的自学能力，就可以从"练"入手，让学生先去尝试理解，以便在学习中获得更真切的感受。再如有的同志把能力训练与阅读教学的过程结合起来，提出可以在小学阅读教学的各个阶段，有所侧重地培养学生六个方面的能力：（1）预习课文的能力；（2）回答问题的能力；（3）独立分析重点段落的能力；（4）分段能力；（5）概括中心思想的能力；（6）整理知识的能力。[①] 论者归纳了每项能力训练的基本步骤，认为课堂的结构安排应建立在对相关教学活动的选择上，总是有详有略，而不是平均使用力量，这样相对于一般常式来说，围绕六种能力训练形成的教学侧重点，就带来了六种阅读教学结构的基本变式，比如要侧重培养学生整理知识的能力，大体步骤有：① 教师教给学生整理有关知识的方法；② 学生边复习阅读边画出有关知识的词句；③ 教师巡视指导；④ 组织学生讨论，明确需要整理的有关知识；⑤ 归纳整理，将知识"系统化"（可采用图解、图表等方式）；⑥ 小结。

在一般情况下，这个环节不会出现。但如果确实需要，安排了这项内容，那么总结课文这一阶段的时间较之平常要大大增加，这种环节之间的"失衡"必然地带来了结构的变式。其他能力训练如果作为教学侧重点，亦同此理。

## 三、围绕教学个性形成的变式

教师作为教学的主导因素，最好是"全能选手"，但在知识和能力的各个侧面上存在不平衡的现象是相当普遍的，在某种情况下，注意扬长避短，是必要的。而这种扬长避短，决定了在师生联系的空间结构系统方面形成不同的形式，也就影响了教学的整体结构。有位老师以高师实习生为研究对象，设计了如下结构形式，对已在工作岗位上的同志也不无借鉴价值：[②]

---

[①] 戴宝云，高波琴，梁启虞.小学阅读教学课堂结构的改革［J］.教育研究与实验，1987（1）.
[②] 云天椿.语文教学结构优化的"形"与"神"［J］.广东教育学院学报，1990（4）.

（1）适应△（正三角形）结构的以"讲"引"读"式。△结构，是指教师思维较敏锐，且口语表达能力较强（以顶点表示），而学生则由于各种主客观原因在某一场合外部反应一般（以底边表示），教师可以系统精讲，且"讲"不离"启"，以此引"读"。

（2）适应▽（倒三角形）结构的以"问"引"说"式。这种结构与上式相反，教师外部语言能力不强，而学生在某一场合大多思维活跃且反应热烈，这时教师不宜以"讲"为主而扬己之短，而应立足于"问"，按精心设计的问题系列，引学生说答。

（3）适应◇（菱形）结构的以"问"引"议"式。"问"，指师问或生问；"议"，指学生讨论探讨。由于信息多向流通，放收不易控制，这就需要教师、学生双方都有比较好的素质和敏锐的反应。

（4）适应○（圆形）结构的均衡训练式。教师与学生整体都没有突出的优势或劣势（以圆表示），可均衡地运用讲、说、读、问、议等多种方法，综合训练以求优化。

当然，我们应该提倡的是扬长补短，而不是对某一模式的消极适应。但教学方法的选择，教学结构的安排，总是与教师的教学个性、教学风格有所联系的，在这一点上，新教师与老教师、名教师有相通之处，只要看看一些教坛高手不仅自身发展比较全面，而且都有突出自己优势的看家招数，对此，就更能理解了。

## 四、因空间环境变化而形成的变式

在第一节中我们就提到，教学结构的优化包括对教学空间的改造和突破，这些改造和突破相对于通常的教学形式，当然就成了变式。比如有位老师教戏剧单元时，不是由老师向学生介绍有关戏剧的知识，而是组织学生实地演出来获取有关戏剧的知识。为了让学生理解《雷雨》的主题，领会戏剧是通过尖锐、复杂的戏剧冲突来展现人物性格的有关知识，老师让学生演出《雷雨》，规定每一组演出一幕，每一组还要有导演、舞台监督、场记、服装设计、音响效果等舞台所需人员。这一切，全由学生自己担任，老师"退居二线"，只当"顾问"。学生的积极性得到充分发挥，"演员"们聚在一起背台词，分析人物性格，相对于只听老师传授，收获甚多。再如有位老师教《"友邦惊诧"论》，最后一个教学环节是练习驳论，老师出示论题后，组织学生分成正方和反方，这样，不仅课堂组织形式有所变化，也加强了训练的深度。这些都是课堂座位形式的变化，属于对教学空间环境的改造，至于走向大自然、走向社会那一类对教学空间的突破，更具有"变"的意义了。

安排设计教学结构时，提倡因人、因文、因时、因地而随机应变，无疑可以促进教学结构模式的丰富和发展。但是，教学需要的是真刀真枪，而不是花拳绣腿，"万变不离其宗"，变与不变，都应紧扣学生和教材的特点，紧扣学生教育、教养和发展的教学目标，都应该体现在低耗高效的教学效益上，这是一切教学改革的生命力所在，当然也是进行课堂教学结构改革的唯一准则。

# 第十一章　环节论

　　环节，是构成教学过程的基本单位。从通用的角度看，教学的环节有：课前预备、上课、作业的布置与练习、质疑与辅导、学业成绩的检查与评定。切入到其中一个，又可将之分解为一串子环节。本章仅围绕上课这个教学的中心环节，来探讨一下，这里的一串子环节应当具备哪些艺术细胞。

## 第一节　预习指导的特点和方法

　　叶圣陶先生认为，预习时学生"运用自己的心力，尝试去了解"课文，正与"养成读书习惯的目标相应和"，所以是"训练阅读的最重要的阶段"。但在事实上，预习要获得这样的地位，还需要大家做出许多努力，把握特点，讲究方法，正是其中的部分工作。

　　要开展这方面的工作，不妨先"顾名思义"，试解一下预习是什么。

　　（1）预习是一种铺垫。显然，预习是了解课文的阶段。其实质在于把学生引导到一个新的水平线之上，提高他们学习课文的起点，从而改变学习的被动局面，为高质量的教和学打好基础。因此，一方面，预习不能是"浮光掠影"的；另一方面，又不必都要求"水落石出"。适度是其关键。

　　（2）预习是一种预测。对于施教者说，预习具有"火力侦察"的作用，它是教学过程中的一环，也应看作备课过程中不可或缺的一部分，是二者之间的

"过渡段"。因此,施教者应十分重视预习过程中的信息反馈,以便恰当调整教学方案,取得较好效果。而对于"明白"的学生,通过预习,初知概貌,生出疑问。"测量"出自己知识的深浅,认识到课文难点之所在,然后再去学习课文,其积极意义是很明显的。

(3)预习是一种自练。预习主要是为学生提供一个阅读和独立思维的机会,一般说来,它是学生根据一定的预习要求进行自己练习的过程。这种自练,从近期目的看,是为学习具体课文作铺垫;从长远目的看,它是在培养发现问题、分析问题、独立撷取、驾驭知识等能力——因为这种自练本身是在"尝试了解"课文,只要没有忘记启迪心智方面的训练要求,是很有利于培养"会"的能力的。

从这初步的试解中,我们似乎可以归纳出预习的三个特点:铺垫性、预测性、自练式。认识到这些特点,所谓"预习指导"的"指导"二字才可能得到自觉的主动的落实。于是,我们也就可以对预习指导提出下列要求:

(1)针对性。要使预习真正起到"铺垫"作用,预习指导就应因文、因人而异。因文而异,不同类型的课文要有不同的预习要求,比如从讲读课文到阅读课文,再到独立阅读课文,预习的要求要逐渐降低;因文而异,还要有"单元意识",对同单元课文的预习作总结安排,"量体裁衣",变换形式;因文而异,还应明确作为"课文"组合进教材系列中在现阶段承担的训练重点,设计预习题时力求引起"定向注意"。因人而异,一是指预习题不必强求一律,可以包含"加试"内容,照顾到不同层次的学生;二是在课堂预习的过程中,教师要随机点拨,对不同的同学给以不同程度的提示,提出不同要求。

(2)趣味性。兴趣是学习的内在动力。预习时学生自己活动的时间多,预习要求的激趣作用更应加强。比如有位老师教《记金华的双龙洞》时,要求学生借助工具书通读课文,按照课文内容把作者的游览路线绘出来,然后想象一下双龙洞是怎样一个洞。学生很乐意去做,他们边看书边绘图,然后又对照课文,互相讨论,质疑订正。这样,不仅激起了学生预习的兴趣,也激发了他们进一步学习、理解课文的兴趣。

(3)启发性。能否使预习过程成为学生主动思维的过程,能否使预习真正有助于培养学生读书的习惯和能力,在很大程度上取决于预习指导的启发性价值。要达到这方面的要求,一是在拟预习题时注意有的放矢,在循序渐进的同时,尽可能考虑到开启心智、激活思维;二是在课内预习的过程中,当学生思路阻塞时,教师的点拨,应着眼于促进其思维的流畅性,而不能以现成的答案代替其思维过程。在这里,"引"是否"发"常常是和"启"是否"得法"联系在一起的。

在一些基本认识明确后,我们可以提出另一个问题了:预习指导有哪些具体的方法?从一些成功的教学实践看,下列诸种方法是行之有效的。当然,有两点是需要说明的:好方法远不止这些;无论是哪些方法,上面论及的要求都是适用的。

(1)诠释式预习。这是最常见的预习方法,它着重帮助学生解决字词方面的障碍,有助于培养学生查字典的能力。但要注意,它不是预习的唯一形式,不能给学生以预习只是读读、抄抄、查查字典的错觉。同时,即使安排这方面的预习,也应抓住重点难点。比如《草原》中的"勒"不是生字,教者可以结合生字"勾"的学习,要求学生按部首查"勒",使学生了解到"勒"是"革"部,不是"力"部,不能因为"革""力"都是部首,就随便查哪个部首。这样,学生既提高了查字能力,又懂得对每个字都应有认真的态度。

(2)解疑式预习。这种预习方法就是由教师提出问题,让学生带着问题预习,并在预习课文的过程中试着解决。在这里,设计问题要注意到学生学习课文"尝试了解"的特点,最好是学生大体了解课文内容后即可回答。比如有位老师教学《草地夜行》安排了这样的预习内容:"默读课文,想一想,这篇课文写的是什么时候的事,课文中写了几个人,他们是什么人,做了什么事。"这样的问题具体而适度,学生可以自学后完成;同时,解决了这些问题,也为学生完成全课的学习任务作了较好的铺垫。当然,教者有时也可以增加问题的难度,但那不一定是对全体学生的要求,比如有位老师教《别了,我爱的中国》,在介绍背景后布置了这样几道预习题:①课文表达了怎样的思想感情?找出有关句子。②把没有读懂的地方提出来。③有兴趣的同学还可研究:作者是怎样表达思想感情的?这样的预习题照顾到不同程度的学生,也是比较切实的。

(3)探测式预习。这种预习是先让学生自读课文,然后提出不懂的问题,有助于培养学生发现问题的能力。运用这种预习方法,特别要注意认真检查学生的预习笔记,以保证教学中有的放矢,教有实效。比如袁微子先生教《在仙台》就是这样做的,他先布置学生预习,记下不懂的问题;然后做好信息整理工作,将问题归类;再在讲读过程中逐步引导学生解决这些问题。这样,在学生是一种探测了解;而对教师制定教学方案来说,就成了很有用处的预测了。

(4)提示式预习。这种预习是在老师作必要的提示指点后,让学生通过预习解决有一定难度的问题,实际上是在预习题中设置坡度,降缓难度,体现出扶放结合的原则。比如有位老师教学《饲养员赵大叔》设计的一道预习题是：根据课文后面的分段提示，考虑如何给课文分段。有位老师教学《林海》的预习题是：在默读课文时注意一下哪一句话在课文里重复了多次，作者为什么要写这句话，请把课文的段落划分出来。这些题目提示都较明确，有助于促进学生增加完成任务的信心，从而较好地达到预期目的。

（5）练习式预习。这种预习方法是求学练结合，以练促学，从而提高预习质量。这里的练习多以填空、图表等形式出现，一般着眼于理清文章记叙、描写的不同时间、空间内事件的变化或不同事物的特点。

（6）对照式预习。教学看图学文一般采用这种方法。比如一张片段图，我们可以布置这样的预习题：这幅图画的是课文哪一段写的内容？文章是按照什么顺序描写这幅图的？教学全景图或多幅图我们也可以对照图文要求设计相应的预习题。

（7）复述式预习。这种预习方法主要是锻炼学生的记忆能力和复述能力，它要求在预习课文后复述故事，有的课文还可以要求学生在笔记上写下复述提纲，这样就不仅是让同学们加深了解课文的概貌，而且有助于他们掌握课文的层次。

（8）扩展式预习。这种预习似在课文之外，而又在课文之内：预习内容在课文之外，而预习的收益却在课文之内。比如有位老师教学《珍贵的教科书》之前，先让学生阅读情节和主题都相类似的《珍贵的铅笔头》。有的老师教《别了，我爱的中国》，布置的预习任务是抄写表现爱国主义精神的一段话或一首小诗。这些预习，都把学生"进入"课文的时间提前了，学生学习课文的起点也提高了，是具有实用价值的。

## 第二节　导入的技巧

良好的开端是成功的一半。从这句俗语可以想见"导入"对于教学一篇文章是多么重要。如果把教学过程比喻成写作，那么，这个"导入"就应该是"凤头"，应该妥帖、精彩、引人入胜。应该在完成导入任务的同时，追求如爱因斯坦所说的境界：激发学生的热情和兴趣，使教学内容成为学生乐于接受的"礼物"。这样，刚刚从课间活动中走回座位的学生，兴奋点才会立即转移过来，其思维器官也就可以在主动的状态中积极地活动。怎样"写"好这个"凤头"呢？从其侧重点看，不外乎情、趣、理三个方面，着眼于情，可发挥感染力；着眼于趣，可发挥诱引力；着眼于理，可发挥说服力。这样既可以吸引学生的注意力，同时又能体现出因文而异的教学灵活性。

## 一、以情导入类

### 1. 谈话激情

主要是靠生动的语言描绘景物，创造意境，牵发联想，或突出贯注于文章之中的感情旋律，或再现文章中的美景佳境，促使学生尽快地"进入角色"。比如教学《桂林山水》可拟定这样的导入语："你可能在电影里欣赏过许多奇妙风光，你也可能在脑海里想象过仙境的种种美景，但你无论如何想象不出桂林山水究竟有多美……"一下子就可以激发起学生向往、热爱桂林山水的感情。

这种谈话也要注意让学生适时"介入"，使之成为师生一体的活动。比如于漪老师教学《春》设计的导入内容是：

今天，学习朱自清先生的《春》。一提到春，我们眼前就仿佛展现出阳光明媚、东风荡漾、绿满天下的美丽景色，就会觉得有无限的生机，无穷的力量。古往今来，许多文人用彩笔描绘春天，歌颂春天。

同学们想一想，诗人杜甫在《绝句》中怎样描绘春色的？（同学背诵："两个黄鹂鸣翠柳，一行白鹭上青天。窗含西岭千秋雪，门泊东吴万里船。"）王安石在《泊船瓜洲》中又是怎样描绘的？（同学背诵："京口瓜洲一水间，钟山只隔数重山。春风又绿江南岸，明月何时照我还？"）苏舜钦在《淮中晚泊犊头》的诗中又是怎样写春的呢？（同学背诵："春阴垂野草青青，时有幽花一树明。晚泊孤舟古祠下，满川风雨看潮生。"）

以上背诵的诗都是绝句，容量有限，是取一个景物或两三个景物来写春的。今天学的散文《春》写的景物可多了，有山、水、草、树、花、鸟、风、雨，等等。作者是怎样描绘的呢？

教者的构思是借助古典诗词渲染课文的意境，创造一种情与景、意与境相融合的艺术境界，唤起学生思想感情上强烈的共鸣，启发学生开展想象，然后因势利导，学习课文。由于学生自己参与了这种"创造"，情感的内驱力自会"油然而生"，课堂教学的整体氛围也更为热烈，如果是独角戏，则会"冷淡"了许多。

### 2. 音乐激情

先放与课文内容有紧密联系的音乐，造成特定氛围，扣响学生的感情之弦。在一般情况下可以谈话辅之。比如有些老师教《游击队之歌》，先放这首歌的乐曲，然后教师再讲述："就是这首歌，在抗日战争年代，响彻高高的山岗，密密的树林，激励着八路军战士和游击队员去英勇地打击敌人。今天，我们来学习这首歌的歌词，大家愿意吗？"而这，正是学生听了音乐所企盼的。

### 3. 图画激情

出示描绘课文主要内容的图画，引导学生观察，从感知具体形象入手导入课文。比如教学《小小的船》，有的老师先在学生面前展示一幅天空蔚蓝、新月弯弯、星光闪闪的美丽图画，指导学生有顺序地观察，结合挂图启发学生想象，从而对课文中的诗情画意获得具体的感受。教学《桂林山水》《燕子》等文也可用这种方法。

### 4. 朗读激情

教学抒情诗歌或散文，教师可以根据学生感情迁移的心理特点和文学作品通过艺术形象以情感人的特点，用表情朗读的方法，去拨动学生感情的琴弦。比如，教学《周总理，你在哪里》，有位老师就用表情朗读法开讲："'周总理，我们的好总理，你在哪里呵，你在哪里……？'当时敬爱的周总理已经离开我们一年了，诗人还要这样询问，这是一般的询问吗？这是为什么？"这样，学生缅怀周总理的深厚感情一下子被激发起来了。

## 二、以趣导入类

### 1. 以疑问激发兴趣

学起于思，思源于疑，疑问是思维的火种。在导入阶段抓住课文内容中矛盾的"焦点"，不失时机地撒下火种，有助于启发、引导学生通过主动思维去学习课文获取知识。比如教学《种子的力》可开篇设疑："世界上什么东西的力最大？"让学生讨论，在学生争执不下时板书课题，明确地告诉他们："世界上种子的力最大，它的力超越一切，不可抗拒！"这样可以激发学生迫不及待地看书。在更多的时候，还可问而不答，利用悬念增加问题的"磁力"。如于漪老师开讲《孔乙己》："鲁迅说他在自己创作的短篇小说中最喜欢《孔乙己》，他为什么最喜欢《孔乙己》呢？孔乙己究竟是一个怎样的艺术形象？鲁迅先生怎样运用鬼斧神工之笔来精心塑造这个形象的？悲剧往往令人泪下，但为什么读《孔乙己》泪只能往心里流，使人心里感到一阵阵隐痛呢？"这样，教学的重点提出来了，学生的好奇心也被撩起了。

### 2. 以实验激发兴趣

教常识性课文，为激发学习兴趣，增加感性认识，可以实验导入。如教《植物妈妈有办法》，学生对蒲公英、苍耳、豌豆传播种子的方法总感到难以理解。因此，可先找些种子让学生观察，还要他们把蒲公英的种子挂在头发上、衣服上，这样学生会兴趣盎然的。教学《乌鸦喝水》《捞铁牛》等课文也可先从实验入手，激其兴趣，使学生在理解课文这一环节上"先行一步"。

### 3. 以想象激发兴趣

发展想象在某种意义上比传授知识更重要，就具体课文说，知识是有限的，想象则是无限的。在导入阶段，让学生展开想象的翅膀，对激起兴趣和激活思维是很有作用的。比如教学《老水牛爷爷》可让学生想象从课题看这是怎样一个人，有什么特点。而这个人物的特点恰好就是"老""水""牛"。教学《钓鱼》，可以引导学生先叙述自己经历的或想象钓鱼的过程，这样，会促使学生产生急于"验证"的欲望。

### 4. 以故事激发兴趣

"讲一个故事"，常常被孩子们看成是老师或家长的一种奖励，一种特别的亲热。在导入时，"先讲一个故事"，自然会激起学生的极大兴趣，对故事里提出的问题他们也肯定舍得动脑筋去认真思考。比如教学《草船借箭》可这样导入：

今天老师先给大家讲个故事。有位著名的相声演员表演相声时说，他知道周瑜的母亲姓"纪"，诸葛亮的妈妈姓"何"，大家听了很奇怪，这可是从未听人说过啊！原来这位演员在开玩笑，他的"根据"是周瑜临死时哀叹的一句话："既生瑜，何生亮？"意思是说他自己是了不起的，既然有了他周瑜，又为什么有个诸葛亮呢？诸葛亮太厉害了。周瑜是孙权手下的大将，有勇有谋，为什么这样说呢？诸葛亮到底有多大才干？学习了《草船借箭》，大家就明白了。这样的导入吸引力是很明显的。

## 三、以理导入类

### 1. 警句明理

恰当地引用警句、格言，点明中心，导入新课，有新鲜感，可以吸引学生的注意力。比如教学《伟大的友谊》，可以选用下面的警句导入课文：

智慧，友爱，这是照亮我们的黑夜的唯一光亮。

——罗曼·罗兰

无论是多情的诗句，漂亮的文章，还是闲暇的欢乐，什么都不能代替无比亲密的友情。

——普希金

海内存知己，天涯若比邻。

——王勃

### 2. 点题明理

有些文章，中心思想显露，可以点明课文中与中心思想关系密切的句子或立意性文眼，再导入新课，这样有助于学生在"第一印象"中认识写作目的。比如教学《养花》可从最后一句导入，了解养花有哪些乐趣："有喜有忧，有笑有泪，有花有果，有香有色。既须劳动，又长见识。"教学《一定要争气》，可以破题直入："童第周要争什么气？他是怎样争气的？"教学《一件珍贵的衬衫》，也可直接发问："这个题目中哪个是关键词？一件衬衫，普普通通，有什么'珍贵'的呢？"

### 3. 温故明理

从"温故"出发，促其"知新"，也是常用的一种方法。比如有位老师教学《珍贵的教科书》，先板书《珍贵的铅笔头》（曾作为课外阅读材料安排在课前预习时读过），学生一见，窃窃私语："读过的，读过的。"老师顺势问："那么谁说说这铅笔头珍贵在哪里？"学生争相发言："这是烈士张叔叔牺牲前留下的，它寄托着烈士的期望。"这时老师改"铅笔头"为"教科书"，点明学习内容并讲述："这教科书珍贵在哪里呢？请大家读课文。"这样，顺利迁移的目的达到了。再如初一教学《老山界》，老师先让同学们背诵小学里学过的《长征》，可以说异曲同工。应当提及的是温故明理也可以从写作方法上过渡，只是，这里的"理"指的是写作规律罢了。

### 4. 常识明理

利用生活常识，挑明某种写作规律，促成学习新课的迁移，会使导入兼有新鲜感和亲切感。比如有位老师执教初一的议论文《谈骨气》，却先"谈"起一件事情：

一次少先队队会，讨论"谁能评为三好生"，其中一位同学的发言有观点，有对观点的阐释，有证明观点的材料，还有结论。（板书、观点、阐释、材料、结论）大家听过这段话，可把这段话的内容从这四个方面对号入座。这段话是："我认为杨军同学可以被评为三好学生，三好学生主要指身体好、学习好、工作好，杨军同学是班上足球队队长，积极锻炼身体；他平时学习认真，期中考试成绩名列班级前茅；他担任数学课代表，工作很负责，数学老师昨天还表扬他呢。我觉得杨军可以被评为三好学生。"老师话音刚落，学生就纷纷举手。而后老师再要求大家去看课文，去找找课文中哪些是观点、哪些是对观点的阐释、哪些是证明观点的材料、哪些是结论。这样学生在懂得"观点"（论点）、"材料"（论据）等浅近的名词与术语间的替代关系后，就初步了解到议论文的要素，学习课文的坡度大大降缓了。

　　德国19世纪的教育家第斯多惠说得好："教学的艺术不在于传授的本领，而在于激励，唤醒，鼓舞。"好的导入正可以起到这种作用，但是，导入要成为"凤头"，必须是一种精心的构思，而不能舍本求末，片面追求热闹，一般说来，在设计导入时必须注意：

　　（1）是否成为通向讲读的必然桥梁。导入不能是可有可无的引子，而应当是教学环节中不可或缺的一部分，应当是通向讲读的必然桥梁。从我们所举教例看，在这一方面都经得起推敲。

　　（2）是否与特定的教学情境相谐和。导入不仅要考虑课文，还要想到学生，尤其要注意一些非常规的教学情况，比如借班上课，接下新班或者走向校外的成人班上课等等。在某种特定的情境中，也允许导入作"非常规"处理，且应当鼓励这种创造性。

　　（3）是否考虑到教者的特点和驾驭能力等"背景"材料。细心观察一下，有些老师的导入着眼"情"的多些，有些老师的导入更多地注意到"趣"，这是因为教者在设计时自觉不自觉地发挥了自己的优势，在这个环节的安排上同样体现了自己的教学风格。另一方面，教者也应考虑自己的驾驭能力，可以热闹，但不能乱套。比如钱梦龙老师导入设计的一个特点是"散"：提的问题扩散面很大，学生可以从各个角度回答。钱老师认为这样可以让学生无拘无束、自由自在地发表意见，而五花八门的答案也有助于教师更准确地了解情况。俗话说："撒网容易收网难"，钱老师对此并无顾虑，他很自信，教学实践也每每证明了他的自信是应该的，因为他在课堂教学中有应付自如的驾驭能力。在这一点上，尽管我们提倡"向前（钱）看齐"，但差距总是有的，努力也有个过程，不能要求所有语文教师在导入时都能编导"自由体操"，如果那样，"收网"之难就难以避免了。

## 第三节　精心组织课堂教学的高潮

"文似看山不喜平",上课亦然。一节课波澜起伏,时见高潮,自然十分"叫座"——对学生产生极强的吸引力。这高潮的形成不仅标志着学生在知识探求中进入豁然开朗的境地,也表明他们在精神状态上获得了愉悦、振奋甚或心旷神怡的感受。组织课堂教学高潮的方法不一,但都要注意抓住高潮形成过程中那个或"奇"、或"趣"、或"活"、或"热"、或"美"的"点",这个"点"对于高潮的迭起常常起到关键作用。下面我们试列举六种组织高潮的方法:

### 一、曲中见奇

在教学思路的安排上一反常态,曲径通幽,然后见奇峰突起,给人以新鲜感、新奇感。运用这种方法要抓好转折点,这个点既要形成曲势,又要顺势,使转折成为"情理之中,意料之外"。比如有位老师教学《包身工》,先抓"入情",在同学们进入角色,按照常规静待讲读时,教者故意一转,要求同学们根据课文提供的数字,选择适当的数据,编写练习,算一算东洋老板、带工老板的剥削账和包身工的被剥削账,这样的练习使教学思路从"阅读"转向"计算",使同学们耳目一新,带着新奇感,认真去阅读思考,在练习过程中,教师加以点拨、引导,结果账越算越细,越算越清,比如有:

1. 上海福临路东洋纱厂的包身工,干的是男工活,每天工钱是 0.32 元,相当于男工的三分之一。问:男工每天的工钱是多少?东洋老板将 2000 名男工换成包身工,可以多榨多少元?(计算结果,前者是 0.96 元,后者是 1280 元。)

2. 已知福临路东洋厂家从 2000 名包身工身上每天可以多榨取 1280 元,这 2000 名包身工分别属于 50 个工头,平均每个带工头剥削多少钱?东洋老板剥削的钱是带工头的多少倍?(12.8 元,100 倍。)

在练习题交流、讨论的过程中,同学们相互评议,各抒己见,使课堂氛围"渐入佳境",形成了高潮。但教师此时又是一转:"现在请大家修改自己的练习,以《读〈包身工〉,编应用题》为题,把练习改成作文。"并提出了一些具体要求。这样,又从"数学"转向了"写作",这位老师执教的《包身工》后面还有波澜,只从这个片段看,一波三折,曲中见奇,起到激发兴趣、以练代讲、深化阅读的作用，是值得肯定的。

## 二、步步登高

如同攀登阶梯一样，在思维训练中层层推进，拾级向上，最后达到一定的高度。运用这种方法要抓制高点，到达了这个点，理解才算"到位"；着眼这一点，教路才能十分明确。比如教学《穷人》中的"在这间小屋里却温暖舒适"一句可以这样处理：

师：（一问突出室内环境）从哪里可以看出"温暖舒适"？（炉火未熄，家里收拾得干干净净，孩子们睡得安安静静。）

师：（二问突出生活处境）请读读第二段，看看按一般理解这个家里"温暖舒适"吗？（不温暖，孩子们没有鞋穿；不舒适，孩子们吃的是黑面包。）

师：（三问突出打鱼环境）那为什么还说是"温暖舒适"呢？再读读课文写景的部分。（是相对打鱼环境说的。）

师：（四问突出人物心情）写桑娜家里"温暖舒适"有什么作用？（反衬景，反衬情，突出桑娜的"心惊肉跳"。）

师：（五问突出人物性格）这"温暖舒适"是怎么才会有的？认真读读第二段再回答。（这"温暖舒适"反映了家庭主妇的能干和勤快；这"温暖舒适"反映了渔夫的家庭关系非常融洽：夫妇之间互相挂念、体贴，在感情上互相感到了温暖。）

师：当然，读到后面，我们还会体会到这里写"温暖舒适"的作用，下面我们继续学习。（形成悬念，这样在读到写西蒙家庭时学生自然会理解到这个短语的对比作用；在读到最后写渔夫、桑娜同样善良、相互理解时，自然会懂得这个短语的铺垫作用。）

这个片段以一句领起前两段的内容，从环境到处境，到心情，再到人物性格，步步登高，趋向高潮，逼近且暗通作品的主题，到达了预先瞄好的"制高点"。

## 三、投石激浪

或课堂节奏比较平缓，或课堂气氛趋于沉闷，或课文的"空白"正需要"填补"，"投石冲开水底天"，燃起学生求知的火苗，激发学生积极地争辩，很可能形成教学的高潮。运用这种方法要注意选择好投掷点，时间上要投得正是时候，"空间"上要投得正是地方，真正做到恰到好处。比如《我的老师》中有一句话："蔡老师，我不知你当时是不是察觉，一个孩子站在那里，对你是多么依恋！……"这里的省略号是极易被疏忽的，但有位老师教学时则引导学生于"无字处读书"，想象小魏巍当时看着蔡老师，心里可能在想些什么，学生想象的翅膀飞翔起来，话匣子一下子打开了，教学的高潮也就形成了：

生：小魏巍想，老师，您别走吧！但有什么办法呢？因为您也有家呀！

生：小魏巍想，老师，您别走吧！您一走，"小反对派们"又要骂我了。

师："小反对派们"也放假了，骂不到了。况且老师已经教育过了，相信他们会改正。

生：小魏巍想，老师，你知道我多么爱你呀！你如能到我家去度假多好啊！……再见吧！蔡老师，祝您一路平安。

师：同学们，你们讲得太好了，你们非常了解小魏巍当时的心情，小魏巍对蔡老师这样依恋、留恋，反过来说明了什么？

生：说明蔡老师对"我"太好了。

……

## 四、借彼说此

要攻克此之难点，不直接突破，却借彼出场，然言在彼意在此，一旦点破，学生恍然大悟。运用这种方法要筛选好类比点，一是构成类比关系，二是注意调动学生的生活经验。使这个点也成为旧知与新知的一个衔接点。比如《数星星的孩子》中有一段写："这孩子一夜没睡好，几次起来看星星。他看出来，北斗星果然绕着北极星慢慢地转动。"一位老师教学时出现了这样的情况：

师：看，小张衡多刻苦啊！不仅晚上认真观察，夜里也没睡好，还几次起来看，"功夫不负有心人"，他终于看出了北斗星绕着北极星在转动哩。

生：（迟迟疑疑地举手，老师鼓励）不能说小张衡是很刻苦的，如果很刻苦，就应该一夜不睡去看星星，而不只是"几次起来看星星"。

师：（似有一愣，喊起一位同学）请你到隔壁办公室里把老师桌上的时钟拿来。

师：现在请大家盯着时针看，看认真些，看仔细些，看看时针在不在走动。

（学生摇手，摇头。）

师：再过十分钟，半个小时，一个小时，大家再看时针，它是不是还停留在原来的位置上？

生：不会。

师：为什么现在看不出，过一会儿就看出来呢？

（学生讨论，交头接耳。）

生：因为时针走得很慢，所以总盯着看，看不出它在走动，过一会儿再看，反而可以看出它在走动了。

师：对！现在我们再回到课文里，想想，张衡是不够刻苦吗？他这样做，还说明了什么？

生：（恍然大悟）不是，他不仅刻苦，而且很聪明哩。

在这里，老师借助类比，引导学生利用生活常识去理解课文，巧妙地组织了一个教学高潮，解决了一个教学难点，使学生认识到张衡的另一性格侧面，更增添了对人物的钦佩之情。

### 五、模拟演示

在讲读结束阶段，用模拟演示的方法，让学生在特定的情境里扮演角色，有助于消化知识，加深理解。使用这种方法应抓住兴趣点，使兴趣点起到催化剂的作用，为高潮的形成推波助澜。比如江苏徐州于永正老师教学白居易的《草》有这样一个片段：

师：小朋友，回到家里，谁愿意把新学的《草》背给妈妈听？（生纷纷举手，师找一名学生到前边来）好，现在我当你的妈妈，你背给我听听好吗？想想到家里该怎么说。

生：妈妈，我今天学了一首古诗，背给您听听好吗？（生背。）

师：啊，我女儿真厉害，老师刚教完就会背了。（众笑。学生觉得笑不妥，忙掩口。）

师：谁愿意回家背给哥哥听听？（师指一学生到前边来）现在我当你哥哥，你该怎么说？

生：哥哥，我背古诗给你听听好吗？

师：哪一首？

生：《草》。

师：噢，这首诗我也学过。它是唐朝大诗人李白写的！

生：哥哥，你记错了！是白居易写的！

师：白居易？都有个"白"字，我搞错了。还是弟弟记性好。（众笑。）

师：谁愿意背给奶奶听？（指一生到前面）现在我当你奶奶。奶奶没文化，耳朵有点聋，请你注意。

生：奶奶，我背首古诗给您听听好吗？

师：好。背什么古诗？

生：背《草》。

师：草？那么多花儿不写，干吗写草哇？

生：因为草有一种顽强的精神，野火把它的叶子烧死，可第二年又长出了新芽！（生背。）

师："离离原上草"是什么意思，我怎么听不懂？

生：这句诗就是说，草原上的草长得很茂盛。

师：还有什么"一岁一窟窿"？

生：不是！是"一岁一枯荣"。枯就是干枯，荣就是茂盛。

师：你看俺孙女多有能耐！小小年纪就会背古诗！奶奶像你这么大的时候，哪有钱上学啊！（众皆忍俊不禁，满室粲然。）

这个教学高潮形成了由易到难的三个层次，全面检查了教学效果，锻炼了学生的说话能力，而一切又都是在欢乐的氛围中进行，很耐咀嚼。

## 六、环环相扣

设计一环扣住一环的问题，引导学生寻幽探微，逐层深入地进入文章的内在天地。使用这种方法要注意把握好衔接点，使各个环节自然地衔接在一起，组成一个问题链，而这个问题链也应当是学生学路的外现。这样，"环环相扣"就能"扣"在课文的内在逻辑上，"扣"在学生的思维琴弦上。以方纪的《三峡之秋》来说，课文写了三峡之秋由晨而午而昏而夜的一天间的种种景致，在教学时根据课文特点，我们可以设计如下一组问题：

（1）从课文的哪些词可以明确地看出时间的变化？（"早晨""中午""黄昏""夜"，这是些明确表明时间发展的词。）

（2）从哪些特定的景可以看出时间的变化？（"日光""灯光""月光"，这是些带有特定时间性的词，找出这些词就梳理出内在的时间线索。）

（3）从哪些景的前后变化可以看出时间的变化？（这是三峡之秋景物的特点：同一景物在不同时间里也有其变化。仅以中午和黄昏这两个不同时间的三峡之秋说：形，前者"巨"，后者"小"；色，前者"金光"，后者"青光"；声，前者"呼啸"，后者"平静"；行，前者"奔腾"，后者"缓流"；气氛，前者"热烈"，后者"幽静"。）

这里的问题链由浅入深，由表及里，环环相扣，衔接自然。从笔者的教学实践看，同学们以衔接点为"路标"，学路清晰，每推进一层大家都产生了一重"发现"的喜悦，推进到第三层时，课堂里情绪热烈，气氛活跃，形成了教学高潮，掌握写景的时间特色这一教学重点也得到了较好的落实。

"教无定法"，组织教学高潮的方法还有不少。总结这方面的成功实践，我们可以发现教学高潮可能是排空而下，但不能凭空而来，教者在备课时要精心设计，在节奏安排上要层层铺垫，在出现意外时要随机应变，这样，起伏有致的波澜才会不断涌现。

## 第四节 画好课堂教学的"豹尾"

教授一篇课文，也如同作一篇文章，应当成一个艺术整体。在这个艺术整体中，不仅要有"凤头"——精彩的"开讲"（这是大家都已注意到的），还当有"豹尾"——高扬有力的"收束"（这是大家不甚注意的）。这个课堂教学的收笔也应如文章的结尾一样，可以使学生"顾后"而"瞻前"。所谓"顾后"，是回顾学习过的课文，从整体上加深对所学内容的感受和理解；所谓"瞻前"，则是引导学生汲取课文中思想和艺术的精华，激起他们继续作新的探求的兴趣和力量。从不少优秀教师的教学实践看，他们是非常注意在这方面下功夫的。现根据他们的教学实践，归纳出如下一些可资借鉴的样式。

**1. 归纳式结尾**

这种结尾方式引导学生以准确简练的语言，归纳概括课文的思想内容与写作特色，培养学生的总结概括能力。比如北京市第二实验小学霍懋征老师讲授《桂林山水》的结尾是：

师：这篇课文作者着重写的是什么？一个字。

生：着重写"景"。

师：作者在这种文章里叫作借景——

生：抒情。（师板书：抒情。）

师：借什么景？

生：桂林山水。（师板书：山水。）

师：抒什么样的情？

生：热爱桂林的山水。（师板书：热爱。）

生：对祖国大好河山、锦绣河山的热爱。

师：对了，也就是对伟大祖国的热爱。作者写这篇文章的目的明白了吗？

生：明白了。

这个结尾只有几句话，思想内容和艺术特色的归纳总结都完成了。在实际教学时，也有不少老师着重就其某一方面引导学生归纳，比如把总结的着眼点放在重点训练项目方面，就是常见的一种归纳式结尾。

### 2. 自然式结尾

这种结尾方式是按文章顺序，由前而后，讲读最后一段甚至最后一句时，自然地收束，似乎不在常规之中，却又有简洁、利落之妙。比如长春市有位老师教《伏尔加河上的纤夫》即是：

师：你们都讲得不错。对图看得很细，分析、讲解得也很好。11个纤夫的形象都分析完了。现在我们来研究课文第三段的最后一句话。大家把"为了""一块""不得不""贱价""终年"和"来来去去"等几个词语画出来，然后讲解这句话的意思。讲解时，要结合文章解释这些词语。谁讲？

生："为了"这个词是表示目的的，纤夫们来拉纤，就是为了挣点吃的。"一块"，表示面包的数量，这里是指他们挣的钱很少，每天挣的钱只够买一块面包。

生："一块"，是说明他们每天挣的钱少得可怜，不一定就是刚刚够买一块面包。

师：对。谁接着讲？

生：我认为"不得不"这种说法很恰当。用"不得不"来说明他们为生活所迫，不这样就得饿死，所以，就得贱价出卖自己的劳动力。

生："终年"是指全年。意思是说，纤夫们为了活下去，整年在伏尔加河上拉纤。"来来去去",是说他们往返的次数无数,没完没了。

生:我认为这句话是讲纤夫们为什么终年在这儿拉纤。目的是为了说明在沙皇统治下的俄国劳动人民生活过得很悲惨。

师:讲得很好。这篇课文我们就上到这儿。

这样的自然结尾,免去了通常总结课文的环节,其实这一句话里已包含了文章的主题思想。在分析完11个纤夫形象后,讲读这一句,可以达到由个别到一般,由现象到本质进行归纳的目的,"总结"已在其中了。

### 3. 回应式结尾

所谓回应,是指与教学的起始阶段相呼应,这样的讲读课首尾呼应,结构严谨,体现出教学思路的严密性。回应的内容一是开讲中的悬念,二是预习中的疑问,这样的问题都与理解文章主题有关,到收束阶段化问号为句号,并给以强调,有助于学生对文章内容和主题的进一步理解。比如按照本章第二节教学《草船借箭》的导入语导入,在讲读结束前老师又提起这个问题问同学们,现在大家知道周瑜妒忌诸葛亮的原因吗?明白了诸葛亮的才干有多大吗?同学们的回答正好是这篇文章的主题。"总结"的任务也不着痕迹地完成了。

又如有位老师教《给颜黎民的信》结尾是:

师:……还有,预习时有的同学问,人家爱看鲁迅写的书,鲁迅应该高兴,但他为什么说这样不好?对这件事应当怎么解释?

生:他希望青年能学到多方面的知识、优点。

师:好。鲁迅这封信充满了对青少年的关心爱护。他谈了四件事,耐心热情地帮助青少年进步。他希望青少年认真读书、学习,鼓励他们勇敢地斗争。这封信的字里行间充满了对青少年的希望和鼓励。现在,学完了这篇课文,你们对这封信的理解和预习时有什么不同?

生:原来我觉得这是鲁迅给一个名叫颜黎民的人写的一封普普通通的信,现在我认识到这封信是鲁迅关怀、爱护青少年的一颗心。

生:原来我不明白鲁迅为什么要给一个用假名字的人写信,现在我知道了鲁迅是为了指导青年人怎样进步。(下课铃响,学生纷纷举手。)

师:你们的体会跟预习时不一样了,提高了。把你们的主要体会写下来,作为本周的周记,好吗?(学生齐说:"好!")

教学这篇课文，要把小学生的思想感情引导到对整封信的体会中去，从中领会到鲁迅对青年的态度，只有在对课文整体有了理解的基础上才能进行。那位老师教学时就正是这样做的。这样回应预习中的难点，不仅使课堂结构严谨，而且激起学生自己感受学有所获的喜悦和乐趣，也使学生进一步认识到预习的重要性。

### 4. 言志式结尾

这种结尾法是引导学生汲取课文中的思想教育因素，联系自己的生活实际，谈感想，说志向，也可以看作是思想教育结尾法。这种结尾方式一定要讲究自然熨帖，水到渠成。运用得好，即使教材中没有这方面的因素，也可以从学生的思维活动中捕捉这方面的火花，因势利导，激其向上。比如有位老师教《鲸》就是这样收束的：

生：我学了这一课，知道了鲸的种类、大小和生活习性。可我还想知道鲸自杀的原因。

师：那么，什么是自杀呀？

生：就是自己杀自己。

师：大家想想，鲸会不会这样呢？（学生齐答："会的。"有的说："我们在电视上见到过，它们成群跑上沙滩死掉。有的渔民把它们推下水后，它们还是爬上来死掉。"）它有思维吗？（学生齐答："没有。"）所以这个自杀一定要——（学生齐答："打引号。"）这是人们摸不清它为什么要死掉，就认为它是"自杀"了。那么，鲸为什么要"自杀"呢？这个问题很早就引起了人们的注意，但直到今天还搞不清原因。这还是一个谜，一个没有解开的谜呀！

生：（雄心勃勃地）我以后一定要解开这个谜！

师：好啊！希望你们好好学习，今后去解开这个谜。好吗？

生：好！

学生在这里提出的不是课文内容范围内的问题，教师也耐心指导，并明确告诉学生这还是一个不解的谜，激发学生学习科学、探索奥秘的兴趣，这对于学生的成长是有积极意义的。

### 5. 练习式结尾

有的老师在课尾安排练习，这种练习并不是一般的作业，它既是对学生学习本课情况的检查，又是让学生在练习中完成对课文的总结，它还属于讲读课文的一个环节。比如有位老师教学《将相和》的结尾是：

师：下面我们做一个填空练习，看看你们对这两节课学习的内容是否都掌握了。

1. 秦王要用十五个城来换赵王的和氏璧，赵国（　　），是蔺相如（　　），（　　）被封为上大夫。秦王又约赵王在渑池相会，蔺相如（　　），战胜了秦王，维护了赵国的尊严，被封为上卿。蔺相如是个（　　）的人。

2. 廉颇是个（　　）、（　　）的大将军，开始他（　　），看不起蔺相如，但后来他能（　　），主动找蔺相如（　　）。

3. 因为蔺相如和廉颇能（　　），所以能成为（　　）（　　），保卫赵国。

（做完练习，老师提问。）

师：你们从填空练习里能找到三个段的段意吗？

生：填空第一题的第一句话是第一段的段意，第二句话是第二段的段意，填空第二题是第三段的段意。

师：从练习中能找到表现文章中心思想的词语吗？

生：在所填的词语中，机智勇敢、勇于改过、以国家利益为重等词语表现了文章的中心思想。

师：在所填的词语中，有两个是新学的成语，是哪两个？

生：新学的成语是"完璧归赵""负荆请罪"。

师：这两个成语字面的意思，我们在学习课文的过程中都理解了，来源出处也明白了。现在这两个成语又说明什么意思呢？你们查一查成语词典，（学生查成语词典）把查到的"完璧归赵"的意思说一说。

生：比喻把原物完好地归还本人。

师："负荆请罪"呢？

生：表示向人认错、赔罪。

师：这两节课就学到这儿。今天的作业是朗读课文，回答课文后面练习的第二题。

可见，从词到句到篇，"总结"都在练习中，这样做把学生放到重要的位置上，不仅讲中有练，而且练中也有讲。

### 6. 迁移式结尾

这种结尾方式是适时地提供与课文内容相仿的训练材料，让学生举一反三，在新的训练中巩固新学的知识，并促进知识向能力的转化。比如山东省青岛市宋君老师教学《跳水》的结尾是让学生听《龟兔赛跑》的录音，而后组织学生讨论：这个故事主要写谁与谁的联系？什么问题把它俩联系在一起？联系是怎样向前发展的？在继续发展时发生了什么变化？最后的结果怎么样？这样就使学生进一步认识到事物间都是有联系的，联系是在不断地发展变化的，并且使刚刚学到的读书方法得到初步运用。这是读的迁移，写也可以如此。比如不少老师教学《精彩的马戏》的结尾是要学生仿照课文的格式写"小狗做算术"，就使学生对课文的结构特点有了进一步的认识，并促进他们掌握了一种新的表达方式。

### 7. 推测式结尾

有些课文的情节并未了结，在讲读结束时引导学生进行推测性想象，有助于培养学生形象思维和逻辑思维的能力。比如不少老师教学《穷人》的结尾是让学生练习写"渔夫掀开帐子以后"，学生在进行推测时既补充了故事情节，又加深了对人物性格和思想感情的理解。

### 8. 假想式结尾

这种结尾并不是前面情节的延伸，而是作为一种设想，培养学生思维的求异性。比如一位老师教学《小猴子下山》的结尾是："小猴子被妈妈批评后，懂得了做一件事要认真做到底，第二天它又下山了，小朋友们想想，这次下山后，小猴子会怎样呢？"在老师启发后，小朋友们打开了思路，讨论热烈，这样，实际上是进一步理解了课文的内容和主题。

### 9. 扩展式结尾

这种结尾方式是借助联想的方式，把联系密切的材料收拢在一起，让学生深化对文章主题的理解。比如有位老师教学《一夜的工作》的结尾是：

师：……同学们，你们在小学生活中学过了一个又一个有关总理的故事，你们还记得吗？（老师出示四幅插图。）

生：《温暖》《一辆纺车》《一件睡衣》《小桂花》。

师：好，我们一起来回忆一下总理的伟大精神。（教师指图，学生简要复述课文内容。）

师：同学们，今天这篇课文《一夜的工作》，是你们在小学阶段学习的最后一篇关于周总理的文章。总理是我们学习的榜样，你们学习了这些文章，都要想一想，应该怎样去对待学习，对待工作，对待生活。下面布置作业……

这样联系过去学过的四篇课文，并引导学生复述，不仅可以巩固学过的知识，更重要的是加深了对本课的理解，使学生对周总理有了比较全面的认识，可谓别具匠心。

### 10. 延伸式结尾
　　这种结尾方式根据课文内容，将阅读任务作适当延伸，既有助于本篇课文的学习，又点明课外阅读的内容，鼓励学生扩大阅读量，并在课外阅读中加深对课文的理解。比如袁瑢老师教学《少年闰土》的结尾是：

　　师：……我建议同学们回去以后可以阅读《故乡》这篇小说。从这篇小说里你可以了解30年以后的闰土变成什么样子，是什么原因使他变成这个样子的，"我"和闰土之间又为什么产生了隔阂。还可以想想作者在《故乡》这篇小说里写到"我"见到中年闰土时为什么还要写上回忆少年闰土这一段。《故乡》这篇小说没有单行本。《呐喊》这本书中有一篇就是《故乡》，全日制十年制学校初中语文第三册中也有《故乡》这篇小说。《鲁迅全集》中当然会有《故乡》这篇小说。《少年闰土》这篇课文我们就学到这里。

　　可以想见，学生循着老师指点的路径，是会登上又一级台阶的。

### 11. 欣赏式结尾
　　这种结尾是在理解全文的基础上，重在从艺术角度欣赏和品评课文，感受课文的立意美、感情美、艺术美。其方式多种多样，比如有的老师组织学生听有关课文的配乐朗诵录音，有的重在指导学生有感情地朗读课文，也有的老师在指导学生一边低吟课文时一边看反映课文内容的图片或画面，甚至还可以用有感情背诵的方法，在欣赏、品评的同时达到检查的目的。

### 12. 活动式结尾
　　这种结尾方式是以课文中解答起来难度较大的问题作为活动的中心内容，把第二课堂与第一课堂紧密结合起来，既解决了学生理解课文的疑难，又激发了学生探索问题的兴趣，培养了他们解决问题和组织活动的能力。比如教学《十里长街送总理》，学生对"人民爱总理"感受较深，而对"人们为什么会无比爱戴、深情怀念周总理？"这一问题不是很理解，老师就可以布置作业让学生回去询问长辈，阅读书刊，学习周总理的事迹，准备"周总理热爱人民，人民敬爱周总理"的主题班会活动，学生就可以在活动中增加对周总理的认识和了解，进一步培养对周总理的敬爱之情，对课文的理解也就更深刻了。

# 第十二章　提问论

提问，是课堂上传授知识、启发思维、反馈信息的重要方法，是阅读教学的"常规武器"。不少老师巧用这种"武器"传道受业解惑，"战果"显赫。但综观当前讲坛，提问中的不正常情况普遍存在，有的课前不经过深入思考，课上主观随意，满堂发问；有的不讲究技法技巧，问法呆板；有的不考虑对象时机，机械发问；有的虎头蛇尾，只管发问，不管结果；有的习惯于包办代替，并不重视学生提问、答问能力的培养。本篇所论，正是针对这些流弊展开的。

## 第一节　问点的恰当选择

从提问的流程看，确定问点是首要的一环。因此，优化提问，首先必须优化问点。所谓"问点"，就是指在什么地方问什么问题，也就是提问的切入点。选择问点，一般可从两个角度入手：

### 一、从教材角度考虑，抓住关键点、疑难点、含蓄点

#### 1. 关键点

关键点一般是指：

（1）教材的重点。教材重点，往往既是文章重点，又是训练重点，于此处设置问点，要求教者不仅要准确地理解课文，而且要紧扣教学目的，巧妙地处

理教材。这里，且举《滥竽充数》的三种提问设计来说明。

第一种：
（1）南郭先生是怎样钻进乐队，滥竽充数的？
（2）南郭先生滥竽充数终究败露说明了什么？我们应从中吸取什么教训？

第二种：
（1）南郭先生为什么能够滥竽充数？
（2）南郭先生是怎样离开齐国的？分析他的心理活动，并谈谈你的看法。

第三种：
（1）南郭先生滥竽充数终于败露告诉我们什么道理？
（2）同是一个南郭先生，为什么齐宣王在位时他可以得到很高待遇，到齐湣王时只好偷偷逃走？

《滥竽充数》的题旨，似应建筑在两个方面：一方面南郭不学无术，因而装腔作势，滥竽充数，实不足取；另一方面，南郭之所以能充数，也有客观原因，这原因也应杜绝。但第一组的设计者恐未能准确而全面地把握教材，只是一味谴责南郭，"追究"其主观责任。第二组的设计者大概受到某些时文的影响，意在揭示南郭自愧且发愤的心理，从而为南郭平反昭雪，落实政策。这是未能按照教学目的妥善处理教材的结果。这两组提问，就问点的整体属性而言，都存在着偏颇和缺陷。对比之下，第三组问题，既准确体现了文章的重点，又扣住该单元"看清事物的前因后果"的训练重点，显然比一、二组优化了。

（2）结构的纽结点。结构的纽结点往往是承前启后的段落，于这些地方设问，不仅可以指向全文的重点，而且有助于将问题串在一起，突出提问设计的整体感。比如《赤壁之战》的过渡段是："周瑜说火攻是个好主意，可是这一仗怎么打，还得想个计策。黄盖说计策已经有了，向周瑜说了一遍。周瑜听了非常满意，叫他就这么办。"教师可以在学生初读课文的基础上设问：①为什么说"火攻是个好主意"？②黄盖想了个计策实际上就是要解决什么问题？（怎样火攻）③从课文中看，东吴是怎样进行火攻的？

由于抓住了结构的纽结点，牵一段而动全局，整个课文的细目都被拎起来了。

（3）文章的点睛点。文章的点睛之笔往往有统率全篇的艺术功用，于点睛处设置问点，自然有助于把握意旨，理解主题。比如《七根火柴》最后写火柴送到部队以后，"在无边的黑暗里，一簇簇的篝火烧起来了"这句话作为点睛之笔，照应题目，明亮全篇，就很有设疑讨论、咀嚼体味的必要。

（4）作者的动情点。"动情点"是"作者感情的爆发点，情与景的焊接点，也是意境的落脚点"。① 于动情点处设问，有助于准确把握作者的感情脉络，体会作者的一腔真情。比如《荔枝蜜》的动情点是在蜜蜂酿造的"蜜"上，感情的爆破点则是这么几句："我的心不禁一颤，多可爱的小生灵啊！对人无所求，给人的却是极好的东西，蜜蜂是在酿蜜，又是在酿造生活，蜜蜂是渺小的，蜜蜂却又是多么高尚啊！"如果在这里很好地设置问点，引导体味，"入境始与亲"想是不难到达的一重境界。

**2. 疑难点**

疑难点一般包括：

（1）疑点。为了消除疑惑，当然需要在疑点处设置问点，比如《七根火柴》中的主人公是无名战士，但作者却花了不少笔墨写卢进勇，从确定课文主人公的角度看，这就是一个疑点，于漪老师教学时一开始就把这个疑点转化为问点，提醒学生在学习过程中思考，在总结阶段再让学生归纳出：这是为了要在2000字的短小篇幅里突出主人公，在结构上作的巧妙安排。文章以卢进勇作为故事的线索，展开情节。主人公的出现是通过他的"听"引出来的；主人公的外貌是通过他的"看"展现在读者面前的；他的"想"，他的"说"，托出了主人公崇高的思想品质，托出了主人公牺牲的全部意义。

（2）难点。难点一般包括两个方面，一是语言文字类的，常常需要疏解性提问来解决问题；另一种就是理解课文类的，需要有的放矢，巧设问点，通过答问和归纳来解决问题。比如霍懋征老师教《再见了，亲人》，了解到学生对中朝人民用鲜血凝成的友谊不是很清楚。根据这一难点，她让学生通过表情朗读、复述，了解阿妈妮、大嫂、小金花三个人物的感人事迹，感受到朝鲜人民有为救护中国人民志愿军不怕流血牺牲的崇高精神，在这个基础上提问："志愿军又是怎样对待朝鲜人民的呢？"这时学生展开联想，头脑里浮现出罗盛教、黄继光、邱少云等英雄人物在抗美援朝中流血牺牲的光辉形象，学生们争着回答。这时霍老师又提出一个较有深度的问题："大家想一想，中朝人民的友谊是一种什么样的友谊？"这就促使学生既能归纳出中朝人民的友谊是用鲜血凝成的，又能用书上或课外阅读中的实例来说明道理。这样，难点扫除了，学生对课文和

---

① 范培松. 散文天地［M］. 广州：花城出版社，1984.

主题的理解也就更加深刻了。

（3）模糊点。模糊点是指造成学生理解得似是而非的地方。于此处生疑，仔细地敲打一番，会让学生在恍然大悟中学到新知，受到启迪。比如江苏泰州的戈致中老师教《说谦虚》，在范读课文时对两次出现的"这个格言"的"个"作了些"艺术处理"，以引起学生注意，然后引导学生围绕问点讨论，终使学生认识到：量词是由中心词决定的，"格言"是"含有劝诫意义的话"，量词应当用"句"，"这个格言"应当改为"这句格言"，这样一推敲，学生不仅加深了对量词使用规则的认识，而且有助于培养他们不畏权威、大胆质疑的勇气和仔细读书、认真思考的习惯。

### 3. 含蓄点

含蓄，也就是"有余不尽"，就是"令人于言外可想"，就是"不著一字，尽得风流"。在含蓄之处设计问题，引导学生体会言外之意，不仅可以更深刻地理解课文，也有助于他们领悟文章独特的魅力。比如，《荷花淀》中，当水生回答："明天我就到大部队上去了。""女人的手指震动了一下，想是叫苇眉子划破了手，她把一个手指放在嘴里吮了一下。"如果我们就此设问：这个细节反映了水生嫂怎样的心理活动和性格特征，那我们就能透过字面领会人物动作里的潜台词和蕴藉的情感。正是非常关心丈夫，全神倾听丈夫讲话，才没有留心手里的苇眉子；正是丈夫参军的消息在内心引起了震动，才在不注意的情况下"划破了手"，但水生嫂又是顾大局识大体的，她并没让依恋丈夫的感情流露出来，而是"把一个手指放在嘴里吮了一下"。这样，我们就如同咀嚼橄榄一般，体会到余香满口、余味无穷的阅读美感。

## 二、从思维训练的角度考虑，体现强度、坡度、明晰度

阅读教学中的提问，不仅为了更好地理解课文，也应同时渗透思维训练的内容。从思维训练的角度考虑，恰当地选择问点应当注意的是：

### 1. 思维的强度

我们评判提问的价值，常常就是看其是否具有思维的强度，捕捉那些思维强度大、训练价值高的问点构设问题，有助于激发学生的思维兴趣，培养其良好的思维品质，训练他们的思维能力。那些精于设问之道的教师常能独具眼力，在易被常人忽视之处，捕捉到具有较大思维强度和价值的问点。比如《蜜蜂引路》中有这么一些描写："列宁一边走，一边看，发现路边的花丛里有许多蜜蜂……他仔细观察，只见那些蜜蜂采了蜜，飞进附近一个园子里，园子旁边有

一座小房子。"对此，不少老师教学时一带而过，而有的老师则注意到它的思维价值，抓住这个点，巧妙设问："列宁此时有什么心理活动？"学生讨论后指出："列宁是根据蜜蜂采蜜和飞回蜂房这一现象，推断养蜂人就在附近。"通过分析列宁的心理活动，既深化了对课文内涵的理解，又训练了学生分析判断和进行推理的能力。

### 2. 思维的坡度

设问不仅要有思维强度，有时还应有相宜的坡度，即要对问点进行分解，形成或是并列式，或是纵深式，或二者兼有的鲜明层次，以保证一步步地走向设问目标。比如教学《故乡》，有的老师在总结课文时要求学生谈谈课文中肖像描写的特点，学生七嘴八舌，难得要领；而有的老师则将这个问题分解成：作者是怎样对课文里的人物进行肖像描写的？分而述之。学生通过思考，归纳出：作者对中年闰土是用工笔描绘法；对童年闰土，用简笔勾勒法；对杨二嫂，则用夸张描绘法。在激活思维的情况下，学生认为作者还用到了浓缩对比、连续对比等方法。这样，教师再加以必要的点拨，学生就能了解作者对人物进行肖像描写的立体笔法。再如教学《祝福》，如果问：小说为什么以"祝福"为题？思维的强度确实很大，但学生爬坡感到太陡，就难以达到目的。有位老师将它化成若干小问题：

（1）祝福是怎么一回事？
（2）鬼神的实质是什么？
（3）小说哪些地方写到鬼神？
（4）从这些描写中看到鬼神与祥林嫂的死有什么关系？
（5）那么，现在可以回答一下：小说为什么以"祝福"为题呢？

这样，同样的题目，本来感到"斗大的馒头，无处下口"，现在都能迎刃而解了。

### 3. 思维的明晰度

考虑问点的思维因素，还应注意到思维的明晰度，即要有比较明确的思维方向，以减少听到提问后产生的茫然感。在这方面，可引作教训的例子不少。比如，某试卷上有这么一道题："请选出下面四项中一项不同于其他三项的：A. 契诃夫；B. 李白；C. 杜甫；D. 曹雪芹。"这个问题问得比较模糊，不好回答。因为角度不同，答题的方向也就不同，比如按国籍分，可选 A；按创作风格分，可选 B；按体裁分，可选 D。正因为提问没有明确的角度，答者就必然感到茫然了。

当然，在教材和思维训练这两点之间，优化问点时要注意兼顾二者，不可割裂，也不能偏废。实践证明，真正优化的问点是可以二者兼顾、两全其美的。比如教学《司马光》一文，提问"司马光的办法与其他人的办法有什么不同"就是问在教材重点、教学目的与思维训练点的交汇处，在实施时，就可以起到一石数鸟的作用。

## 第二节　问法的精心设计

在"问什么"解决以后，还应考虑"怎样问"，这个"怎样问"就是问的方法，换言之，也就是问的艺术。要真正发挥提问的效益，就应当精心设计问法，具体地说，就是在定好点的前提下，致力于以下三个方面。

### 一、把握问题类型，明确提问的目的性

提问时的问题类型，实际上也就是提问的一些基本方法。教学时就应根据教学目的，综合考虑，选用恰当的问法，在问题中明确地体现出提问的目的性，以保证提问的效果。问题的类型，因角度的不同，又有种种提法。比如：

**1. 从学生回答问题的思考方法看**

（1）叙述型。这是为了使学生对课文中重要的叙述交代或所描写的事物形态及其变化，有清楚的认识并加深印象。问题常常用"是什么""怎么样"之类引出。这类问题一般只要求学生根据教材内容和自己的观察记忆，作必要的叙述。比如教《狐狸和乌鸦》问："第一次狐狸对乌鸦说了些什么？乌鸦是怎样做的？""第二次呢？""第三次呢？"这类问题只要根据课文内容叙述清楚就行。

（2）分析型。这类问题常常要求学生对"为什么"等问题作有理有据的分析。比如《草船借箭》一课，重在写诸葛亮的宽阔胸襟和足智多谋，倘若问"诸葛亮的'神机妙算'表现在哪几方面？"学生可以根据课文内容作说明性叙述；如果进而问"诸葛亮为什么有'神机妙算'的本领？"这个问题，学生只有认真地钻研教材，才能作出较为中肯的分析。

（3）演绎型。这类问题是要求学生把概念具体化，常常用"表现在哪里"引出问题。比如问："《项脊轩记》以情为线索串起全文，这个"情"具体表现在哪些地方？"学生在认真阅读后可以找出："喜之情——修补轩室之喜，美化

环境之喜，悠然自得之喜，月夜景美之喜，恩爱夫妻之喜；悲之情——家道衰落之悲，慈母早丧之悲，祖母去世之悲，历遭大灾之悲，爱妻亡故之悲。"

（4）归纳型。与前者是一个相反的思维过程，也就是从具体的事实抽象概括出概念或规律性的东西。比如，教学《颐和园》要求学生根据课文介绍，说出颐和园长廊的特点，学生就要根据课文中"它有三里长""一共有二百七十三间"概括出"长"这个特点；同时再从长廊的方位结构、油漆颜色、"五彩的画"各不相同这些具体描写中，概括出"美"的特点。再如教《阿Q正传》中的"不准革命"一章时有的老师提出：课文中描绘假洋鬼子穿洋服、说洋话、用洋物说明了什么？描绘假洋鬼子挂着银桃子、编造革命史说明了什么？描绘假洋鬼子挥舞"哭丧棒"不准革命又说明了什么？然后进一步提出假洋鬼子在政治上所表现的封建性、买办性、欺骗性、反动性，说明他的政治品质是什么？他的摇身一变说明了什么？从这个典型人物身上揭示出辛亥革命的不彻底性，让学生概括出辛亥革命的经验教训。

（5）发挥型。有的是借助想象填补"空白"，有的是引发联想品味鉴赏，有的是联系生活抒发感慨，都属于发挥型问题。如《小蝌蚪找妈妈》中写道："小蝌蚪找到了妈妈，跳到荷叶上，靠在妈妈怀里——"这时，可对学生说："你们想想，小蝌蚪靠在妈妈怀里会对妈妈说些什么呀？"学生展开想象的翅膀，答问会相当丰富。再如，教学《游褒禅山记》，拎出几个议论点，让学生联系自己，联系生活，议收获，谈感想，这里引发讨论的问题也是发挥型的。

（6）评价型。这类问题是为了训练学生的分析判断能力，同时对听答的学生也进行了评判能力的锻炼。比如教学《孔乙己》问："你是怎样看待孔乙己的？"就是要求学生在读懂课文的基础上对人物作出恰切的评价。

（7）补正型。当一部分学生答题不完整不准确时，教师常用补正型问题，引导其他同学缜密思考后予以补充、匡正。这类问题要求学生抓住问题的症结，学会全面地思考，或补充几个要点，或在指出前者谬误的同时阐明自己的看法。

### 2. 从学生理解知识的进程看

（1）引发性问题。这是新课开始时，为了集中学生注意力，激发学习兴趣的问题。

（2）理解性问题。这是围绕理解课文，提出的一系列问题。

（3）总结性问题。这是着眼于对学习过程进行总结的。

以《唐打虎》的教学为例，可设计如下问题：

（1）虎是兽中之王，称得上"打虎英雄"的一般都是勇气超过常人、年轻力壮的彪形大汉，可本文的"唐打虎"却是一老一小，这是怎么回事呢？

（2）为什么要商请唐打虎，请之前大家的心情怎样？

（3）祖孙两人被请来后，人们的心情发生了怎样的变化？

（4）他们是怎样打虎的？

（5）打死虎后老人说了些什么？人们的心情又发生了怎样的变化？

（6）这篇课文要说明一个什么样的道理？

这里第一个问题是引发性问题，利用"常理"和"现实"的矛盾，挑起学生的疑问，激发学习的兴趣；第二至第五个问题是围绕理解课文设计的，在厘清事件发展变化的同时，注意梳理出人物感情变化的线索（希望—失望—佩服）；第六个问题是总结性问题，意在让学生明理，掌握中心思想。提问分类的角度并不只是这两个，比如美国查尔斯·C·狄诺凡就从师生信息交流的角度，将提问分为：特指式，即对某个学生的直接发问；泛指式，用以引起全班同学思考或讨论；重复式，重复某个学生的质疑，让别的学生回答；自答式，自问以后，让学生稍作思索，自己回答。也有些同志从提问目的的角度分类，把提问分为：选择式，常常是以是非问的形式出现；模糊式，坡度和信息差较小，答案是标准的，较易回答；启发式，有一定难度，需要综合认识，合理推断，才能作答；探究式，难度较大，必须掌握所学知识，具有思维灵活性、广阔性的品质和萌生探究动机才能作解；开拓式，属拓展性质的，需要综合课文前后及课内外有关知识，具备空间想象和创造思维能力才能合理作答；等等。[1] 这种种提问的方式，都是我们在设计提问及运用提问时应当作为参考的。这样，我们从学生思考方法看，明确为什么发问；从教学过程看，明确在什么阶段发问；从师生信息交流的方式看，明确对谁发问，实际上也就明确了提问这一具体环节的教学目的，从而采用相应的提问方法，必然可以促进教学效益的提高。

## 二、优化表达形式，提高提问的艺术性

提问是教学艺术中相当活跃的一个因子，尽管有种种类型可供参考，但教学艺术就是讲究规律性和创造性的统一，整齐划一、固定不变的"定型产品"是教学艺术也是提问艺术的大忌。因而"生产"提问也应像生产其他艺术品一

---

[1] 戴国良，陈祖其. 谈课堂教学"问题"的整体设计 [J]. 小学教学，1989（10）.

样，倾注生产者的情感和心血，不断追求个性和创新。只有这样，设计出来的问题才可能做到问法新颖，形式灵活，富有情味，为学生喜闻乐答。而要达到这些要求，使问题具有较高的艺术性，就是要优化表达形式，在设计表达方法时着重处理好以下几对关系。

### 1. 直和曲

直就是按照常规思路正面直接发问，也叫直问。直问的特点是问点显露，问题明确，使用频率高。缺点是形式呆板，缺少变化，难以启动思维。曲问就是不正面发问，而是旁敲侧击，绕道迂回，问在此而意在彼。这种问法的妙处在于含蓄生动，颇具情趣，富有思考余地。教学中，恰当辅以曲问，可以取得较好的答问效果。

有位老师两次教学《将相和》"完璧归赵"部分时，对相同的问点，先后采用了两种不同的问法：

（1）蔺相如是怎样智胜秦王实现完璧归赵的？这说明了什么？
（2）蔺相如是真的要将和氏璧撞在柱子上，还是故意吓唬吓唬秦王，为什么？

第一种是直问，问题明确，答案肯定。问后学生有的复述情节，有的甚至照读课文，然后进行了生硬的人物评价。第二种是曲问，实质仍是让学生理解蔺相如是怎样智胜秦王的。但由于改变了问法，就使其中包孕着多种诱答因素。因而问后学生讨论热烈。有的说，蔺相如是真的要撞柱子；有的则认为是假撞，是做样子吓唬秦王。至此，教者并不直接评判，而是相机诱导学生反复读书，深入思考，发表意见。最后看法终于达成一致：蔺相如既非一定要真撞，又非仅仅做样子吓唬秦王，而是见机行事。如果秦王惜玉而妥协则不撞；如果秦王一意孤行，硬抢宝玉，则人玉俱毁。这充分表现了蔺相如的大智大勇。在这里，两种问法，孰优孰劣，对比分明。

### 2. 顺和逆

长期按照某种顺序设计提问，会形成对学生思维的临时性抑制。为此，可以适当地变顺问为逆问。顺问，也就是通常采用的按顺序进行的正面设问法；逆问则是指从相反视角切入问点，要求学生利用事物之间相反相成的矛盾关系解决问题，回答提问。从相反的方向增设比较性材料是逆问构设的常见方式，比如教学《一夜的工作》最后一节，不是顺问："最后一节表达的是什么思想感情，有什么作用？"而是问："有人认为，最后一节表达的也是作者的感想，与上一节重复，建议删去，你的看法如何？"再如钱梦龙老师教《多收了三五斗》，解题时没有采用顺问："为什么多收了三五斗，农民非但未得到好处，反而更遭殃？"而是采用逆问："有人认为：要反映旧社会农民的悲惨生活，写'少'收了三五斗不是更好吗？或者更进一步写一个大灾年，颗粒无收，农民卖儿卖女，逃荒要饭，不是更能反映农民生活的悲惨吗？你同意这个观点吗？"上述两问，皆从相反视角切入，不是问文章这样写有什么好处，而是问不这样写会怎么样，这种问法由于提供了正反对比材料，扩大了信息反差，构成了矛盾情境，更便于启发学生多角度思考，培养他们良好的思维品质。

### 3. 散和聚

优化的提问忌散贵聚。聚，就是简洁、凝练，具有整体美。有些同志有一种误解，认为问答式就是启发法，问得越多，启发性也就越大。这就势必导致提问散乱零碎，质低量滥，无艺术美感可言。我们认为，应正确处理散与聚、量与质的关系，加强提问的整体性和系统性。备课中应深入钻研教材，理出贯穿全文的主要线索，将那些体现重点又能训练思维的问题串连于课文和课堂结构的主线之上，形成一条环环相扣、问问相连的问题链。这样的问题才具有艺术的整体美。

要增强问题的整体性和凝炼性，还要善于删繁就简、化零为整。对备课中初拟的零散问题，要善于发现其内在联系，对之实行合并、简化，做到以少胜多，以一当十。前一节曾提到一个问题：齐宣王在位时南郭为什么能得到优厚待遇，齐湣王即位后他为何偷偷逃走？这个问题就脱胎于下列提问：寓言写了几个人物？齐宣王有什么特点？齐湣王有什么特点？南郭不会吹竽为什么能得到优厚待遇？后来他为什么跑了？经过提炼的问题，简洁凝练，减少了问点，突出了重点，扩大了覆盖面，提高了艺术性。

### 4. 庄与谐

皮亚杰有句名言："所有智力方面的工作都要依赖于兴趣。"提问的优化也包含了要处理好庄与谐的关系，做到寓庄于谐，寓问于趣。其方法是多种多样的，比如：（1）设置谐趣的情境，以趣促思。钱梦龙老师教学《愚公移山》，向学生提出："愚公花那么多的时间和精力去移山，何苦呢？搬家不是更省事吗？""愚公究竟笨不笨？"根据不同答案，将学生分为"笨派"和"不笨派"，激发学生在兴趣盎然的情境中思考和争辩。（2）选取兴趣的热点，构设趣问。教学《跳水》，就可以不从开头依次设问讲解，而从学生最感兴趣的地方切入："课文中最危险的场面是什么？这样危险的地方，那孩子是怎么上去的？"这最紧张的场面既是课文的重点，又是学生的兴趣热点，由此发问，学生就会在紧张愉快的心境下把握课文的主要内容。（3）改变提问的方法，问而生趣。上面提到的改变问法，将直问改为曲问，顺问改为逆问，等等，都可以平添提问本身的谐趣和魅力。钱梦龙老师教《愚公移山》时对"邻人京城氏之孀妻有遗男"一句，不用直问如"孀妻""遗男"怎么解释？而用曲问："这个年纪小小的孩子也去移山，他的爸爸会让他去吗？"学生沉思默想了一会儿，忽然恍然大悟："他是没有爸爸的呀！"老师再问："怎么没有爸爸？"一个学生答道："他的母亲是孀妻，孀妻就是寡妇，因此说他没有爸爸了。"这样的教学，趣味横生，学生不仅理解了词义，而且活跃了思维。

### 三、选择恰当时机，加强提问的针对性

孔子曰："不愤不悱，不启不发。"优化的提问也有这样的要求。要择准时机，启之于愤悱之时，问之于矛盾之际。如果不问时机，不辨对象，无论问点怎么准确，表达怎么艺术，也不能达到优化的效果。因此，设计问法，包括对发问时机的恰当选择。

请看下面《将相和》的提问设计：

第一组：
（1）"将"是谁？"相"是谁？"和"是什么意思？
（2）将相为何不和，后来又是怎样和的？

第二组：
第一段
（1）哪些词语能表现出蔺相如的机智勇敢？为什么？
（2）蔺相如是真的要撞柱子，还是故意吓唬秦王？为什么？
第二段
（1）蔺相如在渑池会上用什么办法对付秦王？哪些词语最能突出他的机智勇敢？
（2）渑池会上的斗争是双方打成了平局，还是有一方占了上风？为什么？
（3）这场斗争的胜利应归功于谁？
第三段
（1）蔺相如为什么要避开廉颇？
（2）"负荆请罪"是什么意思？廉颇有罪吗？这里为什么要用"罪"字？

第三组：

你喜欢课文中哪些人物，不喜欢哪些人物？为什么？

看完上述提问就会发现：第一组比较浅显，偏重于课文的总体轮廓。第二组分段设问，深入了一步，是对课文各部分的深入解剖。各段设问又由浅入深。第三组要求更高，要对全文整体深入理解后才能抽象概括。三组提问体现了"总—分—总"的阅读程序，又反映出由浅入深，从具体到抽象的认识规律。三组提问如果在初读、精读和总结阶段将它们先后分别提出，是可能做到恰逢其时的。否则，就不会取得好的效果。

需要说明的是，以上所论，大多基于课前的教学设计阶段，要真正做到提问的优化，当然还得依靠教师的临场驾驭和及时调控。

## 第三节　诱导答问的技巧

教师的问题抛出去了，下一步就是学生的应答，学生提出了问题，教师在大多数情况下，也是要求其他同学答问。要求学生的回答总是一步到位，是不现实的。从明确问题到解决问题，学生往往还要爬坡，有时甚至还得问路。在这个过程中，教师也得做好诱导答问的工作，以帮助学生到达目的地。以下所列，就是从教学实践中归纳出来的诱答技巧。

### 一、提供已知，以旧推新

提问，就是要帮助学生建立新旧知识的联系。在学生答问卡壳或理解困难时，教师应当适度提示思考或提供旧知，启动学生的积极思维，让他们迅捷地以旧推新，顺利完成答问。例如钱梦龙老师教学《多收了三五斗》一文时，学生问："为什么可以把'万盛米行'比喻成'赌场'？它们之间有什么相似的地方？"钱老师考虑到"赌场"对十四五岁的孩子来说，完全是个抽象的名词，难以理解，需要利用旧知作凭借，以旧知和新知的形象对照，来促进理解。于是，就有了下面这个教学片段。

师：这个问题提得很好，我们大家来思考一下。（等了一会，板书"赌场"）你们看到过"赌场"没有？

生：没有。

师：在电影里见到过吗？

生：（部分）没有。

师：我小时候看过真的赌场。（笑）我不是去赌钱。我是跟人家去看看的。那个情景跟电影《子夜》中的什么——（同学插话：交易所）对，跟交易所有点像，一群人围着赌。不过，赌场是押钱的。开"宝"以后，钱被赌主掳进去了，同学们可以回忆一下，在电影《子夜》里，那些交易所里的人们的命运怎么样？（学生思考，议论纷纷）其中有个吊死的人叫什么？

生：冯云卿。

师：他吊死了，因为命运掌握在别人手里，他无法逃脱失败的结局。这里把农民走出万盛米行比喻成"走出一个一向于己不利的赌场"，这样的比喻说明一个什么问题？

生：米的价格是控制在万盛米行的老板手里的。农民多收了三五斗，他们就把米价压低；农民手里米少了，他们就把米价抬高。农民的命运都掌握在万盛米行的老板手里，农民就像赌徒一样。

师：有道理，农民像赌徒，每次都输得精光。命运不能由自己掌握，而是操纵在那些地主、资本家的手里头。这里用赌场这个词是很恰当的。而且"赌场"前头还有一个定语（师生共说）"一向与己不利的"。农民总是每年受到这些资本家的剥削和掠夺。文章中还有一个词，也比喻农民无法掌握自己的命运，他们去探问今年的米价怎么样，用了一个什么词？它是什么意思？

生：占卜。这里用算卦一类迷信活动比喻农民不能掌握自己的命运。

显然，由于利用了学生的旧知识、旧经验，引导学生触类旁通，以旧推新，使他们比较顺利地理解了一个知识难点。

## 二、理论引路，登堂入室

随着年级的递增，依赖理论武器作答的问题也逐渐增加。这类问题学生不能回答或答而不准时，可启之以基本理论，让学生握着理论的钥匙自行登堂入室，打开知识宝库。一位老师执教《兄弟便是朱德》第三自然段，就采用了这种方法：

师：大家想一想，同是写红旗，为什么第一次比作"朝霞"，而第二次却比作"火焰"呢？

生：一个是明喻，一个是暗喻。

师：明喻暗喻就不能用同一事物作比？

生：老比作朝霞就单调了。

师：还有其他原因吗？（生沉默）我们知道，比喻要恰当，其中一个重要的方面就是用来作比的事物要与被比事物出现的环境相统一，大家再从这上面去思考思考。

生：第一节是写早晨山头的红旗，用朝霞比恰当。

生：第二节是写骑马少年手中的红旗，所以比作火炬。它们都是动的。

当学生答而不准，再言不能时，教者适时进行理论点化。聪颖的学生受到了启示，很快联系实际，作出了准确的回答。

### 三、增设同例，引导类化

提问之中，卡壳之时，常会遇到那些不能不说但又不宜直说，不能不讲但又难以详讲的问题。此时，若巧妙增设相同或相反的例子，或许比详讲直说更容易调动学生的思维积极性。《海上日出》一文曾这样描写海上的太阳："这深红的圆东西发出夺目的亮光，射得人眼发痛。"就此，一位教师设问："这里为什么不写太阳而写圆东西？"问后众答纷纭。有的说，太阳是圆的，所以叫圆东西；有的说，这是为了避免用词的重复；还有的认为，太阳是物体，可以称东西。当学生答不准时，教者没有直接讲解，而是巧设同例，顺势设问："比如我们叫某同学不喊名字，而叫这个小家伙怎样？"学生立即触类旁通，豁然开朗，大叫："喜爱，对太阳的喜爱！"

### 四、控制答域，定向思维

思考答问的过程就是学生瞄准思维目标，进行定向思维的过程。在提问时，对于那些答域宽泛或答涵较深的问题，及时输入信号，控制答域，可帮助学生排除干扰因素，确定思维方向，迅速而准确地达到思维目标。比如有位老师教《杨修之死》，问"杨修之死的原因是什么？"有的学生答是因为杨修聪明过人，遭到曹操的嫉妒；有的学生答是因为杨修以"鸡肋"一事惑乱军心；也有的学生答是因为杨修参与了曹家的内部斗争。虽然都是"言之有理"，但不能说这就已全部答对。老师感觉到学生对这一答涵较深的问题难以把握关键，就加以恰当的点拨："课文里有哪句话是回答这个问题的关键？""课文又有哪几件事可以说明这句话?"由于答域得到了控制,学生的思维方向就明确了,通过思考、讨论,从而懂得:一方面,杨修自恃才高,放荡无忌;另一方面,曹操忌妒贤能。曹操之"忌",忌人才智超过自己,忌人揭露他的隐私,忌人参与他的家事。再者,"数犯"一词,说明曹操杀杨修,并非因一时一事,而是积恨日深的结果。由"甚忌之""心恶之""愈恶之"……到"大怒",正表明了这样的过程。杨修之死,暴露了曹操的虚伪和奸诈。

## 五、弹性处理,意在蓄势

有位老师教学《幸福是什么》一文,板书课题后立即提问:"你们认为幸福是什么?"学生的回答让人啼笑皆非:有的说,幸福就是吃得好,穿得好;有的说,幸福就是回家不要做作业;有的说,幸福就是考到高分。对于这些看法,教者没有立即评判,也没有作出正确答案,而是暂时搁在一边,引导学生学习课文。等学习课文后,教者才继续引导学生讨论,并评析了开头的几种错误观点,特别注意了让学生自己教育自己。这堂课之所以成功,与教者巧妙的提问艺术紧密联系。开讲之前,就抓住提挈全文、关乎全局的关键问题让学生回答。这看起来不符合正常的教学秩序,但教者之意不在正确的答案,而在激起求答的欲望,形成强烈的探究心理。学完全文,正确的作答之势已经形成,且学生迫不及待解决还悬在那里的问题,所以答问正确而且热烈。

## 六、就势归谬,逼其反推

学生答问失当,有的错误非常明了,有的则比较隐蔽。抓住那些隐蔽性错误,推演开去,可以促使学生改变错误的思维方向,朝着正确的目标行进。请看下面两个教学片段:

师:什么叫"呻吟"?
生:就是声音很微弱地说话。
师:那你小声地说话叫呻吟吗?上课回答问题声音很小,老师说你怎么呻吟呢?行不行?
生:在非常痛苦的情况下,小声地自己哼哼。
师:对,生病了,或者哪儿痛了,这时的哼哼叫呻吟。
师:为什么两个满怀希望的士兵在方志敏身上只搜到了一只怀表和一支钢笔,其余连一个铜板也没有找到?

生：因为是战争年代，条件艰苦。
师：那么革命胜利了，条件起了变化呢？
生：因为方志敏是共产党人。

这两个教学片段异曲而同工。提问之后，学生貌似正确的答案中潜伏着错误，教者不是直接指出其错误，而是接过学生的答案，运用反诘法，让学生自行推理，发现答案的荒谬，进而越出原来的思维轨道，寻求正确的答案。这也就是归谬启答的一般过程。

### 七、捕捉偶然，归纳引申

有时提问卡壳，多方启发未必能奏效，而巧取课堂之中某些偶然因素倒可获得意料不到的启答效果。有位老师举行作文公开课，练习写作矛盾心理。他提问"什么叫矛盾的心理活动？"提问之后学生陷入沉默，虽多方启发也未遂人愿。教者正待"自告奋勇"说出答案，突然发现有个学生刚举手又放下，这位老师立即捕捉住这一颇具启答潜力的偶然因素。他询问学生："你为什么刚举手又放下呢？"学生回答："我想举手，是因为思考后有个模糊的答案，老师课前又叫我们积极发言。当我举手时，又担心讲错，怕听课的老师笑话。"学生说完，老师及时引导全班分析归纳："他刚才头脑里出现了几种想法？""两种。""这两种想法是一致的，还是相互斗争的？""相互斗争的。""在生活中，我们常常会遇到多种多样的情况，面对这些情况，思想上经常会出现许多矛盾和斗争，这种思想上的斗争，就是矛盾的心理活动。"本来非常抽象难答的问题，由于捕捉住偶然因素，诱导自然，答问顺利。真是踏破铁鞋无觅处，得来全不费功夫。

### 八、回扣原文，启发答问

语文课上数量最多的恐怕是理解性提问了，回答这类提问必须以掌握课文为前提，在这个前提下进行判断推理。当学生回答这类问题偏离方向时，可引导他们回扣原文。如果离开原文夸夸其谈，放任自流，就会偏离教学的目标。比如，钱梦龙老师教《故乡》时，学生提出了这样的问题："'我'家灰堆里的碗碟究竟是谁埋的？"讨论中学生又产生了许多稀奇古怪的想法，有的说是杨二嫂埋的，她埋了后企图诬陷闰土；有的说也可能就是闰土埋的；甚至有人说是"我"的母亲埋的，老太太心肠好，是想让闰土在运灰时多得些碗碟。面对这场

"混战"，钱老师提出了一个要求："下判断必须从课文中找依据。"引导学生回读课文，认真思考。有些同学从课文中找到了闰土不会偷埋的有力证据：既然"母亲"说过"凡是不必搬走的东西，尽可以送给他"。他完全可以明拿，根本用不着偷埋。至于谁埋的，课文里没有讲，也没有必要妄加猜测。这样处理，有助于培养学生认真读书的良好习惯。

在提问过程中，诱导答问的方法是丰富多样的。但不管使用哪种方法，都必须注意，是启发而不是代替。即是教师启发学生答而不是教师代替学生答。这是一切诱答方法的根本要求，也是诱答具有艺术性的标志。

## 第四节 培养质疑能力和答问能力的要求和方法

提问，不仅指教师的设问和启发，也应包括学生质疑能力和答问能力的培养。"思源于疑"，质疑，就是要发现问题；答问，则是在解决问题。二者又都需要对思维的结果进行言语的组织，用语言恰当地表达出来。从学生思维训练和语言训练两个方面考虑，培养其质疑能力和答问能力是十分必要的。这些能力的形成，体现在四个方面。

### 一、敢问、敢答

要培养学生的质疑能力和答问能力，首先要扫除心理障碍，解除心理顾虑，变"不敢问""不敢答"为"敢问""敢答"。为此，要注意在两方面开展工作。

#### 1. 在提问中渗透情趣因素

比如，可以适当采用以下提问方式：

（1）热情型提问。老师以和蔼可亲的态度，提出带有鼓励性和热情感的问题（包括启发学生质疑的提问），必然有助于消释师生间的心理屏障，造成和谐平等的问答氛围。有些优秀教师到外地借班上表演课，注意抓住学生一两次高质量的发言，鼓励道："真没有想到咱们这儿的同学这么聪明，对课文的理解这么深刻。下面我提一个更难一点的问题，看看能不能难倒你们。……"再如，有位老师在进行一次点名选词提问时，手握着一张张卡片，并没有生硬地问："我点到谁，谁就站起来读卡片选词"，而是热情地发问："我送给谁一张卡片，就请你来选词，好吗？"一个"送"字，使学生心里暖烘烘的，打消了点名的紧张感，课堂里也就不会存在不敢应答的情况。

（2）入境型提问。通过提问，促使学生进入角色，进入情境，也可以激发学生答问的热情。有位老师谈到，他教《林海》的第五自然段，第一次，让学生默读这段课文，看文中写了哪些景物，那儿景物怎么样？学生只是说景色很美，究竟怎么美就说不具体了。第二次，让学生看看这段写了哪些景物，各有什么特色，假如你到了那里会有怎样的感受？将学生引入特定的情境。不一会儿，很多学生举手。有的说："我来到这儿，看到温柔的山岭之间流动着清澈的河水；河岸上有青松白桦，地上开满了五颜六色的野花。花丛里隐藏着像珊瑚珠似的小红豆，再加上翩翩起舞的小蝴蝶。我被这种景色陶醉了，仿佛走进了美丽的画卷。"有的说："这段文章写得有山有水，有声有色，有动有静，真是太美啦！"还有的说："我从这里学到了作者的写作方法。"因为是入境，那种紧张的情绪，不必要的顾虑，也就大大淡化了，所以能畅所欲言。

（3）激趣型提问。利用学生好奇心强烈的心理特点，以趣激之，使他们乐学乐思，与上例相同的是，因为"乐"，学生也就想不到"敢"与"不敢"的问题。比如一位老师教《惊弓之鸟》，巧布疑阵，诱发兴趣：教第一段时，抓住课文中更羸对魏王说的"我不用箭，只要拉一下弓，就能把这只大雁射下来"这句话，提出一个问题："更羸不用箭，能把大雁射下来吗？"使学生带着疑问饶有兴味地阅读课文，当读到"射下了！射下了！"和"大雁直掉下来"时，教师又提出第二个问题："为什么更羸不用箭射，竟能使大雁'直掉下来'呢？"这时学生的兴趣更浓了，个个都想探个究竟，一了解是怎么回事时，也就都想说个明白了。

### 2. 在评价时强化民主意识

对学生的质疑和答问，教师总要作出评价性反应，在这个对学生传递的信息作出反馈的环节中，特别要注意强化民主意识，具体说来，又应体现在如下方面：

（1）要及时肯定学生的正确意见。对于学生有价值的质疑和正确的答问，不能哼哼哈哈，不置可否，而要及时评价，以资鼓励。比如，有位老师借班上课时，有个学生答问时说了句"迅哥儿不是鲁迅而是作者所塑造的艺术形象"，这位老师连忙说："这话说得多好啊！你的知识面真广，语言也丰富，录音机都把你这句话录进去了。"学生受到了鼓励，思考更加认真，答问更加积极了。

（2）不能用简单粗暴的方法表达否定性意见。学生的质疑和答问总难免有不正确和不完整的地方，有时甚至打来"横炮"，形成干扰因素，有些老师对这种种情况不能正确对待，而是"训"字当头，甚而言之，对学生冷嘲热讽，结果上课时学生噤若寒蝉，干脆"不动声色"，也就无所谓质疑和答问。正确的做法是，要注意学生有没有值得褒扬的地方，比如发言的积极性，错误的意见中包含的合理成分。即使全是错的，也应指点病因，授以方法，教学生学会思考，学会表达，这样，才不至于造成负面效应。

（3）要学会尊重不同的意见。还有些老师，评价学生的答问，总是用现成的答案去套，用自己准备好的答案作为评判的标准，这实际上是在搞"一言堂"，很容易打击学生的积极性，扼杀学生的创造性。其实，"弟子不必不如师"，学生的见解比老师的深刻是正常的情况，从某种意义上说，也是老师正确引导的结果，是"教"的收获。对于难下定论的意见，应提倡求同存异，不必强求一律。比如在《雷雨》中，周朴园保持侍萍以前喜欢的室内的摆设，保留着一些侍萍的生活习惯，有的学生认为这反映了周朴园的些许真情，也有的同学认为这完全是假象，都有自己的道理，就可以两种意见并存。这里，对学生意见的肯定，实际上也包含了对其积极性的保护。

（4）要允许"再等一会儿"和"再来一次"，留给学生思考的时间。有些老师看到学生表达时结结巴巴，或者在举手后欲言又止，马上会令学生坐下，并要教育一下："以后想好了再说！"几次这样的批评过后，学生"想好了"也不敢说。还有的老师在学生答错后就剥夺了他的发言权，不让他有改进或改正自己意见的机会，同样，学生不仅会"慎重"，而且也胆怯了。而有些老师看到学生涨红了脸，言不及义时，常常加以热情鼓励："不要紧，同学们会再等一会儿，慢慢地说。"在学生答好后，甚至还奖赏以热烈的掌声。也有些老师就是希望讲过了特别是讲错了的同学"再来一次"，因为在受到他人意见的启发以后，这些同学的思考总会更深入一步。这些做法本身就是对学生的一种尊重，一种鼓励。长此以往，就可以使学生做到知无不言、畅所欲言。

## 二、想问、想答

想问、想答，是指教师的提问要能启动、激活学生的思维，使学生有话想说，好的提问确实能起到这方面的作用。这里不妨选几个教例来看。

例一：有位老师教学《故乡》，在学生通读课文并了解课文的故事情节之后，让学生思考："我"渐近故乡时心情是"悲凉"的，"我"离开故乡时"不感到怎样的留恋"，心情是"悲哀"的。是故乡怎样的情况使得"我"如此呢？学生在发言中谈到："我的美丽的故乡"现在变成了"萧索的荒村"，热情、活泼、能干、多知、勇敢的童年闰土变成了憔悴、迟钝、麻木的中年闰土，年轻貌美的杨二嫂变成了泼悍、放肆、尖刻、自私的杨二嫂，"我"和闰土的童年好友关系变成了老爷和忙月的主仆关系。接着，教师让学生按上述情况概括一下。学生说，故乡是在向着萧条、破败、贫穷变化着，这引起了"我"的悲伤。进而，教师让学生把"我"在故乡的所见所闻用一个字概括出来，学生说是"变"。这时，教师说是故乡的"变"引起了"我"的悲。那么本文写故乡的"变"是为了什么呢？学生回答说还是"变"。就是说"故乡不能再这样变下去了，应该有新的生活；为我们所未曾生活过的"。最后教师指出，本文写的是故乡的"变"，朝着衰败的方向变，而写"变"的目的是思"变"，朝着繁荣富强的方向变，这就是本文的中心思想。

这个教例之所以精彩，就是因为问题的设计精要，正如北京的特级教师宁鸿彬同志评析此例时所说：教师用一个"变"字概括全文，而这个"变"字，既是对文章内容的概括，又是对文章内在思想意义的概括，做到言简意赅，通俗易懂。再者，答问的方向明确，同时也暗示了答问时应用比较的方法。思维方向明确，思维内容精要，讨论时学生当然就想说了。

例二：有位老师教学《皇帝的新装》，在读课文前就对学生说："这篇课文写了一个皇帝上当受骗的故事。请同学们读课文，读时注意动脑筋分析思考，读后就下面的问题发表见解——皇帝上当受骗怨谁？"读课文之后，学生纷纷谈出自己的见解，有的说皇帝上当受骗怨两个骗子，他们施展了骗术；有的说皇帝受骗怨那两个大臣，他们向皇帝谎报情况；有的说皇帝受骗怨那些内臣，他们装出了种种为皇帝穿衣、整衣、托衣的样子；有的说皇帝受骗怨那些市民，皇帝明明赤身游行，他们却对那并不存在的新装赞不绝口；有的说皇帝上当受骗最主要是怨自己，是他昏庸、愚蠢、无能，造成了事态如此发展。

这些对人物的分析，包括对主题的揭示，都是由一个问题引出来的。这个问题问得好，是因为它是集散型问题，问点集中，围绕这个问点又形成较广阔的答域，需要从不同角度入手，才能形成比较完整的答问，这样，就不是一两个学生，而是相当多的学生都可以有发表意见的机会。

在刚刚提到《雷雨》教例时，我们提倡将两种意见并存。应该说，那是对的，因为在一般老师的课堂上只能达到那样的深度。但在有的老师那里，则不一样了，这就是我们要列举的例三：同样的问题。周朴园保留侍萍喜欢的家具，柜上放着她的相片，连她生周萍时关窗户的习惯都不改变，这是为什么？同样的情况：学生谈到两种情况后虽有争论，但难以深入了。这时老师又抛出一个问题：请推测一下，周朴园在重见侍萍的前后感情有没有变化，为什么会有这种变化？新的问题带来了新的思考角度，也带来了新的收获。一位学生站起来说：不能说周朴园对待侍萍毫无感情。但当他认出面前的人就是侍萍时，他最担心的是侍萍的出现会危及周家的根本利益，主要想的是利害关系，这就不能说他以前对侍萍真有多深的感情了。他保留家具、习惯、放相片，也不能就证明他感情的真挚。因为像他那样一个旧社会的上层人物，是要顾及脸面的。他大儿子周萍是谁生的？绝不可能是繁漪生的吧，那么周萍的妈妈是谁，他总得向人有个交代，有种表示吧。他不是编过30年前无锡梅家"小姐"的瞎话吗？那么他要表示对这位小姐如何怀念，也同样可以看成是他出于为自己的考虑。正像他可以故意淹死2200多个小工来发财，可以处处仍表现得道貌岸然一样。

这个学生答得好，主要在于教师提供了一个梯子，使思维强度很大的一个问题有了相宜的坡度，这样，面对"人所不能言"的情况，学生也能有所思有所得了。

当然，学生想问、想答的因素是多方面的。比如，一些情感性因素，对学生主动性学习心态的形成和表达欲望的激发，也会起到促进作用。这又是与"敢问""敢答"联系在一起的。

### 三、会问、会答

会问、会答，就是讲要掌握质疑和答问的基本方法。否则，所提问题东一榔头西一棒槌，所答漫无边际地东扯西拉，热闹虽热闹点，但没有实效。因此，教师应当授之以法，在教学中渗透示范性，加以必要的点拨，让学生明了老师是怎么质疑的，教师提的问题属于什么类型。指导学生在质疑时学会发现问题和提出问题；在答问时根据问题类型，展开定向思维，加强答问的针对性。

仅以质疑能力的培养为例，可以指导学生运用以下方法发现问题、提出问题：

#### 1. 从字面挑矛盾

《七根火柴》中无名战士在极端困难和生命垂危的情况下，用腋窝夹住党证保存了七根火柴。在生命的最后一刻，他把火柴交给卢进勇带给部队："'同志，你看看……'那同志向卢进勇招招手，等他凑近了，便伸开一个僵直的手指，小心翼翼地一根根拨弄着火柴，口里小声数着：'一、二、三、四……'"党证里夹着几根火柴，无名战士是清清楚楚的，为什么还要艰难地一根根地数给卢进勇看呢？这些矛盾都是可以从字里行间直接挑出的。

#### 2. 从变化找矛盾

《一夜的工作》最后两段写"我"的感想，同中见异，为什么要重复？为什么又有不同的地方？深究下去，可以见出主题的丰富和深刻；眼睛是心灵的窗户，《祝福》中祥林嫂的眼神是在不断变化着的，于此处生疑，叩开这扇窗户，不难看到祥林嫂性格变化的轨迹；而《变色龙》中，那个"变"字更是应当紧抓不放的"主要矛盾"了。

### 3. 借假设生疑问

前面曾经提到，有些课文可假设另一种情况，将课文内容与假设情况进行对比，从而发现并提出问题。比如有位老师教《记一辆纺车》，先教第一节，让学生明白这一节表现了作者对纺车的深切怀念。接着，跳过第二节，教第三、四节。然后，回过头来看第二节，并引导学生形成这样的问题："既然第三、第四节已从纺车的重要作用说明'深切怀念'的原因，为什么还要写第二节呢？不写行不行？写，起什么作用？"显然，这个借假设生出的疑问很有价值，有助于学生对文章特色的领悟。

### 4. 以常理推疑问

这是指引导学生利用生活经验去发现和提出问题，比如《小音乐家扬科》中的仆人是受压迫受剥削的穷苦人，按常理，应该对扬科持同情态度，但对扬科斥骂、鞭打的却是他。那个更夫也是穷苦人，他却把扬科打得不能起床，"快要死了"。为什么呢？类似的问题也可以问在《一九三六年春在太原》里那个厨工的身上。而如《刑场上的婚礼》，将两个具有相反意义的事物放在一起，与常理相悖，当然也应形成疑点了。

诸如此类的种种方法，只要示范正确，点拨得当，学生是可以通过反复实践形成相应能力的。

## 四、善问、善答

善问、善答，是指问、答时的语言表达具有较高的水平，也就是质疑和答问体现出一定的技巧性。这是一个高标准，但从提问效益的优化看，是应该努力的，也是可以达到的。

善问应当体现在三个方面：第一，礼貌性。无论是对老师，还是对其他同学质疑，说话要切合自己的身份，要体现出一定的文明礼貌。有些老师对学生的质疑不作这一方面的规范和要求，以致一些学生说话粗鲁，争辩时甚至出言不逊，哪怕是对老师，也从来不用一个"您"字。这是应当引起重视的。联系德育，这里也包含了育人的大问题。第二，准确性。也就是把自己心里想的恰当地表达出来，在表达技巧上做到心口如一。第三，流畅性。把自己心里想的很顺当、很流畅地表达出来，这样，表达本身就具有一种美感，同时，也不至于因表达的技巧性问题延宕教学节奏。

　　善答，大致是如陈一飞老师提出的，要做到：言之有序，即答问时设计好讲话的程序，安排好语言的层次，体现出表达的条理性。言之有据，即克服凭直觉、重感情、绝对化这些儿童、少年易犯的通病，学会用观点统率材料，用材料说明观点，不仅做到"言之成理"，而且做到"言之有据"。言之有文，即说话要有文采，做到用词准确，推理严密，说话符合语法逻辑；语流畅达，条理清楚，无拖腔，无语病；语速舒缓有致，讲究抑扬顿挫，注意语调变化，说得悦耳动听。真如是，那就具有较高的艺术性了。

# 第十三章　板书论

好的板书，往往是教者对课文的一种"再创作"，能生动体现教者对教材的深刻理解和巧妙处理，显示教者的教学思想和教学风格，熠耀出绚丽的智慧火花。同时，作为一种模象直观，它又以形式的美感调动注意力、激发兴趣。正如刘国正先生所说："板书是一种教学艺术，既要醒目，又要悦目，对教学起画龙点睛的作用。"

## 第一节　板书设计的基本原则

作为一种教学艺术，板书设计必须是科学性与艺术美的有机结合，具体说来，应该体现如下原则：

### 一、科学性原则

板书还有一个譬喻，叫作"微型教案"。因而在制作过程中的任何"艺术追求"，都应该是以科学性为基础的。从板书与课文的联系说，无论是勾画文章结构的"纽结点"，还是显现文章内涵的"聚合点"，都应以准确理解课文为前提，应该在板书中体现出教者对课文准确的科学的理解。有些同志并不重视这一点，他们对一些内容纷繁复杂的课文还比较认真，对那些通俗易懂的课文则往往重视不够，他们认为，这些课文的板书设计只要用"巧"，不要用"力"。其实，深与浅是相对的，有些课文看似浅易，但不花工夫，未必能得其真谛。这里以《海上日出》来说，巴金先生早年所作的这篇脍炙人口的散文曾先后入选初中、小学教材，不少同志在教学中作过一定程度的研讨，但从前几年流行的板书看，可以见出设计者对课文的理解并不透彻，其格局是：

$$
海上日出\begin{cases}日出前 & 蓝\longrightarrow红\longrightarrow亮\\ 日出时 & 出现\longrightarrow上升\longrightarrow跳出\\ 日出后 & 躲进\longrightarrow透出\end{cases}伟大奇观
$$

这里所引只述其概貌，实际上板书内容还要多些，也可能有些变化，但基本格局如是，表明设计者是把文章所写内容仅当作一次日出的过程看待的。其实，作者开头就点明"常常早起"，主体部分照应"常常"，写了多次看日出时最深刻的一些印象——"晴朗时""淡云时""浓云时"日出的不同景色，作者热情讴歌的是令自己激动也应令读者激动的"日出精神"：无论多么吃力，哪怕浓云遮盖，她总是拼搏不已，把光亮带给天地间的一切。这才是海上日出被称为"伟大的奇观"的主要原因。如果理解到这一层，板书的重点把握住了，板书的结构就要有所变化，诸如朗读到"慢慢地""一纵一纵地""使劲儿"等词语也就能饱含着感情，显示出力度了。巴金谈《海上日出》时自己说过："有人说，我这篇文章是写祖国的河山，表现爱国主义思想。我当时远离祖国，写的是外国的河山，不是中国的河山。我当时是个普通的青年，思想单纯，想得不会多，但新的一定战胜旧的，光明必然代替黑暗，这个信仰贯串着我一生和我后来的全部作品。《海上日出》当然也有向往光明、奋发向上的这个意思，但并不是表现爱国主义精神的。"巴金是针对一种误解说的，同时也点明了这篇文章的主题，而要讲出"向往光明，奋发向上"的底蕴，在设计板书时就必须正确体现文章的内在层次，着意收集那些描绘太阳顽强拼搏，显示蓬勃生命力的词语，比如下面这则板书就是努力体现文章题旨的：

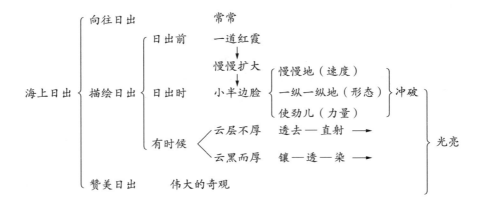

有些文章确实浅显，但板书设计毕竟是一次"再创作"，千万大意不得，这就是科学性原则包括的另一方面，即教者应在板书设计中恰当地体现自己对教材的理解，切忌因粗心而造成不必要的"败笔"。比如，几乎无法说起哪位语文老师读不懂《东郭先生和狼》，但曾被人民教育出版社中等师范《教育学》课本引为正面例证的一则板书就暴露出明显的破绽：

这则板书标明的是东郭先生救狼，狼要吃东郭先生，东郭先生又打死狼。而在课文里，是老农"抡起锄头，把狼打死了"。从插图看，老农打狼时，东郭先生简直"目不忍睹"，很有几分悲悯之意，根本谈不上打死狼。据说这则板书还出自名家之手。当然，这位同志后来出示的本课文的板书堵上了"漏洞"，简洁、准确地勾勒了文章的情节线索，梳理出人与人、人与狼的相互关系，克服了"词不达意"的缺点。

## 二、凝炼性原则

板书是一种"提炼"的艺术。在设计过程中,应当抓住最本质最主要的内容,做到以少胜多,简处见丰。这样也有助于发挥学生的联想能力,达到对课文的理解和有效记忆。

比如一位老师教学《孔乙己》设计的板书是:

$$
笑?\begin{cases}绰号\\性格\\心理\end{cases} \quad 悲!\begin{cases}冷漠\\价值\\结局\end{cases}
$$

笑字后面一个问号及简洁的一组文字,就可以将课文内涵引向深入。

课文中出现的笑,有短衣帮的笑,有小孩的笑,有掌柜的笑,他们各有不同的笑,这些笑是通过什么反映的?这些笑又说明了什么?等等。通过这些启发,学生定会深刻地理解主人翁迂腐的性格和变态的心理,理解作者塑造这一形象的良苦用心。而这样,板书简处见丰的作用就起到了。

更多的板书是着眼于文章思路梳理的,从凝炼性原则出发,设计板书可以舍弃次要部分的内容。如有位老师教学《三人行》设计的板书是这样的:

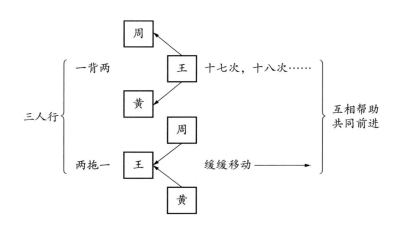

"二人行"舍去了,重点突出了,主题突出了,与上一则板书同样堪称凝炼之作。

### 三、启发性原则

板书作为一种教学手段,不应只是课文内容的简化,而应遵循启发性原则,要让学生能从板书中得到启示、启发,受到触发、诱发、激发,从而更主动地参与教学活动,更好地培养思维能力。其方法很多,比如有:

(1)激疑法。在板书中不画"句号"画"问号",把答案藏在"文"(指板书)外,故意留下疑问,激发学生通过认真思考后获得。比如教学《狐狸和乌鸦》,一般的老师在设计板书时都把狐狸和乌鸦三个回合的"斗争"经过板书写出来,但也有老师则不然,设计出这样的板书:

寥寥数"语",内涵丰富。教者就着问号(用红粉笔画)组织思维训练的高潮:开始时乌鸦叼着的肉,为什么结束时被狐狸叼去了?这说明了什么?学生的思维方向自然被引向事件的经过和包含的事理,课后规定的复述任务在讨论中得到很好的落实,文章的主题也被学生正确地"挖掘"出来了。

(2)引路法。借助板书传授学法,指点"学路",启迪学生自己去阅读、去思考、去参与板书的"创作"。这里选取《再见了,亲人》的教案片段来看:

读讲课文第一段。

1.默读全段,想一想大娘为志愿军做了哪些事?

讨论归纳。(板书:送打糕,昏倒路旁;救伤员,失去外孙。)

2.再读课文,想一想,这两个事例前后各写了什么?

讨论,归纳。(板书:不会忘怀,怎会忘记。)

3.讨论:为什么说"不会忘怀""怎会忘记"呢?这两个事例中各有一个词最能说明?("雪中送炭""唯一"。)

4.扣住关键词语,加深理解。

(1)关于第一件事。

"雪中送炭"是什么意思?(引导逐步理解这个词的本义、一般含义以及在本文中的意思,体会是在什么情况下送来的。)

具体地讲，又是怎样送来的？（"带着"，可以看出大娘所做的动员组织工作；"顶着"，可以看出送打糕的艰苦和劳累；"冒着""穿过"，可以看出送打糕的过程中随时都有生命危险。）

结合理解有关送打糕以后的记叙，从"我们"和大娘两方面进一步体会"雪中送炭"。

（2）关于第二件事。

"唯一"是什么意思？为什么要突出"唯一"？

5. 归纳本段内容和写法。

（1）本段主要写了什么事？

（2）在事情前后所写的内容与事情有什么联系？这"前""后"相互间又有什么联系？（板书：呼应。）

6. 指导朗读。（略）

7. 小结方法。（找出事例，看清前后，划分层次；再读课文，扣住词句，理解内容，回顾全段，归纳段意，认识联系；练习朗读，体会感情。）

在教学第二段时，要求学生按照第一段的学法自读讨论，教者略作搀扶，在教学第三段时基本放开，这样，学生学得生动活泼，既理解了课文，又培养了能力，全文的总体板书是学生自己参与"创作"的，印象也就更加深刻。板书为：

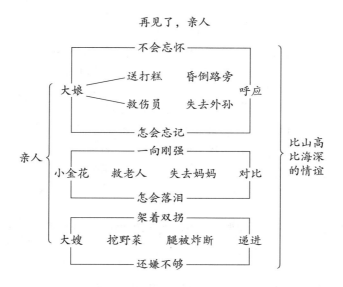

（3）指点法。在板书中通过符号突出某些规律性的东西，启迪学生自己去思考、总结。如教学《白杨礼赞》为解决难点可就一组排比句作如下板书：①

难道你就只觉得……？
难道你就不想到……？
难道你竟一点也不联想到……？
难道你又不更远一点想到……？

诚如刘文所评："学生一看这组板书就会发现这组排比句各句的语言既有相同反复的，也有句句递变的。相同反复使语意连贯，一气呵成，易上口也易入脑；句句递变使语言不会呆板，而是显得灵活多变，又使语气层层加强，语意随之也步步深入，表达得恰到好处。"

（4）空白法。"计白当黑"是中国画论里的话，是说画画有时不能画得太满太实，画面上一大片空白处很可能就是一大片佳境，比如画一叶扁舟，几丛芦苇，一大片空白处就是浩渺的湖水，深远辽阔的境界就出来了，且算得上乘笔法。板书有时也可以用计白当黑的方法，留下空白，引人联想，不着一字，尽蕴其意，这里引特级教师袁溶同志的一则板书为例：

| 我 | 闰土 | |
| 少爷 | 忙月的儿子 | |
| 喜欢 | 海边农村少年 | 紫色的圆脸 |
| | | 头戴小毡帽 |
| | | 颈套银项圈 |
| | | 扑鸟 |
| 佩服 | 聪明能干 | 捡贝壳 |
| | 活泼可爱 | 看瓜刺猹 |
| | | 看跳鱼 |
| 怀念 | | |

可以看出，"喜欢——佩服——怀念"是作者行文的思路，教者藉以领起整

---

① 刘清涌.语文教学板书问题之探讨[J].广东教育学院学报，1986（2）.

体板书，但"怀念"的右边不如上两个层次有实际内容，而是一片空白，似乎不够美观和完整，其实这里却有丰富的内涵，它说明"我"和闰土由于门第悬殊等社会原因，友谊不可能继续发展，留给他们的只有相互间的"怀念"，这片空白处又与上面的"少爷""忙月的儿子"紧扣起来，暗示了这是在当时时代条件下事情发展的必然结果。可见这里不着一字，意蕴却是丰富的。如果硬去写什么，反有画蛇添足之嫌。当然，以虚显实，计白当黑，还得如黄宾虹先生论画时所说的："虚处非先从实处极力不可。"

## 四、整体感原则

板书是一个艺术整体，无论字数多少，都应是一个完整的充满生气的"世界"。讲究板书的整体感要十分注意板书内容的内部联系。比如以正反、善恶、美丑等等对立因素为主要内容的板书，要突出事物间的对比关系；有情理、情景、内外等事物间逻辑关系的，要体现它们的对应联系；着重纵向梳理的板书，应注意"前呼后应"；归纳式板书要求总分统一；记叙或描写中心物件的课文要以中心物件为板书内容的凝聚点，等等。这样，板书的整体感就出来了。以《月光曲》来说，课文写的是德国著名音乐家贝多芬谱写钢琴曲《月光曲》的传说，未必确有其事，但符合贝多芬的性格内蕴，生动地反映了贝多芬与人民情意相连的思想感情，有位老师教学时设计了这样一则板书：

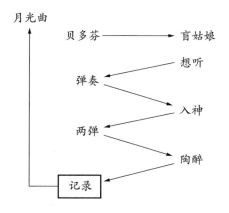

这则板书扣住贝多芬与盲姑娘情感的联系设计，在事和情之间横向的构成对应关系，纵向的构成因果关系，突出了主题。可以说，其整体性不仅见形，也神现了。

诗歌的板书设计要体现整体感有相当的难度，需要设计者的功力和功夫，笔者就曾看到一位经验丰富的老教师教学毛泽东《七律·长征》设计的板书：

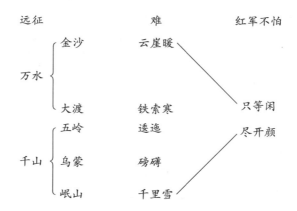

整个板书，以"红军不怕远征难"一句领起，形成三个层次，体现了理解的准确性和构思的精巧性，"纲举目张"，学生在学习中参与这个板书"创作"后，历久难忘，更不谈背诵全诗有什么难度了。

特别要强调的是，小学低年级课文难度较大，设计板书整体感较难体现，但认真去思考、琢磨，还是可以做到的。比如教学小学一年级课文《春天》一课时，可设计这样的板书：

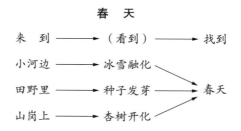

《春天》是一幅看图学词学句的课文，板书以一条人物行动的线索串系全部内容（其中"看到"是文外的词，故加括号），显示出事物间的联系，也使看图、学词、学句三者有机地结合起来，整体感就显示出来了。

## 五、实用性原则

板书是一门"实用美学",既要"中看",更要"中用"。板书设计的实用性包含了多方面的要求,比如为了讲求实效,在教学某些课文时,不仅要有固定板书,而且要有随机性板书;不仅要有以勾勒思路为主的主板书,还要有对主板书起补充说明作用且突出课文语言训练的重点难点的副板书;不仅要充分依据教材因素,还要与教学方法的运用相吻合;不仅要体现课型特点,还要考虑教学时数的划分;等等。这里先看教学冯骥才的《挑山工》设计的板书:

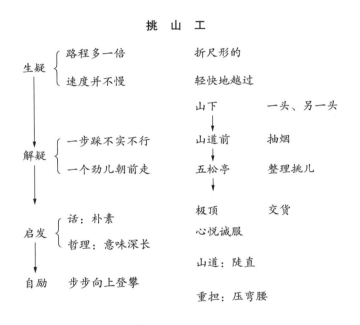

这则板书左边是正板书,右边是副板书,正板书从理清脉络、挖掘文章内涵的目的出发,力图勾画文脉,归纳出文章深刻的主题。副板书则是对正板书的补充和说明,突出了文章的重点内容,比如"折尺形的""轻快地越过"就分别说明了"路程多一倍""速度并不慢"。而"山下—山道前—五松亭—极顶"的行程,则突出挑山工负荷之重,路途之长,速度之快,为"解疑"提供了话题和依据。"心悦诚服"则与"启发"对应,使感受和认识统一了。副板书最后的内容则强调登山不易,强调了坚持不懈登攀的可贵和必要,有了这样的副板书,学生对正板书的印象更加深刻,文章的重点内容也就比较容易掌握了,而且有助于学生理解课后的练习题,实用性较强。

下面再看一位老师教学《爷爷》时设计的板书：

第一课时

爷爷来城里
爷爷在城里
　　1. 挑水
　　2. 种菜
　　3. 跟"我"谈话
爷爷回去了

第二课时

决定种菜　可惜可惜
种菜经过　挖　刨　搭
　　　　　拣　点　捆
劳动果实　葱　辣椒
　　　　　豌豆　瓜藤
　　　　　马铃薯

这则板书除充分依据教材外，至少还照顾到课型和教学时数的划分这两方面的要求。教者按两课时的不同教学要求设计，在第一课时，重点是理清思路，在第二课时，重点是研究写法。这样安排又突出了习作例文的教学特点，板书充分体现了教者的"战略意图"，很是实用。

## 六、形式美原则

板书在"中用"的前提下，"中看"还是必要的，而且它可以能动地促进"用"。这就是讲究板书的形式美，达到刘国正先生所说的"悦目"，增强"艺术效果"。板书的形式美主要包括：

### 1. 文字美

指文字的端正美与立体美。所谓文字的立体美指文字的大小和布局安排恰巧与要表达的内容相吻合，形成一种立体感。比如有位老师给一年级学生讲一段介绍葡萄园的课文，设计了这样的板书：

园　架　串　粒

据这位老师介绍，黑板上出现了"园"时，学生感到奇怪，可能在想，老师今天怎么啦？怕我们看不清吗？怎么回事？再现"架"时，有些小朋友有意见了，他们认为两个字一大一小不好看。再写"串"时，他们的脑筋开动起来，在想：这里肯定有名堂。当"粒"字写上去后，老师提问，为什么字形有大有小，从大到小呢？同学们都举起小手争着回答老师的问题，他们说："这是因为葡萄园很大，葡萄园里有葡萄架，葡萄架上有一串串葡萄，每串葡萄上有一粒粒又圆又大的葡萄。"这四个字的字形从大到小，反映了事物相互间的关系，把文章所要表达的意思形象地反映出来了，富有立体感，因而有助于激发兴趣、启发想象、活跃思维，收到了较好效果。

### 2. 结构美

板书结构一求匀称，二求精巧。匀称的可能很精巧，精巧的却不一定匀称，它可能是别出心裁的"出格"之作，但如能匀称，还是应努力为之的。且看下面一则板书：

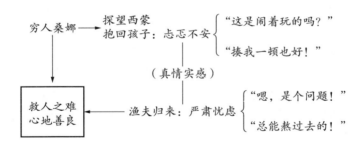

这则板书在揭示事件发展的顺序的同时，突出桑娜、渔夫复杂的心理矛盾，以便学生体验人物的真情实感。而在穷人"桑娜"和"渔夫归来"之间，纵横各有一个箭号，示意"穷人"在"救人之难，心地善良"上是相通的，这两个词语又点明了课文的中心思想。在实际运用中，可以引导学生对桑娜和渔夫的"处境——思想——行动"作全面分析后概括出来，从结构意义上看，这八个字的部位恰到好处，使板书整体显得很匀称，而且这种匀称正是精巧的一种体现。

### 3. 线条美

线条有直线、曲线、虚线、实线之分，它和文字一起构成了板书的主要语言，其作用主要在指示性和虚拟性。比如有位老师教学《草地夜行》时设计了这样的板书：

| 题： | 一 | 二 | 三 | 四 | 五 |
|---|---|---|---|---|---|
| 草 | （我步） | （他肩） | （我跟） | （他往） | （我步） |
| 地 | 一地 | 和往 | 紧着 | 背前 | 迈走 |
| 夜 | 步走 | 我前 | 紧他 | 着就 | 开 |
| 行 | 一 | 并走 | 地走 | 我走 | 大 |

板书以直线推进的样式反映了课文的纵式结构，也形象地体现了一个"行"字，体现了红军战士不畏艰难、一往无前的精神，直线条是兼得指示和虚拟之美的。

**4. 色彩美**

马克思说过，色彩是最大众化的语言，板书中一些色笔文字常常可以收到的艺术效果。其一是突出强调作用，比如像前文列举的《穷人》的板书，"救人之难，心地善良"就可以用红笔写，使人一看就能领悟到这是在点明主题思想。其二是归类作用，如勾勒事、情两条线索的板书常以色笔板书概括"情"的文字，这就在强调之中起到归类作用。

**5. 图示美**

它包括图像美和图案美。图像美是指以图画再现课文的形象性因素，它主要是板画。图案美是指以文字和线条这两种"板书语言"构成图案，在抽象概括的基础上形象地表现课文内容。比如，有老师教学《跳水》设计了这样的板书：

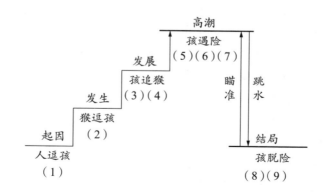

一步一步的"台阶",形象地画出了跌宕有致的情节波澜。美的形式,有助于促进学生对课文的理解。

## 第二节 板书的形式

从美学的角度看,美的内容和形式应该是互相依存、互相渗透的,内容统摄形式,形式显现内容。基于这样的认识,我们在讨论板书这种"艺术品"的形式时,就是着眼于它与内容的内在联系进行的。

### 一、词语式

词语教学在语文教学中有着相当重要的一席之地。词语式的板书就是靠词语的有机排列和组合来辅助讲读的进行。那么,这些词语是依据什么收列呢?

（1）抓住体裁要素收列。例如《人桥》的板书:

```
时间:解放战争中（一个初冬的夜晚）
地点:进军途中（河边）
人物:解放军某部（某连一、二、三班）
                 ┌ 起因:追敌遇阻
事件——架桥 ┤ 经过:架成人桥  ├ 按事情发展顺序
                 └ 结果:渡河歼敌
```

这则板书根据课文特点,按照标准的写作"模式"收列,既有利于学生理解课文,又能较好地指导学生写作,可谓一举两得。

（2）围绕描写对象收列。例如《富饶的西沙群岛》的板书设计围绕"海水""海底""海滩""海岛"四个方面收列词语,在某一方面又可以逐层推出具体的描写对象,如"海滩"部分的板书:

```
         ┌ 鱼儿 ┌ 色  彩色条纹  红缨
         │      │ 形  像扇子    像皮球
海滩 ┤      └ 量  一半是水  一半是鱼
         │ 贝壳
         └ 海龟
```

（3）着眼显现层次收列。这基本上是一种纵向的收列方式，如《明明上学》中结合小标题的出现顺序收列，还可以帮助学生按事情发展的顺序有条理地看图复述课文。

1. 听见蝈蝈叫　　忽然　一……就……
2. 去抓没抓到　　扒、看、捂、追、扒、找
3. 同往学校跑　　喊、走出去、拍了拍、跑
4. 刚好不迟到　　刚……就……　笑

## 二、表格式

有些课文各部分结构形态有相似之处，围绕一些要点比较容易归纳，可设计表格式板书，其列表着眼点往往因文而异，包括：

（1）以分类为着眼点。例如《新型玻璃》的板书，分类收列，可以清晰地揭示课文内容。

**新型玻璃**

| 种类 | 特点 | 用途 |
| --- | --- | --- |
| 夹丝防盗玻璃 | 通电源，与自动报警器相连 | 银行、文物、珠宝、建筑物 |
| 夹丝玻璃 | 坚硬　粘 | 高层建筑 |
| 变色玻璃 | 阳光反映　改变颜色 | 调节室内光线 |
| 吸热玻璃 | 挡强烈阳光　挡冷空气 | 室内凉爽、保暖 |
| 吸音玻璃 | 消除噪音 | 闹市临街的建筑物 |

（2）以过程为着眼点。如《草原》的板书以"过程"领起板书，重点突出，简洁明了。

## 草　原

| 层次 | | 环境 | 事物 | 写法 |
|---|---|---|---|---|
| 一 | 1 | 初见草原 | 天——清鲜明朗<br>地——一碧千里（美丽可爱） | 总写初见印象<br>（静态描写） |
| 二<br>（详） | 2<br>环境变化 | 初入草原 | 看不见东西<br>听不见声音（辽阔静寂） | 事物变化<br><br><br><br><br>分述初访经过<br>（动态描写） |
| | | 走了许久 | 看见了河流牲畜<br>听见了鞭声轻响 | |
| | | 快到公社 | 看见主人远迎<br>听见车马人声（喧闹欢腾） | |
| | 3 | 到达公社<br>（蒙古包外） | 车多　人多<br>握手　谈笑 | |
| | | 受到款待<br>（蒙古包内） | 盘坐饮茶<br>一再敬酒（热烈隆重）<br>唱歌助兴 | |
| | | 联欢话别<br>（蒙古包外） | ｛套马摔跤<br>　表演舞蹈<br>　歌舞骑马（欢乐留恋）<br>｛太阳已偏西<br>　谁也不肯走 | |

（3）以问题为着眼点。如《回韶山》的板书：

## 回韶山

| 走的路线 | 堂屋→ | 卧室→<br>（父母的） | 住房→<br>（自己的） | 里屋→<br>（毛泽民的） | 晒谷坪 |
|---|---|---|---|---|---|
| 看到什么 | 神龛 | 照片<br>（两位老人） | 灯盏<br>合影 | 遗像<br>（毛泽民） | 上面：山<br>下面：田 |
| 听到什么 | 是这样的 | 如果是现在他们都不会死 | 你们看，跟我现在像不像？ | 这张相很像 | |

根据三个问题的列表，学生的思维过程都清晰地显现了。

（4）以自读为着眼点。又称为空格式、练习式。这类板书往往是以学生的自读练习为主。如教学《盲童的画》，可指导学生在阅读中填表：

| 画了什么 | 设想她心灵上的色彩 | 设想她感觉上的声音 | 人们的感受 |
|---|---|---|---|
| 太阳 | | | |
| 树 | | | |
| 小溪 | | | |
| 小屋 | | | |

## 三、线索式

为了突出课文脉络，显示作者思路，可用线索式板书。线索式板书应注意使用线索和箭号，以求形似与神似的统一。线索式板书从所显现的内容上看，有时间线索、空间线索、情节线索、感情线索、物件线索、推理线索等；从形式上看，有鱼贯式、波折式、推导式等。这里仅举几种：

（1）鱼贯式。时间线索、空间线索、感情线索、物件线索等都可以借这种形式显现。例如《小木船》的板书，就同时包含了情节线索和感情线索：

```
            ┌ 小木船 ──→ 摔、踩 ──→ 送      （情节变化）
我、陈明 ┤ 好朋友 ──→ 生  气 ──→ 激动 ┐
            └ 友  谊 ──→ 破  裂 ──→ 恢复 ┘ （感情变化）
```

（2）波折式。一般用于有情节线索。如有位老师教学《变色龙》时设计的板书是：

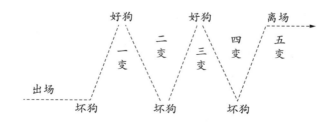

形象生动的板书画出了一波三折的情节波澜。

（3）推导式。一般是表现推理线索的。如《琥珀》《找骆驼》等课文宜用这种板书。这里所举的是《黄河象》的板书，采用的推导式就清晰地反映了假想推理的过程：

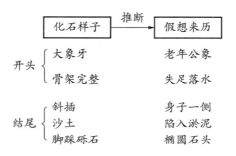

## 四、对称式

### 1. 从内容上看

（1）对比式对称。一般根据课文中美与丑、善与恶、真与伪、敌与我等对应内容设计。如《会摇尾巴的狼》的板书：

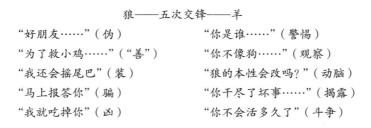

（2）对应式对称。一般是显现一种景色或一件事件、一个人物所包含的情景、内外、事理等各种对应关系，如《唐打虎》的板书就包含了事与情、事与理等诸种对应关系：

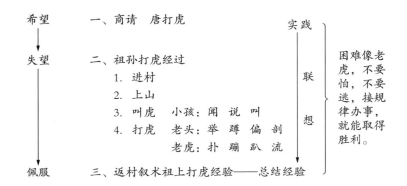

（3）映衬式对称。在形式上比较接近对比式，但从内容上看，二者不是对立关系，而是相互映衬，互相辉映。如《马背上的小红军》的板书就力求在相互的映衬中突出两人可贵的品质。

```
                    草地：荒无人烟
  小红军：乐观  坚强            陈赓：关怀  爱护（后代）
  虚弱：黄黄小脸  双脚冻红         "上来骑一会儿"
  疲惫：满不在乎  把腰一挺         命令："骑一段再说"
        "还要等我的同伴"              "一块儿走吧"
  饥饿：拉  拍  说："鼓鼓的"       取出  递给
  牺牲：倒在草地  停止呼吸         喊  找  抱  搂
```

### 2. 从形式上看

（1）纵式对称。即按事情发展顺序书写的。大多数对称式板书都属此类。

（2）横式对称。如《一定要争气》的板书：

```
  中学   家穷→发奋→赶上来    不笨
  留学   国穷→刻苦→做成功    能办到  （争气）
```

（3）交叉对称。如《桂林山水》的板书：

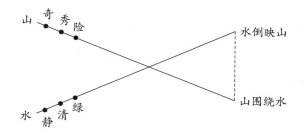

（4）旋转对称。如《大仓老师》的板书：

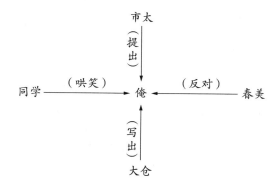

## 五、图示式

主要是以某种图案显现课文的内容。特点是形象鲜明，更为"醒目""悦目"。比如有：

（1）连环式。如《半夜鸡叫》和《猎人海力布》，都可以以人物或事情为连接点，构成匀称的连环图案：

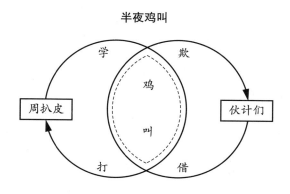

（2）阶梯式。如《跳水》《狼牙山五壮士》都可以根据课文内容设计这样的板书。

（3）放射式。如《我的战友邱少云》利用一个"所"字构图，具有简洁凝炼的美感：

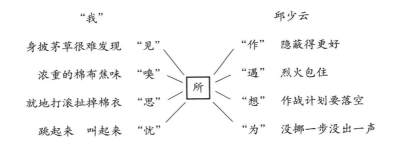

（4）板画式。借助必要的简笔画，对文章内容加以形象的说明。如《大雪山》的板书：

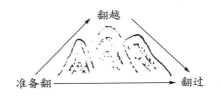

寥寥数笔，形象地勾勒了事件的经过，使用时也很方便。当然，板书的形式还有很多。比如总分式、评点式都是常见的。近来又有些老师尝试运用诗体板书，给人耳目一新之感。如有位老师教学《小站》设计了这样的诗体板书：[①]

---

[①] 欧阳镇原.引出小诗教《小站》[J].小学教学参考资料，1990（11）.

红榜、黑板、宣传画，
喷泉、假山、杏树花，
简陋、偏僻、一小站，
温暖、春意、旅客夸。

再如一位老师教学《我的伯父鲁迅先生》设计的板书是：①

深切怀念 ｛ 评论《水浒》——语重心长育后人，
谈论碰壁——借题笑骂旧世昏，
救护车夫——多少爱心多少恨，
照顾女佣——关心别人忘自身。

根据课文特点，设计诗体板书，让学生"学文"又"学诗"，以"学诗"促"学文"，帮助识记，诱发兴趣，可以收到较好效果。从这种板书形式的出现可以想见，随着教学研究的深入，板书的园圃里还将开出更多艳丽的新花。

## 第三节  怎样设计板书

怎样设计板书是一个"一言难尽"的问题。它涉及教材、教学对象、教学的目的要求、教学重点难点，乃至教者的教学风格等多方面；每则板书的设计又都有个从构思到定型的过程，作为体现出教者创造性劳动的"美的探索"，它又受到前所论及的基本原则的制约。但从"大体则有"这个意义上说，还是可以总结出一些规律的。下面，我们试选择几个角度作些阐说。

### 一、以"本"（课本）为本，从文章的内部联系中寻找"突破口"

阅读教学中任何课文的板书，都首先是对课文内容的"提炼"，都以进入文章内在天地为前提。"作者胸有境，入境始于亲"（叶圣陶《语文教学二十韵》），突破口就是引导读者"入境"的门径，在很大程度上，它还是教材美与教法美的焊接点。一般而言，从文章的内部联系中寻找突破口，可在以下几方面多做努力：

---

① 吴以壁.新颖的诗体板书[J].小学教学研究，1990（11）.

（1）以人物关系的构成为突破口。有些课文"形象体系"一目了然。设计板书时着眼于人物关系，稍加梳理，便成格局。如《东郭先生和狼》《农夫和蛇》都可这样设计。有位老师讲授《诺言》的板书也着眼于此，人物间的双向联系都勾勒出来了：

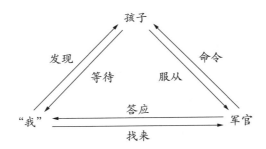

（2）以课文的中心联结点为"突破口"。小学语文教材写人记事，抒情状物往往围绕一点集中笔墨。设计板书时抓住这一特点，经营布局，可以取得较好效果。如教学《一个粗瓷大碗》《周总理的睡衣》等文设计板书都应充分考虑这一点。有位教师教学《蜘蛛》，设计了这样的板书：

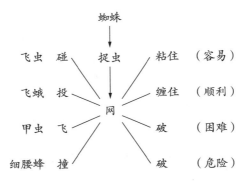

蜘蛛以网与其他生物发生联系，板书设计抓住了"网"，课文内容都被"网"起来了。

（3）以文章的结构形态为突破口。这里仅举总分式的课文说，这类课文的"总"往往是"文眼"。它可能是"虚"的，即立意性文眼。《我的伯父鲁迅先生》最后写"他为自己想得少，为别人想得多"便是，凡总分式结构中有立意性文眼的都可设计归纳式板书。比如《我的伯父鲁迅先生》的板书就可以这样设计。

另一类文眼可能是"实"的，即提要性文眼，如《南京长江大桥》第一段写"大桥在明媚的阳光下，显得十分壮丽"，我们就可根据这一提要性文眼安排板书的横向层次："什么——怎么样"，作这样的设计：

```
              大    桥              壮丽
         ┌ 桥    墩              巨大
         │ 正  桥（连）引桥     巨龙
    结构 ┤ 底    层   火车道     双轨
         └ 上    面   公路       宽阔
         ┌ 塑    像              高大
         │ 桥头堡                巍峨
    建筑 ┤ 红    旗              鲜艳
         └ 灯    柱              整齐
         ┌ 眺    望   扁舟起伏   （高大）
    侧写 ┤
         └ 侧    听   汽笛呼啸   （稳固）
```

（4）以时间变化或空间转换为突破口。在一些记事、写景的文章中，时空因素是贯串全文的线索，设计板书时可以此为"突破口"，把握其变化或转换规律，并理出时空线索与文章内容的内在联系，概括全文内容。以时间变化为"突破口"的如：

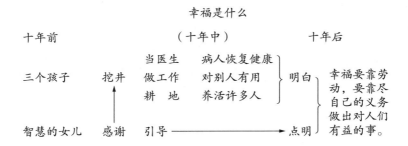

以空间顺序的转换为线索组织内容的课文，可充分考虑空间转换的意义及其在板书中的线索作用。如有位老师教学《记金华的双龙洞》这样设计：

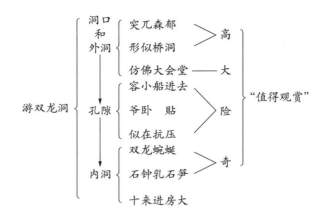

以空间位置的变化作为线索，借"移步换景"这一游记的特点领起整体内容，游踪、风貌、观感的内在联系都清晰地呈现出来了。

（5）以文章的对比描写为突破口。不少课文描写了美与丑、善与恶、正确与错误、人物与环境等对立因素的尖锐冲突，将其冲突的目的、手法、结果等等对立排列，则有了对比式板书。

如有位老师教学《寒号鸟》是这样设计的：

| 天气 | 喜鹊 | 寒号鸟 | |
|---|---|---|---|
| 冬天快到了 | 忙着垒巢准备过冬 | 正好睡觉 | |
| 冬天说到就到 | 住在温暖的窝里 | 冻得直打哆嗦 | 表现 |
| 寒冬腊月 | 在温暖的窝里熟睡 | 发出最后哀号——结果 | |

板书对比鲜明，且说明了"不同表现必然有不同的结果"，突出了文章主题。

（6）以事物间的对应关系为突破口。这些对应关系包括事与情、事与理、景与情、内与外，等等。以此为突破口设计板书，能够较为深刻地体现文章的内在层次。如《课间十分钟》的板书设计把握住事与情的对应关系，设计如下：

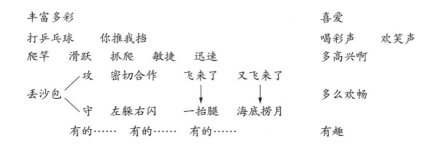

（7）以事件内部的逻辑联系为突破口。事件内部的逻辑联系大致分为三类：第一类是情节性较强的，其主要脉络是"发生—发展—高潮—结局"，设计板书可着眼于显示情节运动的全过程。如《跳水》设计成阶梯式板书，形象地画出了文章的情节波澜。第二类是着眼于事件前后的对比，设计板书时就要注意事情的"开始"与"结束"。如前所列举的《狐狸和乌鸦》的板书设计突出了故事开始时乌鸦的"叼"和故事结束时狐狸的"叼"，形成强烈对比，激发学生思考，可收到较好效果。第三类是事件的因果关系较明显的，可依据"起因—经过—结果"的脉络设计板书。如《父亲小时候的故事》的板书可设计为：

|   | 起因 | 经过 | 结果 |
|---|---|---|---|
| 1. 学习 | 下狠心送去 | 路远活多　深夜读书 | 成绩最好 |
| 2. 反抗 | 非常气愤 | 跳、引、按、灌 | 直到……才…… |
| 3. 挖泉 | 连……也…… | 约、耐心讲、鼓励 | 清泉冒出来了 |

## 二、因"法"（教法）而异，根据讲读需要选择相应形式

教法择定，其中包含了教材因素，板书渗透了教法，体现出教者处理教材的艺术，方可有机地融入讲读全程，充分发挥"微型教案"的作用。因此，设计板书，应该多从教法方面考虑，选择相应形式，这里列举数例以供参考。

（1）以段带篇法的板书设计。有些并列式结构的课文，各部分内容相似，句式也大致相同，不少教师选择以段带篇法——重点讲读第一段，使学生不仅理解这一段，而且掌握学习同样结构课文的方法，以便举一反三。根据这种教法的需要，就可以在教学第一段时确定板书的横向层次，然后让学生仿此归纳概括下面各段的内容。如教学《小壁虎借尾巴》就可以"爬到哪里""看到什么""知道什么"领起整个板书。教学《精彩的马戏》也可考虑在讲读"猴子爬竿"时把板书格局定下来，设计成这种对应式的板书：

| 谁 | 表演什么 | 表演得怎样 | 观众反应 |
|---|---|---|---|
| 猴子 | 爬竿 | 倒竖蜻蜓 | 直笑 |
| 熊 | 踩木球 | 爬、立、移 | 哄笑 |
| 山羊 | 走钢丝 | 稳稳当当 | 喝彩 |

（2）一点切入法的板书设计。一点切入法是选择一个"牵一发而动全身"

的"点"进入课文的方法,实际上也就是在为讲读选择最佳角度,运用这种教法,板书的序号往往不像通常那样由上而下、从左到右。比如,教学《鸬鹚》可以从课文最末一句"湖面上又恢复了平静"切入课文,在切入后引导学生体会"恢复"的词义,使学生认识到"恢复"说明了湖面上曾有过"平静",而后又有过"不平静",这样就定下了板书的格局,那什么时候"平静",什么时候"不平静"呢?这就引出"捕鱼前——捕鱼时——捕鱼后"的时间线索,定下了板书的另一层次,然后再引导学生逐段阅读,形成如下板书:

（3）倒溯分析法的板书设计。倒溯分析法是指从课文结尾处往前逆推,对学生进行逆向思维训练的讲读方法。设计板书时应理出贯穿课文始终的因果链条,体现逆推过程。比如教学《卖火柴的小女孩》可以从"微笑地死了"往前逐层逆推,形成这样的板书:

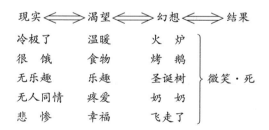

顺着一理,一根环环相扣、前后相承的因果链条呈现出来了。

（4）演示法的板书设计。有些课文借事情的记叙肯定人物的"创造性思维",且说明了某个科学常识,教学时可运用演示法,让学生动手实验,增加感受,更好地理解课文内容。运用这种教法的板书设计应当以反映实验过程（往往也是课文的重点、难点）为主要内容。比如教学《捞铁牛》就可以引导学生讨论归纳实验的主要步骤，把它们在黑板上写出来，实际上也就提炼了课文的主要内容。另外，在设计板书时，还要注意到理解课文的整体性，同时突出演示的特点。如《乌鸦喝水》的板书可设计成：

当然，包括在这一部分的内容远不止这些。比如，运用自学法设计板书主要在列举提纲，指点学路；运用串讲法设计板书大多依据课文顺序收列重点词语；运用讨论法设计板书着重明确问题与结论；运用情境法设计板书则多注意图文并用，即板画与板书并举；运用跳跃讲读法设计板书则应捕捉思维支点及各个信息点，在板书中体现"跳跃"。而有些课文适用于多种教法。当然也就应有与之吻合的多种板书了。

### 三、有取有舍，按照教学目的确定思维方向

语文教材有与其他教材的相同处——系列化，又有属于自己的特点——综合性。这两个方面决定了在教学具体课文时没有必要也没有可能面面俱到。因此教者总要根据课文特点、编者意图、教学对象及自己的"战略思想"确定具体的目的和要求，而设计板书则应据此确定构思的思维方向。这个问题涉及面较广，有些如教法、课型等前已论及，下面再列举数种。

（1）根据教学重点而定。一般而言，课文本身的重点、教学重点和板书重点是统一的。确定教学重点的首要依据自当是课文本身。而根据课文本身的逻辑结构确定的重点往往也是理解一篇文章的"总开关"，是学生在学习上融会贯通的"枢纽"，突出重点当然是确定教学目的的主体内容，板书由它本身的职责所决定，就应当服从于并体现出这样的教学重点。比如教学《找骆驼》，从课文本身出发应当明确重点是引导学生理解"老人怎么知道商人丢失的骆驼是什么样子的"，这样板书就应主要根据第10自然段设计：

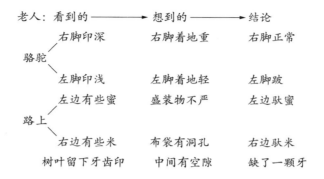

这则板书补充出隐含的条件，显现了老人的思维过程，把握了课文本身的关键，也把握住理解课文的关键，突出了教学重点，对学生理解课文有积极的指导意义。

（2）根据教学难点而定。教学重点与教学难点有时是统一的，有时又有区别。板书作为一种直观性很强的教学手段，应该帮助解决教学难点。如《称象》的教学重点是曹冲用什么办法称象。为什么要用船称象则是理解本课的难点。下面这则板书的目的就在于解决这一难点。

```
                      重量
不能用秤称            船身下沉         把船当秤

                      化大为小
又高又大（重）不能拿  化整为零         用石头代替象
```

在教学过程中，讲授了第三自然段后教师可以小结：为什么官员们想不出好办法，其中有个原因就是因为称这头大象有困难，有什么困难呢？这可以引导学生在讨论中了解：不用秤称，又高又大（重），不能拿。在分析第四自然段时，可以讨论：曹冲的称象办法是什么？为什么能把船当秤？然后引导学生得出结论："曹冲把船当秤"，因为船上东西的重量与船身下沉有关。东西放在船上，东西越重，船下沉就越多。最后再讨论不能拿怎么办？结论在课文中："用石头代替象""化大为小""化整为零"。这样，板书有一定的完整性，解决教学难点这一设计意图也得以实现。

（3）根据课文特点而定。教者在钻研揣摩课文的过程中真正做到"遵路""入境"，把握住课文的精妙之处，常常会有一种"发现"的喜悦。设计板书时就要考虑到教学目的之一——把课文的特点再现出来，让学生也享受"发现"的喜悦。因此，整个板书就应围绕这个特点。以初中课文《荔枝蜜》说，王松泉老师设计的板书一下子就能让人体会到作者的匠心，设计者的匠心。[①]

**荔 枝 蜜**

| 从 | 回忆小时被蜇 | 引出 | 对蜜蜂的不好印象 | 可恼 | | |
|---|---|---|---|---|---|---|
| 从 | 鲜荔枝和荔枝蜜的香甜 | 引出 | 对蜜蜂的赞美 | 可口 | | |
| 从 | 蜜蜂的生活特性 | 引出 | 对蜜蜂的赞美 | 可爱 | 最爱劳动，一年四季都不闲着；酿的蜜多，自己吃的可有限；从来不争，也不计较什么；对人无所求，给人的却是极好的东西；不是为自己，而是为人类酿造最甜的生活。 | 渺小却高尚 |
| 从 | 蜜蜂的酿蜜 | 引出 | 对农民的歌颂和学习蜜蜂的愿望 | 可学 | | |

（4）根据教学对象的情况而定。确定教学目的，当然不能不考虑"学情"。"学情"不同，教学方法及板书设计也就应有其"个性"。比如某校五年级有三个班。由三位老师执教《将相和》。A 班学生水平一般，但写作能力不强，任课教师确定本课的教学重点为：在理解课文内容的基础上，着重指导学生学习课文的写作方法。B 班学生水平高些，任课教师依据阅读教学的要求和本班学生的实际，在引导学生理解课文的基础上，着重指导学生理清层次脉络。C 班有些是"回炉生"，曾经学过课文，任课教师就想组织学生依据提纲阅读讨论，培养自学能力。根据不同的教学目的，他们又采用了不同的教法：A 班用"温故知新法"，以记叙文的要素作为旧知与新知的衔接点；B 班用"举一反三法"，

---

① 王松泉. 板书设计五例 [J]. 中学语文教学，1984（3）.

引导学生学习"完璧归赵",再去阅读"渑池之会""负荆请罪"。C班用"提纲引路法",主要培养自学能力。三个班设计的板书大相径庭。主要从"完璧归赵"看:

A班的板书是:

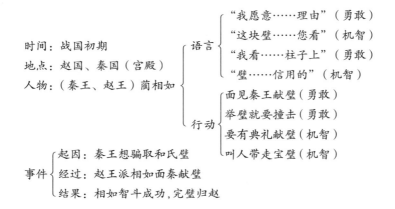

B班的板书是:

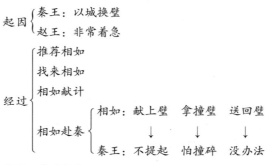

C班的板书是:

$$完璧归赵\begin{cases}深谋远虑 & 出使秦国\\足智多谋 & 要回宝璧\\理直气壮 & 揭穿骗局\\送璧回赵 & 指责秦王\end{cases}$$

这样，因班而异，因材施教，都取得了比较实在的效果。

## 第四节  板书使用的技巧

一则板书，真正要达到最优化，不仅包括板书内容的提取和板书形式的构思，而且还应包括板书的使用。下面试从三个方面讨论这一问题。

### 一、从板书与教、学的关系看，要体现其统一性

板书是手段，不是目的。因此，要提倡板书内容结合课文的讲解出现，边讲边写，时讲时写。这样处理，自然、顺畅，少费时，有实效。有的老师不能明乎此理，把事前准备的小黑板一挂了事，或者该板书时不板书，后来再补，这种为板书而板书的做法是不可取的。作为教者，在设计板书时应当同时考虑运用问题，什么时候写什么，写在什么部位，都应胸中有数。比如教学小学一年级的课文《小猴子下山》可设计这样的板书：

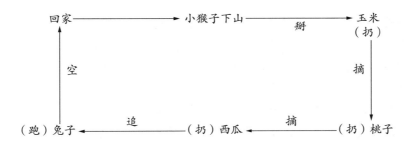

这则板书出现时就构成了三个层次，老师先引导同学们讨论：小猴子下山走了哪些地方？在归纳时勾画出小猴子下山的线路图，板书出"玉米地""桃树""西瓜地""路上"等词，接着老师问：小猴子对玉米、桃子、西瓜、兔子各是什么态度？在归纳过程中进行第二次板书，将原来的板书略作改造，并写下"掰""摘""摘""追"等几个词，因为从这些动词可以看出小猴子喜欢又大又多的玉米、又多又红的桃子、又大又圆的西瓜和蹦蹦跳跳的小兔子。老师又问：小猴子下山的结果是什么？为什么？在归纳过程中进行第三次板书，写下"空"和三个"扔"、一个"追"。这时小朋友都懂得，小猴子下山抓这个丢那个，做事不专心，最后空着手回了家。这样，层次井然，又不断给学生以新奇

感，印象更加深刻了。

在板书使用时有一个共性的问题，即总结课文的阶段板书"靠边站"了。这同样是板书游离于教学过程之外的现象。教师在指导思想上一定要明确：对已经出现的板书内容，要多利用，多照应，沟通先后出现的板书内容之间的内在联系，特别是总结课文时要尽量利用板书，这当然也关系到设计的问题，需要通盘考虑，使课文的总结有瓜熟蒂落、水到渠成之感。以霍懋征老师设计的一则板书为例：

在总结阶段，教师紧扣文章的首尾：地道战"简直是个奇迹""在我国抗日战争史上留下了惊人的奇迹"，结合全文内容，使学生悟出文章的主题，这时在留空的地方落笔，板书"奇迹"一词，起到画龙点睛的作用，又兼有浑然一体和水到渠成的妙处。

有时，板书与教学过程的统一性还可以体现在讲练结合中。比如教学《小猴子下山》，教师在布置课外作业时可以充分利用板书：小猴子回了家，它的妈妈教育了它，第二天小猴子又下了山，同学们想想，小猴子第二天下山结果怎样？为什么？老师要求小朋友自己编一个童话，让小猴子再按照老师板书中出现的线路走一次，但结果各人自己编。这样板书的作用充分发挥了，小朋友对课文的理解也加深了。

写到这里，笔者忆起一次在江苏如皋听姚烺强老师教《小交通员》的情景。姚老师采用"词语式突破法"，从"随机应变"入手，以"随机应变"组织整个课文的教学，讲读结束时形成了下面的板书：

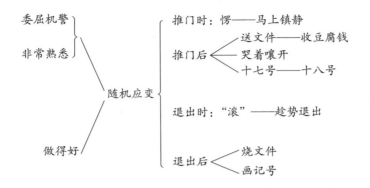

这时，课堂里出现了这样一个教学片段（实录）：

师：……最后我们来做一个作业——请大家用"随机应变"口头造句。老师板书的内容，可作为你们造句的材料。对哪一点最感兴趣，在哪一点上最佩服立安，你们就用哪一点来造句，听懂了没有？

生：（齐答）听懂了。

师：（师行间走动。气氛相当活跃）你们别忙举手，互相讨论讨论。

生1：立安随机应变地避开了敌人。

生2：立安是过来送文件的，他随机应变地说是来收豆腐钱的。

生3：立安遇到敌人就随机应变地哭着嚷着说要收豆腐钱。

生4：立安去送文件，他遇到敌人后，就随机应变地把文件烧了。

生5：立安退出后能随机应变，又悄悄地回来画上记号，给来王叔叔家的同志报信。

师：句子造得很好。能不能再用赞扬的语气造几个？

生6：立安随机应变的本领真大啊！

生7：立安真会随机应变啊！

师：再说几个复杂一点的。

生8：立安回到家里，把送文件的经过告诉爸爸，爸爸称赞立安随机应变的本领真大。

生9：立安随机应变跟敌人斗争的方法真多啊！（下课时间到。）

这个教例把理解板书、运用板书与理解课文、训练思维、锻炼表达及组织教学的高潮有机地结合起来，可以说是一举多得的"佳作"。

### 二、从板书与教具的关系看，要注意其协调性

在板书运用的过程中，有些老师考虑到时限因素，把一部分板书内容提前到课前准备，也不是不可以，但运用过程中一要讲究灵活性，二要注意协调性。前一个问题后面我们还会谈到。关于协调性即指教具的"介入"要能增强板书效果，提高教学效率，要"有机"而不能"生硬"。这里我们介绍一下小黑板条、挂架等教具的使用。小黑板条有小黑板和卡片的长处，又避免了它们的短处，其使用特点是可以随着讲课进度，依次出示，并可按需要放上挂架，也可以随时间调整随时撤去，教法更灵活，学生的视觉感受更强，学习兴趣更浓厚了。有位老师教《海上日出》第三自然段时，提取了"出现""一纵一纵""使劲""冲破""跳出"五个重点词语，另外自选了一个短语"喷薄而出"，分别写在四块小黑板条上，按照如下次序出示并嵌上挂架。（号码①②③④为出示的先后顺序）

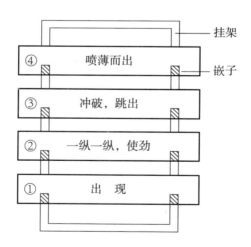

依照时间顺序看，太阳起初是"出现"，接着是"一纵一纵"地"使劲"往上升，后来是"冲破"了云霞，完全"跳出"了海面。教师把小黑板条由低向高嵌上挂架，就会使学生产生一种运动的感觉，脑海中浮现海上日出的形象。再从思维训练角度看，用"喷薄而出"一语来概括上述一系列动态，十分自然地给学生心理上造成生命力蓬勃向上的印象，因而能够顺利地掌握这个表现力

很强的短语。这里板书的出现与教具的运用相辅相成，构思是新颖的，教学中取得的效果也很好。

随着一些现代化的教学设备进入课堂，教具的品种大大增加了。在板书中结合运用幻灯、图片、录像等视听工具已是常事，在使用时也应注意相互间的协调性，在"度"上要掌握好，使这些视听工具更好地辅助板书。比如有位教师教学《月光曲》的后一部分，采用看挂图幻灯，听配乐朗读等多种教学手段，使学生也陶醉在"月光曲"的意境之中，再去梳理情节线索和情感线索，板书"再弹""陶醉"，随后小结课文，将"记录"加上框，标出指向课题的箭头（例见《板书设计的基本原则》），这样把板书与视觉形象、听觉形象联系起来，学生学得生动活泼，理解也较深刻。

### 三、从设计与板示的关系看，要强调灵活性

教学的艺术技巧之一就是"随机应变""因势利导"，设计板书使用板书当然不能例外。教者设计时充分考虑到课文本身和教学对象力求优化，这是十分重要的，但教学时会有各种各样的意外情况，"弟子不必不如师"，有时学生的意见会比教师的设计更高明，因此设计的并不一定要板示出来，要讲究教学民主，虚心接受学生的正确意见，及时调整板书方案，这样可利教利学。比如有位老师教学《十里长街送总理》，备课时设计的第一段的板书是：

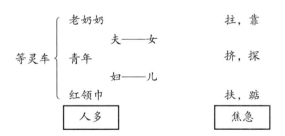

教学时，老师问：这一段哪些地方可以看出等灵车的人多？学生不仅准确列举了文章具体写的几种人，而且将几种人加以归类分析。有的从性别上看，男女均有；有的从年龄结构上看，老、青、少、幼都来了，说明爱总理代代相传；还有的指出"一位""一对""一群"三个数量词说明当时的情景。老师意识到学生的发言迸发出思维的火花，从不同角度反映出文章列举的几种人富有代表性，是亿万人民哀悼怀念总理的缩影，于是立即对设计方案进行修改，在

板书时体现了学生的思维成果：①

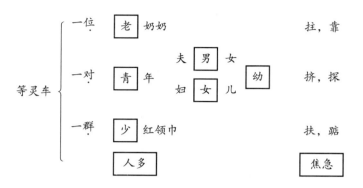

可以想见，当学生看到自己参与"创作"的"艺术品"出现在黑板上时，课堂气氛是多么的融洽、生动，学习效果当然也会很好了。

板书从设计到运用应当是一个前后相连的过程，对这门艺术的钻研也应是对它的全过程的理解和钻研，老师们都能识乎此并自觉努力，更多更好的板书一定会出现，这自然也就从一个侧面为提高阅读教学的水平，为加速语文教学的科学化作出了贡献。

---

① 湖南教育杂志社. 小学语文板书评介［M］. 长沙：湖南教育出版社，1987.

# 第十四章　语言论

苏霍姆林斯基说过："教师高度的语言修养，在极大的程度上决定着学生在课堂上脑力劳动的效率。"① 教学的艺术也是语言的艺术，能否具有较高的教学语言艺术，正是衡量教师教学艺术精湛程度的一杆标尺。因此，任何一位有所追求的人民教师，都应当学习、研究并不断提高自己的教学语言艺术，以求在舌耕的永恒事业中取得更丰硕的成果。

## 第一节　教学语言的特征

任何语言的表达都要求准确、鲜明、生动，即使是以文字为手段的文学语言，以线条、色彩和构图为手段的绘画语言，以音响和旋律为手段的音乐语言，以人体动作为手段的舞蹈语言，等等，也不能例外。但在这个共性要求之外，各类语言又必有它的个性特征。教学语言的个性特征可从以下几个方面阐释：

### 一、从讲授内容的特点看，应当具有思想性和知识性

教学语言表达什么样的内容，是由教学的目的要求所决定的，语文学科"文道统一"的特点，决定了语文教学语言的内容必须体现出思想性和知识性。

---

① 苏霍姆林斯基.给教师的建议［M］.杜殿坤，译.北京：教育科学出版社，1984.

当然，思想性并不是需要说教，知识性也不仅仅是说明，而是要以语言艺术作为载体。

且看陆继椿老师教《一只木屐》，在同学们议过第一段的基础上，老师引导大家认识到冰心写木屐是为了写日本劳动人民，此后，师生间有这么一段对话：

师：在这一段抒情当中，你看作者表达对日本劳动人民的感情深不深啊？（生：深。）很深的，是吧。她对那个环境有没有感情？没有的，她对日本的劳动人民却是非常有感情的。这是第一。第二呢，同学们在讨论当中感到，还有些事实不大清楚：为什么要悄悄离开呢？——这一点我补充一下：冰心是1946年到日本的。1946年，是我们国家抗日战争胜利以后。而日本呢，是被美帝国主义控制着。什么时候回国的呢？1952年。1952年，我们国家已经——

生：解放了。

师：而日本依然在美帝国主义的控制、占领下，她是在这样的情况下离开的。她为什么悄悄地离开呢？那个时候——回来的时候，说我要回到中华人民共和国去，回到祖国去，行不行呀？（生：不行。）她是取道香港，谁也不告诉，就那样悄悄地离开的！日本整个社会的情况，对她来说有没有留恋的地方呢？（生：没有。）就像她所看到的码头上的景象，是一片的——

生：空虚——沉重。

师：想起了就使自己心情沉重。为什么沉重呢？因为和日本的人民之间还有深厚的——

生：感情。

……

这一段教学语言的思想性是很鲜明的，但都是在对课文的解说中自然而然地表现出来的，是学生在理解课文的过程中应当体会的。更为精彩的是，这里对时代背景的介绍，按照常规应在解题时进行，教者却放在让学生进入"愤""悱"的状态中，紧密结合对课文的理解作了交代，从课堂教学实况看，这样的"艺术处理"效果甚佳，教者避免了教学语言的重复啰嗦，学生因之印象更为深刻，感受也更为真切。

再看一位小学老师的教例，这位老师教《游园不值》，正讲到"小扣柴扉久不开"，忽然，"砰"的一声，一位迟到的学生推门而进，急急忙忙地坐到座位上。老师话题一转，向学生发出提问："'小扣柴扉久不开'，诗人去拜访朋友，为什么'小扣'而不'猛扣'呢?"大家议论了一番,都说"小扣"说明诗人有礼貌。这时,老师走到那位迟到的学生身边,弯下腰轻声问他:"你说是吗?你赞成'小扣',还是'猛扣'呢?"他脸红了,大家也笑了起来。这位老师相机对学生进行行为养成方面的思想教育,内容恰好是生活与课文的契合点,形式上因势利导,效果是水到渠成,可谓是表达内容思想性和表达形式艺术性的高度统一。

教学语言的知识性首先是指把本学科的相关知识讲解精当。以钱梦龙老师导读《愚公移山》的一个片段说:

师:文章里有两个人讲的话差不多,你们看是谁啊?
生:愚公妻和智叟,他们两人的态度差不多。
师:差不多吗?好,我们就先把他们两人的话一起读一遍,比较比较,看看两人的态度究竟是不是一样。(学生朗读。)
生:智叟讲愚公很笨,太不聪明了。愚公妻没有讲。
师:智叟讲的这个句子是怎样组织的?
生:倒装的。
师:那么不倒装该怎么说呢?
生:汝之不惠甚矣。
师:你知道为什么要倒装吗?
生:强调愚公不聪明。
师:对,把"甚矣"这个表示程度的副词提前,强调愚公不聪明到了极点。这句话愚公的妻子是不讲的。我们再来看一看称谓,愚公妻称愚公什么?
生:(齐声)君。
师:那么智叟称愚公——
生:(齐声)汝。
师:这两个词有区别吗?
生:"君"表示尊敬,"汝"很不客气。
师:嗯,好!我再把这个"汝"简单地讲一讲。长辈对小辈,地位高的人对地位低的人,一般用"汝"。平辈之间用"汝",就有看不起的意思。智叟叫愚公为什么用"汝"啊?
生:智叟看不起愚公,因为他觉得愚公笨。
师:对,这是又一点不同。还有什么不同吗?

生：还有两句讲得不一样。愚公妻说："以君之力，曾不能损魁父之丘，如太行、王屋何？"智叟说："以残年余力，曾不能毁山之一毛，其如土石何？"

师：不一样在什么地方？

生：愚公妻说愚公不能把小山怎么样；智叟说连山上一根毛都不能动，有点讽刺的意思。

师：啊，讲得好。这里的"毛"字是什么意思？

生：小草。

师：对，一棵小草也毁不了，这是一种什么口气？

生：轻蔑。

师：对，轻蔑的，这跟愚公的妻子一样吗？

生：不一样。

师：看，这里又有不同。还有"如太行、王屋何"和"其如土石何"，同样是"如……何"的句式，可是智叟的话里多了个"其"字，这里有什么不同？

生：智叟的话语气比较强，用个"其"字，有点强调愚公没有用。

师：讲得好。

在这个精彩的教学片段中，钱老师把文言知识的讲解与人物形象的分析紧紧联系起来，以对内容的理解顺带落实文言知识，又通过对文言知识的落实加深对内容的理解，技艺精湛，令人叫绝。

教学语言的知识性，还应表现在教师语言的"语文化"，即根据教材特点，发挥学科优势，熟练地运用记叙、议论、说明、抒情等语体和相关技巧，表现出语文教学语言的独特性。比如有位老师教学《周总理，你在哪里》，课的导入语是："那是一个难忘的日子，1976年1月8日，敬爱的周总理永远离开了我们。噩耗传来，千山默哀，万水波息；大地颤抖，星月不移；举国哀恸啊，万民悲泣。可是，丧心病狂的'四人帮'却极尽卑劣手段，阻挠人民悼念总理的活动。……在周总理逝世一周年的日子里，听吧，全国人民都在呼喊：'周总理——周总理——周——总——理——，你在哪里啊，你在哪里？'"显然，这样的教学语言只能属于语文学科，这诗一般的语言又自然而然地体现了语文学科的知识性。

## 二、从教学方法的特点看，应当具有针对性和启发性

所谓针对性，就是要切合教学对象的特点。教学对象不同，语言也要随之

变化。年级段低，语言要形象、具体、亲切，语调要慢些；年级段高，语言可抽象、隽永、多变，语调可快些。比如《将相和》和《廉颇蔺相如列传》是相同题材的课文，一篇在小学六年级教，一篇在高中一年级教，教学语言就应体现各自年级段的特点。以背景介绍说，一位小学老师这样介绍："'将相和'是一个很有名的历史故事，写的是两千多年以前的事。那时，我们国家处于七个小国抗争的局面（出示战国时期形势挂图，老师指图介绍）。这七个小国是秦、楚、韩、魏、赵、燕、齐。这几个小国之间经常发生战争，所以在历史上称为战国时期。当时秦国的力量最强，它想统一中国，经常进攻别的国家。北方的赵国也是一个比较强的国家。今天我们要学习的《将相和》这篇课文，写的就是发生在秦、赵两国之间和赵国内部的事情。"一位高中教师则这样介绍："公元前四世纪，是我国历史上的战国后期。秦、楚、齐、燕、赵、魏、韩七国并峙，战火纷繁。七国之中，秦最强大，它采取'远交近攻'的政策，各个击破，力图并吞六国。赵国依仗廉颇、蔺相如二人，军事上严密戒备，外交上不卑不亢，维护了国家的尊严，保障了国家的安全。本文着重记叙了廉、蔺二人团结合作、与强秦抗争的故事。"尽管两个年级的差距还不是太大，但教学语言的差异性清清楚楚地表现出来了。

教学语言的启发性指教师或讲解、或提问、或点拨、或小结，都能激活思维，启发思考，在"教法论""提问论"中我们对此已有论述。这里再举一个点拨的教例以作说明。

一位老师教小学语文课文《威尼斯小艇》，引导学生掌握"新月"这个词：

师：谁能说说什么叫"新月"？
生：新月就是新的月亮。
师：月亮还有新旧之分吗？（学生笑。）
生：新月就是月亮。
师：你读读课文中这句话："船头和船艄向上翘起像新月的样子"，月亮有时候是圆的，有时候是半圆的，……想想，什么时候的月亮才叫新月呢？
生：新月是刚刚升起的月亮。
师：农历月中的月亮刚升起的时候也是圆的。可是并不是两头翘的呀！
生：新月就是农历月初的月亮。
师：谁能上来把农历月初时的月亮画出来！
（几个学生上来在黑板上画新月。）

师：他们画得都很对。农历月初时的月亮是两头翘起的，我们叫它——
生：（齐声）新月。

教师从反馈的信息中了解到学生不懂"新月"，于是就把"什么叫新月"这一问题具体化，问学生"什么时候的月亮才叫新月"，暗示学生从时间上去考虑，又进一步从形状上加以点拨，终于成功地推动了学生由"不知"向"知"的转化。这样的点拨语就是富有启发性的。

## 三、从表达形式的特点看，应当具有一定的综合性

这种综合性表现在：
### 1. 口头语言和书面语言的结合

著名语言学家高名凯、石安石主编的《语言学概论》指出："在书面形式的文学语言的基础上，可以产生口头形式的文学语言。例如，今天我国广播电台上、课堂上、话剧舞台上、各种政策报告会上等等所用的往往就是口头形式的现代汉语的文学语言。口头形式的文学语言事实上是书面形式的文学语言的口头化或口语化。在有书面形式的文学语言之前，并没有口头形式的文学语言，只能有口语中的文学语言的萌芽或某些因素。有了书面形式的文学语言，人们才能按照这种文学语言的'规格'来使口语成为一种口说的'书语'。"这段论述精辟地阐明了广播语言、教学语言、话剧语言、演讲语言的语体属性，指出它们的表现形式是口语，实质上却是书面语。且取一例来看，有位老师教学《周总理，你在哪里》，用的是这样的语言：

总理这颗巨星的陨落，上惊天地，下泣鬼神。听到我们呼唤总理的声音，高山、大地来谈话，森林、大海有回音。他们都是周总理丰功伟绩、崇高品质的见证人。……诗歌为什么不用小草、小石来拟人答话呢？那太无气魄、太无象征意义了……高山，象征总理的伟大功绩，像一座耸入云天的历史丰碑；大地，象征总理的宽阔胸怀，可载万物，能容世界；大海，象征总理深厚的恩情，无可比拟；森林，象征总理的崇高精神，如青松翠柏，万古长青。

这段教学语言用词精当，层次分明，语意畅达，文采斐然，体现了书面语言的规范性和文学语言的典雅性；句式灵活，变换自然，情真意切，一气贯注，又具有口头语言的生动性和感染力，再联系到口语特有的传声功能，就可以想

见它在课堂上激发情感和引发兴致的作用了。

### 2. 独白语言和会话语言的结合

独白，是指较长时间（相对而言）的独白的言语活动，它有听众，但不需要言语的配合，教师在课堂教学时作系统讲解主要就是用独白语言。会话，也叫对话，是在两个人或者更多人之间进行谈话，是由对话者互相支持、互相配合而进行的言语活动。教师在课堂上组织教学，进行讨论、问答时，用的就是会话语言。因而，可以说教学语言就是这两种语言的结合。比如刚才所说的那段导入语，就是独白式的，前面引用的《愚公移山》教学片段，其语言就是会话式的。

### 3. 口头语言和体态语言的结合

在课堂上，学生不仅在听，还在看，因此，教学语言不仅包括口头语言，也包括体态语言，而且还应是二者的有机结合。本章第四节，是对体态语言的专门论述，其中也涉及二者的结合问题。

## 第二节　教学语言的审美要求

美，是任何艺术门类所追求的目标。教学语言，作为教学艺术一个相当活跃的因子，也从来不松懈对美的追求。——教学，要进入艺术的境界，它的语言应当是美的语言。

### 一、形象美

文章总是客观事物的某种反映。教学中，为了适应儿童"用形式、声音、色彩和感觉"思维的特点（乌申斯基语），就应发挥教学语言摹形绘色的功能，也就是教学语言要具有形象美。亚里士多德在其名著《修辞学》中曾要求："文字必须将景物置诸读者眼前。"我国宋代诗人梅圣俞认为写诗要"状难写之景，如在目前"。（《六一诗话》）教学语言描摹教材或某些生活场景中的形象，也应如斯。为了切合少年儿童的思维特点，有时还应当将抽象的情、理形象化。从"制作"特点看，形象美又可分为：

#### 1. 再造形象的美

这是指尽可能逼真地再造教材或生活中的场景和形象。要注意的是不仅求形似，还应见神韵。形神兼备，这形象才是美的形象。比如，有位老师教《记金华的双龙洞》的第二段，作了如下设计：

(1)作者一路上看到哪些景物？听见些什么？（映山红、公路、油桐、或浓或淡的新绿、溪流。）

(2)这些景物都在什么地方？（板书：山。）

(3)作者怎样写山上的景物的？读第二节最后一句，这一句总写了山上的景色。作者用一句话给我们勾勒了一幅美丽的画图：满山的砂土呈粉红色，在这粉红色的山上盛开着各色的映山红，有红的、黄的、紫色的……再加上冬天光秃秃的树枝上如今长出了嫩绿的叶子。这粉红色、黄色、绿色，这么多的色彩描绘了一幅色彩斑斓、五彩缤纷、万紫千红的美丽画面。作者看到了这样一幅美丽的图画，感到怎样？书上用了一个词进行概括，哪一个词？（板书：明艳）什么叫明艳？（明亮而美丽。）作者看到山，感到眼前一片明艳，后来又看到了溪流，看到了水，听到了水声，这一路上有山有水，山明水秀，景色更为明艳。这时作者的心情怎么样？（兴奋、愉快、游兴浓。）

人们通常所说的"绘画"，"绘"本来就是指以颜色渲染物象，着重于色；"画"，本来是指以线勾取物形，着重于物体的"形"。这也是塑造空间形象的两种基本手段。在这里，教者主要是用第一种手段，以绘色来引发学生的联想，复现作品中的形象。而且，生动的描绘、欢快的语调又体现了画面的神韵，可以使学生产生如临其境的感受。

### 2."创造"形象的美

这里的"创造"主要是指描摹形象时，作了一些精彩的艺术处理，形成了心理视觉的焦点，使语言形象比文字形象或生活形象更具典型性。比如，于漪老师教学《七根火柴》的一个片段是：

生：前面说卢进勇的"眼睛模糊了"，后面却又说"那只手是清晰的"。不是矛盾吗？

师：问题提得好！而这也正是作者运用语言的奥妙之处。跟"清晰"相对的词是什么？

生：（集体）模糊。

师：对，模糊。"他的眼睛模糊了"。这是着力写卢进勇失去战友的无限悲痛。那么为什么写"那只手是清晰的"呢？这就像舞台上的一个场景，背景慢慢地慢慢地暗下来，灯光最后集中在一只手上，这是无名战士高擎的手，加上最后一个特写镜头，分外清晰。这只手像路标，指向红军长征的方向，那儿有党中央，有毛主席、周副主席，那儿是中华民族的精华所在，是中华民族的希望。这里，作者用"模糊"和"清晰"对比着写，既深刻地表现了卢进勇无限悲痛的感情，又使无名战士崇高的思想品质放射出耀眼的光辉。是不是可以这样来理解？

教者通过教学语言的艺术描摹，对无名战士的形象进行了"再创作"，有力地突出了无名战士高擎的手，真正做到了"状难写之景，如在目前"，使语言形象比文字形象具有了更强烈的感染力。

### 3. 物化形象的美

物化形象是指虚化的情理借助比拟而"塑造"成的形象。物化的过程，就是化抽象为具体、变无形为有形的过程，比如，于漪老师教《七根火柴》紧接着上一个片段，就是用教学语言塑造了物化形象：

卢进勇失去战友的无限悲痛伴随着整个草地的哭泣，为顶天立地的英雄唱哀歌，唱赞歌，正如《人民英雄纪念碑》这篇文章里所说的，英雄的品质像牡丹一样——
生：（集体）高贵。
师：像荷花一样——
生：（集体）纯洁。
师：像菊花一样——
生：（集体）坚韧。

英雄的品质本来是虚化的东西，但教者用博喻的手法，使之形象化，似乎视觉可见，触觉可摸，嗅觉可闻，学生的理解也因之而更深刻了。

当然，教学是一种综合艺术，强调教学语言的形象美，并不排斥其他直观性教学手段的运用，比如，把教学语言与板书、图片、幻灯、演示、音响等教学手段和教具的运用结合起来，让心象与视象、音象同时出现，有助于调动学生诸多感官，使他们更易于接受，更乐于思考。这是我们在教学实践中应注意的。

## 二、情感美

唐代诗人白居易在《与元九书》中说过："感人心者，莫先乎情，莫始乎言，莫深乎义。诗者：根情，苗言，华声，实义。"这段讨论对我们"创作"教学语言也不无启迪。语文教学的内容，大多是情注其中的作品；语文教学的对象，是富有情感的学生。托尔斯泰在《论艺术》中说道："艺术活动是以下面这一事实为基础的：一个用听觉或视觉接受他人所表达的感情的人，能够体验到那个表达自己的感情的人所体验过的同样的感情。"教学语言达到一定的艺术水平，渗透其间的情感一定会引起学生的共鸣。因此，教师在锤炼教学语言的同时，要自觉地做一个"表达自己的感情的人"。

教学语言的情感美从内容上看，应当是文中之情和胸中之情的融合。从表现形式看，则有：

### 1. 喷发式的情感美

文章本身就是激情澎湃或情感深挚的作品，在理解、体味时，又触动了教者情感的泉眼，于是就形成了激情的喷发。这时的情感如战鼓催阵，具有强烈的震撼力。比如，闻一多先生在西南联大教杜甫《三吏》《三别》，先介绍背景说："当时的唐朝皇帝，就像今天的重庆国民政府一样，到处乱抓壮丁。……"然后启发学生："杜甫所描写的谁能说是一千多年前的事情！你们仔细看看，这简直就是写的眼前抗战时期的事！"他又念了几句原诗，结合讲了一个比《石壕吏》更恶劣的故事——一天，城郊的某个地方，几个兵痞敲着锣吆喝："快来看电影！不要钱！国军请客……"善良的老百姓带着将信将疑的心情，走进了营房。突然大门被关上，场里一片漆黑，军官们用电筒照着，从人群里挑出二十多个年轻人，当场就押去做壮丁了。从此，妇啼儿号，村子里再也断不了哀号的声音！讲完这件事，闻先生就事论理，大声怒斥道："这样无法无天，还成什么国家！这哪里是什么'国军'？这是土匪！不，比土匪还要坏！"激愤之情，溢于言表！听众为之动容，个个义愤填膺，可见这种激情的喷发，具有动人心魄的魅力。

### 2. 直陈式的情感美

有时根据课文内容，袒露胸怀，直抒胸臆，有助于引导学生对课文中的人或事作出积极的感情评价。这种直陈式的情感抒发如水波滔滔，流畅的美感往往可以增添其感染力。比如，一位老师教学《我的战友邱少云》，就是运用的直陈式抒发情感。且取一个片段来看：

师：再想想"我"不敢看是作者害怕吗？"我"忍不住不看又是为什么？
（幻灯出示："我不敢朝他那儿看……但是我忍不住不看……"）

生："不敢看"不是害怕的意思，是不忍心看，不愿看着自己的战友被火烧死。
生：他不敢看是因为他不忍心看战友被火活活烧死。
师：为什么又忍不住不看呢？
生：盼望出现什么奇迹，火突然熄灭了，战友就可以得救了。
师：他不敢看不是害怕而是不忍心看，我同意这种说法。火烧在战友的身上，疼在作者的心里，"我"怎能看着战友活活被烧死呢？但为什么又非看不可呢？作者与邱少云心连着心，他们之间的深厚感情又怎么能使作者忍住不看呢？作者被邱少云的崇高精神感动了，多么可爱的战友啊！多么了不起的战士啊！在烈火的煎熬下竟能做到一动不动，"我的心像刀绞一般，眼泪模糊了我的眼睛"。这一段写作者痛苦难过的心情，写作目的是什么呢？
生：写出作者和邱少云叔叔的友谊。
生：通过对作者焦急、难过而又矛盾的心情的描写，表现邱少云叔叔的优秀品质和崇高的精神境界。
师：对，表现了作者和邱少云叔叔的情谊，突出了邱少云叔叔的崇高品质，一个高大的形象出现在读者的面前，使我们深深感到邱少云是个多么坚强勇敢的战士啊，为了战斗的胜利，严格遵守纪律，认真完成潜伏任务……

在这里，教者——道出自己的所敬所爱，对学生的讨论起小结作用，对事件的叙述起点化作用，也促使学生对人物本质的认识起升华作用。从课堂教学的实际情况看，教者采用这种直陈的方式，确实加深了学生对课文中人物感情的体会和对人物内心世界的认识。

**3. 渗透式的情感美**

把自己的情感渗透在对景的描写，对事的叙述，对物的摹写，乃至一切相关的教学语言中，就叫作情感表露的渗透式。这时的情感如霏霏细雨，可以在悄然滋润中发挥它的移化作用。比如李吉林老师教学《穷人》由第一段向第二段过渡的描述语言是：

托尔斯泰爷爷的第一段描写，把我们带到海边的一间小屋里。我们仿佛看到在那又黑又冷狂风呼啸的夜晚，女主人公桑娜正坐在火炉旁边，一边补着破船帆，一边焦急地等待着出海打鱼的丈夫归来的情景。当桑娜听到屋外呼啸的海风时，再也坐不住了。她走出门，来到茫茫的大海边，希望看到丈夫的小船。可是漆黑的大海上什么也看不到。于是，桑娜又想到了那个生病的女邻居西蒙。说到这儿，我们的视线也随着桑娜的身影移到了西蒙家门口……

在这里，教者没有一句直接的情感抒发，但叙述之中饱含了对桑娜的同情和关切，用教者的话说，这样的描述使学生的心都悬了起来，足可见尽管"不着一字"，但在扣响情弦上也是可以"尽得风流"的。

### 三、文辞美

教学语言要成为美的语言，应当在遣词造句上多下功夫，讲究文辞之美。我们认为这种美应与"精讲多练"的"精讲"相一致，体现出：

#### 1. 精确之美

这是指教学语言要具有科学美和逻辑美，理解要准确，讲解要规范，哪怕是一个词语，也不能让学生在理解运用时造成歧义。比如李吉林老师给二年级的学生教《小白花》，其中的一个片段是：

生：我觉得"脸上挂着晶莹的泪珠"是人们对周总理的怀念。

师：对，这时候，气氛是那么庄严，大家尽量不让自己哭出声来，但是一想到我们的好总理永远离开我们了，便默默地站着，眼泪止不住一滴一滴掉下来，所以是"泪珠"。"泪珠"前面用什么词？

生：晶莹。

师：前面还用了什么动词？

生：挂着。

师：如果是"泪水"怎么说？

生：流着。

教者于无疑处生疑，把语言训练和对文章内容的理解结合起来，三言两语就让学生体会出"泪珠"与"泪水"的区别，表现出教学语言的精确之美。

#### 2. 精练之美

精练之美，一方面是指抓住课文的关键，突出课文的重点，语言材料上达到少而精；另一方面是指讲解、诱导的语言言简意赅，甚至达到"片言可以明百意"。比如有位老师教《卖柑者言》：

师：作者借思索卖柑者的话，点出文章愤世嫉邪的寓意，但却不点破，而用疑问的形式表达，这就更耐人寻味。三段当中，都有一个要紧的动词，它统领全段。谁能找出来？

生：第一段是"问"。

师：怎样"问"？

生：怪而问。

师：质量差，价钱高，当然怪，外表烨然，内如败絮，实为欺人太甚，怎能不怪？及于惊奇，疑虑，愤怒，作者运用两个反诘问，义正辞严，十分有力，欲置卖柑者理屈词穷的困境。第二段？

生：第二段是"曰"。

师：怎样"曰"？

生：笑曰。

师：卖柑者不但不怕，反而笑了。这笑与怪相照应，一个满脸激愤，一个神态自若。下面的话理直气壮，振振有词，欺世盗名者满天下皆是，何必大惊小怪？最后简直是反戈一击了，那么多"金玉其外，败絮其中"的要人要事你不管，为什么单把眼睛盯在我这小小的柑子上！第三段？

生：第三段是"思"。

师：怎么"思"？

生：退而思。

师：卖柑者滔滔不绝、咄咄逼人的一段话，倒使作者陷入无力反驳的困境，只能退而思之。觉得这个人很像东方朔，不能不想。于是提出疑问，却不作答，让我们大家来答。读后思考。（教者边引导，边板书，黑板上出现了"问""曰""思"三个字，点出了各段的题眼。后又逐一加上"怪""笑""退"三个状语，让学生理解其中的奥妙。）读了全文，大家会感到非常连贯，如同一条线串了起来。琢磨一下，这条线用个什么字概括好？

生：欺！

在这个教例中，无论是对课文线索的概括提取，还是教者自己的评说讲解，都是相当精练的。

### 3. 精彩之美

这是指内容生动，描述形象，设计精巧，语句潇洒，体现出较高的艺术美。比如在上一个教例中，教师的语言有些已达到了精彩的层次。再如李吉林老师教《小白花》紧接着上一个片段的是：

师：好。这里第一句写整个天安门广场的气氛，第二句写"我们"的感情，第三、四句写纪念碑周围的花圈和人。现在，请大家把眼睛闭起来，边听录音边想那天安门前的情景。

生：李老师，什么叫"默哀"？

生：是站在那里，低着头。

师：对，站在那里，低着头，默默地向周爷爷表示哀悼，叫"默哀"。现在，请大家起立，低下头，为周爷爷默哀，同时想象那怀念哀悼的情景。（哀乐声起。）

如果说，《卖柑者言》的教者是从语言的精当、潇洒处见出精彩；这里，则是在教学设计的巧妙性上体现了精彩之美，当然，也包括了教学语言。

### 四、语声美

教学语言是有声的语言，其审美要求，当然也包括了对语声美的要求。

#### 1. 语音之美

语音是口语表达的第一要素，要提高教学语言的表达水平，首先要过好语音关，做到：第一，发音准确。有的老师受方言影响，常常不能按普通话的发音要求读准字音，有时学生听都听不明白，根本谈不上理解和对语音美的"享受"。相反，如果能说一口标准的普通话，就能从技术上保证信息传递的准确性和及时性。第二，吐字清晰。在表达时，要能自如地调节发音器官，讲究吐字归音，使声音圆满、饱满、富有弹力。第三，声音响亮。要力求在课堂空间中，把每个字、每句话都送到学生的耳朵里。第四，音质悦耳。如果一个教师音质好，在教学中又运用得当，其语言就会具有悦耳爽心的美感，平添教学的魅力。

应当强调的是，语音之美确实与人的先天基础有关，但后天的努力也相当重要。只要训练符合科学化和规范化，不管先天条件怎样，总会在原有基础上有所进步。古希腊著名的演说家德摩西尼为了克服发音沙哑的毛病，经常在嘴里含着砾石练习发音，终于改变了自己的音质，使声音变得清脆起来。我国说唱艺术中有一种特有的发声手段，即吐字归音。进行这种训练，可以使声音准确、清晰、有力量、送得远。有些同志借鉴这种方法进行语音训练，使自己的表达水平有了较大提高。这些例子对我们的语音训练都是有启迪的。

### 2. 语调之美

如果说，语音主要着眼于字词，那语调则主要着眼于句子。有句就有调，在句子中用轻重、停连、快慢、高低表情达意的调子就叫语调。要使语调具有美感，首先就要注意语声要素的量度性，根据科学研究，语声要素具有一定的科学量度。一般说，教学语言的声音强度应在 65～72 分贝；语速在每分钟可讲 100～200 字（汉语每个音节一般音长为 0.12～0.14 秒）；音高方面，男教师声带长而厚，基频为 60～200 赫兹，女教师声带短而薄，基频为 150～300 赫兹。人耳能听到的频率范围在 16～2000 赫兹之间。教学语言的变化，应当以这些量度为基础。

语调之美并不是指语调符合这些量度，而是根据教学内容、教学对象和教学环境的特点，在符合这些量度的前提下，选择恰当的语调，进行恰到好处的表达。比如，从教学内容说，讲解教材的重点和比较深奥抽象的内容，应放缓语速，增强些音量；如果是浅近易懂或本身节奏明快的内容，应加快语速，放轻音量。从教学对象说，给小学生上课，语速可适当慢些；随着年级的升高，语速可渐次加快。从教学环境说，在紧张热烈的课堂氛围中，语速可快些；在严肃、庄重的课堂氛围中，语速则应慢些。同时，还要加强对语调的调控，使之形成与教学内容和学生心理相符合的语言节奏，更好地实现教学目标。

## 五、风格美

德国语言学家威廉·威克纳格曾经指出："风格是语言的表现形式，一部分被表现者的心理特征所决定，一部分则被表现的内容和意图所决定。""倘若用更简明的话来说，就是风格具有主观的方面和客观的方面。"[①] 语文教学语言的风格，客观的主要方面就是教材。有人说，语文教师上课，教议论文要像政治家；教记叙文要像文学家，教说明文要像科学家，就是强调教学语言要与课文的语体风格相契合。很多老师上课时都注意到这一点，比如一位老师教《最后一次的讲演》，在讲解的过程中慷慨陈词："没有李公朴先生等爱国仁人的拼死努力，没有共产党的英明领导和爱国将士的浴血奋战，莫说半个中国沦于日寇之手，就是当时远离日寇的云南昆明也不会安宁。国民党反动派恩将仇报，像冻僵的毒蛇，得到温暖苏醒后，便一口咬伤救活它的农夫——如暗杀李公朴先生等。这种最卑劣无耻的事情在昆明的历史上有过吗？"这种语言的风格美，就在

---

① 歌德，等. 文学风格论［M］. 王元化，译. 上海：上海译文出版社，1982.

于切合、体现了课文本身风格的特点。

语文教学语言风格的主观方面,则是指语文教师的个性特征,比如个人政治观点、思想道德修养、性格、生活、作风、文化水平、科学素质、语言和方言习惯等方面的特征。个人的风格是人的个性特点在语言应用上的表现,它与语体风格是交织在一起的,教学语言的风格美就是指这种交织是契合,是相互映衬,特别是个性的风格为语体风格增色添辉。一些优秀教师上课,具有很强的风格魅力,其中就包括了他们的教学语言也是有风格感的,他们个性的优点常常是在展现语言风格时得到淋漓尽致的发挥。

## 第三节　教学语言的表现艺术

凡是优化的教学语言,都是对教学语言技巧的娴熟运用,都具有相当的表现力和艺术性。这里仅从技巧角度,归纳出八类。

### 一、以情激情,扬波掀澜

这种激情式技巧,与某些教学阶段相对应,又可分为导语激情、讲解激情、总结激情等。闻一多先生讲《三吏》《三别》,就是典型的例证。再如于漪老师教《茶花赋》的导入语言也属此类。她一开讲就满怀激情地说:"这篇散文是一首歌颂伟大祖国的赞歌。祖国,一提起这神圣的字眼,崇敬、热爱、自豪的感情就会充盈胸际,奔腾欲出。我们伟大祖国有几千年的古老文明,有九百六十万平方公里的辽阔土地,有许多令人神往的名山大川,有以勤劳、勇敢著称于世的各族人民,每当提起这些,我们心中就会激荡起热爱祖国的感情……"听着这样深情的赞歌,学生就很容易受到感染,在心中升腾起爱国主义的感情。

### 二、穿针引线,承前启后

这是指过渡性语言的技巧,当然,这里的"前""后"可以有不同的含义。比如,旧课和新课,旧知和新知,导入材料和所学课文,前一部分和后一部分,上一环节和下一环节,上一课时和下一课时,课堂学习和课外活动,等等,就都是不同的"前""后"。好的过渡性语言,可以大大加强课堂教学的逻辑性和流畅感。比如有位老师教学《威尼斯的小艇》,解题和学文这两个环节的转换语言是:"课文以'威尼斯的小艇'为题,意味着威尼斯的小艇跟别的地方的小艇比较，有它的特色。现在听我读一次课文，大家要注意威尼斯的小艇是什么样的，有什么作用，有什么特色。"这样的过渡不仅自然、简洁，而且还让学生懂得题应切文的道理。再如有一位老师教学《我的伯父鲁迅先生》，由第一段向第二段的过渡语是：

生：想到永远见不到伯父的面了，听不到他的声音了，也得不到他的爱抚了，所以作者的泪珠就一滴一滴地掉下来。

师：从"见不到""听不到""得不到"，可以看出作者对伯父鲁迅先生的逝世感到无限的悲痛。"我"为什么会这样悲痛？伯父鲁迅先生为什么得到那么多人的爱戴？看看下面作者回忆的四件事，我们就明白了，现在我们先看第一件事，请大家默读第二段，想想这件事主要是讲什么的？

（学生默读第二段。）

在这段过渡语中，教者从"我"的泪引导学生体会"我"的思想感情，又把第一段的重点句与全文联系起来，暗示学生应抓住这一贯穿全文的情感线索学习课文，过渡自然巧妙，又明确了学习思路，可以说是一举多得。

### 三、收束有力，余音绕梁

这是对课堂教学结束语的要求，在"环节论"中，我们已列举过诸多教例，这里再举一位老师教学《刑场上的婚礼》的结语：

每个人都有自己的青春，都要度过自己的一生。该怎样度过呢？请听陈毅元帅说的话："我们如果没有理想，我们的头脑将陷入昏沉；我们如果不从事劳动，我们的理想又怎样实行？我们是世界上最大的理想主义者！我们是世界上最大的行动主义者！我们是世界上最大的理想与行动的综合者！"俄国学者涅克拉索夫也说得十分好："谁为时代的伟大目标服务，并把自己的一生献给了为人类兄弟而进行的斗争，谁才是不朽的。"让我们以二位烈士的高贵品质为镜子，以刚才的这两句名人名言为座右铭，努力塑造自己，做一个心灵优美高尚的青年。

这样的结束语言，用陈毅和涅克拉索夫的名言，对课文的思想内容作了有力的收束，又引导学生的认识实现从个别到一般，由典型到普通，由英雄到自身的转化，具有余音绕梁、令人回味的美感，是相当精彩的。

## 四、巧妙设喻，生动形象

运用比喻的方法，可以使教学语言生动形象。比如有的老师教学《最后一次的讲演》，所用的教学语言中就包含了贴切、形象的比喻："这篇讲演是庄严的宣言，动员的号角，讨伐国民党反动统治的檄文。它像一团炽热的火焰，从肺腑中喷射出来。它没有作词句的修饰，但句句话像投枪，像匕首，直刺敌人的要害，使敌人招架不住，躲闪不及！""本文讨伐敌人，似钢刀利剑直指敌人心窝；伸张正义，如催征的战鼓，进军的号角，激励革命者踏着烈士的血迹前进！"再如小学低年级老师教学"心"字时，发现孩子们常常点错三点的位置，就编成了口诀："一口锅炒了三颗豆，一颗跳到左，一颗跳到右，锅中还有一颗豆。"生动形象的比喻大大加深了孩子们的印象，他们再也没有点错三点。

## 五、委婉含蓄，曲径通幽

这是一种批评性语言的技巧。处理得好，可以起到"良药"不"苦口"，"忠言"不"逆耳"的作用。比如著名儿童教育家孙敬修在一次散步时，看到几个小孩子在攀折刚刚成活的小树苗，他就悄悄地凑过头去，将耳朵贴在小树上，装作侧耳细听的样子。孩子们好奇地问："老爷爷，你在听什么呀？"孙敬修说："我听到小树苗在哭。"孩子们更奇怪了，问："小树苗为什么哭呀？"孙敬修老人又凑上去听了一会儿，说："小树苗说，它长大了要给我们造房子，做课桌椅，可是，有人偏偏把它折断了，它长不大了，所以它哭了。"孩子们听了以后，都惭愧地低下了头。从这以后，这些孩子再也没有去攀折小树苗。孙敬修老人将小树苗拟人化，很委婉地对攀折小树苗的孩子提出了批评，其效果要比大发雷霆好得多。

## 六、幽默诙谐，妙趣横生

幽默在课堂教学中，可以起到融洽师生关系、活跃课堂气氛，调节学习情绪的作用。魏书生老师主张："每堂课都要让学生有笑声"，"力求使用幽默、风趣的教学语言，不仅使优秀的学生因成功而发出笑声，也可能使后进生在愉快和谐的气氛中受到触动。"这在于他，应该看作是"夫子自道"，经验之谈。幽默的方法很多，比如同话异境、似褒实贬、似贬实褒、谐音曲解、借意发挥、自相矛盾、词语移用等等。1926年鲁迅在集美学校作《生活的意义和价值》的演讲时，先把那些"有热情、肯奋斗、肯牺牲"的青年与劳苦大众说成是"傻子"，而把那些"吹拍欺诈""投机取巧"的人说成是"聪明人"。正当听众疑惑不解时，鲁迅话锋一转，说："聪明人为名利钻营，把世界推向黑暗的深渊；而傻子凭自己的勤奋和刻苦，为光明的到来付出了血汗。"鲁迅先生在这里，就是运用了似贬实褒的方法，使听众在正话反说的诙谐中明确了题旨，受到了教育。再如一位老师教《谈修改文章》一文时讲道："不少女同胞都是很注意'修改文章'的。你看吧：她们每天晨起梳妆，对着镜子用奥琪增白霜反复'揣摩'（涂抹），再用高级胭脂、口红精心'润色'，还要用特别的眉笔仔细地修改'眉题'，甚至连标点符号也毫不含糊——非要用手术刀将'单括号'（单眼皮）改成'双括号'（双眼皮）不可！这是一种多么严肃认真的态度呀？我们每个人要想使自己的文章出类拔萃，不正可以从中受到启发，多下些工夫吗？"这段话语中，多用比喻和双关，诙谐生动，妙趣横生，使学生在哈哈大笑中明白了事理。

鲁迅曾说过，幽默应当做到"轻而不浮，庄而诙谐"。著名漫画家华君武也说："幽默不同于滑稽，也不同于讽刺，更不是油腔滑调……我感到幽默来源于对世事之洞达。"因此，运用幽默一定要注意分寸的适度，体现情趣的健康，否则弄巧成拙，那就是适得其反了。

### 七、有意出错，欲擒故纵

在课堂上欲擒故纵，偶尔有意地说错、写错、读错，不失为一种特殊的教学技巧。比如，湖北武汉的胡首老师教《夜走灵官峡》时，先提出问题："在'我'的眼里，成渝是个什么样子呢？"然后，朗读课文的有关语句，故意略去原文表神态的语词。在学生"惊愕""犹豫"时，鼓励学生提出意见。学生找出了读漏的"傻呵呵地""挺着胸脯""用舌头""忽闪忽闪地"等等词语，老师又故意固执己见："去掉这些，文章不是更简洁吗？"引逗学生开动脑筋，学生经过思考，陈述理由说："没有'傻呵呵地'，不能表明成渝的认真劲。""去掉'挺着胸脯''用舌头'（舔着嘴唇），成渝的活泼可爱就表现不出来。""成渝的眼睛'忽闪忽闪地'，才显出他的机灵。"……正是用欲擒故纵的方法，强化一些容易被忽略的语词，学生对人物的认识更加深刻。值得一提的是，在学生讨论时，老师不失时机地插上一句："哦，怪不得你也'忽闪忽闪'着眼睛，原来你也挺机灵呵！"这种同话异境的幽默不仅引来满堂笑声，而且是对学生的一种鼓励和奖赏。

### 八、处变不惊，化险为夷

这是在课堂上出现意外情况时应具有的语言技巧。本章开头那个"小扣""猛扣"的例子就包含了这样的技巧。

## 第四节　体态语言在课堂教学中的运用

陈望道先生早在 80 多年前所写的《修辞学发凡》中就曾说过："语言是达意传情的标记……含有声音语、文字语和'态势语'三种。"毛泽东同志在他的《教授法》中也把"以姿势助说话"单独列为一项。他们所说的"态势语"、助说话的"姿势"，就是体态语言，从教学语言的信息输出看，确实，"言传""身教"二者都是不可或缺的。美国的一位心理学家制定了这样一个公式：传达一项信息的总效果 =7% 词语 +38% 声音 +55% 表情。人们普遍认为，这个公式夸大了体态语言的作用，但由此可见体态语言在信息传递中的重要性。在课堂教学中，体态语言可以辅助有声语言更准确、更生动地表情达意，而学生在接受信息时，由于要耳闻目睹，视听两个感官的活动都得到了调动，大脑的两个半球都参加了工作，印象自然会更见明晰，更加精确。

体态语言从交际方式上看，主要有无声的和有声的两种，无声的又有动态静态之分，有声的则是一种"类语言"，并无固定的语义，作为一种教学语言，体态语言在课堂教学中的作用主要有：

### 一、暗示作用

这主要是通过眼神和幅度不大的手势来表达的。比如发现某个同学上课走神，老师可在走过他旁边时轻叩一下桌面，既不会影响整个课堂的秩序，又间接地告诉了他："老师知道你走神了，要注意。"如老师在教室前面，也可用眼神来表达这个意思。眼睛被人们喻为心灵的窗户，尤其要注意发挥其作用。小学语文课本里有一篇课文叫《穆老师的眼睛》，就写出了穆老师眼神的多种暗示作用："我"刚想做小动作时，"正巧被穆老师看见了，她的眼睛好像在暗示：'你怎么做小动作啦！'"于是，"我"缩回了手；上公开课，"我"回答问题太紧张，"穆老师的眼睛马上向我投来鼓励的目光，似乎在说：'说得对，就是声音再响亮点儿！'我看看穆老师的眼睛，胆子大了，声音也响亮了。"；"我"病了一个多星期，回到学校上课时，"穆老师不时用眼睛看看我，仿佛对我说：'吃得消吗？'……一看到穆老师的眼睛，我精神就提起来了"；下课时，老师和我们玩"老鹰捉小鸡"，穆老师当"老鹰"，她的眼睛睁得大大的，"好像在提醒我们：'哎——当心！我要捉住你们啦！'"抓到"小鸡"后"穆老师的眼睛笑得弯弯的，似乎在说：'哈哈，这回可让我捉住了！'"小作者说穆老师的眼睛"乍一看并没有什么特别，可是你仔细一瞧，穆老师的眼睛还会说话哪"。这些"话"都是通过眼神的暗示表达的。

## 二、指点作用

上课时，老师用手向某个方向指一下，或在某个特定位置做个招手的动作，就会有一位学生站起来，如果将手往下按一下，站着的同学就会自己坐下去。这些动作的指点如果不伴随有声语言，可以不打断老师或学生的语言节奏；如果伴随有声语言，声音则可低一些，多一分亲切感。魏巍童年时代的那位语文老师，运用的也是这样一种体态语言。魏巍这样描述："她从来不打骂我们，仅仅有一次，她的教鞭好像要落下来，我用石板一迎，教鞭轻轻地敲在石板边上，大伙笑了，她也笑了。我用儿童狡猾的眼光察觉，她爱我们，并没有存心要打的意思。孩子们是多么善于观察这一点啊。"大概魏巍当时有什么"犯规动作"了，老师要用教鞭指点一下，这个指点包含了严格要求和温情的爱抚，否则，"石板一迎"，绝不会"大伙笑了，她也笑了"。魏巍认为这个镜头是他"记忆中的珍宝之一"，足可见这一体态语言感染力之大。

## 三、强调作用

慷慨激昂时，握紧拳头，或不时挥动几下；满腔悲愤时，两目圆睁，怒不可遏，这些体态语言对有声语言都可以起到强调突出的作用。著名语言学家张世禄先生的一位学生回忆张先生讲课："他讲《鸿门宴》中樊哙进帐后说的那段话像打机关枪一般一口气就讲了下来。'臣死且不避，卮酒安足辞'一句，威武极了。他说太史公讲项羽'叱咤则风云色变，喑呜则山岳崩颓'时，圆睁双眼，紧握拳头，语调铿锵，听得我们不觉也挺直了身子。"①张先生在讲课时，就很好地发挥了体态语言的强调作用。

在某些特定的情境中，这种强调往往是无可替代的。比如，武汉的胡明道老师教《果树园》，要求同学们用旁批说明沉默寡言的李宝堂为什么变得这么爱

---

① 汤立宏.教法探究：让语文教学更具魅力[M].北京：海洋出版社，2002.

说话了，两分钟后，课堂气氛活跃起来。请看教者自己的实录：①

"我批的是：因为他当了主人。"
"我批的是：土改使他由奴隶变成主人。"
……听着这一句句批语，我兴奋了，语调也高扬了起来："同学们批得很好。我也批了一条：'伟大的政治变革激发了农民的革命热情。'请大家继续发言。"

此时，一只手臂伸起，闪现在我眼前的是一双执着的眼睛。他站起来，声音不大："我批的是：性格的巨变取决于今昔社会地位的巨变。"

我感到心头一热，赶紧送去鼓励与褒扬："这个批语凝练、深刻。你比我批得好。"说罢，我跨前一大步，诚恳地，紧紧地握住他的手。骤然间响起一阵热烈的掌声。

教者的所作所为，也令我们"心头一热"，这种机智，这种胸怀，都通过一个动作准确、充分地表现出来了。这恐怕是有声语言难以达到的。

### 四、描摹作用

根据课文对人物动作、神态的刻画，以体态语言加以描摹，可以通过形象的再现加深学生感知的印象。比如教《董存瑞舍身炸碉堡》，有的老师就描摹了这样一幅人物的雕像：从容直立，挺胸适度，眼神刚毅，神情自若，右手高举有力，掌心平面转上，左手下垂，使董存瑞威武高大的形象栩栩如生地再现在同学们面前。再如上海的高润华老师教《背影》，扣住"攀""缩""倾"三个动词，引导学生从中体会父亲对儿子深沉的爱，为了让学生体会得更准确、更深刻，高老师"慢慢地转过身去，双手攀着活动黑板的上沿，一条腿慢慢地向上缩着，她那胖胖的身子向左微倾，显出十分努力的样子。起初，有几位同学笑了起来，可是当高老师攀上去的一刹那，一切声响都没有了，每一个人都屏住了呼吸。顿时，我仿佛看到了文章中那戴着黑布小帽的慈父，在月台边艰难地攀着，我仿佛觉得眼前这就是那高大的背影……这一瞬间父亲的背影消失了，但高老师的背影却永远也无法从我的脑海中消失。此时此刻，我已经完全理解了这三个动词的深刻含义——高老师用她的行动证明：这就是爱。"这是高润华老师的一位学生的深情描述，这篇回忆性文章的题目就叫作《她做了一个"攀"

---

① 胡明道.我紧紧握住他的手［J］.语文学习，1991（2）.

的动作》。① 读过以后，我们也都体会到教者那种努力，那般深情了。

## 五、演示作用

借助动作神态的演示，可以把抽象的东西形象化，使学生更好地学习词语、概念。比如，有位小学语文教师教身体的"身"字，他把身子一侧，左脚往前一踢，然后对学生说："你们看，这就是'身'的字形，'身'字上一小撇，好像是一个人的头；中间部分是身子，身子里面有心、肺、肠、胃等器官；下面部分好像是两只脚，一只脚站着，一只脚向前踢出去。"学生看看字形，再看看老师的姿势，都会意地笑了。再如，斯霞老师讲解"颗颗稻粒饱满"这一句时，讲到"饱满"这个词，忽然走到教室门口，然后转过身来，胸脯略略一挺，头微微扬起，两眼炯炯有神。她问学生："你们看，老师今天精神怎么样？"孩子们不约而同地回答："老师精神饱满。"斯老师又说："让我们看看大家的精神怎样？"孩子们一个个挺起胸脯，坐得端端正正。这就不仅是教学技巧，而是有机地渗透了德育因素，也是在"育人"了。

当然，体态语言的运用也有必须遵循的原则，这些原则包括：

（1）目的性。体态语言的运用是为了强化教学效果，更好地完成教学任务，而不能兴之所至，就随意进行，三味书屋中那位诵读"微笑起来，而且把头仰起，摇着，向后面拗过去"的老先生，自己似乎"进入角色"，殊不知恰好给学生做游戏、画画儿提供了机会。至于一些老师上课时的下意识行为，诸如摸下巴、揉鼻子、玩辫梢、捏衣角等等，都是一种消极的体态语言，对教学反而形成负效应，更不可取。

（2）准确性。体态语言比起有声的教学语言，有它模糊的一面，但又应模糊中求准确，促使学生正确地理解教师的动作、姿态所提供的信息，据说张世禄先生讲《触龙说赵太后》中"徐趋"这个词，自己放低了身子，双脚快步移动，认真做了一个滑稽的老态龙钟的态势，然后又问：为什么"徐"？为什么"趋"？这里的体态模拟就很准确地解释了"徐趋"。当然，要做到准确，深入地理解课文，理解课文中人物的思想感情，是十分必要的。高润华老师讲《背影》那一"攀"，就是源于她对《背影》中父亲爱子之情的深刻理解。

（3）简洁性。体态语言作为教学语言的一部分，也不允许"啰啰嗦嗦"。这里有两层含义，一是就某个具体的体态语言，要求其简约，比如教《触龙说赵

---

① 乔轶美.她做了一个"攀"的动作[J].语文学习，1991（1）.

太后》,"徐趋"一下是精彩的,但因为学生大笑起来,就"情不自禁"地故意逗趣,再"徐趋"过来,那就画蛇添足了。另外,就整个课堂的教学来说,也不能出现过多的体态语,而要讲究恰如其分,恰到好处。

（4）优美性。体态语和其他教学语言一样,也应有其审美要求,也应该是真和美的结合,在促进学生学习知识的同时,给学生以美的享受。有的老师动辄脸红脖子粗,大嚷大叫;有的老师把敲桌子、扔黑板擦或粉笔头作为警戒学生的手段;有的老师甚至以鸡毛帚代替教棒,不时地舞来舞去,都是不文明不雅观的表现。加里宁认为,对于教师来说,"他的一举一动,都处在最严格的监督之下,世界上任何人也没有受着这样严格的监督。孩子们几十双眼睛盯着他,须知天地间再没有什么东西,能比孩子们的眼睛更加精细,更加敏捷,对于人在心理上各种细微变化更富于敏感的了,再没有任何人像孩子的眼睛那样能捉摸一切最细微的东西……"这是对我们每个教师的告诫。我们应当自觉地加强道德修养,培养高尚的情操,锻炼娴熟的技巧,在课堂上以优美高雅的体态语言,来陶冶孩子,感染孩子,促进他们的健康成长。

# 第十五章 调控论

教学过程是一个动态化的过程,是可以而且必须得到控制和调节的。在一定的教学方案确定后,教学过程的优化,在很大程度上就是看调控的"艺术性"达到什么样的水平。这里,仅以课堂教学为讨论的基点,对调控的艺术作一些初步的探讨。

## 第一节 课堂调控的特点

### 一、双向性

课堂调控是与信息回流系统相联系的。在教学过程中,由于教师和学生双方的不同地位及各自具有的能动性,信息回流的联系主要体现在教与学的双方,信息反馈的源头和作用点也主要在这两者之间构成循环式关系,以简图描述,二者之间的关系就是:

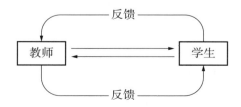

这种反馈关系形成的调控作用表现在："学生要在根据教的反馈判定了自己的行为效绩的前提下，调整并控制自己的下一步行为活动，同时反映出来的个性特征、年龄特点及个体心理发展的一般规律，又反过来制约着教师的教授行为过程，客观上调整并控制了教师的下一个活动。同样，教师也根据学生的反馈在判定了自己的教授效绩以后，调整和控制着包括了他自己的行为在内的整个教学过程。""没有双方的相互适应并对自己积极地调整控制，教学系统也就解体了。"①

显然，由于教师所扮演的特殊角色，在这双向性的联系中，又应充分发挥主导作用，一方面尽可能优化自己所发出的情感信息、知能信息等，以期待学生作出更主动更积极的调控；另一方面要学会察言观色，耳听八方，收集学生发出的各种信息，并加以及时的处理，以便准确有效地实施自我调控和对学生下一步学习活动的调控，从而实现教学过程的优化。

## 二、协调性

通过积极有效的调控，师生双方能够融洽和谐，协调一致，这是实现教学目标的关键。一旦教、学双方心理协调，教者可以左右逢源，得心应手；学生就能心情舒畅，如鱼得水。教学目标的达到，就会似瓜熟蒂落，如水到渠成，教学就进入了理想的境界。而心理协调的基础则是感情协调，情感是教学艺术的核心因子，课堂教学中的信息反馈，重要的内容之一就是情感信息的反馈。因此，一些优秀教师都注意以情动情，充分发挥情感的感染力，而这"感染"必然引发优质的反馈，造成教、学的良性循环。于漪老师的一位学生曾经深情地回忆过13年前于老师教《文天祥传》的情景②：

讲课一开始，老师就在黑板上工工整整地写下了"人生自古谁无死，留取丹心照汗青"的著名诗句。不知怎的，同学们的情感一下子就被调动起来了。有的在低声吟诵，有的在默默思考……大家都不由得对这位身世飘零的民族英雄充满了无限同情，并急于想知道文天祥的全部故事。随后，老师结合课文，满怀激情地讲起来了……

---

① 张铁明. 教学信息论 [M]. 南京：江苏教育出版社，1990.
② 徐金海，金正扬. 中学语文教学探索——特级教师于漪的教学经验 [M]. 上海：上海教育出版社，1981.

她讲到文天祥在索罗面前死不下跪，在土室里"放意文墨"，在临刑时"意气扬扬自若"，老师眼中闪着泪花。老师告诉我们：文天祥是历史上有名的豪华宰相，但他临死不屈，"留取丹心照汗青"。她教育我们新中国的青年更要热爱人民，忠于祖国，献身革命。

在这个教例中，老师"工工整整"地写字，可见其情动于中；老师"满怀激情"地讲述，可见其情思激荡；老师"闪着泪花"，可见其情不能已；老师谆谆教导，可见其情深意长。正是这高超的动情艺术，使学生的情感被调动、被打动、被感动、被调控到学习的最佳状况，与老师、与课文中的人物产生了情感的共鸣，又激发着老师情感的深化、升华，催动出下一个情感的波澜。也正是这高度的情感协调使学生13年后回忆起来还历历在目，难以忘怀，对于学习要求来说，那是远远地"超标"了。

### 三、及时性

这是指教师针对学生反馈的信息作出调控的时间观念。所谓"及时"，可以是"即时"的——迅速地作出评判、调整，以避免事过境迁，错失良机；也可以是"延时"的——拉长反馈时间，等待最佳时机。

这里不妨先看看一则教例：一位老师教学《草船借箭》在学生预习的基础上要求学生提出不懂的问题，学生的问题有：

（1）课文里说"我得吩咐军匠们，造箭用的材料，不给他准备齐全。到时候造不成，就定他的罪，他就没话可说了。"如果周瑜没给齐材料，诸葛亮没造完箭，那么诸葛亮完全可以说"你没给我准备好造箭用的材料"，可是，周瑜为什么说诸葛亮没话可说了呢？

（2）诸葛亮约鲁肃上船去取箭，为什么还"饮酒取乐"，一点儿也不惊慌害怕？

（3）课文里写周瑜有意要害诸葛亮，可是周瑜为什么还设宴招待诸葛亮？

（4）诸葛亮向鲁肃借船时，为什么不直接告诉鲁肃是去借箭？

（5）我觉得"神机妙算"这个词用得不够恰当。如果鲁肃把借船的事告诉了周瑜，诸葛亮的计划不就实现不了吗？

（6）曹操怎么知道自己上了当？

（7）有人说诸葛亮能掐会算，什么都知道，是吗？

对学生提出的这七个问题，教师对问题（3）作出了即时反馈，让学生懂得周瑜想害诸葛亮，又怕为天下人耻笑，所以表面上还要作出友好的样子。其他六个问题，教师则放在理解课文的过程中引导学生逐步解决，同时老师根据这几个问题对教学思路作了必要调整，紧紧扣住"神机妙算"四字，使学生认识到诸葛亮知人（周瑜、鲁肃、曹操），知天，确实才智过人：

师：（归纳）同学们说得对，对于周瑜交给他的任务，诸葛亮说"当然照办"，这说明诸葛亮的态度非常诚恳，是诚心诚意地与周瑜合作共破曹兵。周瑜让他十天造好十万支箭，他却说"只要三天"，并且"愿意立下军令状"，这说明诸葛亮知道周瑜要用造箭的事来为难他，所以决定用智取箭。他让周瑜第三天派军士到江边去取箭，这告诉我们，诸葛亮对得到十万支箭早已胸有成竹。

师：诸葛亮让鲁肃保密。他估计鲁肃会不会去告诉周瑜？

生：不会。

师：他为什么会这样估计呢？

生：因为他知道鲁肃这个人特别憨厚，再说鲁肃不知道用这些东西干什么，就是告诉周瑜，周瑜也不明白他要这些干什么。

生：鲁肃为人憨厚，特别佩服诸葛亮。因为以前他把事情告诉了周瑜，周瑜就想害诸葛亮，所以这次他吸取了教训，不会再把事情告诉周瑜了。

生：鲁肃知道诸葛亮与吴国是友好的，借船是为了破曹，如果他把借船的事告诉了周瑜，周瑜一定会害诸葛亮，所以，他不会把这件事告诉周瑜。

……

生：周瑜、鲁肃这样有名的大将也没有看破诸葛亮的计策，说明诸葛亮的才智过人。

生：……还有，诸葛亮把鲁肃请到船上，说只管"饮酒取乐"，这说明诸葛亮对于借箭早已胸有成竹。……鲁肃虽然是东吴有名的大将，但是不像诸葛亮那样能算计，他以为曹军一定会出来追赶他们。诸葛亮以前观察过曹操，知道他是一个疑心很重的人，他不会轻易出兵。后来，诸葛亮要让曹操明白自己上了当，就命令兵士高声喊"谢谢曹丞相的箭"。等曹操知道自己上了当，再追已经来不及了，因为船往下游开，一下子就开走了。这些都证明诸葛亮的知识渊博，而且有勇有谋。

师：他怎么知道第三天有雾？

生：他是通过观察天气判断出来的。

生：他学得多，懂得多，知识渊博。

生：他上知天文，下知地理，知识丰富。可见他并不是"能掐会算"，而是有"知天"之见。

师：说得对，再进一步体会诸葛亮为什么不让鲁肃把借船的事告诉周瑜呢？他为什么能知道曹操不敢出寨呢？

生：他通过观察和分析，对每个人都有了深刻的了解。

生：他有知人之明。

师：如果我们用四个字来概括诸葛亮的才干，可以是？

生：足智多谋。

生：智慧超群。

生：精明能干。

生：知识渊博。

生：神机妙算。

显然，教者是根据教学思路的安排来处理几个问题的，问题（3）难以系在教学思路的主线上，又不能置之不答，所以即时处理了，这样还加深了"斗智"的印象。其他问题都可以系在教学思路的主线上，这样安排，不仅节约时间，而且体现了教学思路的针对性，体现了对学生思路的有效控制，实现了文路、教路、学路的融合，这种融合又是以根据反馈的信息确定的学路为主干的，是符合语文教学的科学规律的。

当然，调控的"及时性"所依据的并不仅仅是教学思路的相容与否。有时应当针对学生的知识水平——成绩差的同学倘有一星半点的"闪光"，立即加以肯定，予以表扬，甚至"奖"以全班热烈的鼓掌。水平高的可以多问几个"为什么"，"逼"出高质量的回答；有的应当针对学生的个性特点——成绩较好但学习粗心的同学哪怕答对了，也要他虚心地等一等，让他自己或其他同学来完善答案，使其认识不足，成绩差不大讲话的同学言不达意时，则要耐心地等一等，使他的潜力得以发挥，增加信心激发热情；有时要看问题的质量——难度较大的可以放在理解过程中解决；有时要看具体的教学情境——当快则快，应"拖"则"拖"。总之，"不失时机""恰到妙处"，是"及时性"的全部内涵。

## 四、技巧性

调控本身就是一种教学艺术，自当表现出一定的艺术技巧，这个技巧首先表现在顺势，特别是遭到"横炮""袭击"，出现"险情"时，不能"我行我素"，而应顺应情势，因势利导，以求达到甚或超过预期的效果。于漪老师教《记一辆纺车》，课前估计学生比较喜欢散文，所以一上课就说："昨天课后请同学们预习了，这篇文章大家喜欢不喜欢？"谁知道好多同学说"不喜欢"。于老师采用了即时反馈，立即调整了教学方案，就势询问学生"不喜欢"的原因，并顺势引导，说明抒情散文与叙事散文的异同，而后者是第一次接触，对其中的美妙处尚不能体会，学后就会喜欢的。这样，学生的兴趣又被激发起来，阅读的视角也更加明确。

调控的技巧性还表现在一些点拨方法的巧妙运用。且看斯霞老师讲解"祖国"这个词：

师：祖国是什么意思？什么叫"祖国"？

生：祖国就是南京。

师：不要笑。祖国就是南京吗？不对啊！南京是我们祖国的一个城市，像北京、上海一样。大家再想想，什么叫祖国？

生：祖国就是一个国家的意思。

师：美国是一个国家，日本也是一个国家，我们能说美国、日本是我们的祖国吗？

生：不能！

师：那么什么叫祖国呢？谁能再说一说？

生：祖国就是我们自己的国家。

师：讲得对，祖国就是我们自己的国家。我们的爷爷、奶奶、爸爸、妈妈……祖祖辈辈生长的这个国家叫祖国。那么，我们的祖国叫什么名称呢？

生：我们的祖国叫中华人民共和国。

师：对了，我们的祖国叫中华人民共和国。我们大家都热爱我们的祖国。

在这里，斯霞老师一方面明确告诉学生，说"祖国就是南京"这是不对的，但她并没有把现成答案塞给学生，而是耐心地启发诱导，并让学生联系自己的生活经验，化抽象为具体，自己弄懂词义，表现出高超的教学技巧。

## 五、间接性

可以说，成功的调控都有一种间接性的功用。在教师，受到学生积极意义上的影响，对学生就会有直接间接的感激、鼓励，也会对学生有更高的期待。有些老师爱上甲班的课而不愿上乙班的课，除了老师方面的原因外，恐怕是甲班学生的"配合"（积极意义的调控）要好得多。在学生，或被老师教学的艺术魅力所吸引，或为老师巧妙的教学机智所叹服，就可能升腾起对老师的敬佩感、崇拜感，这种效应就会延续到这位老师以后的课，扩大到这位老师所教的学科。多年来，笔者一直企求着达到这种境界，使所教的课如爱因斯坦所说，成为受学生欢迎的礼物，虽然总感到可望而难以及，但也不能说没有享受过些许的欢愉。笔者执教某班语文一段时间后，发现同学们总是早早地坐在教室里，笑盈盈地等待着老师的出现。这里有诸多因素可作分析，当然包括了调控艺术的成功运用。

调控的间接性特点还可以从调控的类型上看。很多调控都是以教师的直接行为来实现的，但"有经验的教师还往往会采取很多间接的控制形式，即通过改变教学系统变化发展的环境条件或被控制对象学生的活动的基础水平与条件，使之能与直接的教学控制形式相配合相一致或起码不与之相干扰，以便教学控制目的能更顺利地实现。"（《教学信息论》）比如设置相宜的教学情境，安排扎扎实实的预习活动，构思新颖别致的教学环节，激励学生的学习动机，等等，都是间接性的调控，其实质都是"当教师企望通过学生发挥一定作用，间接实现自己的控制效能时，学生也就已经对教学过程实行符合自己目的的直接控制了。"

正因为如此，我们在设计教学过程时，对每一个步骤甚至每一个细节，都不能掉以轻心，都应考虑它很快会由间接转入直接的。这里，不妨看一看钱梦龙老师教学《人民英雄永垂不朽》的教例。课前，钱老师请几位高个儿同学帮忙把十幅教学挂图随意地排列张挂在黑板上方，然后交代："首都人民英雄纪念碑上有十幅浮雕，展现了鸦片战争以来中国人民革命斗争的历史画面。这就是那十幅浮雕的挂图。图下的标题已经遮去，刚才张挂的同学又把次序搞乱了，现在要请你们仔细观察，要求根据每幅图的背景人物，分别说出它反映了什么历史事件，并说明自己判断的根据是什么；然后给每幅画加上标题，并按时间先后重新排列一下。"于是，教室里——

"哇！"几个女生先叫起来，"这太难了！"

"老师，可以看语文书吗？"

"不，不能看书。"

"这么难，马马虎虎，让我们看看吧！"

"不行。"

"我们只看一会儿，就合拢，怎样？"女生"讨价还价"起来。

"老师，行行好嘛……"几个调皮的学生在"哀求"。

这时，老师以无可奈何的表情作了"让步"："唉，真拿你们没有办法！不过，最多只能让你们看十分钟。""为了公平些，后排的同学可以手拿课本到黑板前观察。"结果是可想而知的：占了"便宜"的学生高效地利用了这十分钟。

钱老师在这里对通常的学习程序和教学方法作了调整，"欲擒故纵"，利用教学挂图作为吊起学生胃口的"诱饵"，造成了学生学习心态的转变，变被动为主动，使学生的学习情绪上升到一个较高的水平线，从而有效地实现了自我调控，学得十分起劲。

## 第二节  课堂调控的策略

作为教学过程最直接的控制者，教者在课堂上进行调控的形式是多种多样的，比如激活、启发、解疑、指点、疏导、协同、组织、教育、评价、管理、制止、奖惩等等。要想全面地论述，这是篇幅所不允许的。现在，我们只把镜头摇到课堂教学的一角，看看在沉闷的氛围、棘手的问题、意外的变故面前，老师们是怎样实施调控策略的。

### 一、于冷处激之，求以热

此"热"，首先指师生之间要有亲近感。这实际上需要情感上的"备课"。有一位师范生，第一次上实习课，准备不可谓不充分，但走出课堂后自己也感到缺少点什么：学生的思维动不起来，教师自己也提不起劲儿。指导老师告诉他：课堂上师生的关系太"冷"了，要想方法"热乎"一些，在情感的沟通、心理的协调上作作文章。这位同学有意为之，逐渐享受到成功的喜悦。在教《蝙蝠和雷达》时，他设计了"贴鼻子"的游戏导入新课，于是课堂上出现了这

样一幕：①

"同学们，今天我们先做个游戏，愿意吗？"

"愿意！"学生回答整齐响亮。

我用手帕蒙住两个学生的眼睛，分别让他们去"贴鼻子"。结果，一个学生把鼻子贴到头发上，另一个贴到了眼睛上。同学们笑得前仰后合，我也乐了。

"现在，请大家想一想：为什么他俩都贴错了？"

"他俩眼睛被蒙住了，看不见！"

"非常正确！"我用手在眼前晃了晃。"他俩眼前一片——"

"漆黑。"学生立即接上。

"好！那飞机为什么能在漆黑的夜里安全飞行呢？"学生的注意力一下子被引到课文上，积极开动脑筋思考问题了。

课间，一个学生回答问题后，我刚说："完全正确。"谁知几个学生竟然接话："加十分！"本想斥责几句，但看到他们那天真无邪的笑容和那股学习热情时，我忍不住笑了。课堂气氛更加活跃了。

当然，对于大多数老师来说，不会如实习生那样，因为拘谨、缺乏经验，而导致气氛沉闷，心理距离较远，但要建立师生间的亲近感、依赖感是同样应努力的。这不仅指教学过程中的某个环节，更在于平常师生间的正常交往，在于"长备课"。曾经有这么一件事，同志们去听一位老师上公开课，这位老师笑容可掬，态度和蔼，提的问题也可谓适度、精当，但课堂上仍然冰锅冷灶似的，学生"热"不起来，大家都感到反常，课后一了解，原来这位老师平常对学生太冷了，动辄劈头劈脸地训上一通，有时也笑两声，但常常是一个感情"骗局"——冷笑。所以，情到用时方恨少，难以造成感情呼应，课也上"砸"了。功夫在课外，平常有健康的良好的师生关系，才有可能在课堂上实施有效的情感调控。

但是，仅仅是师生之间有亲近感还是不够的。这种"热"还应当与具体课文的教学结合起来，在具体的教学情境中体现出来。袁微子先生生前到南京夫子庙小学听一位老师教《小蝌蚪找妈妈》，评课时曾有一番谈及这个问题的见解："冯老师（指执教者）对孩子很亲切，非常喜欢孩子，我想，不仅要对班上四十

---

① 姚桂祥.课堂上需要微笑[J].师范教育，1991（5）.

几个孩子亲切，还要对课文里的小蝌蚪亲切，这样你就成了小蝌蚪了，就能促进孩子思想的深化。""教师要带着这样的思想感情和作品中的主人翁的思想感情融为一体，和小朋友的思想感情融为一体，千万不要客观地以旁观者的身份讲解课文。"袁先生在这里提出了一个要求，即教者首先要与课文中的主人公接通感情联系，要急其所急，想其所想，爱其所爱，憎其所憎，这样，教学时就不会"冷眼旁观"了。当然，教者的"动情"也是一种手段与目的的统一，或者说，更主要的还是手段，还在感染学生，激发学生，共同奏响与课文里主人公之间思想感情上的共鸣。优秀的老师们都注意到这一点，他们精心设计，倾注真情，巧作"中介"，激荡起学生心田间的感情波澜。以浙江杭州的朱雪丹老师教《再见了，亲人》的一个片段说：

师：请同学们听老师读课文第一段的前面几句。（师读："大娘，停住您送别的脚步吧！……不，永远不会！"）我读到这里，你们好像看到了什么？

生：我好像看到了志愿军叔叔要走了，大娘哭了。志愿军叔叔说："大娘，别哭了，以后我们还会见面的。"大娘说："孩子，如果你们不走该多好啊！有了你们，美国鬼子就不敢再欺侮我们了。"

生：志愿军叔叔要走了，大娘为了送别他们，她已经几夜没有合眼了，眼睛里布满了血丝，志愿军叔叔对大娘说："阿妈妮，快回家休息吧，你已经几夜没合眼了，会累坏身体的。"大娘说："没关系，孩子们，我真舍不得你们走呀，让我再送你们一段路吧。"

在这里，教师的"中介"作用在于化概括为具体、化抽象为形象，让学生以想象的画面激发感情，真切地体会课文中人物的思想感情，在讲读的开始，自然会推进学生情感"升温"的进程。

## 二、于滞处变之，求以畅

常常有这样的情况：师生被扯到一个或一堆问题里，绕来绕去走不出来，正常的教学进程受到影响，思维活动也阻滞了。这时，教师特别要强调一个"变"字，追求峰回路转、柳暗花明的境界，比如：

### 1. 降缓思维坡度

有时启而不发，形成阻滞原因正是教师的问题提得不当，或是太大，难得要领；或是太深，难以理解。如果改变了提问内容，降缓思维坡度，学生就可能有路可走。比如有位老师教学《小蝌蚪找妈妈》时问学生："小蝌蚪变成青蛙的过程是什么？"结果学生绕来绕去，不知回答什么，为什么呢？因为"过程"这个词太抽象，学生不懂，又要应付老师的提问，只好乱猜。如果老师马上换一句话提问："老师的意思就是说，小蝌蚪是怎样一步一步地变成青蛙的？"学生就容易回答了。

### 2. 改变讲述角度

如有位老师教学《黄继光》，让学生默读课文，思考：黄继光去炸敌人的火力点，是怎样舍身扑向敌人的机枪口的？片刻，老师发现有几位同学在议论什么，就问他们。其中一个男生站起来说："黄继光舍身扑向敌人的机枪口非常勇敢，但他就一定要用胸膛扑吗？难道就没有别的方法吗？"教师一愣，马上意识到，这里包含有"黄继光这样做值不值得"的价值评判。看看全班同学盯着的眼睛，老师灵机一动，顺势说道："是啊，有没有别的办法呢？请同学们再认真看看课文，给黄继光叔叔想想办法。"讲述的角度变了，教学的新意也出来了。同学们经过认真阅读，归纳出：从武器方面说，黄继光的手雷炸塌了敌人火力点的半边，敌人机枪再叫起来时，他已经没有一件武器；从身体上说，在前进的途中，他身负七处重伤，也不可能再到别的地方找或拿什么武器了；从战友的情况看，同去的两个战士，一个牺牲了，另一个也负了伤，没有能爬到火力点前；从火力点的破坏性方面说，战士们屡次突击，都被压了回去。炸掉半边后又叫起来，冲到半路的战士们被压在山坡上；从时间上说，"黎明前攻不下 597.9 高地的主峰，一夜奋战所夺取的山头就会全部丢失"。现在"天快亮了，规定的时间马上到了"。因此，要想夺取战斗的胜利，只有一条路了。黄继光正是这样英勇地献出了自己的血肉之躯。在学习、讨论的过程中，同学们对黄继光的英雄主义精神认识更深刻了。下课铃响了，大家还沉浸在激动不已的情感氛围中。

### 3. 改变教学方法

比如有位老师教语法，先按语法的定义一股脑儿灌给学生，因为枯燥，学生一点兴趣也没有。再加上本身就难懂，学生所得就甚少了。按照教学程序该让学生做课堂练习了，这位老师决定补救一下，他一方面让组长把练习本发下去，另一方面说道，今天上课还得用到一张报纸，忘记带了，就请科代表到办公室去拿一下吧。科代表走上来问拿什么报，拿哪天的报。老师非但不予明确，反而催促科代表抓紧时间取报，少问这些。这时，不仅科代表表示无法拿，全班学生也感到老师有点"蛮横无理"，纷纷支持科代表的意见。见此情景，这位老师就请同学们具体说说老师有什么不好。学生纷纷站起来发言指出：老师只说一个"报"字，太笼统，不具体。如果说出什么报，哪天的报，意思就明确了，具体了，指的是哪一张也就可以确定了。老师肯定了同学们的意见，然后对大家说："只有'报'这个名词意义太笼统，在'报'字前面加上一句话，表明是什么报，哪天的报，意思就明确了，指的是哪一张就确定无疑了。这些加在名词之前以确定具体意思的话，在语法上叫作——"此时，同学们齐声接答："定语……"正是方法的改变，使教学流程又畅通起来。

### 三、于险处排之，求以奇

不管教师怎么精心准备，课堂上总可能有一些意外的变故，这种"意外"，对于教学过程来说就构成了"险情"。经验不足的老师常常被这种"险情"难住，弄得下不了台。而对于另一些老师，却能如同教坛上的"武林高手"，相机行事，巧妙调控，化险为夷，化险为奇，借偶发事故迸射出教学艺术的绚丽火花。课堂教学中"排险"的方法很多，其中包括：

#### 1. 出"怪招"，辟蹊径

遇到意外，改变计划，另辟蹊径，以新颖取胜。有一位老师准备教《记金华的双龙洞》，一边往教室走去，一边还默念着准备好的导入语，可是，站到教室门口一看，怎么啦？教室里乱糟糟的。原来，数学老师刚刚发下了单元测试的试卷，同学们正在议论分数的高低和答题的正误哩。显然，敲一下讲台，吆喝一两声是不行的，那会抑止学生的情绪，使他们产生对抗和不满的心理；按原来的方案，开场还是那段导入语，也不行，这群叽叽喳喳的小鸟谁安心听你的。片刻间，这位老师斟酌了好几种方案，然后择定一种，仍似往常一样微笑着走进教室，然后一声不吭转身在黑板上写下："如＿＿＿其＿＿＿；如＿＿＿其＿＿＿；如＿＿＿其＿＿＿"，学生一看，老师今天怎么这么怪，要干啥啊，讲什么课文啊！注意力一下子被吸引过来。然后，老师要同学们填空，前两个"如闻其声""如见其人"很快填起来了，但到第三个有些卡壳了，结果翻查字典后终于填出"如临其境"。老师追问："如临其境"是什么意思？有词典在手，学生的回答自然准确。这时老师才说："好！今天就让我们跟随叶圣陶爷爷，游一下金华的双龙洞，相信大家通过学习，会如临其境的。"于是，同学们都兴味盎然地阅读起来。在这里，教师面对乱哄哄的课堂氛围，似乎置之不理，实际上匠心独运，取得了理想的效果。

## 2. 施"妙手"，巧嫁接

课堂上出现了一两件尴尬事，教者巧施"妙手"，将它嫁接到教学的主干上，也有出其不意的妙处。比如，一位老师教学宋代诗人曾几的《三衢道中》，当讲到"绿阴不减来时路，添得黄鹂四五声"时，班上一个叫王伟的男生竟忘乎所以地学着黄鹂的鸣叫，吹了一声。顿时全班屏息，50多双眼睛盯着老师，看老师如何发落这个淘气鬼。谁知老师在愣了一下后竟是坦然一笑："王伟同学情不自禁地学起黄鹂叫声，这是因为受诗中描写的环境和作者思想感情的感染啊！可见诗歌写黄鹂鸣唱，为渲染环境，表达诗人情感起了很大作用。那么，大家想想：在这黄鹂的叫声中，在左右绿阴相映的山道上，诗人会产生怎样的心情呢？"同学们也是一愣：并没有九级风暴，却更见阳光明媚。教室里的气氛霎时和缓下来，而且趋向活跃，那个叫王伟的同学，也是如释重负，又笑嘻嘻地坐好听课了。在这里，教者就是把意外枝节巧妙地嫁接到教学的主干上，取到了很好的效果。①

## 3. 展"硬功"，抓关键

在课堂教学时，有时学生会打来一两发"横炮"。面对这种情况，教师就应抓住关键，排除干扰，有效地控制学生的思维方向。比如上海的陆继椿老师教学《松树的风格》有这样一个片段：

师：大家讨论一下，文章中作者论述了什么问题。

（生四人一组，议论热烈。）

师：好，下面请同学讲讲。

生：论述了从松树的风格联想到共产主义的风格。

生：我有一个问题，作者从松树的风格联想到共产主义的风格，其实，两者没有必然的联系，是人为的。比如猪也把全身献给了人类（全班笑），我认为猪的风格也可以联想到共产主义的风格。

师：这个联想还是对的，猪和松树确实有相似处，但又不完全相同。松树也好，猪也好，风格这一词本身能够用之于动物和植物吗？

生：不能。

师：对，风格这一词是用于人的，是从一个人的风度、品格而言。（板书：风度、品格）因此，所谓"松树的风格"，已经把松树拟人化了。

---

① 范荫荣.语文课堂教学机智撷捨［J］.小学教学研究，1991（11）.

接着，陆老师进一步引导学生在讨论中认识到：具有共产主义风格的人应该"永不被困难吓倒，永不屈服于恶劣的环境""为了人民的利益，粉身碎骨，赴汤蹈火，也在所不惜"，并且"永远洋溢着革命的乐观主义精神"。这些都与松树的风格一一对应。如果把猪的风格拟人化、象征化，是不能与具有共产主义风格的人所表现的精神、品格相对应的。

在这里，陆老师不是用巧劲，而是凭"硬功"——对课文内容的深刻理解和升华主题的教学技艺，紧扣"风格"这个关键词语点拨，步步深入，层层推进，组织了课堂教学的高潮。调控的主导作用也得以充分的发挥。

## 第三节　实施有效调控的基本条件

调控，是一种综合的技能，它涉及教学思想、教学作风、教学智慧、教学能力等诸多因素。其中，最主要的是以下三个方面。

### 一、树立科学的学生观

常常会看到这种情况：学生回答问题结结巴巴，老师一脸不耐烦的样子，"别浪费时间了，坐下去听听人家怎么说"；学生回答问题离了谱儿，老师一声棒喝："你是只有举手的本领，没有发言的水平，下次想好了再举手。"这也是一种调控——不自觉的消极的调控。这种"调控"的深层次原因，就是教师没有树立科学的学生观，一切为"我"所用，要学生充当配角，围绕自己转。结果使学生"不敢乱说乱动"，课堂上也难以见到勃勃生机。

优秀的老师则不是这样，对于回答结结巴巴的学生他会热情地鼓励，殷切地期待；会为学生铺路搭桥，使之经过努力品尝到成功的喜悦。对于回答不着边际的学生他可能要学生想一想老师问的什么问题，提醒学生养成认真细致的学习习惯；也可能授之以思考的方法，启动思维的正常运转；有时还能巧借离谱的问题，点石成金，撞击出师生智慧和情感的火花。这些做法的深层次原因，是他们的一切都从育人的目标出发，他们把学生当作学习的主人，充分发挥着教学对"人"的影响力。长此以往，终能使软弱者变得坚强，懒散者变得勤奋，不知者变得有知，无能者变得多能。[①] 教育艺术的真谛也就在这里。

正是有了科学的学生观，民主的平等的教学氛围才可能形成。在这样的课

---

① 钱梦龙.教育艺术是影响人的艺术［J］.语文学习，1991（7）.

堂里,学生如坐春风,才能"敢于直言""畅所欲言",经过锻炼,做到"言者善绘""闻者有味",或者"言者善辩""闻者善断",或者"慷慨陈词""直言不讳""言无禁忌""力排众议"。① 教师才能听得见学生的心声,感受到学生的智慧和创造。"两个巴掌拍得响",调控也才能不断上升到新的层次。

## 二、练就扎实的基本功

任何专业的基本功,都是以广博的学科知识为基础的。有效的调控也往往需要调动自己的知识储存。作为一名语文教师,不仅要为自己建构本学科较为完善的知识体系,而且还要"上晓天文,下知地理",了解与教育、与学科教学相关的各种知识。"手中有粮,心中不慌",如果是以丰富的知识储备喻"粮",这句话用在动态化的教学过程中也是恰当的。霍懋征老师谈过这样一件事:在学习《月光曲》这篇课文时,学生议论后提出:"盲姑娘眼睛看不见,以前也没听过贝多芬演奏,怎么贝多芬刚弹完曲子盲姑娘就知道他是贝多芬呢?"针对这个问题,霍老师讲了"知音"这个词,还介绍了我国古代俞伯牙和钟子期的故事。这么一讲学生开窍了,知道遇到知音了。这样,不仅解决了疑问,而且还加深了对课文的理解。有时学生没有质疑,教师凭借自己的知识储备,也能实施主动调控,拓开学生思维的深广度。比如《我的伯父鲁迅先生》第二段主要写鲁迅先生和作者谈论《水浒传》的事,学生议论这一段,容易局限在鲁迅先生启发教育作者认真读书上。霍懋征老师教到这个地方就提示学生:鲁迅先生送给作者两本书——一本是《表》,它的作者是苏联作家班台莱耶夫;一本是《小约翰》,它的作者是荷兰作家弗·望·蔼覃——这两本书都是鲁迅先生为中国的孩子们翻译的。有了这样的提示,学生的议论就比较深刻了,他们认识到,鲁迅先生不但关心自己侄女的读书问题,而且关心广大少年儿童的读书问题,他亲自为孩子们翻译了儿童读物。这样,就与鲁迅先生受到那么多人爱戴的感情脉络接通了。

但是,为自己构建了一定的知识体系,甚至也能在不断充实的过程中使其组合趋于最优化,并不等于就是一名优秀教师。作为一名优秀教师,还必须具备一定的教师素质和教学能力。从阅读教学的课堂调控看,必须着重强调教学设计能力和教学机智这两项教学基本功,前者往往可以实施一种主动的调控,比如钱梦龙老师的活用教学挂图,是在备课时就"运筹帷幄"的。讨论调控艺

---

① 黎见明.导读育人[J].四川师范大学学报,1987(2).

术，首先应该推崇的就是这种有计划的可预见的灵活的调控。

当然，由于教育本身的特殊性，课前教师对控制的结果是很难精确地预料到的，这就需要教学机智。有人认为教学机智是凭点聪明气，甚至听别人课学来一两例，自己上课时也依样照葫芦画瓢，等着学生冒出同样一个怪问题，好让自己"表现"一下，近乎守株待兔，结果自然是弄巧成拙。殊不知，教学机智也是一种教学的基本功。从表面上看，它是神来之笔，实际上它需要教师有先进的教学思想、扎实的基础知识和娴熟的教学技巧。霍懋征老师教《月光曲》对"知音"的介绍，凭借的是自己的知识储备，而下面这一教例，则可见出教师先进的教学思想和娴熟的教学技巧。那是一位老师教学《桂林山水》，她提的一个问题是："漓江的水绿得像什么？"原来预料学生会回答"绿得像无瑕的翡翠"，但是，学生的回答却出乎意料：

师：漓江的水绿得像什么？
生：绿得像青梅酒。
师：老师不喝酒，见得也少，青梅酒真是绿的吗？
生：是的。我爸爸常常喝酒，我亲眼见过他喝的青梅酒碧绿碧绿的。
师：大家知道，多喝酒人会醉，那么望着这青梅酒一样的漓江水，人会怎样？
生：望着漓江水绿得像青梅酒，人会心醉。
生：望着漓江的绿水，就像喝着青梅酒，叫人醉而忘返。

对于学生"出格"的回答，这位老师如果"保守"一下，她可以让学生照着书上的内容说。但是，她相信学生，真心实意地倾听他们的回答；也相信自己随机调控的教学技艺，并且成功地引导学生利用生活经验，展开合理想象，作出令人叫绝的艺术处理。因此，讲求教学机智，应当提倡的是"长备课"——认真学习，勤于思考，善于总结，让知识的溪流永远在自己的心田里潺潺流淌，让教艺的阶梯永远在自己脚下节节升高。这样，才能真正做到"处变不惊""急中生智"，写出更多的"神来之笔"。

### 三、保持畅通的信息渠道

教学调控，总是针对一定的信息渠道所传递的某些信息作出的。如同打仗首先要收集情报，实施课堂调控也得先收集信息。因此，保持信息渠道的畅通，就显得十分重要。而要做好这方面工作，就必须强调：

### 1. 信息渠道的多样性

很多老师注意到针对学生在课堂上的表现、作文中的问题、考试时的成绩，进行相应的调控，这是必要的。但仅仅如此却是不够的。对教学来说，信息渠道具有多样性的特点，比如学生的周记作文、家长和社会的反映、课外师生的接触，等等，都可能提供有价值的信息。所以，有经验的老师处处留意，事事留心。比如有位高三教师发现一位女生上课时有些神思恍惚，心神不定，再看看这位女生的"每周一练"后面附带写了一段话："白的我喜欢，黑的我也喜欢。但我知道，在选择的时候，非白即黑，非黑即白，不能兼而得之。老师，你是了解我的，关心我的，我该怎么办？"原来，她进入高三之后，有两个男同学同时对她表示了好感。她信任老师，含蓄地道出了内心的苦恼。这位老师考虑再三，写下批语："眼下正是非白非黑，保持鲜红的自我为好。"而后，老师发现，她对老师更亲切了，上课总是笑眯眯的。老师尝试着提问，她都回答得很好。老师检测出：通过调控，由于加深了对老师的信赖感，这位同学不仅恢复了情绪，而且更为努力了。果然，三周以后的"练笔"下面又出现这样一段话："那句批语是那样的有魅力。炽然，像高炉的烈火；亲切，像丽日里的和风。您的指点，又像海浪轻轻地拍击着岩石，声音是那样优美、动听。保持鲜红的自我，没有负担，轻松多了。我要谢谢老师。"① 在这个例子中，信息的输出是课内课外相联系的，调控的实施也是课内课外相统一的，它说的是"学文"，但何尝不影响到"育人"？况且，"育人"的意义更重大哩！

### 2. 信息输出的真实性

要想信息真实可靠，首先还在于教师的一颗爱心，仍以刚才的例子说，由个别可见一般，这位老师平常对学生的关心是可以想见的。否则，学生怎么也不会向他敞开自己的心扉。

要求学生信息输出的"真"，还在于教学中民主气氛的形成，试想，学生带着一种畏惧感、恐慌感上课，是绝不会与你主动配合的，万不得已被你指名道姓了，也只是被动应付一下，更不会有各抒己见、新意迭现的喜人场面。如果确实建立了民主的平等的师生关系，学生有"捉不准""吃不透"的问题也会主动向你提出；即使有与老师不同的见解，也会毫无顾忌，和盘托出，为教者提供下一步调控的准确依据。

---

① 曹文趣.沟通心灵的"窗口"[J].语文学习，1991（7）.

### 3. 信息接受的迅捷性

常有一些老师，布置了作业不作检查，或学生交上来后迟迟不改，这不仅会贻误有效调控的机会，而且还变成一种消极的调控，"教会"学生马虎和拖拉。也有一些老师，上课时对学生的反应"视而不见"，对学生的答问"充耳不闻"，同样，调控的机会失去了，"教会"学生漫不经心和无动于衷。这些都是不能允许的。

迅速地接受信息，应当看成教学调控的起始阶段。有经验的老师都很注重这个环节。以上课说，他们精力集中，全神贯注，在教态上表现出自然、从容，但在头脑中始终进行着"输出信息—接收反馈信息—控制调整"的紧张的智力操作。这里我们很有兴趣地提及江苏徐州张世功老师的教学特色之一——课堂上敏锐地观察学生的反应，领悟各种反应所包含的信息，及时修改自己的教学方案。他推出了一组教学艺术的镜头，不妨选几则欣赏一下。

教《雨霖铃》情境导入："词中的情节发生在东京城外，植满垂柳的汴河码头。凄清冷落的深秋，一场骤雨刚刚下过，树梢上的寒蝉又如泣如诉地叫了起来。这寒蝉，咱们徐州方言叫'伏凉'，体小、色青、飞得高，立秋以后，爬在高枝儿上叫，宋词中有'高树寒蝉，说西风消息'的描写……"

这时有些学生微笑、点头，意思不错，真有叫"伏凉"的蝉……这个反应说明：已经开始引起他们的联想，于是我接着说下去。（下面说到汴河，说到汴河与徐州的关系，说到"说不清"，但可以展开想象。）

由于越说越近，有的学生望望北校墙，墙外不远就是古黄河，是不是汴泗交流的地方？有学生小声议论……看来已经引起他们的浮想，于是，我再进一层，把他们引入课文深处……

教《阿Q正传》最后一节，读到"抄斩声"，学生笑了起来，这给我一个信号——学生对《阿Q正传》只能作浅层的理解：阿Q可笑。于是我决定改变由老师分析课文的教学进程，因势利导，由"笑"为落脚点，引导学生进一步理解《阿Q正传》……

教《孔雀东南飞》，一名学生提出一个问题，不少学生认为是钻牛角尖儿，这位同学据理力争，大家都等着老师表态。

我立刻感到这个问题很有分量：一个高中学生能根据十几处的"内证"提

出疑问，这不是钻牛角尖儿，而是一个好学深思的好苗子。为了鼓励他，我要后退一步。我说，这个问题超出了教学要求，我也没有准备。但是提得很深刻，容我考虑一下，下堂课答复。第二天上课，我用了十分钟谈出我的看法。

这三则教例，各异其趣，第一个如缓缓溪流，静静流淌；第二个是顺势转弯，水流加速；第三个大落大起，扬起波澜，都表现了很高的调控艺术，但又都体现了教者既敏锐而又深刻的观察能力。正是这种观察能力，使他迅速地接收到学生传递的信息，组织起有效的调控。赞科夫在《和教师的谈话》中曾说过："对一个有观察力的教师来说，学生的欢乐、兴奋、惊奇、疑惑、恐惧、受窘和其他内心活动的最细微的表现，都逃不过他的眼睛。"[①] 而这种观察的价值就在于能从学生的表情中"破译"出种种信息，进而通过调控优化教学过程，使学生更好地完成学习任务。当然，接受信息的方法并不仅仅是观察，但如察言观色一般的迅速，那都是应提倡的。

---

① 赞科夫.教学与发展［M］.杜殿坤，张世臣，俞翔辉，等，译.北京：文化教育出版社，1980.

# 第十六章　现代媒体论

多媒体特别是信息技术的发展，网络世界的形成，对教育产生了巨大的影响。传统的教学系统是由教师、学生、教科书这三个要素构成的，在现代教学环境下，现代媒体成为一个新的教学要素。它的设计和运用，不仅包含了教育性、科学性和技术性，而且不乏艺术的因素。在语文学科中，受学科特点所影响，其艺术感更为明显。

## 第一节　现代媒体的功能

现代媒体在教学中的功能似可从以下几个方面进行归纳：

### 一、理解课文的功能

理解课文是阅读教学最直接也是最基础性的教学目标，现代教学手段在实现这一目标时可以发挥多方面作用：

**1. 解释词语**

以音像解词，可以使词语概念具体化、形象化，有助于学生把握词义、体会情味。比如，有位老师教《喜鹊》中"清脆"一词时，播放课前录制的喜鹊、燕子的欢啼声和牛、羊的叫声，两相比较，学生很快感知了这个词所指的音质与音色。一位初中语文老师教古文《狼》，讲到"缀行"一词时，放映画有两只狼紧跟屠夫的投影片，学生很自然地理解"缀行"就是紧跟的意思。

### 2. 创设情境

教学抒情性作品和山水游记等，运用现代媒体创设情境，有助于加深学生对课文的理解和感受。比如，教学《桂林山水》，可以用幻灯片展现如诗如画的桂林山水图；教学《十里长街送总理》，可以结合挂图播放配有哀乐的课文录音，其效果都是传统教学媒体无法达到的。如在运用时注意"情"与"境"的渗透，注意多媒体的结合，效果则更好。比如一位老师教《梦游天姥吟留别》，精选"镜湖月夜""海日东升""石天洞扉"等几幅画面制成投影片，集中表现李白对仙境的向往和蔑视权贵、憎恶现实的政治态度，结合播放配乐朗读录音，教者再间或作些画龙点睛式的讲解，强烈的艺术感染力缩短了学生审美的距离感，使他们对诗人的情感和诗篇的意境有了真切的感受。

### 3. 演示过程

通过现代教学手段把课文中叙写的事物运动、事件发展的过程演示出来，有助于学生对事物、事件的运动过程形成较深的印象。比如霍懋征老师教学《琥珀》，用活动幻灯片演示出琥珀的形成过程：第一幅幻灯片画着一只小苍蝇落在一棵松树上，小苍蝇正在掸它的绿翅膀，刷它的圆脑袋；在第一幅幻灯片上，移过第二幅画着蜘蛛的幻灯片，显现出蜘蛛一步一步接近苍蝇的情况，在读到"蜘蛛刚要扑上去……一大滴松脂从树上滴下来"时，放上第三幅画有松脂滴的幻灯片，这滴松脂刚好把苍蝇和蜘蛛一齐包在里头。这样，学生对琥珀的形成看得一清二楚，不仅理解了课文，而且为复述课文打下了很好的基础。

### 4. 突破难点

现代媒体可以化抽象为具体，变复杂为简单，为突破教学难点提供了一条"捷径"。比如学习《跳水》一文时，学生一下子难以摆脱嬉笑、哄闹的课文情境，再加之缺乏生活经验，对孩子放开绳子，"两只手摇摇摆摆地走上那最高的横木"所造成的危险，不容易理解。浙江杭州张化万老师教学时针对这一难点，设计复合投影片化难为易。全景是孩子在最高的横木上，下面是大海。上方复片是孩子醒悟后，往下望头昏目眩、两脚发抖的特写。下方复片是甲板上水手们一张张惊愕的脸，其中厨师张嘴惊叫，吓得丢掉手中锅的图画。教者在使用时注意利用投影手段能呈现事物瞬间静止状态的特点，将孩子身临绝境的瞬间分一组幻灯片放映，迅速使学生明白"脚底下就摇晃起来"，是因为孩子知道了危险，吓得两脚不由自主地打颤。在这种状况下，时间就是生命，再拖半分钟孩子就会摔死在甲板上。这样学生不仅理解了难点，而且从情境的体会中增加了对船长的敬佩感，较为准确地把握了课文中心。

### 5. 提供背景

有些课文涉及相关的社会知识和自然知识，如不加以介绍，学生理解课文的难度很大。这种"介绍"，现代教学手段当然要胜于语言讲述。比如小学三年级学生学习《两个铁球同时着地》，如果能了解有关伽利略、亚里士多德以及当时罗马教皇的神权统治、比萨斜塔等知识，对课文的理解就容易得多。为了提高教学效果，斯霞老师在教这一课时就为学生放映了教学电影《伽利略传》，学生了解了伽利略的一生，知道了这位科学家对真理的追求和为人类作出的贡献，就对学习课文形成了很好的铺垫。

## 二、能力训练的功能

现代教学手段的运用，为能力训练开辟了新的渠道，其内容又是多方面的。

### 1. 语文能力的训练

可以说，所有的语文能力都能借助现代媒体进行训练，且看下面两个教例：

例一：教学《祝福》

过程：（1）导入新课，简要介绍时代背景和祥林嫂悲惨的一生；（2）观看电影《祝福》片段"初进鲁府"和"赶出鲁府"；（3）研读原文，完成语言、修辞、艺术技巧、中心思想等教学；（4）选看各种文艺形式（话剧、越剧、京剧、沪剧、电影……）塑造祥林嫂同一片段的内容；（5）组织讨论：①哪种文艺形式塑造的人物最像原著中的形象，为什么？②你认为哪种文艺形式与原著相比有不足之处，理由何在？③哪种文艺形式塑造的人物与创设的场面比原著还感人？为什么？④几种文艺形式塑造的共同之处在哪里？⑤你认为还有哪些方面对原著精神表达得不够甚至错误？

例二：听录音写作

在课堂上播放一段没有任何文字说明的简单弦乐曲，第一遍听后，让学生根据各人的感受和情绪记忆，交流一下听后所想象的形象、情节等。然后再播放第二遍，独立写话。

这两个教例，前者（江苏朱国雄老师设计）以高中生为教学对象，后者以小学中年级学生为教学对象。前者包含了听、说、读诸种语文能力的训练，后者也有听、说、写等能力的综合训练。两个教例中都有现代媒体的独特功用，比如前一个教例先让学生看电影片段，以可感的视觉形象给学生造成情感的震撼，大大激发了学生的兴趣。然后再组织比较性观赏，有助于学生理解可视形象和文学描写各自的功效，评说长短，也有助于学生加深对课文内蕴的理解。在第二个教例中，因为音乐形象生动性和音乐语言模糊美的特点，既激起学生的好奇心，又给学生拉开了想象的空间。据教者说，同一乐曲，催发学生形成了七八种不同的故事构思，这自然有助于学生写作能力的培养。

### 2. 观察能力的训练

凡是塑造可视形象的现代教学媒体，都有利于观察能力的训练。据有些同志统计，在课改前的小学语文教材中，插图共有 600 多幅，其中关于拼音、识字的有 143 幅，看图学词学句的有 99 幅，看图说话写话的有 98 幅，看图学文的有 45 幅，理解课文内容的有 220 多幅，这些插图绝大部分可以制作成幻灯片。没有插图的内容也可以制作成幻灯片，比如《海上日出》，就可以制成多幅幻灯片。而电影、录像等另一部分可视形象在现代教学媒体中也占有一定的比重。只要出现了可视形象，就必然带来了观察的任务，可见其训练量是相当大的。在观察活动中，各种观察方法的训练都可以结合内容的特点相机进行，比如教学《伏尔加河上的纤夫》，第一次观察的重点可以放在主体和背景的关系上，第二次观察的重点则可以放在纤夫形象的比较上，这里就包含了分清主次和抓住事物特点等观察方法的训练。再如有位老师教《南京长江大桥》时，让学生在观察时思考："课文中描写了大桥的哪几个部分？几个部分各写了些什么？幻灯片上是怎么画的？"这样做，可以使学生明确整体与部分的关系，在此基础上，再引导学生结合幻灯片体会本文所用的观察方法：描写桥身结构，采取了由下而上的观察方法；描写桥面的建筑物，采用了由近及远的观察方法；描写在桥面远眺，采用了由上而下的观察方法。这样，对学生观察能力的训练就比较切实了。有些同志还在指导观察中帮助学生总结观看幻灯片的方法：看单幅幻灯片要注意事情的发生、发展和结局；看复杂的幻灯片，要分清主次，先主后次，先整体后部分，再从部分回到整体；看景物幻灯片一般要从上到下，从左到右，由近及远或由远及近；看人物幻灯片要注意人物的外貌、神态、动作、心理活动等，这样就大大提高了学生的观察能力。

### 3. 思维能力的训练

在运用现代教学媒体的过程中，结合"耳闻"和"目睹"，让学生听一听、看一看、比一比、想一想、说一说等等，都包含了思维训练。比如，斯霞老师教学《惊弓之鸟》，着眼于学生逻辑思维能力的培养，设计了这样的板书，用幻灯片边读讲课文，边放映出来。

```
                惊弓之鸟
        更赢
        （看）一只大雁，慢慢地飞，边飞边鸣。
        （说）"不用箭，只拉弓，就能把这只大雁射下来。"
              "飞得慢，因为它受过箭伤，伤口没有愈合……"
        （想）叫得惨，因为它离开同伴，孤单失群……
        ┌─────────────────────────────────────┐
        ┊（说）"不用箭，只拉弓，就能把这只大雁射下来。"┊
        └─────────────────────────────────────┘
        弦响→害怕→高飞→使劲→伤口裂开→掉下。
```

在讲到更赢分析这只大雁听到弓弦响就掉下来的原因时，斯老师遮住了重复写的更赢对魏王说的话，然后提出了一个问题，让学生考虑：更赢在当时是先想后说，还是先说后想的呢？学生根据逻辑推理说出应当是先想后说，更赢是在仔细观察以后，通过分析判断，才得出结论说出来的。紧接着斯老师又提出一个问题："那么你们能够按照更赢先想后说的顺序，看着板书说出来吗？"这时，斯老师又把前面说的一句话遮盖起来，而映出后面一句说的话。学生根据板书很快流畅地复述了课文。这里，前者答问是对更赢思维过程的分析，后者复述是对更赢思维过程的整理，既节省了教学时间，又训练了学生分析、推理、概括的能力，有助于促进学生的智力发展。

**4. 想象能力的训练**

表象是想象的材料，幻灯、录音等手段的运用，有助于学生感知表象，促进学生的思维和语言的发展，进而为他们插上想象的翅膀。比如，前面提到听乐曲说写的例子，着眼点就是培养想象力。再如，有位老师教学《在艰苦的岁月里》，就是在组织对图像画面观察的同时，引导学生从背景中晚霞的色彩，推想出这是傍晚的时候；从老红军腰里挂的驳壳枪，小红军紧搂着一支步枪，以及坐的嶙峋的石头，推想这可能是一次战斗结束的间歇；从衣服的破旧，赤着脚，推想他们生活艰苦的程度；从老红军怡然吹笛和小红军侧耳细听，推想他们充满了革命乐观主义精神；从小红军一边听着，一边眺望远方，推想出笛声表达的情感和他们对美好未来的向往；等等。这样，学生就可以通过想象，丰富画面，把握主题，从而把对能力的培养融合到理解课文的教学过程之中。

### 5. 审美能力的训练

现代教学媒体不仅有其形象性，而且在形象的大小、远近、虚实、快慢、动静、繁简等方面可以自由地转换，且又可以克服时空的久远和空间的阔大造成的表现难度，具有得天独厚的优势。这就为审美能力的训练提供了用武之地。比如，有位老师教学《暮江吟》，曾先后采用过讲读法和诵读法，总感到没能将学生引入诗中描绘的美好意境中。后来，吸收了现代教学媒体手段的长处，设计了两幅彩色幻灯片，一幅是：黄昏，天上夕阳斜照、红霞满天，远处青山连绵，近处江水粼粼，红绿相间，一诗人伫立江边，眺望江水；另一幅为：晚上，江边绿草上，滴滴青露，犹如珍珠，天上一弯新月，恰似银镰，一诗人信步江边。上课时，教者让学生边看图边听配乐朗诵，学生陶醉在优美的声、画、乐之中，学习十分起劲。有的学生深有感触地说："眼看着优美图画，耳听着配乐朗诵，我们好像看到诗人信步江边，陶醉在优美的自然景色之中，流连忘返，夜幕降临后还沉浸在朦胧的月光之中，这是多么美好的意境啊！"可见，诗人对大自然的喜爱之情以及诗篇描写的美的意境已经深深感染了学生，引起了他们的审美共鸣。

有时，手段运用的艺术化可以强化美育的效果。比如，有位老师教《望庐山瀑布》，注意有层次地再现作者构思的画面："日照香炉生紫烟，遥看瀑布挂前川"。先是"远景"：香炉峰，峰上的云在日光照射下，犹如"香炉"散发出袅袅上升的紫烟；接着拉入"全景"：一条瀑布从峰顶直挂到山下的水面上。再向前推出"近景"：瀑布飞流直下，壮阔无比；然后，渐渐"融入"：仰视峰顶瀑布，似与云天相接。使"飞流直下三千尺，疑是银河落九天"的画面，很自然地浮现于学生的脑际。这样，按照艺术作品的意境，通过艺术处理的画面，再现艺术化了的形象，优化了审美训练的内容，有助于学生跳出"只缘身在此山中"的束缚和限制，获得更全面更真切的美感。

## 三、有效调控的功能

在课堂教学中，如果不能实施有效调控，就不可能取得好的教学效果。在这方面，现代教学媒体具有自己的优势。

### 1. 情感调控

经过优化的课堂教学，应当形成知、情对称的结构，即在认识活动展开的同时，情感的运动也逐步趋于深化。很多老师上课时注意激情、激趣，着眼点就在于此。比起语言描述和其他直观教学手段,现代教学媒体更具这方面的功能。比如,教学《桂林山水》,在导入后引导学生观赏一下桂林山水的投影片,让学生感叹一声:"真美啊!"这种主动的感情调控,有助于创设相宜的课堂情境,使学生形成主动性的学习心态,为知识、信息的传递提供良好条件。再如,有位老师针对学生对学习说明文不感兴趣的情况,在教学《蜘蛛》时,引入新课后就启动投影仪,出示投影片:碧绿的枝叶间有一张漂亮的蜘蛛网,一只肥胖的蜘蛛正以最快的速度奔向触网的蚊子。投影片一映出,学生立即被吸引住了。课前,教者又将《动物世界》中有关蜘蛛"结网捕虫"的画面进行节选,重新进行了编辑、配音,制成新的教学录像片段,在教学过程中选择适当时机播放,使学生一直处于兴趣盎然的状态中,取得较好的学习效果。

### 2. 认识调控

认识调控应当以信息反馈为前提,现代教学媒体声象共现、动静兼备、排列组合便利等特点,都为信息反馈提供了条件。利用这些条件,可以保证反馈及调控的及时性和准确性。比如教学《十里长街送总理》,将学生的朗诵录音后再播放,引导学生评优说劣,看其对课文的理解和朗诵技巧的掌握达到什么样的程度,然后再作相应的调控(包括学生的自我调控),下一阶段的学习就会更加切实。再如有位老师教学《雁荡山》,让学生在限定的时间里制作"雁荡山剖面示意图"软片,并选择其中不同类型的画片迅速投影展现,来检验学生有没有准确把握雁荡山的地貌特征。这样,获得反馈的速度快,精确度高,师生教与学的调控也就增加了有效度。

## 四、节省时间的功能

以上所说,都是着眼于效果,而现代教学媒体的另一个重要作用,就是节省时间。马克思曾强调说:"无论是对于个人,还是对于社会,其发展的全面性……取决于是否能节省时间。任何一种节省归根到底是为了节省时间。"[①] 现代教学媒体在这方面具有突出的功能。实践证明,一些理科课程,采用录象教材解决教学的重点、难点,能够缩短教学时间的30%~50%,小学一年级的拼音教学,用传统的教学方式,一般要花四周以上的教学时间,巩固率还不高,采

---

① 马克思,恩格斯. 马克思恩格斯全集[M]. 中共中央马克思恩格斯列宁斯大林著作编译局,译,北京:人民出版社,2006.

用幻灯教学，一般只用三周时间就可以全部教完，而且巩固率高达 95% 以上。①霍懋征老师三年级一学期能教 95 篇课文，四年级一学期能教 87 篇，学生毕业时参加统考，46 份试卷有 44 份在 95 分以上，只有 2 份是 80 多分。在谈到成功的原因时，霍老师深有感触地说，能有这样的成绩，其中一个重要的原因，是"采用现代教学媒体手段，节约了大量的课堂教学时间，为提高课堂教学效率，创造了有利的条件"。②

## 第二节 运用现代教学媒体的优化意识

致力于教学的最优化，争取最好的教学效益，这是现代教学媒体的全部价值所在。因此，应当大力提倡运用现代教学媒体的优化意识。

### 一、在指导思想上见优化

由于现代媒体的特性符合教育发展的需要，所以在它出现不久，就被逐步引入到教育领域。但是，正如很多同志大声疾呼的一样，如果只是把先进的媒体简单地嫁接到传统教育思想的枝干上，结出的果实必然是苦涩的。在教学实践中，恰恰存在着不少这类令人担忧的现象。有的老师运用现代媒体不顾教学中有无这种需要，为用而用，陷入了形式主义的泥沼，结果反而违背了教育的基本原理。比如，有的老师在描述某一人物或风景时，尚未充分发挥学生的想象力和思维能力，就打出幻灯片或投影，严重束缚了学生想象力和思维能力的发展；有些老师在学生情绪活跃、跃跃欲试时，以现代媒体来包办代替，使学生的情感处于抑制状态。如一位老师教一年级的课文《小小的船》，本来可以在教学的某个环节安排学生边唱边舞，在唱和舞中体味这首儿歌的内容，抒发愉悦感情，发展思维想象力，但这位老师在学生产生了表演欲时，却要学生静下来，看电视录像里的小朋友边唱边舞，结果反而弄得自己的学生感到"没劲儿"。因此，运用现代媒体首先就要强调指导思想的优化，自觉地把现代媒体的使用建立在先进教育思想指导的基础上，着眼于学生智能和身心的全面发展。

当然，这并不意味着对现代教学媒体的先进性和优越性的否定。现代教学媒体的不断推出，促使教育得到延伸、发展与革新，教育中的许多概念都因之

---

① 李运林，李克东.电化教育导论［M］.北京：高等教育出版社，1986.
② 霍懋征.小学语文教学经验谈［M］.上海：上海教育出版社，1985.

需要更新认识：学校不单是大、中、小学常规学校，广播学校、电视学校以及各种类型的开放学校都成了不可忽视的学校体系组成部分；教师不单是指课堂面授的教师，教学片和教学录音带中起信息源作用的演员、编者等媒体教师，也应划入教师的行列；教材不单是指教科书，应与音像教材、网络资源互为整体，使教材形态多样化、立体化。由于现代媒体的介入，教学原则也有了新的补充。譬如，直观性原则按不同的形象直观还可细分为图像与声音形象相结合的原则。这些先进媒体的出现有利于实现教学个别化，发展学生的个性，这又使因材施教的原则增添了新的内容。[①] 我们在教学中一方面要强调媒体的设计和使用应以新的教学思想为指导，另一方面则要看到媒体的发展在教育改革中的重要作用，看到手段的现代化能引起或推动教育领域中一系列的变革。在具体应用的过程中，力图充分发挥现代媒体的优势，认真考虑，在什么范围内使用现代媒体，怎样根据教育的目的和教材的特点选择现代媒体，怎样以先进的教育思想为指导运用现代媒体，在什么时间穿插运用现代媒体，等等，以求把可能性转化为现实性，争取最佳的教育教学效益。

## 二、在教法选择上见优化

现代教学媒体的运用有不同的分类，按使用的媒体不同，可以分为幻灯片、投影教学的方法，录音、广播教学的方法，电影、电视教学的方法，语言实验室教学的方法，计算机教学的方法，网络学习的方法，等等；按人接受教学信息的感觉器官的不同，可以分为听觉教学法、视觉教学法、视听觉教学法、视听触觉相结合的教学法；如果综合考虑媒体特点、所用的感官、依据的学习理论、要求达到的教学目标等因素，仅就现代媒体教学方法分为以下几大类：

---

① 梅宗驹.媒体的发展与教育的改革［J］.电化教育，1987（4）.

| 常用的现代媒体教学方法 | 使用的现代媒体 | 教师传送、学生学习教学信息的方法 | 主要教学目标 | 依据的教学理论 | 学生用的感觉器官 |
|---|---|---|---|---|---|
| 视听媒体播放教学方法 | 视听教材及其呈现设备，如：幻灯片、投影、广播、录音、电影、电视等。 | 1. 教师把教学信息呈现给学生<br>2. 学生接收教学信息后转换为知识 | 掌握知识 | 传播理论<br>视听教育理论 | 视、听 |
| 程序教学方法 | 程序教学机器、电子计算机、程序教材、视听教材。 | 1. 教学信息呈现<br>2. 学生作出反应的信息<br>3. 对反应及时强化 | 掌握知识<br>训练技能 | 刺激反应<br>强化理论 | 视、听、触 |
| 训练教学方法 | 能储存、重放教学信息的现代媒体，如录音、录像、语言实验室等。 | 1. 提供可供仿的教学信息<br>2. 学生作仿效训练 | 训练技能 | 刺激反应<br>强化理论 | 视、听、触 |
| 微型教学方法 | 录音装置、摄、录像装置。 | 1. 提供训练要求的教学信息<br>2. 学生训练<br>3. 评价学生训练结果 | 训练技能 | 刺激反应<br>强化理论 | 视、听、触 |
| 成绩考查方法 | 录音机、录像机、电子计算机、提问应答分析器。 | 1. 提供练习问题的教学信息<br>2. 学生作答<br>3. 评价学生学习效果 | 检查学习效果 | 刺激反应<br>强化理论 | 视、听、触 |

这些教学方法的每一类，还可继续分解下去。比如视听媒体播放教学方法可以分为"课堂播放教学方法"与"远距离播放教学方法"两类，课堂播放教学方法又可分成：（1）演播法。主要通过教师的演播，将电子教材的教学信息符号呈现出来。（2）提示法。在媒体播放教学过程中，教师为学生学习电子教材中的教学内容给予必要的指点和引导。（3）解说法。在播放没有声画同步的幻灯教材、投影教材或没有配音的电影、电视录像片段时，教师在播放过程中进行对应的解说。（4）综合法。一指多种现代媒体和多种电教方法的综合运用，另外是指现代媒体和传统教学媒体的综合训练。其他各类教学方法也是一样，都可以分成若干具体的方法。在信息化、网络化背景下，现代教学媒体的运用更是丰富多彩了。

如我们在"教法论"一章中谈到的，教学方法的本身，并无多少优劣高下之分，而是看是否运用恰当。用得恰当，就是教法的优化；反之，教学手段再先进，也不能取得理想的教学效果。要其恰当，就应在明确指导思想的前提下认真钻研教学内容，抓住课文特点，善于把文字教材转换为现代媒体教材；认真研究教学对象，把握学生特点，善于最大可能地缩短学生与教材之间情感上和认识上的距离。比如有位老师教学《向沙漠进军》，抓的课文因素是：沙漠逞强施威所用的武器是风和沙，进攻的方式是游击战、阵地战；抓的学生的学习心理因素是：激发兴趣，使其乐学有得。这位老师录制了电影《白毛女》中"风"的声响磁带，又绘制了风沙逞强施威的活动幻灯片。进入知识点的理解时，媒体一介入，大风便呼啦啦吹，沙粒阵阵扑来。这种沙漠逞强施威的景象，一下子将学生带入茫茫大漠，达到了课本因素与学习心理因素相和谐，主体与客体相统一的教学效果，既激发了学生的兴趣，又有助于学生将接收的信息转化为知识，是演播法的成功运用。再如，江苏的顾美云老师教学《珊瑚》，将科教片《珊瑚》转换成录像，选了其中14组镜头，在学习课文和训练能力时都恰当地运用了解说法。如学习课文第三节时，配合录像的解说词是："珊瑚虫一般有一粒米那么大，一有惊动，它们就躲进小孔中去，每个小孔里住着一个小珊瑚虫。珊瑚虫喜欢群居，形状像口袋，袋内是消化浆，袋口中间是口道，周围花瓣状是触手。触手是捕捉食物的重要器官。海水中的浮游生物和黏液等有机物是珊瑚虫的主要食物。它们没有肛门，口道既吞食物又排泄废物，是一种低等的海洋动物。"在训练说话能力时，随着录像的放映，出现如下解说词："珊瑚虫在消化时分泌一种石灰质物质，形成一个个小孔，称外骨骼或石珊瑚。""珊瑚因生长的环境不同而形态各异，长得像鹿角一样的珊瑚，在静水处，长得纤弱；而在水急浪大处，却变得短而粗壮；在深水处像苍松。在这里像假山，像云彩。按照珊瑚的形态特点可分'蜂巢珊瑚''扁脑珊瑚''石脊珊瑚'和'牡丹珊瑚'等一千多种。"解说法的语言要求是科学、准确、简明、精练、通俗、生动，其作用是可以补充说明，也可以对图像画面进行抽象的概括。这些特点在顾老师所配的解说词中都得到了较好的体现。①

## 三、在结构安排上见优化

结构是一切事物系统的基本属性和存在形式，它与构成要素、关系、运动、时间及空间，都有不可分割的内在联系。系统功能的发挥，主要由事物系统内部诸要素的结构合理与否所决定。人们注重对事物系统结构与功能的研究，体现了对系统最佳效益的价值意识。②同理，我们也正是为了发挥现代媒体的最佳效益，来提倡和研究电化教学、网络化教学的结构优化。笔者认为，这种优化应当体现在三个特点上。

### 1. 立体化

先让我们来看看现代媒体的结构模式。

（1）教师利用现代媒体进行课堂教学的教学模式：

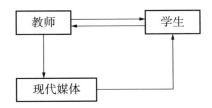

（2）教师利用现代媒体远距离教学的教学模式：

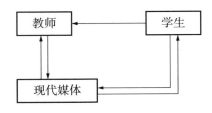

---

① 顾美云.《珊瑚》教案［J］.电化教育，1986（4）.
② 黄劲松.电教优化教学过程结构浅论［J］.电化教育，1991（6）.

（3）学生自主向现代媒体学习的教学模式：

显然，比起运用传统的教学媒体，现代媒体教学更具有立体化特点，其中一个重要的变化，就是多了一批不与学生见面的教师，他们只在电脑电视、电影屏幕上或在录音中与学生间接见面，在教师这一方，传递信息、反馈信息的渠道就有所增加或改进。同时，由于现代媒体本身的功能，学生之间也增加了信息联系的渠道。在教学中，我们就要注意利用现代媒体教学的"先天优势"，强化教学结构的立体化构建，实现教学结构的系统优化。

### 2. 整体感

从空间角度看，将现代媒体有机地纳入系统，就是教学结构整体感的体现。从时间角度看，现代教学手段的介入要体现教学结构的整体感，至少要注意：（1）介入的环节与其他教学环节应"环环相扣"，而不能"格格不入"，那样就有了画蛇添足之嫌；（2）在同一篇课文的教学中，现代媒体的多次运用，应努力体现事物或事件的内在联系，造成呼应感。比如，有的老师教学《美丽的小兴安岭》，根据课文内容设计了春、夏、秋、冬四幅幻灯片：春天，树木吐绿，生机勃勃；夏天，花木繁茂，郁郁葱葱；秋天，叶色相间，硕果累累；冬天，冰天雪地，银装素裹。在教学时，教者又注意使这些幻灯片的放映成为教学过程中不可或缺的环节。比如，教学"春天"一段时，首先让学生看幻灯片，找出图上画了哪几样东西，用自己的话说说，然后再读课文，看课文是怎样把它写具体的。教学"夏天"一段，为了讲清"浸"的意思，教师将塑料薄膜盖在幻灯片上自上而下地轻轻拉动，使学生形象地看到雾从山谷里升起来、整个森林浸泡在乳白色浓雾中的景象，解决了教学难点。这样，事物间内在联系被抓住了。每幅幻灯片又都较好地发挥了多方面的训练功能，教学结构也就因之而增添了谨严感。

### 3. 开放性

如前所说，现代媒体的引入，使教育教学的一些概念的含义发生了变化。仅就课堂教学说，它促使教学结构更具有开放性。手段、内容的因素且不说，就是时间，40分钟或45分钟的框架不得不被突破。以上海臧慧芬老师在1983～1984年配合三年级语文教学使用的电影说，相当的一部分内容，就是放在课前或课后进行的。

| 课题 | 电影片名 | 片种 | 观看时间 |
|---|---|---|---|
| 赵州桥 | 中国石拱桥 | 科教片 | 教课前 |
| 海底世界 | 海洋与生态 | 科教片 | 第一教时后 |
| 颐和园 | 颐和园 | 风光片 | 第一教时后 |
| 珍贵的动物 | 西柏林动物园 | 风光片 | 教课结束后 |
| | 熊猫 | 科教片 | 教课结束后 |
| 吃虫的植物 | 亚热带植物 | 科教片 | 教课结束后 |
| 李时珍 | 李时珍 | 故事片 | 第一教时后 |
| 手术台就是阵地 | 白求恩大夫 | 故事片 | 第一教时后 |
| 瀑布 | 黄果树瀑布 | 风光片 | 随课文教学 |
| | 瀑布 | 风光片 | 随课文教学 |
| 捞铁牛 | 浮船坞 | 科教片 | 教课前 |
| 可爱的小蜜蜂 | 蜜蜂王国 | 科教片 | 教课前 |
| 春蚕 | 激素养蚕 | 科教片 | 教课前 |
| 美丽的小兴安岭 | 长白山珍奇 | 风光片 | 随课文学习 |
| 沙漠里的船 | 沙漠 | 科教片 | 教课前 |
| 青藏高原 | 沙洲纪行 | 风光片 | 教课前 |
| | 青藏高原 | 风光片 | 教一课时后 |
| 记金华的双龙洞 | 金华双龙洞 | 风光片 | 随课文学习 |
| 蝙蝠和雷达 | 仿生学 | 科教片 | 教课结束后 |

臧老师的这种实验取得了明显的成效。这种实践对我们构建开放性的教学结构也不无启迪。

## 四、在教材设计上见优化

阅读教学中现代媒体教材的设计，主要是指把课文的语言文字或插图音像化,这种转换性设计如果能在科学性的基础上做到技术性、教育性、艺术性的统一,则应看成是达到优化的标准。

### 1. 设计的技术性

每种教材的设计,都有一定的技术性要求。在教学的准备阶段,教学应当根据课文特点和现代媒体设备的性能制作现代媒体教材。制作时则要注意到技术的规范性和演示的可行性。比如,有位老师教学《詹天佑》,为了突破"人"字形线路这一教学难点,制作出复合动片,并配以音响效果和解说词,收到了较为理想的教学效果。复合动片包括三张幻灯片,具体制作方法为:[①]

(1)静片——在幻灯白胶片上用照明透相水彩画出课文中的插图,但不画火车,所绘铁轨应有一定的弧度,在画面山岔道口一带,须加画一些深色树林,以便使动片B中的列车隐藏。幻灯片的规格,以适合于投影机尺寸为宜。

(2)动片A——在白胶片上画一列火车,前后各有一个火车头,列车弧度须与"人"字形线路朝北方向的轨道相吻合,以便演示。

(3)动片B——在白胶片上画一列火车,前后各有一个火车头,列车弧度须与"人"字形线路朝西方向的轨道相吻合。

静片应▭状,动片AB应为▭状,以便演示。

然后,教者再将动静片组合起来,先在静片画面外上方用图钉将动片B固定,使画片上的列车与静片上的轨道相吻合,列车与轨道的圆心相一致。在静片画面下方用同样方法将动片A固定。在具体演示过程中,教者先投影静片,映入学生眼帘的是一幅气势雄伟的"人"字形线路图。接着打开录音机,播放事先录制好的火车由远而近的汽笛声和轰隆隆的音响。随着音响,将动片A慢慢移动。这时,在屏幕上可以看到一列有两个火车头的"火车"从南口往东北方向缓缓行驶。过了岔路口,让"火车"隐蔽在"树林"中。再用右手将动片B慢慢转动,这时在屏幕上可以看到"火车"过了岔路口就"倒过来","原先推的火车头拉,原先拉的火车头推",缓缓爬坡,向西北方向前进,这样,难点迎刃而解,学生也从中体会到詹天佑的聪明才智和创造精神。这里的设计,技术性就是很强的。

---

[①] 黄少珠.运用幻灯片突破难点[J].小学教学参考资料,1988(3).

## 2. 设计的教育性

所有的设计都应从教学的效果出发，都要符合学生学习的发展规律，促进学生更好地"学"。河北大学的萧树滋教授正是着眼于此，撰文阐说了现代媒体教材内容的启发性要求，他列举了四条可行的方法，以体现教材的启发性。（1）藏匿法。将教材画面内容一部分遮盖或隐蔽起来再提出问题，以便在课堂上使学习者思维构成悬念，待其动脑求答案而寻不着时，将遮盖或隐藏部分露出，满足学习者的求知欲望。（2）情境法。用现代媒体教材画面呈现一定的情境，其中含着问题的答案，让学生根据情境去回答问题。（3）设疑法。呈现的教材画面与学生掌握的知识有些不一致或相矛盾，使学习者感到疑惑，或利用新教材与学习者已有观念的差异构成认识的矛盾，促使学生主动收集资料，进行探索活动。（4）正误法。使教材呈现的画面内容中隐含错误，让学生找到正确答案或纠正错误，等等。这些设计都体现了教育性的特点。

## 3. 设计的艺术性

设计的艺术性是指现代媒体教材新颖别致，色彩艳丽，本身就具有艺术作品的美感。比如，有的老师注意到电动模型比静止模型吸引人，透景画比平面画真实、诱人，多用电动模型、透景画之类来表现相关内容，这里形式的新颖就容易给人带来艺术的感受。有位老师教学贾岛的《寻隐者不遇》，制作投影片时仅在松下画堆草药，诱导学生顺着草药联想：松树下既放草药，深山中必有采药人，把画面主体延伸到云雾迷蒙的画外。这种构思的新颖表明了设计者的别具匠心，课堂上对画面的观察思考实际上就是一种艺术欣赏。有的老师在制作投影片时非常注意着色，如华汉柄同志在《古诗词意境型幻灯投影片的设计》一文中就谈到：表现春天的耕种用绿色作主调，会令学生具有"春风又绿江南岸"之感；表现夏天的火热用橙色作主调，能使学生觉得"赤日炎炎似火烧"；表现秋天的火红，用金红色作主调，可让学生仿佛看见"一道残阳铺水中"；表现冬天的严寒用银白色作主调，将使学生感到"铁马冰河入梦来"。大面积的色彩主调确定之后，再配些小面积的色彩重音，以"万绿丛中一点红"，给学生强烈的视觉印象，也会强化美感。这些投影片色彩艳丽，完全可以当作艺术品看待。

显然，如前已交代的，现代媒体教材的技术性、教育性、艺术性是应当相互渗透、相互统一的。这从我们所举的例子中已不难看出，这里不再赘述。

## 五、在具体运用时见优化

现代媒体在具体运用时的优化，主要体现在三个方面：

### 1. 准确演示

教材的制作，那是"备课"；而演示，才是"上课"。"上课"的一个主要任务，就是要能动地反映"备课"的成果。在现代媒体教学中，就是要将准备好的教材准确地演示出来。尤其要注意动片、复合片的演示，比如前面提到的《詹天佑》中关于"人"字形的线路图，《美丽的小兴安岭》中林"浸"浓雾的景象，都有待于课堂上成功地演示。再如斯霞老师教《初冬》，为了再现初冬大雾和雾散了的情景，她制作了一张幻灯片，将太阳隐在松树、柏树的后面。上课时斯老师边朗诵课文边转动旋钮，升高放映镜头，使幕上画面由模糊慢慢变得清楚，让学生通过演示看到太阳慢慢升起来了，从而达到预期的效果。相反，如果演示不及时或不准确，备课的成果不仅不能转化为新的收获，还会带来种种负面效应。

### 2. 巧妙操作

在操作过程中，教者可根据教学需要，发挥声像器材的长处，采用多种处理方式。比如，对于重点、难点，可用重复播放的方法，反复刺激，深化理解。有时，还可相机运用停格、倒回、无声放映等方法，强化演播效果。如有位老师教学《林黛玉进贾府》，在放映主要人物出场的录像时，将画面停格，让学生结合课文审视人物肖像，以读带视，以视促读，体会作者描写的绝妙；教学王熙凤初见黛玉这一场面时，将王熙凤语言的录音隐去，让学生从她的举止神情上，去揣测她说了些什么，分析她为什么这样说，然后再放有声录像进行比较，从而加深对凤姐性格的认识；教学后面一些情节时，运用"倒回"的手段，将有关主要人物的前次描写重现出来，以便对比体味；等等。①这样操作，改变了"影院式"观赏的形式，加强了现代媒体出现的有机性。

### 3. 把握最佳时机

现代媒体的介入恰逢其时，才可能有恰到好处的效果。这个"时"可以从认知和情感的需要两个角度考虑。比如从认知角度看，其"时"就是学生困惑不解之时，就是学生思维激活之时。前者的运用有助于扫清障碍，可以比作"雪中送炭"；后者的运用有助于深化、升华，可以比作"锦上添花"。前面举

---

① 田勇. 谈录像分解教学［J］. 电化教育，1989（6）.

及的正面教例，应该都看成是恰逢其时的。正是这种"用时"的优化和"用法"的优化一起，把"备课"的蓝图变成了可喜的现实。

## 第三节 现代化媒体与传统媒体的有机结合

现代媒体教学最优化还有一个重要内容，即现代化媒体与传统媒体的有机结合。在这个问题上，有两种误解：一是对现代媒体给予过多的偏爱和青睐，认为现代媒体是理想的最优的教学媒体，随着教育改革的深入发展，它终会完全取代传统媒体。另一种意见认为，现代教学手段化难为易，化抽象为形象，实际上降低了思维坡度，给学生的智力发展带来不利影响。这样的争论，实际上还是在教学媒体的优劣上做文章。在国外，曾经有人在这方面做过研究，试图证实一种媒体优于另一种媒体，然而，"根本没有一项研究能证实这一论点。我们可能优先考虑一种媒体，或者说，一种媒体可能更加便于使用或轻易获得，但是，这并不意味着它是最优的媒体。"① 每种媒体都有自己的长处和短处，它们相互间可以形成互补关系，而不是完全的取代。在教学中，既要看到传统教学手段的合理性，又应认识现代化教学手段的优越性，并使二者有机结合，取长补短，相辅相成，以优化了的教学媒体群介入课堂，为教学效益的提高创造条件。这才是我们应有的共识。

现代化媒体与传统媒体的组合怎样才算是"有机"的呢？现在让我们把视线转向教学第一线，从两个实例入手来阐说这一问题。

### 例1：《蝙蝠》教案②

**第一课时**

一、揭示课题：蝙蝠和雷达。

1.认读"蝙蝠"一词，并让学生分析记忆字形。

2.演示第一张投影片，先请学生说说蝙蝠是一种怎样的动物，然后教师叙述：蝙蝠是一种小兽，属于哺乳动物。夜间，它在空中飞翔，吃飞蛾和蚊虫。雷达是利用无线电波进行探测的仪器。它们两者有什么关系呢？我们学习了课文便知道了。

---

① 伊利.教学技术研究的趋势[J].电化教育，1987（4）.
② 吴爱光.小学语文特级教师教案选[M].上海：上海教育出版社，1991.

二、初读课文,交流自学字词情况,了解课文梗概。

1. 自学课文中的生字新词,联系句子或查字典理解词义。(重点理解:启示、缘故、揭开、探路、障碍物、凭着、相当于、荧光屏。)

2. 轻声读课文,想一想每节的主要内容是什么。

三、讲读课文。

1. 指名读第一、二节。

(1) 请学生概要地说出这两节内容,并解释"分明"一词。

(2) 板书"启示"一词,要求学生解释。

教师:人们从蝙蝠身上得到什么启示?先默读第三节。

2. 齐读第三节。讨论:

(1) 人们从蝙蝠身上得到什么启示?(板书:灵巧、缘故。)

(2) "这是什么缘故呢?"是什么句式?在文章中起什么作用?

教师:为了搞清楚蝙蝠的探路工具,科学家们进行了试验。(板书:试验、探路的工具。)

3. 指名朗读第四、五节,然后出示表格要求学生联系课文内容讨论,填空。(注:下表括号内是学生填写的。)

(表首说明:为了弄清楚蝙蝠探路的工具,科学家进行了三次试验。在一间黑暗的屋子里,横七竖八地拉了许多绳子,绳子上系着许多铃铛。)

| 试验顺序 | 试验方式 | 结果 | 证明的问题 |
| --- | --- | --- | --- |
| 第一次 | 蒙上蝙蝠的(眼睛) | (飞了几个钟头,铃铛一个也没响。) | (蝙蝠不是用眼睛来探路的。) |
| 第二次 | 塞上蝙蝠的(耳朵) | (就像没头的苍蝇到处乱撞,铃铛不断地响。) | (蝙蝠探路的工具是耳朵和嘴。) |
| 第三次 | 封住蝙蝠的(嘴) | | |

第五节的最后一句话是什么意思?这里"不是……而是……"起什么作用?"和"字在这里说明什么?

4. 学生默读第六节,教师演示第二张投影片。

(1) "科学家们反复研究","反复"是什么意思?为什么要反复研究?这一句话与上一节哪些内容有联系?

（2）科学家经过反复研究得到什么结论？

（3）根据课文内容及投影片显示的活动画面，要求学生将词语卡片排列好（见图1）。

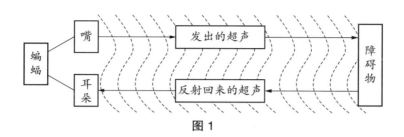

图1

小结：科学家们揭开了蝙蝠探路的秘密，从蝙蝠身上得到了启示，使得飞机在空中安全飞行。他们究竟在飞机上装上了什么仪器？这个仪器与蝙蝠的嘴和耳朵有什么关系？

5. 齐读第七节。

（1）思考讨论：人们在飞机上装了什么仪器？雷达通过天线发出什么？当无线电波遇到障碍物便会怎样？

（2）教师演示第三张投影片，让学生看清飞机上发出的无线电波示意图，同时提醒学生注意无线电波遇障碍反射回来，飞机便调整自己的飞行方向。

（3）根据教师演示画面与课文第七节的内容，请学生将打乱了的词语卡片按要求排列好（见图2）。

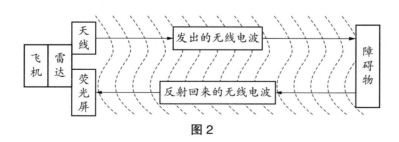

图2

（4）请学生观察上述两图并再一次看第二、三张投影片，想一想是否完全理解课文中的"在黑夜里，飞机为什么能安全飞行呢？原来是人们从蝙蝠身上得到了启示"这句话。

四、朗读全文。

**第二课时**

一、检查复习。

1. 认读生字新词,默写部分词语。

2. 说说蝙蝠是怎样利用嘴和耳朵探路的。

二、复习阅读。

1. 按所给段意给课文分段。

(1) 飞机夜航是人们从蝙蝠身上得到的启示。

(2) 科学家们通过试验,弄清了蝙蝠夜间飞行探路的工具是嘴和耳朵。

(3) 科学家们反复研究,揭开蝙蝠夜间飞行探路的秘密。

(4) 飞机上装有雷达,相当于蝙蝠的嘴和耳朵,保证了飞机夜间飞行的安全。

2. 复习阅读。

(1) 哪些词语和句子写出了蝙蝠夜间飞行的灵巧?读出有关句子。(指名朗读。)

(2) "无论……也……""即使……也……"说明了什么?(前者是不讲任何条件,把事情继续下去;后者是强调一种情况,但不受这种情况限制。)(指导造句。)

(3) "相当于"是什么意思?阅读第六、七节,完成下列练习。

| 夜航的飞机上装有雷达 | 相当于 | 蝙蝠的嘴和耳朵 |
|---|---|---|
| 雷达的天线 | | |
| 无线电波 | | |
| 荧光屏 | | |

三、总结课文,指导学生复述课文。

1. 为什么说飞机夜航是从蝙蝠身上得到的启示?

2. 作者为了说明蝙蝠和雷达的关系,先写什么?提出什么问题?接着写什么?最后写了什么?

3. 从这篇课文想开去,你还知道人们从生物身上得到启示而后发明、创造了哪些科学仪器和科学机械?

教师:科学家们研究生物,经过仔细观察,反复研究,从生物身上找原理,发明了科学仪器和机械,如:飞机、潜水艇、机械手……为人类造福,所以我们要坚定信念,努力学习,学会观察思考,学习研究问题是很重要的。

4.以第一课时的板书内容指导学生复述课文第三节到第七节。(第一课时板书附后。)

四、完成课后书面作业。

附板书:

```
                    ┌ 无论怎么飞,也不
                    │ 会撞上什么东西
                    │    试验 │ 弄清
 飞机为什么能        │ 凭着嘴和耳朵探路
 安全飞行呢          │ 飞行
                    │    反复 │ 研究
 原来从蝙蝠身        │ 嘴里发出超声    通过天线发出无线电波
 上得到了启示        │ 耳朵听到反射 →  在荧光屏上显示发射回
                    └ 回的超声        来的无线电波
```

附投影片三张:

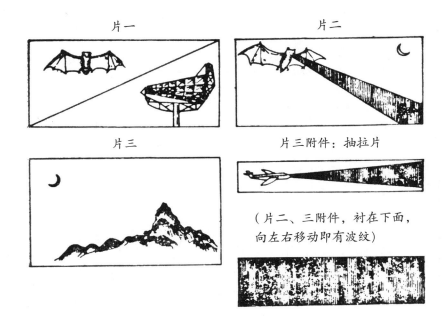

## 例2：《长征》课堂媒体选择表

教学目标：1. 从诗中领会红军战士英勇豪迈的大无畏革命精神和革命乐观主义精神；
2. 查词典，结合诗意选择"等闲、逶迤、磅礴、云崖、开颜"等词语的义项；
3. 从录像片段、配乐录音朗读中，理解诗句意思；能有感情地朗读和背诵全诗。

目标分类：1.——情感类；2.——认识类；3.——技类认知，技能操作类。

目标层次：查词典——选择义项——理解诗句精神——有感情地朗读和背诵

| 教学活动 | 供选择的刺激种类 | 供选择的教学媒体 | 媒体最佳选择 | 最终选定媒体 |
|---|---|---|---|---|
| 1. 引起注意 | 异常音响、强视觉信号 | 教师言语、录音带、示意图、录像带 | 《长征》主题歌录音带 | 按最佳选择 |
| 2. 引向目标 | 言语、音响、文字、图画、实物 | 教师言语、录音带、灯片、示意图、录像带 | 《长征》示意图、配乐朗读带 | 按最佳选择 |
| 3. 提供具体信息 | 同上 | 同上 | 《万水千山》录像剪辑 | 按最佳选择自制录制 |
| 4. 启发联想 | 同上 | 同上 | 师生言语 | 按最佳选择 |
| 5. 收取反馈信息 | 口头或书面语言 | 灯片、录音带、口头语言 | 灯片、口头语言 | 按最佳选择自制灯片 |
| 6. 提供学习指导 | 语言、参考材料、课文注释 | 字典、词典、已学课文、言语 | 词典、教师言语 | 按最佳选择 |
| 7. 强化重点内容 | 上述各种刺激 | 上述各种媒体 | 言语、配乐朗读《长征》组歌 | 按最佳选择 |

选择依据：1. 根据主题目标选择录音、录像、长征示意图作为主要媒体。
2. 根据教学活动和结构选择其他教学媒体作为补充。

对制作者的要求：按所附清单，请电教馆转录《万水千山》电影片中的片段。转录时请通知执教老师到场。（附清单，略）

390

在这两组设计中，现代媒体包括投影器、录音机、幻灯、录像机、投影片、磁带、录像带、灯片等，传统媒体包括教师语言、磁性小黑板、教学挂图、板书等，它们相互间的组合是多方面的，也是相当成功的。特别是《蝙蝠》的设计，教者在多次试教的基础上形成的教案，曾荣获"全国小学语文、数学优秀电教教案评选"一等奖，现在我们所引的就是教者根据得奖教案改成的。我们认为，从这两组设计中"窥一斑以见全豹"，基本上可以明了"有机"的内涵，这就是媒体的选择组合必须达到三个统一。

### 1. 教学目的与媒体特点的统一

教学目的是根据教学内容、教学对象等诸多因素制定的，它对媒体的选择、组合起着决定性作用。选择教学媒体所应考虑的就是媒体特点与教学目的的统一，以便保证教学目的的实现。比如教学《蝙蝠》时，吴爱光老师拟定的教学目的之一是"使学生了解飞机靠雷达能在夜间安全飞行，是人们从蝙蝠身上得到的启示"，要做到这一点，学生就必须理解"蝙蝠在空中飞行，一边飞一边从嘴里发出一种声音。这种声音叫做超声……超声像波浪一样向前推进，遇到障碍物反射回来，蝙蝠的耳朵就听到了"这段话。吴爱光老师充分发挥投影仪的作用，通过演示自己精心绘制的活动叠线投影片，来突破了这个难点，又通过演示投影片，让学生清楚地看到飞机雷达发出的无线声波，遇到障碍物反射回来，显示在荧光屏上，飞机便可调整自己的飞行方向。教学《长征》对媒体的选择也一样，媒体的特点都可以在贯彻教者意图时得到充分发挥。这样，媒体的出现无论是同时异类，还是有先后顺序，教学目的、教学思路都把它们的作用点穿于一线，使其在特定课文的教学空间里"融为一体"。

### 2. 教学手段与教学方法的统一

无论哪一种教学方法都需要媒体的配合，任何一方的不恰当都会影响教学效果。比如，以《蝙蝠》的教学为例，从教学方法上看采用了演示法，教学手段则为这种演示提供了条件。此外，教者还运用了讨论法、练习法，因此，就有了教师的教学语言和小黑板上要求学生填写的表格。再如，《长征》一课的教学中运用到情境法，教者运用的多种教学手段对创设情境起到了很好的辅助作用。这样，媒体的出现就是一种必然的选择了。

### 3. "现代"优势和"传统"优势的统一

媒体的组合，各取其优，形成互补，无论是对具体的教学环节，还是对整个教学过程，都可以起到优化作用。比如，在《长征》课堂媒体选择表中"引向目标"的活动，选择的教学媒体是《长征》示意图和配乐朗诵带，二者就是视觉形象与听觉形象的互补。再如《蝙蝠》中对第六节、第七节的讲读，程序都是：（1）提出问题；（2）演示投影片；（3）排列词语；（4）小结。其中提出问题、小结都是借助教师语言这一传统媒介进行的，而排列词语是对传统媒介中小黑板的活用。以投影片和小黑板的运用说，前者是突破难点的最佳媒体，后者是在引导学生观察、阅读的基础上，让学生按序排列词语，有机地组织了学生的思维操作，又起到检测、反馈的作用。这样，两种媒体的短处都得以避免，优势都得到发挥，取得较为理想的教学效果就是理所当然的了。需要说明的是，20多年前，我选取运用现代媒体教学的案例，大多是展现了手段的价值。这些年来，信息化的浪潮汹涌澎湃，现代媒体已逐步从手段转向与教学的深度融入，而融入的本质标志，应当是课堂教学结构的变化，是以学生为主体的课堂结构的形成。随着"互联网+"的教育形态的出现，人们一方面注意到教学资源的极大丰富性，学习无处不在，另一方面更加关注对个性化学习的支持。回到课堂之中，"在网络环境下学习，学习者通过情境感知设备采集到的学习信息后，可以开展学习认知活动，获取信息，丰富、提升并内化自己的知识。同时，参照学习活动的建议与网络交互，或者通过网络服务的接口与他人交互，在体验学习活动的过程中交流、解释、组织并表达，实现外显知识与内隐知识的转换，促进对复杂事物的多元理解，实现高阶学习。在这样的环境中共享知识，学习者不仅可以积极主动参与进来，还可以根据自身需要对学习加以改造，不断完善，形成创造性学习能力"。这段话抄录自江阴的陈友宝老师送我的著作，随手列举，可见一线老师们认识的深刻，行动的有力，已至"运用之妙"的境地。

# 第十七章 测评论

对学生学习成绩的测试、评价，是检验教和学的重要手段，是对教学进行有效调控的重要依据，也是实现语文教学总目的的重要环节。其中的统一测评，对整个教学都有很强的导向作用。有专家称，这种评价为"温度器和改革杠杆"。"就测评所扮演的温度器角色而言，人们希望测评能提供有关学生当前学习表现、进步以及教学质量的信息。而作为改革的杠杆，人们希望测评能够通过明确课程的重心，激发教师和学生对测评结果的责任心，促进学生和教师更加努力，并进而推动教育改革。"[①] 因此，应当认真地加以研究。

## 第一节 语文测评的要求

测评，特别是高利害的统一测评，常常起到"指挥棒"的作用，要能充分发挥它的正面效应，首先就要明确一些基本要求。

### 一、在测评目的上，应当是具体目的与根本目的的综合

中小学评价与考试的根本目的是为了更好地提高学生的综合素质和教师的

---

① Robert L·Linn，Norman E·Granlund. 教学中的测验与评价 [M]. 国家基础教育课程改革"促进教师发展与学生成长的评价研究"项目组，译. 北京：中国轻工业出版社，2003.

教学水平，考试的改革则应关注利用考试促进每个学生的发展。因此，在组织测评时，既要完成具体目的，又要体现根本目的。

## 二、在内容的组织上，应当是知识和能力的综合

重知轻能的考查是"填鸭式""满堂灌"的"配套产品"，它们相互之间形成恶性循环，弊端甚多。而在考查时注意在课标规定的范围内，既考知识，又考能力，以能力考查为主，则可发挥考查积极的激励功能和导向作用。因此，在组织考查时必须认真研究各年级段所应掌握的知能要求及其在本年级段的权重。

## 三、从时间的安排上，应当是平时与课程终结时的综合

这里的"平时"，第一可以从教学过程的角度看。期中、期末考试和毕业、升学考试等终结性测试，不是成绩测评的唯一方法，在教学过程中，还应有：

（1）摸底性测试。一般在接到一个新班后进行，目的是了解学生基本的智力水平。有时在新的课程或新的单元开始之前也可进行，目的在了解学生掌握了哪些预备性知识和技能，以便加强教学准备的针对性。

（2）反馈性测试。一般在教学一组课文后进行。目的在于检测一个单元的教学效果。如果某题出现普遍性差错，教师就应通过群体教学加以纠正；如果个别学生出现差错，则要采取个别措施。

（3）诊断性测试。大多在反馈性测试之后进行。通常的做法是针对反馈性测试的结果编制试题，以了解错误产生的详细原因，切实进行补偿性教学。

以上测试手段都是以试卷形式出现的，如果这些测试在教学过程中分布合理，选时恰当，对于激发学生的学习兴趣和动力，优化教学过程，都具有积极意义。

"平时"的测评还可以非试卷形式进行，其主要方式包括：

（1）日常观察。通过对学生课内外相关情况的观察，了解学生在课内学习中是否达到了智能目标和培养非智力因素的要求，在课外生活中形成了什么样的智力背景和兴趣爱好，从而对学生作出全面的评估。

（2）课堂提问。根据课文内容和教学目的拟定问题，通过答问形成的反馈信息测定学生掌握知识和思维活动的情况。

（3）作业检查。对学生的课内外作业进行检查、批改，必要时写下批语。对这种细水长流式的评价方式，在检查、批改时要认真及时，以提高信息反馈

的效率和效益；在作出评价时，要注意纵比，以求测评更趋于合理性和更具有针对性；在学期结束时要形成总评，以体现常规作业这种"日日功"应有的重要性。

这些非试卷形成的测评，出现频率高，反馈速度快，调控措施活，更应给予高度重视。同时，要注意沟通它们和试卷形式测评的内在联系，沟通平时测评和终结性考试的内在联系，着眼教学过程的整体，改进测评的内容和形式，以求不断提高测评的质量。

## 四、在表达形式的选择上，应当是口头与书面的综合

传统的语文考核，都以书面形式为主，难以对学生的语文能力进行全面测评。近些年来，不少同志注意将口头考核与书面考核结合起来，已经积累了一些经验。他们的基本做法是：

（1）加强随机性测评。如课堂提问，对听说类作业的检查、活动考查等等，大多以口头表达的形式进行，实际上就是口头考核。

（2）在升学考试中渗透相关内容。升学考试除了少数专业有面试要求外，基本上还是笔试形式。即是如此，笔试题中也可渗透有关内容，比如，前面举到的考核朗诵能力和听说能力的题目，就属于这种情况。

（3）改革考试形式。在可能的范围内，进行考试形式的改革。比如有的老师在自己组织考试时，变单一的书面考核为多种形式的综合考核，其做法如下表所示：①

学生成绩一览表　　　　　　　　姓名_____

| 项目<br>得分 | 听<br>10% | 说<br>10% | 读<br>20% | 写<br>20% | 书面考试<br>40% | 成绩总分 |
|---|---|---|---|---|---|---|
| 基本分 | | | | | | |
| 实得分 | | | | | | |

其中，基本分是指平时考核所得的分数，书面考试指期末考试，所得分就是本项的基本分。实得分＝基本分×百分比，成绩总分＝各项实得分之和。

---

① 张宗柯.改革语文考核方法的尝试［J］.小学教学研究，1991（12）.

这是一种把平时测评与终结性测评，把口头考核与书面考核相结合的方法。

关于口试的方法，形式可以是多种多样的。李凤英同志在《小学语文成绩考查改革的尝试》一文中就介绍了如下几种：

（1）听的考试，有听写、听记、听辨、听答、听述等。有的与"说"的考核结合进行，如让学生听老师口述、录音或广播。听前明确要求，听后展开讨论分析。当然，也可与笔试结合，如听读短文，然后笔答。

（2）说的考核，有口头造句、复述课文、讲故事、演讲比赛或叙述一件事，看图说话或回答有关问题，口头翻译古诗等。可按一定的标准打等级分。

（3）读的考核，可朗读一段课文或课外阅读材料，还可采用诗歌朗诵比赛、演讲比赛等形式。"正确、流利、有感情"这朗读的三点要求可作为评分标准。

不少对考核形式进行改革的老师都反映，"口笔结合"可以改变部分教师忽视听说项目训练的现象，促进学生语文能力的全面发展，是值得大力提倡的。

### 五、在题型的组合上，应当是客观性题型和主观性题型的综合

客观性题型是标准化考试的必然产物。标准化考试就是指考试按照科学程序，具有统一的编制试题标准、测试标准、评分标准和计分标准。题型有选择题、填空题、是非题、整理题等，主要优点是覆盖面广、答案较简、标准明确、评价客观。主观性试题要求学生根据命题作出口答或笔答，其评分具有一定的主观性。题型有简答题、论述题和作文题等，优点是有助于测评学生综合运用语言的能力，也有利于他们发挥自己的最高水平。

在语文教育界，近年来对客观性题型和主观性题型的优劣高下议论纷纷，有人认为标准化考试领导着考试改革的新潮流，应当大力推行；有人认为标准化考试难以准确反映学生分析问题、解决问题和组织语言表达的能力，不必过多提倡。我们认为，客观性和主观性两种题型各有长短，根据语文学科的特点，二者都不可偏废，在出卷时可以根据不同的目的综合运用两种题型。同时，还应提倡二者的渗透，各自吸收对方的长处，提高试题本身的质量，使试题的编制和组合更加科学、合理。

### 六、在测试结果的评析上，应当是命题质量和学习质量的综合

在评分结束后，教师必须对测试结果作出相应的评析，这个环节也叫作试卷的质量分析。一般说来，很多老师都重视对学生学习质量的分析，比如全班平均分、最高分、最低分、档次分以及各类题目的得失分率等等，面面俱到，

条分缕析。这当然是必要的，对学生的"学"和教师的"教"具有总结、评估的意义，对今后教学的有效调控也具有较大的参考价值。但从考试学角度看，还应高度重视对命题质量的研究。要把学生学习质量的评析和命题质量的评析联系起来，研究命题的成功和不足之处，以求今后改进；研究对命题不适应的具体状况，加强学习指导的针对性。以客观性命题来说，对命题质量的分析可参照以下命题要求：

（1）难度要适当。难度是指试题对学生知识水平、能力和智力水平的适合程度，计算难度的公式是：

$$难度 = \frac{正确解答该题的人数}{考生总人数}$$

一般认为，难度值如在 0.35 与 0.8 之间，难度是适宜的；大于 0.8，这道题就过于容易；小于 0.35，这道题就过分难。

（2）信度要较高。信度是指试题可靠性和稳定性的程度。试题信度较高，就可以基本上测试出学生知识掌握的广度、深度和智能水平。测试的信度值一般要求要达到 0.9 以上。试题是否具有较高的信度，可从难度分析的有关情况入手研究。

（3）效度要恰当。效度是指试题的有效性程度，如果题目效度恰当，就能反映学生应具备的知识和能力，考试也就不会偏离教学目标和考试目的。对效度的分析，也应从难度反映的有关情况入手。

（4）区分度要适宜。区分度是指试题对应试者水平差异区分的程度。区分度一般用 D 表示，其指数在 –1 到 1 之间，即 $-1 \leq D \leq 1$，区分度因考试目的不同而有具体要求，平时考试可选择 20% 到 30% 的题目作为区分度的试题，对一些选拔性考试，则应提高区分度，以便拉开考生水平的差异。对区分度的分析，可结合难度、信度、效度进行，而这些，又无一不联系着学习质量的分析。可见，在评析时将命题和学习两方面情况综合起来，有助于对命题和学生学习质量作出正确的评估，对教学和考试的优化都有促进的作用。

## 第二节 语文命题的技术性和艺术性

在测评的诸环节中，命题是关键问题。要能出一套好试题，必须讲求命题的技术性和艺术性。

# 一、命题的技术性

## 1. 内容：顾及一般，突出重点

从统计学的角度看，顾及一般，尽量扩大覆盖面，有助于降低或然率，全面测试出学生的语文能力。否则，学生的应试就可能在打"运气球"。比如，在高考时，有位考生作文几近满分，语文基础知识和阅读题得分都较低；另一位考生文言文阅读题得了满分，现代文阅读题竟是零分，这种偏能（重写轻读）、偏体（重文言文轻现代文）的智能结构，正是靠较广的试题覆盖面测试出来的。覆盖面的扩大，要借助于题量的增加，考试的标准化正是适应了这样的需要；但同时还应注意扩大试题的内在含量。比如，有一道取自于1985年部分学校友谊邀请赛试卷的题目是：

下列山分别在哪位作家（诗人）写的哪篇课文中出现过，请按时间顺序排列出来。

褒禅山　　小孤山　　天姥山　　黄山　　阴山
邓尉山　　雁荡山　　石钟山　　北固山　　商络山

这道题题目虽小，但容量较大，涉及多册语文教材中的知识，体现了"顾及一般"的要求。

当然，扩大试题的覆盖面，并不是要平均使用力量，还应该突出测试的重点，一般地说，在语文知识和能力之间，应侧重语文能力；在一般能力和特殊能力之间，应侧重特殊能力；在听、说、读、写诸种特殊能力之间，应侧重读写能力。从年级段的特点看，低年级应该以考核识字量和识字能力为重点；中年级以考核词语的掌握和运用以及句段的理解和写作为重点；高年级以及整个中学阶段都应以考核阅读和写作能力为重点。

## 2. 文字：简明易懂，表达清楚

试题的语言应该简明易懂，表达清楚。否则，学生难以把握题意，答题时就可能无所适从，或者人为地造成"跑题"。这里以两道试题为例：

例1：用"√"符号把下列与众不同的人物或作品挑出来：
（1）王安石　　苏洵　　曾巩　　关汉卿　　欧阳修

（2）《子夜》　《家》　《阿Q正传》　《骆驼祥子》　《女神》

（3）林冲　　杨志　　马谡　　鲁达

（4）《雷雨》　《人间喜剧》　《龙须沟》　《白毛女》

例2：作文题：意料之外

提示：许多事预想和结果不一样，有的是喜出望外，有的却是大失所望。料想困难却变容易，以为马到成功的却成为难事。选一件自己经历过的事情把预想和结果的过程写出来。字数500字左右。

这两道试题，前一道"与众不同"的"众"指什么，令人茫然，答题时学生就会感到无从下手。后一道小学作文试题提示语要言不烦，简洁明白，既明确了题目的要求，又起到了"指导"的作用。

### 3. 排列：由易到难，防止连环

在试题排列时，要把握由易到难的原则。先做简单一些的题目，容易鼓舞学生答题的信心；如果难题在前，则可能造成不必要的心理干扰。语文试卷中，把阅读题和作文题放在最后，就是因为这些题目不仅量丰，而且难度较大。

另外，各题之间要防止造成连环套，即不应含有暗示本题或其他题正确答案的线索；前一题解答的正误，也不应影响后一题的解答。比如，下面这两道题目就不宜组合在同一试卷中。

（1）用线条把有关课文与课文中的主要人物以及人物的精神、品质三者连起来。

《为人民服务》　　周总理　　　　善良纯朴，富有同情心

《穷人》　　　　　鲁迅　　　　　完全彻底为人民服务

《书的故事》　　　藤野严九郎　　日理万机，生活简朴

《在仙台》　　　　桑娜　　　　　关心、教育进步青年

《一夜的工作》　　张思德　　　　正直无私，毫无民族偏见

（2）根据课文内容填空。

①"我拿下来打开看时，很吃了一惊，同时也感到不安和感激。"这段话选自课文《　　　》，作者是_____。这段话表达了作者_____的心情。

②《为人民服务》一课是围绕_____这个中心，分_____层来写的。

### 4. 答案：明确具体，没有争议

测试题的正确答案应当明确具体，没有争议。如果模棱两可，给学生的答题和教师的阅卷都会造成困难。前面举到的"挑选'与众不同'的人物和作品"一题，就可能因为理解角度的不同而形成不同的答案，容易引起争议，是不可取的。

## 二、命题的艺术性

达到命题技术性的要求，试卷编制的规范化就能得到保证。但要真正做到题好卷优，还得体现命题的艺术性。这种艺术性至少包括：

### 1. 材料的恰当选择

选择什么样的材料来具体落实考查目标，这往往是命题者所煞费苦心的。选择得好，常常可以见出设计者独具的匠心。以下面两题说：

（1）洪承畴向明大臣黄道周劝降时，黄写了一副对联回答他：

史笔流芳，虽未成名终可法；

洪恩浩荡，不能报国反成仇。

这与《梅花岭记》中引用_____回答洪承畴的审问一样，运用了_____手法；这副对子的引妙之处在于_____。

（2）把下列句子排列成儿歌，并将正确的序号填入表格内。

① 鸭子呷呷呷　　⑦ 话声一打架
② 一个一个叫　　⑧ 公鸡喔喔喔
③ 乌鸦哇哇哇　　⑨ 要是一起叫
④ 话声就打架　　⑩ 话儿全乱啦
⑤ 青蛙呱呱呱　　⑪ 呱呷哇呱喔
⑥ 好像在说话　　⑫ 哇喔呷哇呱

| 1 | 2 | 3 | 4 | 5 | 6 | 7 | 8 | 9 | 10 | 11 | 12 |
|---|---|---|---|---|---|---|---|---|----|----|----|
|   |   |   |   |   |   |   |   |   |    |    |    |

这两题前一题的设计建立在课外材料与课内材料的内在联系上，学生熟知课文中读过的孙兆奎的慷慨答词，却不知道另外还有个黄道周，一看试题，他

们马上会被这副对联所吸引,大多数同学都能正确回答,又都觉得完全是自己独立思考的结果。正是设计者平常注意广搜精选,引进活水,充实测评内容,在具体练习时,才有了针对具体课文和智能训练点的恰当选择。①

这里的后一题包含了以下考查点:(1)儿歌要押韵——检测学生语音基本功和诗歌的韵律常识;(2)有简单的故事情节——检测学生按一定顺序理顺思路的能力;(3)列举了四种常见动物——检测学生按一定类属先后排列的能力。②此题难度较高,但由于选用的是一首打乱了顺序的儿歌,饶有情趣,学生乐于去做。

从这两题看,测评材料特别是具有综合功能的测评材料,应当具有可读性和可考性。可读性,指的是与学生的生活实际比较接近,与学生的接受能力难易相当,如果再是情趣盎然的,当然更好;可考性,指它应包含一定的知识点和能力点,为提出具体的测评要求供给一定的"原材料",从而煮成有"米"之炊。这两点做到了,即使其材料没有经过取舍、组合等再加工,完完全全是直接的选用,也可以看成命题构思的匠心独运。比如1989年高考,其中的一题以王瑶教授为纪念朱自清先生写作的论文选段为试题材料,得到各方面的好评。有的老师在分析时认为这段选文好就好在具有较强的可读性和可考性:"选段明确地体现了朱自清有关新诗现代化理论研究的成果。朱先生的一些散文和他人评价其作品的文章先后被选入中学语文教材,可以说以论述朱自清的文章为试题材料,在内容上做到了可读性。""选文有一定的难度和特色,表现在所选的一段文字中,既有作者的话,又有朱自清的话;既有直接引语,又有转述;有些含意字面上没有,如果真读懂了,这些意思就能明白。""况且有一定的难度,对拉开考生档次还是必要的。"③显然,从某种意义上说,这种选择不是选编,而是一种"创作"。

## 2.特点的准确把握

材料选出后,还应注意在出题时准确把握试题材料,特别是阅读综合题的特点。在谈到这个问题时,曾参与全国高考命题的章熊曾说过:"其实,拟题和教师备课一样,首先要注意的,是读物的特点。特点把握准了,就有了一个核心,就有了那么点'精神'。精神聚而不散,一套题就形成了一个整体。这也可以叫作'命题的美学'吧?反之东一榔头西一棒槌,题目虽多,却是散了架的,

---

① 杜方剑.新颖有趣,乐此不疲[J].语文教研,1987(1).
② 施荣明.小学语文标准化毕业试题评析[J].江苏教育,1989(5).
③ 王文琪.小议现代文阅读题的特点[J].中学语文教学参考,1989(9).

至多是一个'拼盘'。"① 不妨以这个"命题的美学"标准来看看围绕王瑶论文拟就的一套题：

下面一段文字摘自纪念朱自清先生的论文（略有改动），读后回答25～29题。

在朱先生关于新诗现代化的理论中，新诗思想内容的现代化占据着重要的位置。朱先生在考察中国新诗的诞生历史时，首先注意的就是启蒙时期的新诗与"五四"思想解放运动的密切联系："那时是个解放的时代。解放从思想起头，人人对于一切传统都有意见，都爱议论，作文如此，作诗也如此。他们关心人生、大自然及被损害的人。甲；乙（《新诗杂话·诗与哲理》）它表现了新诗与时代及时代先进思潮之间的血肉联系。朱先生还以十分明确的语言指出："从新诗运动开始，就有社会主义倾向的诗"；他并且具体考察了新、旧诗人与人民之间的不同关系和态度，以充分揭示新诗在思想倾向上的现代化特征。他说，"旧诗里原有叙述民间疾苦的诗，……可是新诗人的立场不同，不是从上层往下看，是与劳苦的人站在一层而代他们说话"；朱先生以极大热情为这类社会主义倾向"表现劳苦生活"的诗辩护，指出"有些人不承认这类诗是诗，以为必得表现微妙的情境的才是的"，是一种狭隘的观念（《新诗杂话·新诗的进步》）。在论述新诗中的"爱国诗"时，他也着重于将新诗人（如闻一多）与传统爱国诗人（如陆游）在国家观念上的不同揭示出来，强调新诗人所表达的国家观念丙包括丁"超越了社稷和民族"，而是一个现代化的"理想的完美的中国"，这个观念"不必讳言是外来的"（《新诗杂话·爱国诗》）；朱先生所强调的依然是新诗思想的现代化。

〔注〕《新诗杂话》是朱自清先生关于新诗的文集，收有作者1936年至1994年的15篇论著和一篇译文。

25.下面是从甲和乙中摘出的语句，根据上下文的意思将这些语句加以排列（只填序码）。（4分）

①而"诗与哲理"的结合与统一，也就成为中国新诗的一个重要历史特征与传统　②关心大自然　③便阐发自我价值　④这样，"说理"就成为初期新诗的"主调之一"　⑤关心人生　⑥便阐发人道主义　⑦关心被损害的人　⑧便阐发泛神论〔注：泛神论是一种把神融化在自然界中的哲学观点，宣称神即自然

---

① 章熊.试题发微［J］.中学语文教学参考，1991（9）.

界，神存在于自然界的一切事物之中，并没有什么超自然的主宰或精神力量。〕

26. 文中共用引号 13 处（包括甲和乙中的 3 处），其中引文注明出处的有 3 处。下列四项对于文中引号使用情况的说明，正确的一项是：（2 分）

　　A 表示引用的有 7 处；没注明出处的依次引自《新诗杂话》中的《诗与哲理》《新诗的进步》和《爱国诗》。

　　B 表示引用的有 12 处；没注明出处的依次引自《新诗杂话》中的《诗与哲理》《新诗的进步》和《爱国诗》。

　　C 表示引用的有 7 处；没注明出处的有的引自《新诗杂话》中的《诗与哲理》《新诗的进步》和《爱国诗》，有的无法判断。

　　D 表示引用的有 12 处；没注明出处的有的引自《新诗杂话》中的《诗与哲理》《新诗的进步》和《爱国诗》，有的无法判断。

27. 为文中丙和丁处选择最恰当的一组关联词语，使上下文语气通畅。（2 分）

　　A 既　　又　　　　　B 不但　　而且
　　C 虽然　但是　　　　D 尽管　　却

28. 根据这段文字的内容，下列判断全对的一组是：（4 分）

① 文中的"新诗"是"五四"时期的白话诗。
② "讲道理"是"新诗"的一个重要传统。
③ 朱先生认为，"新诗"是与时代思潮紧密联系的。
④ "新诗"叙述了民间疾苦。
⑤ 文中的"社会主义倾向"指的是新诗表现了"劳苦生活"。
⑥ 旧爱国诗着眼于国家的"现在"，新爱国诗着眼于国家的"未来"。

　　A. ①④⑤　　　　　　B. ②③⑤⑥
　　C. ②④⑥　　　　　　D. ①③④⑥

29. 这段文字的中心意思作者是从几个方面论述的？把每层意思概括成一个句子，每句前用序号标明。（7 分）

　　这里的每一道题都关乎到对文意的整体把握和对内容的深层理解，连接着文章的特点，即使是填一组关联词语，也要以对文气的准确感悟为前提，难怪章熊同志不无感慨地说："回顾几年来的高考试题，有的还凑合，'拼盘'也不少。比较满意的还是王瑶先生分析朱自清先生论新诗的那一段——题目不多，却能提纲挈领。"正因为"抓住特点""提纲挈领"，这套题也就具有了得其精髓、浑然一体的美学价值。

### 3. 形式的巧妙设计

恰当设计一些新颖别致的试题形式，也是命题艺术性的一个方面。比如，上个世纪80年代，有两道这样的小学毕业试题：

请你在下面两图的空格里填上恰当的字，使它们分别组成四个成语。

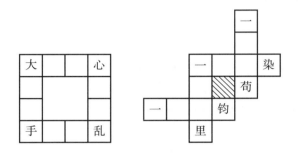

你能用线条把下面的字两两连成词，使它们顺读表示事物，倒读表示动作吗？

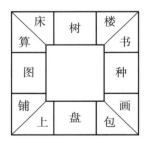

这些题目在检测学生词汇量的同时，还可以测试他们思维的灵活性和敏捷性，由于形式别致，往往能吸引学生在兴趣盎然的心态中完成，可以发挥形式因素积极的反作用。

## 第三节　语文考试的内容和题型

全套语文试题的编制，往往是若干题目的有机结合。这里仅以近年以小学毕业升学试题（语文基础知识和阅读部分）为例，来概括一下小学语文考试涉及哪些内容，在每个大类中又有哪些题型，并努力把内容与题型结合起来讨论，以便为试题的编制、组合及教学提供一定的参考。至于中学语文考试，这类分析已多见于书刊，就略而不述了。

## 一、汉语拼音类

（1）看拼音写汉字。这是把汉语拼音的认读与默写生字结合起来考查，侧重点又放在字形上。其中有些题目具有多方面的考查功能。如：

根据拼音在括号里填上合适的字，与括号外的字组成词。

  jié      jùn      pèn
（ ）毛    （ ）工    （ ）香

                  pēn
敏（ ）    马（ ）   （ ）水

这道题把认读音节、默写生字与辨析形近字结合起来，增加了题目的容量。又如：

根据拼音填上合适的字。

$$\begin{cases} 完\,bì（\ \ ）归赵 \\ bì（\ \ ）生 \\ bì（\ \ ）绿 \end{cases} \quad \begin{cases} màn（\ \ ）延 \\ 弥\,màn（\ \ ） \\ 缓\,màn（\ \ ） \end{cases}$$

$$\begin{cases} 声音\,hóng（\ \ ）亮 \\ 轻于\,hóng（\ \ ）毛 \\ 七色彩\,hóng（\ \ ） \end{cases} \quad \begin{cases} xún（\ \ ）找 \\ xún（\ \ ）环 \\ 咨\,xún（\ \ ） \end{cases}$$

这道题目重点考查了同音字，同时也兼顾到其他相关内容。

（2）对多音字的考查。主要有两种题型：

① 比较读音，组成词语。如：

用多音字组词。

$$差\begin{cases} chāi（\ \ ） \\ chà（\ \ ） \end{cases} \quad 便\begin{cases} pián（\ \ ） \\ biàn（\ \ ） \end{cases}$$

$$作\begin{cases} zuó（\ \ ） \\ zuò（\ \ ） \end{cases} \quad 佛\begin{cases} fó（\ \ ） \\ fú（\ \ ） \end{cases}$$

② 给带点的字选择正确的读音，如：

将下面加点字正确读音的代号字母填在〔　　〕里。
粘贴（A. nián　　B. zhān）答〔　　〕
厌恶（A. è　　　B. wù）答〔　　〕

这里的选择题和前一种题型，都要求对一些使用频率较高的多音字加以留心，提高用多音字准确构词的能力。

（3）关于具体音节的考查。其题型除了认读填词外，还有：

① 默写式。如要求默写 16 个整体认读的音节。

② 补充式。即出现声母或韵母，要求补充完整；如要求把带点字的音节补充完整：

成就 ch_____　　　　疏忽 _____ū

③ 辨析式。就是要求通过辨析、比较、选择准确的音节。"给带点的字选择正确的读音"这类题目中除多音字之外都是这方面的考查内容。

④ 订正式。如要求改正注音。

（4）对拼写规则的考查。主要是考查隔音符号的用法和 j、q、x 与 ü 相拼时的规则。大多也是以选择题的形式出现。

## 二、查字典类

考查查字典的能力，主要围绕以下要点：

（1）音序查字法。确定所查字应查什么字母，一般都要求写出大写字母，有些题目还要求写出音节，这实际上也是考查汉语拼音的学习情况。

（2）部首查字法。先确定所查的部首，再指出除部首外还要查几画。这类题目同时考查到学生对汉字一些构字规律和字形结构特点的掌握情况。

（3）数笔画查字法。这类内容较少，大多是列入"难检字"的。

有关查字典的题目综合性很强，这种综合性主要表现在两个方面：

（1）几种查字方法的综合考查。如：

按要求排列下列字。

| zhài | gé | péng | jùn | lán | ái |
| 债 | 革 | 篷 | 竣 | 澜 | 挨 |

按音序排列，排在第一位的是_____，排在最后的是_____；

按部首的笔画数从少到多排列，排在第一位的是_____，排在最后的是_____；

按字的笔画数从少到多排列，排在第一位的是_____，排在最后的是_____。

（2）与其他相关知识、能力考查的结合。比如与字的考查结合在一起，要求先补出偏旁再查字典或要求对汉字结构进行分析；与汉语拼音考查结合在一起，音序查字法的考查就具有这种特点；与词语的考查结合在一起，如在考查查字典能力的同时，要求给词语、句子里的字选择正确的解释。下面的填表题就具有这样的综合性：

| 带点的字 | 用音序查字法 | | 用部首查字法 | | 字的结构 | 在该词中应取哪种字义，画上"＿＿＿" |
| --- | --- | --- | --- | --- | --- | --- |
| | 大写字母 | 音节 | 查什么部 | 再查几画 | | |
| 好意难却 | | | | | | （1）后退（2）推辞，拒绝（3）去，掉（4）表示转折 |
| 人固有一死 | | | | | | （1）结实，牢固（2）固然（3）本来（4）坚决地 |

## 三、字词类

关于字的考查大致有以下四种形式：

（1）写字。结合字形的考查，将字的书写直接列入考试内容，如：

看拼音，把字词工整、匀称地写在田字格里。

fáng ài

táo zuì

（2）字的书写规则的考查。比如要求按笔顺规则写字。
（3）选字填空。如：

从括号里选择正确的字填在横线上。
磨_____（炼、练）　　　　　　（钓、钧）_____鱼
喜出_____（往、望）外　　　　滔滔不_____（绝、决）

这道题比较典型地概括了这部分的内容，即选形近字、同音字、近义字填空。
（4）改正错别字。一般要求在一组词或句子里找出错别字并改正，尤其重视别字的订正。
关于词的考查，历来比较丰富。形式有：
（1）选词填空。其中包括：
① 近义词选词填空。如：

推测 ⎰ 詹天佑不怕困难，毅然开始（　　）线路。
勘测 ⎱ 我们从这块化石可以（　　）发生在几万年前的事情。

观赏 ⎰ 春天，我们去公园（　　）盛开的牡丹花。
欣赏 ⎱ 李老师给我们上了一节音乐（　　）课。

② 动词选词填空。如：

[ 擦　沾　停　伸　飞　掸 ]
那个小苍蝇（　　）在一棵大松树上。它（　　）起腿来（　　）翅膀，（　　）那长着一对红眼睛的圆脑袋。它（　　）了大半天，身上已经（　　）满了灰尘。

③ 数量词填空。如：

____长____短　　____湖____海　　____手____脚
____方____计　　____钧____发　　____紫____红

④ 关联词语填空。其中又有：

a. 选词填空，即出现一组词以供选择。

b. 补充填空，即不提供现成词语，而要求用关联词语把句子补充完整。

c. 同句多词填空，即提供同一句例，要求填上不同的关联词语，从而构成不同的句子。如：

在下列句子的括号中填上恰当的不相同的关联词语。

（　　）下一番苦功，（　　）能练出一手好字。

（　　）下一番苦功，（　　）能练出一手好字。

（　　）下一番苦功，（　　）能练出一手好字。

（2）组词。其中有：

① 辨字组词，即比较形近字后再组词。

② 连续组词，即考查词语的积累量，要求用一字组成数词。

③ 组词填空，如：

用"然"字组成三个不同的词语，填在句中的括号里。

王戎沉着地说："这棵树长在大路边，现在（　　）有这么多的果实，那它一定是苦的。（　　）过路的人早就把它吃光了。"小朋友们摘下果子一尝，（　　）是苦的。

④ 仿词填空，如：

照例按要求各写一个词语。

沉甸甸（迭词）＿＿＿＿＿＿＿＿

含苞欲放（描写花的词）＿＿＿＿＿＿＿＿

注视（表示"看"的词）＿＿＿＿＿＿＿＿

万古长青（含"绿色"的词）＿＿＿＿＿＿＿＿

（3）成语的组成和理解。主要形式有：

① 填字组成成语。

② 把成语补充完整后，再解释所填的字，如：

（　　）烛夜游 _____　　　　前（　　）后仰 _____
盛气（　　）人 _____　　　　兴国安（　　） _____

③ 填特定的词构成成语，如：

先在（　　）里填上叠词，把成语补充完整，再把其中表示贬义的三个成语写在横线上。
（　　）向荣　　（　　）其谈　　（　　）有神　　（　　）不舍
气势（　　）　（　　）动听　　神采（　　）　　威风（　　）

④ 解释成语。大多以选择题形式出现。
⑤ 根据意思写成语，如：

把下面句子的意思概括成恰当的成语。
缩小机构，精简人员。（　　　）
连声称赞不止。（　　　）
精神饱满，容光焕发的样子。（　　　）
国家兴盛安定。（　　　）

（4）逻辑归类。这是指按词性或事物属性等分类，属于逻辑思维能力的考查。主要有三种形式：
① 搭配式，如：

请用直线连接搭配。
喧闹对城市正如　　　　混浊对泥塘
清澈对溪流正如　　　　矮小对草棚
高大对楼房正如　　　　宁静对乡村

② 排列式，如要求"划去每一组中不属于同一类性质的词，再按一定的顺序排列"。
③ 选择同类式，如：

选择和第一对词表示的关系最相似的，画上横线。

| 鸡：家禽 |　　　鸡：鸭　　　油菜：菜油
　　　　　　　　　大米：粮食　　　学生：教室

（5）写出近义词或反义词。如：

读短文后，在下面分别写出各组近义词和反义词。

清晨闭了一夜的图书馆敞开了大门。人们争先恐后地涌进去：男的、女的，黑发的、白发的、高个的、矮个的、戴眼镜的……宽敞的大厅似乎变狭窄了。进了阅览室的人，深深地吸一口气，仿佛这里的空气比外面还要清新。书架那儿，一双双眼睛：单眼皮的、双眼皮的、有鱼尾纹的、没有鱼尾纹的，都寻视着；那粗糙的手、纤细的手，宽大的手、嫩小的手，都小心翼翼地拿起书，好像找到了心爱的宝贝。不一会儿，骚动了一阵的图书馆，又恢复了往日的平静。

（1）写出两组近义词：① 两个词一组的_____、_____；② 三个词一组的_____、_____、_____。

（2）写出十组反义词：①_____、_____；②_____、_____；③_____、_____；④_____、_____；⑤_____、_____；⑥_____、_____；⑦_____、_____；⑧_____、_____；⑨_____、_____；⑩_____、_____。

（6）解释词义。大致有两种情况：
① 考查对词的理解。如：

在括号里写出带点词语的意思。
A. 人的头盖骨结合得非常致密，非常坚固。　　　　（　　　）
B. 我们为人民而死，就是死得其所。　　　　　　　（　　　）
C. 摸着门道，花草养活了，多么有意义呀！　　　　（　　　）
D. 平明寻白羽，没在石棱中。　　　　　　　　　　（　　　）

② 考查多义词。一般又有选择法和解释法两种，后者的解释又常常以辨别、比较为前提，难度更大些。如：

解释句中带点的词。

A. 廉颇负荆请罪，使蔺相如很受感动。　　　　　（　　　　）
B. 黄继光身负重伤，仍坚持不下火线。　　　　　（　　　　）
C. 这场球赛胜负难分。　　　　　　　　　　　　（　　　　）
D. 旧中国的农民负债很重。　　　　　　　　　　（　　　　）

## 四、句子类

（1）给句子加标点符号。具体题型有：
① 补充式。如"给下面一段话加上标点符号"。
② 改错式。如要求"改正标点符号"。
③ 选择式。如：

下面句子中的破折号是属于哪种用途，在（　　　）里写上序号。
破折号的用途：① 表示语意转折；② 表示解释和说明；③ 表示声音延续。
A. 训练动物是很有意思的——猴子的动作多么像人啊！（　　　）
B. 大家随着女老师的手指，齐声轻轻地念起来："我们——是——中国人，我们——爱——自己的——祖国。"（　　　）

（2）判断句子的正误。如要求找出正确的句子，或要求找出错误的句子，或是两者都作要求，有些还与病句的修改同题进行，要求先判断后改错。

（3）解释句子的意思。其中相当一部分句子都选自课文，以选择题的形式出现。

（4）找出句子的修辞手法。其中涉及的有排比、拟人、比喻、夸张、对偶、反问、设问等，如下面这道题就考查到对四种修辞方法的掌握情况：

把下列句子的修辞方法填在括号里。
① 苟能制侵陵，岂在多杀伤？（　　　）
② 苍蝇和蜘蛛都淹没在老松树黄色的泪珠里。（　　　）
③ 那里荆条花开得金光灿烂，采来的蜜也和金子一般。（　　　）
④ 我们要热爱中国共产党，热爱社会主义祖国，热爱中国人民解放军。（　　　）

（5）改正病句。涉及的病句形式有成分残缺、用词不当、搭配不当、滥用虚词及词序排列不合理、不合情理、违背文明习惯等。

（6）改写句子，其中包括：

① 扩句、缩句。

② 变换人称，如：

他问我："我的讲义，你能抄下来吗？"
改变人称：_____

③ 改变句式，如：

按要求改写句子。
A. 将"把"字句改成"被"字句。
凡卡把那张写满字的纸折成四折。
_____

B. 将陈述句改成反问句。
我们能熬过去。
_____

C. 将直接引用改为间接引用。
蔺相如说："秦王我都不怕，会怕廉颇吗？"
_____

D. 将肯定句改为否定句。
星期六下午我去看电影。（可以改变句子的原意）
_____

④ 合并句子，如：

把下面两句话改成一句话。
老师请马小明。马小明把教室门窗关上。
_____

（7）造句。除一般词语外，还有造比喻句和复句的。

（8）调整句序。如"在（　　）里加上序号，使下面排列错乱的句子变成顺序连贯的一段话"。

## 五、阅读类

阅读部分的试题分量较重，在有些试卷中已超过作文所占的分数比例。主要包括：

（1）默写。这是对记忆能力、背诵能力的考查，有些"按照课文原句填写"当也属于此类。只是，近年来默写题似乎太集中了，我们曾随机抽出 30 份试卷，默写或照课文原句填写所涉及的篇目，除古诗外只有《为人民服务》《詹天佑》《草原》《养花》《桂林山水》《在仙台》《粜米》，如果每年都在这几篇里转，就给猜题、押题提供了方便。

（2）根据课文内容解题。题型有：

① 填写题。要求根据题意恰当概括课文内容。如：

根据课文内容填空。

在黑暗的社会里，劳动人民的遭遇十分悲惨。由于生活所迫，凡卡的爷爷不得不冒着严寒为老爷家守夜；伏尔加河上的纤夫不得不 _____；桑娜的丈夫不得不 _____；旧毡帽朋友不得不 _____。这一切都是剥削制度造成的。

② 判断题。如要求判断句子的正误，而这些句子都是对课文内容的某些概括。

③ 搭配题。涉及的内容有文章题目、作者、课文人物、中心思想、写作内容、写作特色、文章体裁等，意在要求把握它们的对应关系。如：

把下面的诗题、诗句与反映的季节用线连起来。

《马》　　　　　　天街小雨润如酥，草色遥看近却无　　　　写春景

《三衢道中》　　　大漠沙如雪，燕山月似钩　　　　　　　　写夏景

《早春》　　　　　绿荫不减来时路，添得黄鹂四五声　　　　写秋景

④ 配伍题，如：

把下列诗句中同一首诗里两句的序号填在括号里。

① 最是一年春好处
② 忽闻岸上踏歌声
③ 露似珍珠月似弓
④ 独在异乡为异客
⑤ 半江瑟瑟半江红
⑥ 遍插茱萸少一人
⑦ 草色遥看近却无
⑧ 桃花潭水深千尺

A. 首诗（　　　）　　B. 首诗（　　　）
C. 首诗（　　　）　　D. 首诗（　　　）

（3）阅读一段话或一篇短文完成作业。这些短文或段落有一小部分是课文内容，大部分则选自课外。这类题都具有较强的综合性，有关阅读的各项能力都考查到了。其重点则是阅读理解能力的考查。（题略）

随着学业质量监测工作的推进和一些国际教育组织学业测评项目的影响，测评对能力表现的关注，对学业与信息素养的综合测评，语文学科加大对非连续文本的重视，基于测评数据分析对教与学过程的回溯，等等，都在推动测评的不断优化，改进教与学的本质功能正在得到进一步的彰显。而这些变革的趋势值得我们高度关注。

# 第十八章　课外阅读论

课外阅读是语文学习的重要组成部分，义务教育和高中课程标准都对此提出明确要求。关注并落实课外阅读的要求，对于提高学生的语文素养是十分必要的。

## 第一节　课外阅读的意义

课外阅读的意义主要体现在如下方面：

### 一、有利于构建开放性教学体系

相对于封闭性教学，开放性教学带来的变化主要有：第一，教学空间的变化。开放性教学本身就代表着对传统教学空间的突破，即是西方的"开放教室"，虽然没有走出教室，但也突破了传统教学空间的限制，——在开放教室里，没有固定排列的课桌和讲台，教室的空间被分成几个区角，如阅读角、音乐角、科学角等，区角之间往往用幕布或板具隔开，在每个区角里都准备了大量的可供儿童活动的材料，供儿童阅读、使用、操作。[①] 至于走出课堂的课外活动，活动空间则更是全新的了。第二，学习动力的变化。在封闭性教学体系内，

---

① 李建刚.国外的课堂教学改革［J］.教育科研参考资料，1985（33）.

往往是"要我学",而在开放性教学中,更多的是"我要学"。开放性教学给学生带来较多的选择性,这种选择常常是以兴趣、爱好为出发点的,课外活动中广泛存在的一种组织形式叫作"兴趣小组"就是明证。第三,学习形式的变化。封闭性教学中,学生主要是听讲、写作业;开放性教学体系中活动则成了很重要的形式,学生往往是通过活动进行学习。第四,教师职能的变化。在传统的教学体系中,教师主要是讲课、考试和维持教学秩序。在开放式教学中,教师则承担设计、启发、指导等任务。课外阅读作为学生语文课外活动最重要的一种方式,毫无疑问地体现了这些开放性的特点:首先,它走到"课外",且还可能是自主型的,极大地拓展了活动空间。其次,读物的选择,常常与学生某些方面的兴趣有关,不管是指导型阅读,还是自主型阅读,都可以通过阅读活动达到学习语文、学习知识的目的。再者,教师只能充当指导者,在自主型阅读中,这种介入作用则更为淡化。这是从"向外"的一方面观照。从"向内"的一方面看,它也体现了开放性教学应当带来的强化课内、优化课内的积极影响。比如,对学生的指导要跟上去,这就引出了语文学习中新的课型,有了读物介绍课、读物叙述课、读物评讲课等阅读指导课;再如,因为拓开了阅读的新天地,尽管课堂教学的空间结构形式没有变化,但安排教学过程、选择教学内容时则应考虑到学生学习的智力背景和应用环节,前者是以阅读形成铺垫,后者是以阅读达到巩固的目的。这种课内课外的良好循环,正是构建开放性教学体系所追求的。

## 二、有利于学生的精神成长

中国传统教育思想的精髓是"学以为己",孔子当年感慨:"古之学者为己,今之学者为人。"儒家强调士大夫之学,"有益于身,有用于世"(陈澧),"有益于身"是根基,读书首先是为了内心世界的丰沛,精神天地的拓展,然后自然让渡到社会。费尔巴哈说:"人就是他吃的东西。"青少年正是精神成长阶段,"读一本好书,就如同在和一个高尚的人在交谈"(歌德),一个人的阅读史,往往就是他的精神发育史,所以要从奠基人生、筑梦未来的高度筹划青少年的阅读生活。阅读生活,当然主要在课外。

## 三、有利于学生语文水平的提高

关于课外阅读对培养语文能力的促进意义,许多语文教育专家都曾多次强调。吕叔湘先生说:"少数语文水平较好的学生,你要问他的经验,异口同声说是得益于课外看书。"他又对语文教师说道："同志们可以回忆自己的学习过程，得之于老师课堂上讲的占多少，得之于自己课外阅读的占多少。我回想自己大概是三七开吧，也就是说，百分之七十是得之于课外阅读。课外阅读对语文课来说，绝不是可有可无的。"①蒋仲仁先生曾把问题具体到表达和理解上，他认为："许多拿笔杆的人都有这个切身的体会，其所以能写点文章，原因之一是读过许多文章。那许多文章的种种词汇，种种句式，种种修辞格，种种篇章结构，总之种种表达方法，读得多，见得广，一回生，二回熟，日积月累，就会使自己的语言储备越来越丰富，说的时候涌来舌底，写的时候奔向笔端，要用就得拿出来，拿出来就合用，做到了取之左右逢源。不读书，读书不多，就达不到这个境地。""至于学读书，那更是如此。学游泳就下水去游，学读书就拿书来读。记得小时候读《三国演义》，有些文言成分，开头不甚了了，一到见面多了就豁然贯通。"②

新一代的学生也有同样的感受，1982年4月4日《人民日报》刊登了北京市中学生智力竞赛情况分析，认为智力发展得好的学生，大部分从小学二年级开始看文艺书刊，三年级开始看科普书籍，这里的"智力"当然包括语文能力。刘国正等同志在1982年6月的《语文报》上发表了《要提倡课外广泛阅读》一文举到一个例子：陕西省千阳县中学初三（1）班学生黄龙，初中阶段语文水平提高较快，这位学生自己认为："一个主要原因就是坚持课外阅读。三年来，我先后读了几十部（本）古今中外小说和散文集，学习和背诵了三百多首古诗和新诗，浏览了数百本文艺杂志，此外，还特意读了一批科普读物。阅读这些书籍，使我大大开阔了眼界，丰富了知识，也提高了作文的兴趣。"这些，都说明了课外阅读对语文能力的发展具有极重要的作用。

### 四、有利于其他学科的学习

课外阅读，不仅有助于语文能力的培养，对其他学科的学习也有促进作用。上海市建设中学八三届高中毕业生车晓冬，1983年3月，以满分获得美国中学数学竞赛中国上海赛区第一名，同月，又以满分获美国中学生数学邀请赛中国上海赛区第一名，5月又获上海市中学生数学竞赛第一名，同年高考，又获上海市理科总分第一名。他之所以能取得这么好的成绩，课外阅读起到了重要作用，

---

① 吕叔湘. 关于中学语文教学问题[J]. 语文战线，1981（4-5）.
② 张定远. 阅读教学论集[M]. 天津：新蕾出版社，1983.

他在中学阶段读过的数学书就达到 50 多本，自己还订了《科学画报》《数学通报》等杂志。正是广泛的知识积累，使他能够攀登上数学学科学习的高峰。

如果说这是阅读材料使然，那么，我们再来看另一位同学的体会，有位叫丁英的同学，对理科十分偏爱。但由于阅读能力较差，常常吃不准题意，导致一次次解题的失败。后来她认识到自己的病症所在，在课外不仅阅读理科书刊，而且阅读文学作品。她自己体会到："文学作品的丰富内容，使我大开眼界，广开思路，运用到数理化上，分析问题、解决问题的方法就多了。文学作品用词的准确，分析的深刻，更是学习数理化所不可缺少的，因为学习数理化时，必须不放过已知条件的每一个字以至一个标点，挖掘出隐藏着的未知条件。文学作品严谨的结构又给我们作了一个清晰有条理的示范，训练了我们的逻辑思维能力；对作品中情节和人物心理的理解，又提高了我们的理解能力和想象能力，从而促使我们更好地去理解数理化的一个个定义、公式和定理，并不断发现新的规律。"① 这是从理解角度说的，至于文学作品阅读对理科学习中表达的促进作用，也是显而易见的。

### 五、有利于学生个性的充分发展

课外阅读由于读物选择具有相对的自主性，因而，为学生个性的充分发展创造了极好的机会。比如，前面谈到的车晓冬同学，数学书刊的阅读是他数学才能得以发展的重要原因。再如那些有小诗人、小作家之誉的学生，正是从课外阅读中汲取了众多的营养。就是大诗人大作家，也无一例外，得之于课外的远比课内的多。吕叔湘先生所说的"三七开"，对语文或文学方面形成特长的人来说，恐怕有相当的普遍性。事实上，每一个学生，都可以在课外阅读中从自己的个性禀赋、特点专长、兴趣爱好出发，通过"扬长"式阅读，发现自己的专长，发展自己的优势。而这一点，课外比课内要方便一些。

## 第二节 课外阅读的类型

### 一、着眼课文学习进行的课外阅读

这种阅读往往是对课内学习的巩固、强化，其特点是参读文章与所学课文

---

① 黄岳洲. 怎样阅读——中学生谈阅读［M］.北京：语文出版社，1988.

存在着这样那样的对应关系。这些对应关系又可分成:

（1）类同式。两文主题相近、相似，通过课外阅读可以强化认识、加深印象。比如教学许地山的《落花生》，就可以选出多篇同类主题的文章供学生阅读，哪怕是一首小诗，如周良沛的《落花生》，也会产生积极效用。周良沛的诗总共六行:"丰腴、金黄、光华，/朵朵如同珠花，/当她正在盛开，/默默扎到根下，/没有凋谢的痛苦、虚度的年华，/花落时节，她在底层又结玉衣。"参读这首短诗，实际上可使落花生的形象更为丰满，学生对主题的认识也就更加深刻。

（2）对比式。主题或某些写法是相反、相对的。通过对比性阅读，可以突出作品的特点。如刘湛秋的散文诗《海上日出》写道:

透明的海水，洗润它，
温柔的海水，抚摸它；
苦咸的海水，浸泡它。

它不是天之骄子，像从高山上看见的那样，像从地平线上看见的那样，升腾而起，浑如一团火球；不，它是海的女儿，它有无限的柔美，它有洁白的身子，它带着淡淡的清香。它有经受过苦难的持重，而没有平步青云的骄奢。

于是，在淡青色的天幕上，石榴花开了，于是，在每一片船帆上，飘起一支红艳艳的歌曲。

如果把这篇作品与巴金的《海上日出》对比阅读，不难体会到，巴金写的是海上日出的壮美，这一篇则写日出的柔美；巴金写的好似一名顽强拼搏的勇士，这一篇写的则是一位妩媚动人的少女。这样，对作品的特色就能更准确地把握，更深切地体会了。

（3）背景式。提供文章背景或与节选课文有联系的材料，用以丰富主题、扩大视野的。如教学《少年闰土》，可以推荐《故乡》等作品；教学《狼牙山五壮士》，可以让学生通过阅读了解狼牙山五壮士跳崖以后结局如何；等等。

（4）迁移式。叶圣陶先生在与朱自清先生合著的《略读指导举隅》中曾说:"学生从精读方面得到种种经验，应用这些经验，自己去读长篇巨著以及其他的单篇短什，不再需要教师的详细指导，这就是'略读'。就教学而言，精读是主体，略读只是补充；但是就效果而言，精读是准备，略读才是应用。"叶老所说的"略读"，首先就是迁移式阅读，即在精读时学到了一定的技巧，用一篇大致相同的文章，在"应用"中训练这种技巧，以求转化为阅读能力。这类读物选择的着眼点，往往是文体或写法的类同。

（5）感想式。由此一事或此一文所引发的感想，通过"助读"，可以深化认识或升华境界。比如柴德森的《过董存瑞墓》："在轰响和火光中开路，/烈士不会静静休闲，/只有耳听时代列车轰响，/才睡得安然而香甜！/这山丘上的陵园小院，/只在车窗口短暂的一闪，/请追求动地惊天的人，/取定一颗火种埋在心坎！"诗作记录的就是在列车上"过董存瑞墓"的心灵感触，把它作为课文《董存瑞舍身炸暗堡》的参读篇目，学生通过阅读体会到诗作借两个"轰响"把烈士与列车、烈士的奋斗与时代的前进联系起来，以"动地惊天"把"火光"与"火种"联系起来，对课文主题的认识就有了一定的时代高度。

这里举例都是与小学语文课文相关的，随着年级的升高，课文和课外读物的对应点则应有更丰富的内涵。夏丏尊先生在一篇说给中学生听的题为《阅读什么》的演讲词里，以《桃花源记》为例讲了怎样围绕课文进行扩散阅读：

诸君在国文教科书里读到一篇陶潜的《桃花源记》，……这篇文字是晋朝人做的，如果诸君觉得和别时代人所写的情味有些两样，要想知道晋代文的情形，就会去翻中国文学史；这时文学史也就成了诸君的参考书。这篇文字里所写的是一种乌托邦思想，诸君平日因了师友的指教，知道英国有一位名叫马列斯的社会思想家，写过一本《理想乡消息》，和陶潜所写的性质相近，拿来比较；这时《理想乡消息》就成了诸君的参考书。这篇文字是属于记叙一类的，诸君如果想明白记叙文的格式，去翻看记叙文作法；这时记叙文作法就成了诸君的参考书。还有，这篇文字的作者叫陶潜，诸君如果想知道他的为人，去翻《晋书·陶潜传》或陶集；这时《晋书》或陶集就成了诸君的参考书。

在夏先生这里，从课文这个出发点，可以走向四面八方；精读了一篇课文，可以带读许多相关的书。足可见围绕课文进行阅读，天地是多么的广阔！

## 二、围绕课内写作进行的课外阅读

围绕课堂上的写作训练，可以辅之以适当的课外阅读，以读促写。这种课外阅读因作用的不同可以分成：

（1）积累式。在课外阅读时，注意日积月累，积少成多，集腋成裘，就不会有"书到用时方恨少"的困窘。比如，在课外阅读中摘抄佳词妙句，标记思想精华所在，记录读时感受，写下读后感想，整理作者资料，编制内容提要，等等，都不仅可以积累写作材料，而且本身也包含了写作训练的因素，同样可以看作是写作技能的"积累"。

（2）对症式。针对学生作文中存在的问题，有的放矢，让学生通过课外阅读找出自己的差距。在全程作文训练中，这种方式被普遍使用。比如，要学生写一篇《幸福赋》，学生所写内容空泛，且描写的事物与幸福的内在联系缺少属于他自己的特点。教师在二次指导时，可以推荐学生阅读柯原的《幸福》。这首散文诗这样写的（节选）：

树的幸福，在于以翠绿点染土地，净化空气，保持水土，捧给世界以绿荫与果实。所以，树在风中飒飒地歌唱。

桥的幸福，在于连接了道路，日夜倾听着喇叭声、车铃声和脚步声组成的生活交响曲。所以，桥欢乐地与小河絮絮谈心。

蚕的幸福，在于把吃的桑叶，都吐成洁白的丝。死去了，给世界留下一片光洁，一片华丽。

……

水手的幸福，在于征服了狂风巨浪，到达新的港口，编织起海上的友谊。

登山者的幸福，在于奋力攀登绝顶，于是云涌入胸，风扑入怀，极目云天尽处，襟怀更加辽阔。

运动员的幸福，在于比对手更高，更快，更强。超越竞争者，也超越自我，创造一个又一个新纪录。

可以想见，学生读过这篇作品，定会受到有益的启发，进而改好自己的作文。

（3）反馈式。指每次作文之后，让学生把优秀作文誊抄出来，张贴在墙报上供大家阅读。这是来自教师方面的反馈，这反馈包含着肯定与褒扬，对学生会有较大的推动作用。每个学期，将这些优秀作文装订成册，放在图书角或阅览室里，既可以鼓励作者，鞭策读者，又是语文教学甚至是校史资料的积累，具有多重意义。

### 三、结合其他课外活动进行的课外阅读

课外阅读与有些课外活动存在着密切的联系。其中包括：

#### 1. 与课余写作结合的课外阅读

这里的写作，并非老师布置，而是因为有了表达的欲望，有了特殊的兴趣，

有时还是一种文艺创作。根据一些作者甚至是作家的介绍，他们的写都是以读为基础的。但读与写的关系又不尽相同，概括起来，可分为两种，第一种可以叫作立竿见影式，即为写而读，以写带读，以读促写。比如中学生范紫红曾谈起，她们家搬进新居时，她读到《火柴盒记》这篇得奖作文，有所触动，也想写一篇文章，庆贺家里的乔迁之喜。在构思时又受《麦琪的礼物》的启发，做到了不落俗套：以房子为线索，写一个知识分子过去苦于没有良好的工作环境，但在刻苦奋斗中写了不少著作。当他有一点成绩时，领导提拔他做"官"，又分配到相当宽敞的住房，可苦于行政事务太忙，学术研究被搁置一边。这篇题为《苦衷》的作文后来发表在《全国中学生优秀作文选》上。范紫红同学的体会是：作文时得之于心，而应之于手，是因为有同龄人的优秀作文和文学名著与自己做朋友。

当然，课外阅读对课余写作或创作的关系，并不总是"立竿见影"，更多的还是潜移默化式，即靠日积月累引起"质变"。比如，1980年，九岁的刘倩倩以《你别问这是为什么》荣获"世界儿童诗歌比赛"的菲利亚奖后，在我国的诗坛上出现一个很有趣，也很喜人的现象：在五彩缤纷的诗歌园地里，出现了许多星星点点的鹅黄嫩绿，一大批小诗人带着童真和稚气，如雨后春笋般涌现出来，有些还佩戴着红领巾就出版了诗集。这种现象的成因是多方面的，其中的一个重要方面就是因为他们在课外阅读中早就遨游于诗海。且听两位小诗人自己的话："我从小喜欢让妈妈给我读诗歌，我自己也背了一些。诗押韵，有思想，有感情，我就爱上了它。"（汪洋）"对于诗歌，我似乎从小就比较偏爱，喜欢背诵唐诗宋词和一些'五四'以来的新诗。"（梁芝）读多了，于是就想到了写，比如汪洋五岁时就开始写诗，不会写字，就让妈妈代笔。梁芝早已出版了诗歌专集和合集。这种诗才就是在读中潜移默化形成的。

在这一方面，成年后的认识也许更有说服力。1982年5月9日《中国青年报》曾刊载张抗抗题为《读书与创作的关系是怎样的》一文，张抗抗追忆道："20多年前，当我还是个戴红领巾的小学生的时候，一回到家里，就捧着书不放。那时读的多是儿童文学作品，如《安徒生童话》《铁木耳和他的伙伴》等。上中学以后，我的阅读范围开阔了，从《创业史》到凡尔纳的全套科幻小说，学校图书馆书架上的新书几乎都让我借遍了。""我认为读书有点类似某些动物的'反刍'作用，尽管有时也可能像巧克力那样迅速转化为热量，被人体吸收，但更多的时候，是一种无形的渗透。书中的人物、思想会久久地占领你的思维空间，促使你咀嚼、回味和思考。很多年以后当你创作上出现质的飞跃时，你甚至很难想起究竟是哪一本书、哪一个人物对你发生的影响。"实际上，张抗抗在这里把两种作用的方式都说到了，而她认为主要的还是潜移默化、无形渗透，虽是从"个别"出发，但也包含了"一般"。

### 2. 与编报活动结合的课外阅读

编报包括编手抄的墙报、黑板报、油印的小报或者文学社的刊物。它与课外阅读构成的联系主要在：第一，栏目的确定必须以一定的阅读经验为基础。编一份文学社的刊物。确定其中的栏目，如"时代号角""名著赏析""文学俱乐部""诗苑""小说天地""说长道短"等等，都可以借鉴有关刊物而定。第二，资料的汇集必须靠广泛的阅读来进行。有些栏目为保持一定的连续性，必须广泛地搜集资料，因此，编者常常要在课外阅读时做好资料的分类摘编。有时，相对集中地介绍某方面的知识，也应在"厚积"的基础上精选浓缩。第三，审稿的过程也是阅读的过程。编报的稿件主要来源于同学，因此，编者还得完成约稿、审稿、排版、美工、印刷等编印的全过程工作，其中的审稿实际上是一种阅读，而且还得精读细改，比一般的课外阅读要求更高。第四，编成的报刊就是新的阅读材料。对更多的同学来说，拿到新编的报刊，就增加了新的阅读量，由于它是出自自己熟悉的同学之手，往往读起来更加认真。可见，编报过程自始至终都是与课外阅读紧紧联系在一起的。

### 3. 与朗读、演讲、演出等活动结合的课外阅读

这些活动都包含了"有声"的读，而且又应以理解性阅读为基础。

### 4. 与即时性活动结合的课外阅读

即时性活动有些是围绕节日进行的，它常常包含了课外阅读。有些是因为学生中出现了某种阅读热点，老师相机组织读书报告会、心得交流会等，如针对琼瑶热、三毛热、汪国真热、武侠小说热等组织有关活动，这些活动本身就是着眼于对课外阅读进行指导和引导的。

## 四、以消遣为目的而进行的课外阅读

课外阅读中还存在一种耗时较多的消遣性阅读，这种阅读不带有一定的阅读指标，也无限定的阅读范围。其阅读动力就是兴趣，想看点什么就看点什么，想看多久就看多久，想反复玩味或随便翻翻也都可以。但它又可能在无意间达到某种其他类型的阅读指向的目标，比如，积累性阅读以积累感性语言材料和自然、社会知识为基本目标，消遣性阅读会在不期然中充实知识的仓库；评论性阅读要求对所读材料作出鉴定和判断，消遣性阅读并不排斥对阅读材料的评判；鉴赏性阅读要求在阅读中对文艺作品进行鉴别和欣赏，在消遣性阅读中读

者在无意之中获得精神上的享受，受到情感的熏陶，就渗入了一定的鉴赏性；等等。另一方面，由于消遣性阅读都是自主型的，读物的高下、读法的正误都会对学生道德的养成和智力的发展带来很大的影响。因而，特别需要加以引导，前面提及针对阅读热点开展相关的语文课外活动，就是这种引导的努力。下面，我们将对此再作论说。

## 第三节　课外阅读的指导

从技巧性、艺术性角度考虑，课外阅读的指导必须注意如下要求：

### 一、针对性

将针对性的要求具体化，它应体现在：

（1）在读物的选择上体现针对性。应当把"为什么读"和"读什么"紧紧联系起来考虑，明确目的，有的放矢，这样才容易见出阅读的效果。比如，有位老师发现学生不认真写字，作业潦草，难以辨认，多次教育，收效不大。恰好见到《人民日报》上有黎少岑同志回忆狱中生活的一篇文章，题为《慷慨悲歌》（1962年7月2日《人民日报》），其中有这样几段文字：

这是30年前的事了。

一被关进龙华监狱，我就注意搜集烈士的遗作。一品排天、地、人三弄，墙壁都是新粉刷过的，这当然不是为了犯人们有个好的住处，而是为了消灭掉那成千上万在这里牺牲的革命志士所留下的痕迹。借"放风"的机会，我把三弄都搜集到了，还到水井边问过女监里的难友，仍是一无所得。很难想象，那墙壁从来便是光溜溜的。

……

在寻找不得之后，我便开始用指甲轻轻地剔刮了，既想把被掩盖的笔迹刮出来，又怕把手下重了，把它连同石灰一起刮掉。最后才在地弄尽头靠右手的一个牢房里的左边墙上，紧靠双层木架的竖柱里面，找到这样一首律诗：

慷慨登车去，临难节独全。
余生无足恋，大敌正当前。
投止穷张俭，迟行笑褚渊。
者番成永别，相视莫潸然。

铅笔写的，笔画挺细，不用心看便难以发现。从字迹看来，是在临刑前匆忙写的，其中只那个"潸（shān）"字格外写得整齐，看来烈士在这生死关头的庄严时刻，还想到了读者，怕别人辨认不了这个不很通俗的字，而忍死须臾，下功夫把它一画画刻得清清楚楚。

……

今天读到印在纸上的烈士诗，仍觉凛凛有生气，感到后死者的责任重大，该怎样才无愧于先烈在天之灵。但如能找到些亲笔按原样保存下来陈览，让青年们更容易体会当年的情景，那就可能从字里行间，认识出更多扣人心弦的东西。

这位老师怀着激动的心情，把这篇文章推荐给写字潦草的学生读，学生也都从那个"潸"字，"认识出更多扣人心弦的东西"，心灵上受到了触动。有的同学在课外阅读笔记中写道："读了这篇文章后，不知怎么的，那个'潸'字总是不时地出现在我的眼前，它是那么有力，又是那么端庄，尤其是在我写字的时候，它就好像对我说：'你写的字也能像我这样清楚端正吗？'这时我便更加激动地暗下决心：我一定要让自己写的字都清楚端正。"这是1962年的事情。文化大革命后，这位老师又拿《慷慨悲歌》给学生读，同样收到了很好的效果。这里教育的成功，正是有针对性地推荐读物所获得的。(《阅读教学论集》)

（2）在阅读的指标上体现针对性。还应把"读什么"和"谁在读"联系起来，根据不同年级段学生的特点，明确各自的阅读指标。当然，读物的选择也应考虑这方面因素，比如同样是教育学生认真写字，在小学里推荐的大致就是《小马虎的故事》之类。以中学阶段说，有的老师拟定了这样的分年级要求可供参考：①

初中一年级：从诱发阅读兴趣入手，养成良好的阅读习惯。借助工具书阅读记叙文，积累和掌握常用词语，能理解文章的意思和记叙文的特点。能背诵一部分诗文。

初中二年级：要继续培养学生良好的阅读习惯，扩大阅读范围。阅读中，继续积累并掌握常用词语，理解词语在特定语言环境中的含义和作用。理解说明文所说明的事物特征，说明的顺序和方法，体会语言的准确性。理解常用文言实词的含义。增加背诵诗文的数量。

初中三年级：扩大阅读范围，提高阅读质量。阅读中，继续积累和掌握常

---

① 孙玉成.对课外阅读科学系列化的思考［J］.青海教育，1988（4）.

用词语，理解作者对材料的处理，理解作品的篇章结构，理解作品的表达方式。理解作品的语言锤炼。阅读议论文，能把握文章阐述的观点，了解论证方法。对程度适宜的政治、科技读物和文艺读物的内容和表达形式能做一些评析。

高中一年级：继续培养良好的阅读习惯，提高自学能力。阅读中，能准确理解字词句含义和在文中的表达作用；对复杂的记叙文，能理清层次，理解思想内容，分析其语言特点和表现方法；对复杂的说明文，能理解层次，理解内容的科学性和语言的准确性，学会分析说明方法；借助工具书，能翻译浅显文言文，并理解其思想内容。

高中二年级：继续培养自学能力，对复杂的议论文能理清层次，把握中心论点，分析论证方法；对篇幅较长的文学作品能理清线索，准确分析人物形象，把握文章中心，领会语言风格特点，能借助工具书阅读一般的文言文，译文准确、通顺。

高中三年级：具有阅读自觉性，能熟练地阅读政治、科技读物和文艺读物，善于质疑、释疑；具有鉴赏能力，善于运用唯物辩证法分析评价作品。熟练地掌握文言虚词、实词和句式，具有熟练地翻译一般文言文能力。

在总的要求明确后，还应将它具体化。即进一步明确在阅读某篇（部）作品时，应达到什么样的要求。这样，阅读指标通过分解实施，就能得以落实了。

（3）在活动的配合上体现针对性。为了对自主型的消遣性阅读渗透指导性，应当提倡围绕学生的阅读热点开展相关活动。这种活动的针对性无疑是很强的。比如因电视连续剧《安娜·卡列尼娜》的播映，一度形成观看、阅读、议论《安娜·卡列尼娜》的热点，个别学生甚至对列夫·托尔斯泰也产生了种种"误解"。有的老师选择较好的评介文章让学生阅读，举办文学讲座引导学生正确分析《安娜·卡列尼娜》，组织作品讨论会，围绕作品有什么积极意义以及如何评价人物的问题开展讨论。这样，既有助于学生对作品形成正确的认识，又锻炼了他们提出问题、分析问题以及解决问题的能力。

## 二、体系性

苏霍姆林斯基曾提出学生的学习应有两套大纲，第一套着眼于课内阅读，第二套着眼于课外阅读。这个思想在今天的许多学校都得到了落实。江苏省姜堰区东桥小学教育集团的沙华中校长，提出审美视域下小学生语文阅读能力的培养，就从"两套大纲"相互融通的体系构建来考虑。侧重课外，他们研制了"1+X"主题化阅读的校本课程，所谓"1"，就是一个年级一个学期所有学生都要在老师指导下进行深度阅读的一部长篇文学作品;"X"就是各个班级自由推荐的多种书籍。以某一学期为例,他们的阅读书目有:

| 课程<br>年级 | 1 | X |
|---|---|---|
| 一 | 《没头脑和不高兴》<br>任溶溶 著 | 《去年的树》《笨狼的故事》(五册)<br>《安徒生童话》 |
| 二 | 《了不起的狐狸爸爸》<br>罗尔德·达尔 著 | 《狗来了》《狐狸列那的故事》<br>《傻狗温迪克》罗尔德·达尔系列作品 |
| 三 | 《绿野仙踪》<br>莱曼·弗·鲍姆 著 | 《爱丽丝漫游奇境》《格列佛游记》<br>《柳林风声》《小王子》及林格伦系列作品 |
| 四 | 《鲁滨孙漂流记》<br>笛福 著 | 《时代广场的蟋蟀》《屋顶上的小孩》<br>《真正的贼》《外公是棵樱桃树》<br>《苹果树上的外婆》等国际大奖小说系列 |
| 五 | 《狼王梦》<br>沈石溪 著 | 《西游记》《我是白痴》《西顿动物故事》<br>《战马》《第七条猎狗》《最后一头战象》<br>《猎雕的遭遇》《雪豹悲歌》等 |
| 六 | 《绿山墙的安妮》<br>露西·莫德·蒙哥玛丽 著 | 《呼兰河传》《少年派的奇幻漂流》<br>《安德的游戏》《哈利·波特》系列<br>《汤姆·索亚历险记》 |

具体的阅读方法指导,沙华中的团队也有整体设计,开设了好书推荐课、师生评点课、诵读揣摩课、读写迁移课、对比导读课,成果汇报课等。学校还开发了阅读进阶学习手册,为学生的深度阅读提供必要的指引。同时,学校还通过多种形式,为碎片化阅读提供交流机会,有效地将体系化阅读与碎片化阅读融通,儿童的阅读生活更好地散发出时代气息,完完全全地向四面八方打开。

## 三、激趣性

课外阅读在学生应是一件乐事,是一种享受。因此,课外阅读的指导要具有激趣功能,而不能去抑止学生的阅读欲望和阅读热情。很多老师都注意到这一点,其基本的方法有两种。第一种可以叫作暗示答案法。即针对学生学习课文后或在课外阅读中提出的一些问题，介绍相关的文章或书籍。第二种可以叫形成悬念法。即借用讲故事或内容简介等形式，激起学生的阅读兴趣。比如有位老师在给学生讲故事时，讲到最精彩、最有趣的地方突然刹车，在学生一再催促"讲下去"时，再把借来的书发给学生，学生一拿到书自然会如饥似渴地读起来。

在明确了解要求后，我们再来看看课外阅读指导的内容。

### 1. 选择读物的指导

好的读物，如精神食粮，开卷有益；坏的读物，似精神毒药，害人不浅。因此，"读什么"是课外阅读中最重要的事情。阅读指导首先就是引导学生读好书，一般说来，推荐的读物在质量上应当是思想性、知识性、规定性和适度性的统一。涉及的类别主要包括：语文理论和语文知识读物；文艺读物；其他学科的课外书籍；有关报刊。推荐书目的方法大致有：

（1）书目法。充分利用学校图书馆的书源，编制推荐书目表，书目表上应标出图书类别，各年级的选目等等。

（2）摘要法。对重点书籍、热门书籍、新出的好书及重点文章，可将其摘要在墙报上刊出，引导学生优先阅读、重点阅读。其内容可参照正式出版的书目介绍和内容提要。

（3）延伸法。在课文教学的过程中，抓住课文的扩散点，随机作些延伸式介绍。比如教学《变色龙》，简介一下契诃夫短篇小说的艺术风格，简述一下《小公务员之死》，就可以起到推荐阅读《契诃夫小说选》的作用。

（4）专题法。以读物介绍课专题介绍某一读物。

在做好推荐工作的同时，还应注意班级图书角的建设和报刊的征订，以扩大推荐的范围，丰富推荐的内容。

### 2. 阅读方法的指导

阅读方法可以从众多角度分类。比如有：

（1）过程类方法。阅读有价值的书刊大致要经过三个阶段，第一步是浏览，目的是了解全书概貌，明确重点和精华所在；目标有书名、作者、内容简介、序、前言、目录、大小标题、插图、参考文献、索引、段落的起句结句等；方式有扫描式和跳跃式两种，前者是快速读，后者是选择读。第二步是选读，选读可以读全部，也可以读某一部分；可以泛读，也可以精读。一般是根据浏览的印象决定。第三步是笔记。读物中有什么该摘录的，读过后有什么感受，都可以记下来。

以拿到一份报刊说,第一步浏览就是要阅读报刊名称,明确报刊类别;翻看版面或阅读栏目,了解内容分工;扫视标题,确定阅读重点。第二步则是选读,一般是精读重点内容,略读一般内容,有些也可不读。第三步是笔记,如有需要,则可摘录有关内容,对一些文章也可在笔记时发表感想。当然,如果仅仅是消遣,第三步是被许多人省略的。

(2)体裁类方法。体裁有粗细之分,比如小说,可从篇幅的长短上分成长篇小说、中篇小说、短篇小说、小小说;从内容角度分成谴责小说、武侠小说、言情小说等;还可从技巧角度分成情节小说、性格小说、心理小说。诗歌,则可分成抒情诗、叙事诗、咏物诗、理趣诗、山水诗、边塞诗、阶梯诗、散文诗等;散文,可分成抒情散文、记事散文、写景散文、写物散文、议论散文、笔记散文等;剧本,可分成话剧剧本、歌剧剧本、戏曲剧本、喜剧剧本、悲剧剧本等。再按记叙文、议论文、说明文、应用文这种实用文体的分类法,又可分出种种类别。与之相联系的,则有各自的阅读方法。落实到某一篇具体的文章或某本具体的书,既要注意各文体阅读方法的个性,又要注意通用阅读方法、大的体类阅读方法的共性。比如,不管阅读什么作品,一般情况下都离不开"浏览—选读—笔记"这三部曲。又如阅读谴责小说,从其个性来说,阅读时应当了解谴责小说产生的背景,体会谴责小说的创作方法,把握谴责小说的结构形式,辩证地作出对谴责小说的评价,但又离不开一般小说的阅读方法中对人物性格、故事情节、环境描写、主题思想的分析。再如阅读诗歌,不管具体地属于哪种体式,都得抓住一个共性的方法——感受,正如叶圣陶先生所说:"所谓感受就是读者的心与诗人的心起了共鸣,仿佛诗人说的正是读者的话,诗人宣泄的正是读者自己的情感似的。阅读诗歌的最大受用在此。通常说诗歌足以陶冶性格,就因为深美玄妙的诗歌能使读者与诗人同其怀抱。"[1] 其他体裁作品的阅读也应如此。这样,才能真正把握文章的个性,得其神韵。

(3)笔读类方法。课外阅读,一般只注意口诵眼看,其实,还应注意笔读。徐特立先生主张"不动笔墨不读书";张寿康先生在《说读书》中认为在朱熹的"心到、眼到、口到"之外,还要加上"手到","四到之中,心到、手到最重要",都是强调笔读的重要性。笔读,也就是我们前面提到的笔记,方法很多,在课外阅读时经常用到的有:

① 圈画评点法:在阅读过程中,随着阅读和思考,圈画评点,以阅读

---

[1] 叶圣陶.叶圣陶教育文集 [M].北京:人民教育出版社,1994.

符号和要言不烦的评点来表明自己的阅读感受。运用这种方法应是自己购买的书刊。

②摘抄法：吴晗在《谈读书》中说："除了多读之外，还得多抄，要把重点、关键性的词句抄下来，时时翻阅。这样便可以记得牢靠，成为自己的东西了。"摘抄可抄在本子或卡片上，要注意分门别类，以求知识的条理化、系统化。

③卡片法：这是积累资料的常用方法。常用的卡片形式有三种：一是内容摘要卡，抄录书、文的重要内容（名言警句和有关的论据、图表、数据、公式、事例等）。二是书名或论文索引片，不摘内容，只记题目名称，注明在哪里可查到原文。三是随感卡，将自己在读书和工作中随时产生的体会、发现的问题写在卡片上。(《阅读词典》)

④心得法：心得法可以是简要的评点，也可以是结构完整的文章。后者就是练写时的读后感，写作时要注意突出重点，而不能面面俱到。

（4）技术性方法。课外阅读还有一些技术性因素应当考虑。比如工具书的使用，首先就要明确应查什么工具书，工具书一般分为辞书类工具书（百科辞典及各学科的知识词典等）、资料性工具书（各种年鉴、表谱等）、线索性工具书（书目、索引等）、图录式工具书（地图、历史图谱）等，阅读时就应根据阅读需要去选择相应的工具书。然后，还应弄清所查工具书的凡例，明确查检的方法，这样才能翻检到具体条目，找到答案。再如，到图书馆去准确查找自己所需要的书，就应掌握普通的图书分类法，熟悉借阅图书的规章制度，学会翻检图书的方法，等等。在课外阅读中，这些技术性方法，也是阅读技能的一个方面。

前已提及，课外阅读是课内阅读的延伸、补充，又是课内所学的实践、应用。阅读方法，阅读技能的训练首先是课内。"教材无非是个例子"，正是用好了这个例子、才能举一隅以反三。另一方面，还应以多种形式的阅读指导巩固课内所学，丰富技能训练，使学生能早日执掌阅读方法这把金钥匙，顺利地走进一片片怡情增知的新天地。

### 3. 阅读情况的检查

了解学生的阅读情况，可以加强阅读指导的针对性，促进学生阅读质量的提高。检查的方法有：

（1）指导学生填写课外阅读登记表，表内可设书刊名称、作者、主要内容、阅读日期、阅读方式等栏目。看过表格，就能了解学生阅读的内容和数量。

（2）抽查或展览学生的课外阅读笔记。前面提到的摘抄卡片、写心得体会都在其列。

（3）对学生进行口头或书面的调查，如了解学生阅读的时间安排，面临的一些困难，阅读理解时碰到的问题，等等。

（4）举办读书报告会、心得交流会、阅读方法交流会或读书知识竞赛等，既可以从知识、能力等角度了解学生课外阅读的情况，也可以起到如英国作家萧伯纳的一句名言道出的效果："我把我的思想交流给你，你把你的思想交流给我，那么，我们两人同时掌握了两种思想。"实际上，这也是把个体阅读纳入群体阅读的一种努力。

# 第十九章　风格论

歌德说："风格，这是艺术所能企及的最高境界。"[①] 教学风格的形成，标志着教者的教学已经进入了炉火纯青、卓然一家的高境界。它应当是每个教师不断探求的理想目标。

## 第一节　语文教学风格的形成

教学风格的成因，大致有以下几个方面：

### 一、时代的印记

人总是属于具体的时代，教学风格总会烙上时代的印记。在语文教学中，由于课程目标要贴近时代精神，文本选择常常受时代主流价值观的影响，教学也会自觉不自觉地渗透"当下"的审美趣味，时代的印记更加明显。进一步考察时代性，则又可以从以下三个方面看出"前沿"姿态。

思想前沿。思想前沿往往表现为时代精神。从共时的角度看，当代一些先进的外国文化也应融汇进我们的思想体系；从历时的角度看，民族文化优秀的传统则在时代精神中得到继承和光大。时代精神在不同行业不同领域又各有其

---

① 歌德，等.文学风格论［M］.王元化，译.上海：上海译文出版社，1952.

具体表现。在语文教学中，我们强调以学生发展为本，坚守儿童立场，努力抵达语文课程的本质，这些就是时代精神的体现，就是立足思想前沿的努力。综合起来说，对语文课程的理解，似乎可以从以下方面走向前沿：从母语的共性特点看，把握综合性，实践性；从汉语的独特之处看，音形义结合，象形的、诗意的、散点透视的审美特点则是要领悟的；从语文作为人文学科看，我们则应把握主客观融合这一特点；从教学活动看，基于活动性、经验性是必须坚持的。

技术前沿。技术前沿首先是指信息技术、网络化。21世纪是一个信息化主导社会发展的时代，人们现在已经进入数字化生存的状态，这对于教育必然带来深刻的影响，这种影响突出表现在两个方面。第一，从技术层面看，信息化、网络化将对传统教育模式带来革命性的冲击。传统语文教学课堂，教学活动就是一种师徒式的口耳相传，因而，教学活动在时间上是同时性的对等的，课是"一堂"的，组织形态是"班级"的，教学空间是在"教室"。在信息化、网络化背景下，人们必须对教育活动重新进行设计和安排，语文学科不仅要探讨"e"学习，还要面对网络词语满天飞和表达方式新样化的挑战，探索母语教学的新途径。第二，从人的价值和生存意义层面看，信息化、网络化扩展了人的主体性，这就促使我们深入探索生存的本体意蕴的变化路径。当然，技术前沿并不仅仅指信息化、网络化带来的教育技术，还包括教学模式、教学方式的创新，比如自主、合作、探究的学习方式，以学定教带来的教学程序变革，翻转课堂带来"翻转"式的变化，等等。

审美前沿。每个时代都有自己的审美风格，甚至还有属于自己的审美样式，所谓唐诗、宋词、元曲、明清章回小说，都曾各领风骚。也许我们还难以准确把握这个时代的审美特点，但这并不妨碍它事实上的存在，它一定在影响我们的生活，影响我们的教育教学。有追求的教育工作者应当主动探求与时代审美前沿相契合的样式，使教学有更好的表达。

## 二、地域的影响

一方水土养一方人。地域对人的影响既是地理的，也是历史的。汪政、晓华在分析江苏文学风格时，有这样的描述：在一般人的印象中，江南文化是由许多意象与记忆构成的。它可以是江南三月，莺飞草长；可以是精致的园林，曲径通幽，曲水流觞；可以是烟花扬州，秦淮金陵；可以是"好一朵茉莉花"或"拔根芦柴花"；也可以是昆曲，评弹，苏绣，二泉映月……精致、唯美、忧伤，灯红酒绿，笙歌处处，但在繁华的后面总有一种骨子里的颓废。这必然给江苏文学带来深刻的影响，以语言说，汪曾祺以一种线性的方式，着眼于行文的节奏和调子，节俭、含蓄、简约，这完全是魏晋风度与明人趣味。"苏童的造型感不似雕塑那么棱角分明，也不像张艺谋的画面富有力度，苏童用来营造意象的是他那特有的类似苏州丝绸的语言，飘逸、柔软、色彩丰富，虽不厚重但绵延而有张力。"① 毕飞宇则认为自己"语言里头蕴含了一种大的宿命，构成了我们人类特别的痛"，这种"宿命"是深刻地植根在下河平原上的。

这种地域的影响同样会出现在教师身上，特别是在教学风格方面。上个世纪80年代，人们就讨论过语文教学的"京派"与"海派"，如今更是众声喧哗了。

### 三、心灵的音乐

老舍先生说："风格是心灵的音乐。"从教学风格的形成看，心灵的乐章中闪烁的应该是：

心灵的纯真。沈从文先生逝世后，夫人张兆和对其的评价是"斯人可贵"，她的妹妹则作了补充："不折不从，亦慈亦让；星斗其文，赤子其人。"可贵就在于赤子的纯真。钱理群先生说，语文教师很主要的精神就是"可爱"，也是对纯真的强调。

心灵的和谐。教学不是教师的独白，它是基于师生、生生互动的，语文教学还要基于师生与作品的对话。狄尔泰说，理解就是进入作者的心灵世界了。于漪老师说，备课要对课文反复阅读，一直读到课文中的字一个个都站起来与你对话，你才拥有对文本的感悟，才能帮助学生寻求他们自己对文本的体验。教出自己个性的时候，才是学生收获最大的时候。② 于漪老师提出语文教学要以情激情，这里的"激情"是内蕴丰富的，包含了师生、生生、师生与文本等诸多方面和谐的合奏。

心灵的辉煌。在一个小型的语文教学研讨会上，于漪老师提出，语文教学有可能也应该把学生的心灵引向辉煌。我想，彼时，教师自己也一定实现了心灵的辉煌。于老师这里讲的心灵辉煌，可以理解为审美的高峰体验，即在教学中创造契机，将学生引向审美的顶点，在那个时候，学生的心灵色彩斑斓，美不胜收，进入了无我的境界。徐志摩讲雪莱的诗，达到了人课一体的境界，下

---

① 王干.苏童意象[J].花城，1992（6）.
② 董蓓菲，陈江月，郭琛晖.言说名师的专业历程，2008（4）.

之琳回忆时说，大概雪莱就融化在这片空气中，他自己也是，学生也是。如果我们的教学恰如作家创作，登山则情满于山，观海则意溢于海，就有了心灵辉煌的意味。

## 四、辛勤探索的积累

从纵向角度看，教学风格的形成必然要经过一个艰苦探索、不断完善的过程。结合名师成长的经历，这个过程可以分为：

模仿期。初登讲坛的教师，缺少实践，更无经验，只能模仿。尽管这一步很稚拙，但不可避免。比如袁瑢老师至今还保留着当年的一份课时计划，教学内容是《司机尹明义》，其中教学环节的安排是：①

1. 组织教学（1分钟）
2. 进行新课：
（1）初步谈话（9分钟）
（2）教师朗读课文两遍（5分钟）
（3）读后简单谈话（2分钟）
（4）逐段讲读课文的前三段（20分钟）
（5）学生读第一、二、三段并复述这三段大意（5分钟）
3. 布置作业（3分钟）

袁瑢老师说，当时教学一定要不折不扣地按照教学计划执行。而这样机械刻板的安排，完全是从苏联教育学里照搬的，是机械模仿的结果。

于漪老师在谈到教师成长模仿期时认为，如同学生写字从描红开始，先"入格"才能"出格"，这是必须经历的一个阶段，但教师的模仿有积极与消极之分，罗斯金在《现代画家》里说："不动脑子的模仿者学习的是拉斐尔，而不是学习拉斐尔所钻研的东西。"研究教师个案，甚至发现有的接近独立期的老师，刻板地去模仿名师，结果反而后退了，因为他们是一种消极的模仿，只求形似，忘记了精髓是不可能模仿的。积极的模仿则不仅求形似，更关心教学一招一式背后的意蕴，关注名师"所钻研的东西"，以至取到真经。

独立期。模仿期尽管是不可避免的，但时间的长短却因人而异，有的人不

---

① 查如棠，袁瑢语文教学三十年［M］.上海：上海教育出版社，1983.

思进取，也许一辈子迈不出一步，以为熟练的模仿就是成熟。在教学一线，视现成的教案教参为法宝，只会依葫芦画瓢的教书匠并不鲜见，而如果不断总结经验，在加强教学技能规范化的同时，培养独立思考、独立操作的能力，就能较快地进入独立期。于漪老师在回顾自己的成长经历时说，这个阶段是以模仿到创造的过渡，其特征是教师能够根据自己的理解独立设计教学各环节，并在教学实践中得以检验。同时，教师开始潜心研究和体验名家特色，不断融入自己，将别人的成功经验通过内化变为己有。于漪老师还认为，这个阶段的语文老师在观课、上课时要逐步做到知己知彼，要有耐心地磨课，自觉地反思。既要认清自身的条件，如兴趣爱好、性格、气质、思维方式等等；又要鉴别他人不同的教学风格，并努力在自我选择、自我扬弃中形成自己独特的教学方式。

成熟期。在独立性教学的基础上，如果能从教育科学和教学艺术两个制高点上认识并实践，能富有创造性地开展教学工作，就进入了成熟期。于漪老师认为，这个阶段的教师要不断突破他人，超越自己，融教学的社会性、时代性、民族意识和文化底蕴于千姿百态的课堂教学行为之中，塑造教学个性。与此同时，教学效果明显提升，教学风格已成雏形。"出新"绝不是随心所欲，而是基于学科知识和学科教学法，学生学习原理以及教育理论与课程发展知识，应当符合语文教学的一般规律和原则，符合学生认知心理的发展规律，其评判标准应该是"有效性"。

完善期。在外在形态上，"横看成岭侧成峰"；在内在行为上，达到了感性的丰富性和理性的自觉性的结合，进入到自由王国。这时的教学风格就进入了完善期。这个阶段的教师应该自觉地在三个方面总结凝练自己的经验与思想：一是教育哲学，即形成作为个人信仰或价值标准而存在的教育信条，使个人的一切活动和思想带有某种一致的倾向性，比如斯霞老师的"童心母爱"；二是实践模式，即基于长期实践，体现教育基本规律的教学方法、教学模式等，如斯霞老师的"随课文识字"；三是教学风格，即自己对学科本质独特的理解、实践和表达，形成富有个性的美学风貌。

当然，应当注意到，探索和创造是贯穿这四个阶段的一根红线，即使进入了教学风格的完善期，这种努力也不能松懈。同时，还要关注的是，如同文学艺术创作一样，有的教育学型的名师，风格一直在变。我们注意到，在讨论文学创作时，萨义德说时间是"持续的象征"，阿多诺又曾期待一种晚期风格"断裂的景象"。我想，只要是名师们在努力抵达学科本质的路上继续探索，无论怎样，都是一片绚烂的景象，都是值得我们翘首以盼的！

## 第二节　语文教学风格的分类

关于文学风格的分类，我国古代的文艺理论家们有不少创见，比如刘勰在《文心雕龙·体性》中将文学风格归为"八体"："一曰典雅，二曰远奥，三曰精约，四曰显附，五曰繁缛，六曰壮丽，七曰新奇，八曰轻靡。"晚唐司空图的《二十四诗品》则将诗的风格列为二十四品：

| 雄浑 | 冲淡 | 纤秾 | 沉著 | 高古 | 典雅 | 洗炼 | 劲健 | 绮丽 |
| --- | --- | --- | --- | --- | --- | --- | --- | --- |
| 自然 | 含蓄 | 豪放 | 精神 | 缜密 | 疏野 | 清奇 | 委曲 | 实境 |
| 悲慨 | 形容 | 超诣 | 飘逸 | 旷达 | 流动 | | | |

而后又有诸多学者各陈己见，使得我国文艺创作的"风格学"显得相当成熟。

在当代文学批评中，对作家创作风格的精确概括，也时可见到。比如徐迟在《说散文》中曾列举过"鲁迅深刻、精炼……郭沫若文章，气势磅礴。茅盾笔触，细致入微。老舍诙谐，巴金缠绵。周扬明哲，赵树理喷发着泥土气息。郑振铎渊博，冰心慈爱，张光年热情澎湃，方纪潇洒流畅，袁水拍机智，康朗甩华美如西双版纳的孔雀"。[①] 茅盾则对众多诗人、小说家的创作风格作过精辟的概括和分析，仅以小说家语言的幽默说，他就曾辨析过：赵树理的特色"在于明朗隽永而时有幽默感"，他的幽默是形成风趣的一种手法；老舍的语言"形象生动，音调铿锵"，他的幽默"似乎锋利多于蕴藉，有时近于辛辣"；沙汀"塑造人物和描绘景色，有地方色彩，亦诙谐成熟，字斟句酌，谨严而含蓄"。[②] 茅盾关于作家风格的一系列评论对有关作家创作风格的发展起到了积极的推动作用。

这些古人和前辈关于文学创作风格的理论，对我们研究、分析语文教学的风格，启示是多方面的，其中，最主要的是：第一，"不主一品"，只要有独特的美的风姿，就加以肯定。司空图的《诗品》以诗论诗，对每一种风格的境界都作了形象化的描述。并未有高下之分。茹志鹃的《百合花》发表后，有人认

---

① 徐迟.说散文[J].长江文艺，1962（4）.
② 茅盾.反映社会主义跃进的时代，推动社会主义时代的跃进！[M].北京：人民文学出版社，1960.

为作品的风格不符合时代的风格要求,茅盾却对《百合花》给予充分肯定,他说:"……恕我借用前人评文惯用的词汇,它这风格就是:清新、俊逸。这篇作品说明表现上述那样庄严的主题,除了常见的慷慨激昂的笔调,还可以有其他的风格。"我们在评价教学风格时,也应如此,只要有助于促进教学效率的提高,有助于学生情感和认知能力的发展,就应予以肯定。第二,这些对风格的概括,无论是就作品整体,还是就布局谋篇或炼字炼句的某一方面,都是着眼于韵致、情味。因而,针对语文教学研究中的某些说法,有必要强调:手法、方法并不是风格,如浪漫主义、现实主义是创作手法,它会影响、制约某些作家的创作风格,但不能说某某作家的创作风格就叫作浪漫主义或现实主义。同理,把引读、精读、激疑、设疑这些教学方法作为教学风格的类型,是欠妥的。第三,风格是丰富多彩的,具体到作品或作家,在教学领域就是具体到已经形成风格的教师,更是千差万别,千姿百态。从这个意义上说,风格的类型是任何分类都不能穷尽的。

当然,教学有其自身的特点,受教育目标和教学规律的制约,教学要成为艺术,要形成风格,必须融进一些共同的因子,即在保证知识和方法的科学性的前提下,讲求:

(1)真。这是就情感质量而言。在谈到文学创作风格的独异性时,人们常常举到李清照的一阕《醉花阴》:

薄雾浓云愁永昼,瑞脑销金兽。佳节又重阳,玉枕纱橱,半夜凉初透。
东篱把酒黄昏后,有暗香盈袖。莫道不消魂,帘卷西风,人比黄花瘦。

李清照与赵明诚结婚后,时有短期的分离,闺怨之情常常充盈胸际,这首词就是这种怨思之情的代表作。这首词寄给赵明诚后,赵填了50首《醉花阴》,把李清照的词作混夹其中,请友人品评。其友陆德夫品评再三,说最好的只有一首,而这首恰恰就是李清照的。这一文坛掌故是很值得玩味的,众多论者都以此说明风格的不可摹仿性。笔者认为,这里李与赵的区别,首先是感情的质量。李清照由爱而怨,因怨更爱,以词作独寄心魂:"莫道不消魂,帘卷西风,人比黄花瘦。"而赵拟的50首,已经是在"玩文学"了,以游戏式的作品与李作相比,高下自然分明。教学风格的熔铸也是如此,面对学生与教材,任何虚浮与伪饰都是应当杜绝的。有些老师反复强调教学时要"如出我心""如出我口",想必也是讲求情感之真挚。

（2）美。这是教学艺术的一个基点，其包含的内容较多，而不同风格的教学讲求的美又有所区别，以教学语言说，重情感者常常讲求华丽之美，偏于理性的追求谨严之美，擅长点拨的注重简练之美，生动诙谐的则时有风趣之美。

（3）实。一切教学手段、教学方法的运用，都应归结为教学效率的提高，都应着眼于"实"。黎见明老师曾谈到，50年代初，他教《硕鼠》，对《硕鼠》作了白话翻译：

老鼠黑，老鼠黑，不要吃我大小麦，养你多少年，说我要不得。老鼠胖，老鼠胖，不要吃我嫩秧秧，养你多少年，你还不认账。

在朗读时，他又用四川方言加以强调，学生听了，哄堂大笑。黎老师从学生的哄笑声中认识到：《硕鼠》是一篇愤怒控诉剥削者罪恶的文章，而自己的方言腔调却把愤怒变成大笑，在情感目标的落实上方向偏了。第二次教时，他作了改进。同样，如果上课时技巧的运用搞得眼花缭乱，学生似乎也活跃起来，但认知目标得不到落实，也是不可取的。

（4）活。活，简言之，是为了更好地体现"实"。袁瑢老师教一篇课文，第一段中有三个词学生不认识，即"冠""傻""究竟"。"冠"与过去学过的"寇"相似，袁瑢就从字形上让学生细加比较，因为这两个字的音和义不会混淆，只要教读、解释一下就行了。"傻"与课文中的另一个"撒"字，在写法和意义上都完全两样，但读音却较相近，因而袁瑢教学的着眼点放在比较字音上。"究竟"是个新词，袁瑢从词素分析入手，作了解释："究"是追根究底，"竟"是完，合起来，"究竟"就是追根到底的意思。然后联系课文内容，再让学生理解它在句子中的意思。三个词，分别采用三种用法，既"活"且"实"。

当然，在具体的老师那里，这四个因子的比重可能不同，再加上教者"精神个体性"的种种因素，就会组合成多种教学风格，但不管这些风格以什么样的面貌出现，其内核应包含这些共同因子。

教学风格与文学创作风格的不同，还在于教学是一门"表演"或者"导演"的艺术。因而分析教学风格时，教师在课堂上的谈吐、风度，教师表现出来的学养、气质，教师对教法的选择、教学语言的运用，教学时师生关系的形态等等，都可以作为分析教学风格的着眼点。下面就让我们随着教师的教学镜头，以教师的表演特色为着眼点，"跟着感觉走"，来做一个粗略的分类：

（1）情思激荡型。所谓"登山则情融于山，观海则意溢于海"，在这种风格类型的课堂上，由于教师的准确诱发，学生往往经历"感知—感染—感动"的情感运动过程，和教者、作者及课文中人物常常形成情感的共鸣，整个课堂上，情思激荡，教者更是情动于中，语言往往表现出激越之类。如于漪教《最后一次的讲演》的一段讲述："三个部分贯穿了强烈的爱憎，讨伐敌人，似钢刀利剑直插入敌人的心窝；伸张正义，如催征的战鼓，进军的号角，激励革命者踏着烈士的血迹前进。感情的波涛在褒贬抑扬中向前推进，由悲痛而愤怒而充满必胜的信心……"有力地把学生的情感波涛推向高潮。

（2）谨严朴实型。这种风格往往出现在长于逻辑思维的教师的课堂上，他们的教学内容丰富，层次分明，语言精练，质朴无华。比如顾黄初老师教学《蝉》的一段导语就体现了这种风格：

说明文的内容十分广泛，从宏观世界到微观世界，从具体事物到抽象事理，凡是人类已经认识或发现了的事物和事理，都可以成为说明的对象。《南州六月荔枝丹》说明一种果品，《一次大型的泥石流》说明一种自然现象，《现代自然科学中的基础学科》说明自然科学中的一些学科的相应关系。说明对象各不相同，说明文的写法也多种多样。我们今天所要学习的《蝉》这篇课文，其写法就更有自己的特色。学习这篇课文的目的之一，就是要悉心揣摩这种说明文在写法上的特点。

（3）睿智深刻型。属于这种风格类型的教师，十分重视在教学过程中对创造性思维能力的培养。问点的选择、问题的解析、教法的运用、教学结构的安排，常常是新意迭现，出人意料，体现出创造性教学的活力。而这种"新"又是与对教材的独到见解和对教育规律的准确把握等方面体现的深刻度联系在一起，令学生时有折服之感。钱梦龙老师的曲问、逆问设计就体现了这种风格；北京的宁鸿彬老师也时常给人这种印象。比如他教《谁是最可爱的人》总结时有这么一个环节：[1]

教师说："这篇课文举了三个事例，即松骨峰战斗，马玉祥抢救朝鲜幼童，坑道内的谈话。据作者介绍，原来本文举了十几个事例，后来经作者一再筛选，最后只留下了这三个事例。因为这三个事例是有代表性的，体现了多方面的意

---

[1] 宁鸿彬.增强引导学生分析课文的启发性［J］.中学语文教学参考，1992（5）.

义。下面，就请同学们认真研究一下这三个事例，看看它们的代表性都体现在哪些方面。"

经过一番钻研、讨论，学生们发表了如下几种见解。

1. 表达的对象不同。这三个事例依次是：一个战斗集体的英雄行为，一名战士的英雄行为，战士们的英雄思想。

2. 表现的地点不同。三个事例依次是：战场上，朝鲜老乡家，坑道内。

3. 表现的时间不同。三个事例依次是：作战时，行路时，休息时。

4. 表现的思想感情不同。三个事例依次是对侵略者的恨，对朝鲜人民的爱，对祖国、对人民的无限忠诚。

5. 表现的精神品质不同。三个事例依次是革命英雄主义，国际主义，爱国主义。

教师肯定了学生的上述种种见解之后，又作了一点补充。就是这三个事例所表现的斗争目的不同。即：三个事例依次是"抗美""援朝""保家卫国"。

这种引导和归纳不仅让学生充分理解了三个事例的典型性，而且让学生在思维过程中感到新奇、有趣，这种"奇""趣"就来自于教师的教学设计和对教材理解的新意和深度。

（4）广博典雅型。具有这种风格的教师，大多学养深厚，上课时课内知识与课外知识巧妙结合，融会贯通，时而惜墨如金，时而泼墨如雨，放得开，收得拢，行止自如。然而，"形散神不散"，这种"博"并非驳杂、粗俗，而是拓开了一层新的境界，做到了"博"与"雅"的有机统一。比如有位老师教学有关课文时随机插入"水北山南谓之阳，水南山北谓之阴"的知识：洛阳在洛河的北岸，衡阳在衡山的南坡；华阴只能在华山之北，而江阴无疑在长江之南了；那么，"咸阳"呢，咸阳南濒渭河，北靠九嵕山，评山论水，全处于"阳"，而"咸"字正做"全、都"讲。举重若轻，信手拈来，学生获得的岂止是知识？[1] 再如安徽宣城的陈小平老师教学《守财奴》，从下面几个方面讲透了"预习提示"中指出的：作者赞颂葛朗台之妻恬退隐忍、崇高洁白的基督精神，"意在反衬葛朗台的凶狠丑恶。这虽然有一定的揭露作用，但也恰恰反映出作者世界观的局限"：[2]

---

[1] 王宗礽. 读书·教书·著书——记郑州铁路一中特级教师王振中[J]. 语文教学通讯，1992（1）.
[2] 陈小平. 精深博雅——我所追求的语文教学境界[J]. 语文教学通讯，1992（7）.

（1）巴尔扎克是虔诚的基督信徒，他认为基督精神能改革时弊，要人们忍受苦难不要斗争，这与马克思提出的阶级斗争学说相悖。

（2）用托尔斯泰进行类比。托尔斯泰既是"俄国革命的一面镜子"，又是"一个发狂地笃信基督的地主"（列宁语）。列宁一方面赞扬他是"一个天才的艺术家"，"创作了世界文学中第一流的作品"，另一方面，批评他是"一个颓唐的、歇斯底里的可怜虫"，他"鼓吹世界上最卑鄙龌龊的东西之一，即宗教"，"培养一种更精巧的因而是特别恶劣的僧侣主义。"

（3）引用马克思"宗教是人类精神的鸦片"的论述，说明宗教对被压迫者灵魂的戕害。

纵横捭阖，酣畅淋漓，学生也因之进入更高的一重境界。

茅盾在分析文学创作风格时说过："所谓风格，亦自多种多样，有的可以从全篇的韵味着眼，用苍劲、典雅、俊逸等形容词概括其基本特点，有的则可以从布局、谋篇、炼字、炼句着眼，而或为谨严，或为逸宕，或为奇诡，等等不一。"① 前已谈及，分析教学风格，也有不同的着眼点，这里只择其一。即是同一角度，也还可列出一些。再者，具体人的教学风格，也不可能纯然一色，一方面它必然特点鲜明，另一方面，又往往渗入其他因素。而这个问题，正是下面我们要论述的。

## 第三节 语文教学风格的主导性和丰富性

稳定性是风格的基本特征之一。别林斯基评论文学风格时说："一个诗人的一切作品无论在内容和形式上怎样分歧，还是有着共同的面貌，标志着仅仅为这些作品所共有的特色，因为它们都发自一个个性，发自一个统一而不可分割的我。"② 缺少这种稳定性，无法形成自己的主导风格，也就不可能获得"已具风格"的赞誉了。但是，"一个大作家绝不能只有一颗印章，在不同的作品上都盖着同一的印章，这就是暴露出天才的缺点"。③ 创造性是风格的另一基本特征。

---

① 茅盾.鼓吹续集［M］.北京：作家出版社，1962.

② 别林斯基.别林斯基论文学［M］.梁真，译.上海：新文艺出版社，1958.

③ 布封.布封文钞［M］.北京：人民文学出版社，1958.

在风格形成以后,它仍然是风格的生命线。如果以一成不变的风格,去应付不同的内容和形式,那是自我束缚。在保持主导风格的同时,面对不同的内容和形式,不断创造,应付裕如,才是风格发展的阳关道。这就如明人胡元瑞赞扬杜甫的:"杜诗正而能变,变而能化,化而不失本调,不失本调而兼得众调。"事实上,这样的作家在中外文学史上为数不少。比如陶渊明既有"采菊东篱下,悠然见南山"的冲淡平和,也有"刑天舞干戚"这"金刚怒目"的一面;老舍曾经赞誉过莎士比亚"以自己特有的风格写悲剧,也以自己特有的风格写喜剧,应付裕如,似无局限"。① 茅盾曾经概括过鲁迅统一的独特的风格是"洗炼,峭拔而又幽默",同时他又指出鲁迅"多种多样"的另一面:"金刚怒目的《狂人日记》不同于语言微中的《端午节》,含泪微笑的《在酒楼上》亦有别于沉痛控诉的《祝福》。"在说到杂文时,茅盾认为:"鲁迅的杂文手法,仍然是回黄转绿,掩映多姿。他的六百多篇、一百万字的杂文,包罗万象,除了匕首、投枪,也还有发聋振聩的木铎,有悠然发人深省的静夜钟声,也有繁弦急管的纵情欢唱……"② 茅盾的描绘与分析是相当精当的。

  与文学创作同理,教学风格也存在主导风格与丰富多样风格辩证统一的联系。我们在教学研究中首先要根据一些优秀教师长期的教学实践,分析、总结出他们"统一的独特的"风格,研究这种风格的成因和优势,以求上升到理论高度去认识它。在这个问题上,有些老师"只缘身在此山中",也许就"不识庐山真面目",而不愿接受对其主导风格的评价。比如,在1992年一个阳光明媚的春日里,笔者恰好收到油墨喷香的《语文学习》第2期,看到于漪、闻达在《灿烂阳光下的一次倾心交谈》该文章中有一段对话耐人寻味,现照录如下:

  闻:若干年前,有人曾试图概括几位著名语文教师的各具特色的教学风格,也曾撰文予以介绍。因为,正如你说的"对语文教学满腔热情满腔爱",你在教学中的激情洋溢和对学生充满师爱,给人们留下了深刻印象,所以很自然的,人们把你的教学风格概括为"情感派"。你接受这种评价吗?

  于:任何一个概念不可能概括任何一位教师。语文学科是综合性很强的一门学科,语文教学熔思想教育、知识传授、能力培养、智力发展、情感陶冶于一炉,它不是平面的,而是立体的。同样,教学风格也不是平面的,而是立

---

① 老舍.小花朵集[M].天津:百花文艺出版社,1963.
② 茅盾.鼓吹续集[M].北京:作家出版社,1962.

体的。

闻：我同意你的观点，用一个概念来概括一个教师的教学风格，的确容易以偏概全。不过，我想借用一句名言：世界上没有两片相同的树叶。同样也没有两位教学风格完全一致的教师。像你这样一位著名教师，你的丰富的教学实践融入了你的学识、你的个性之后，早就形成了有特色的教学风格，这也是事实。如果用一个概念不行，那么用几句话或一段话加以描述，总还是可以的吧。

于：你简直缠住不放了。我感到我的教学风格，既有继承发展传统教学中精华的东西，也有吸收当代教学理论中先进的成分。我要求自己能博采众长，如同杨朔笔下的小蜜蜂，辛勤酿造百花蜜，留得芬芳在人间。如果一定要说什么是我的教学风格的话，那么我比较赞同的是辽宁教育出版社1989年出版的《中学语文教坛风格流派录》一书中编者对我的评价——

闻："在教学中，于漪讲究'声情并茂，熏陶感染'，你不能因此就说她是'情感派'；于漪曾提倡'兴趣是学习的推动力'，你也不能就此而认定她是'兴趣教学'……你看到于漪教学中讲思维训练，有'引进'的教法，便认为于漪教学是完全抛弃了传统教学的'现代派'，也不全面！事实上，于漪在她的教学中，没有排斥传统的精华。于漪的教学，可以称得上是多风格教学，她继承了传统教学中有生命的东西，也吸收改革中的新经验……在教学实践上，她是多面手，有讲有练，善诱导，会指点，既注重教书，又注重育人；既强调感情教育，又不忽视思维训练。"

于：谢谢你的引证。多年来，我追求的就是语文教学的立体性、整体观和它的综合效应。

闻：这使我记起张挹之教授的一句话。他说："于漪老师是一位没有固定模式的特级教师。"

于：我接受张教授的评价。

于漪老师是我敬重的前辈，在不多的接触中，我已感受到她的高尚和博大，但对她这里表明的观点"不敢苟同"。我们认为，从某种意义上说，于漪老师确实是"横看成岭侧成峰，远近高低各不同"，但这并不妨碍她形成自己的主导风格。对她的每一个教例可以从不同角度进行分析，但捧读她的教案，观赏她的教学录像，人们总是感到溢漾出来的首先是炽热的情和深挚的爱。在她那里，不仅常常展现出"感知—感染—感动"的情感运动过程，而且，"感染"还有时置于"感知"之时，从而大大提高了"感知"的质量。一些教学环节在别的老

师那里本来是"趣化"或者"理化"的,但经她的处理,总使人感到经过了一次"情化"。比如她教学《孔乙己》的导语中有一段话:

> 凡读过鲁迅小说的人,几乎没有不知道《孔乙己》的。凡读过《孔乙己》的人,无不在心中留下孔乙己这个遭遇社会凉薄的苦人儿的形象……
> 过去有人说,古希腊索福克勒斯的悲剧是命运的悲剧,莎士比亚悲剧是主人公性格的悲剧,而易卜生的悲剧是社会问题的悲剧,从某种意义上讲,是有道理的。那么孔乙己的悲剧是什么样的悲剧呢?悲剧,往往令人泪下,然而,读了孔乙己的悲剧,眼泪往往向肚里流,心里有隐隐作痛之感。这又是为什么呢?学习之后我们可得到回答。

很有意思的是,于漪老师在教案中把这一教学步骤概括为"激发兴趣,引入课文"。我们认为,如果说是以疑激趣,这个导语确实起到了这种作用。但是,更难得的是这个导语的情感力量,已经使学生感到"沉甸甸"的了,教学的情感基调已经定好了,情感氛围也已经开始形成了。因此,在这个教例中,我们更看重一个"情"字。而这个"情"正体现了于漪教学的个性。

再如教学《周总理,你在哪里》的结束阶段,一般老师的处理是概括主题,于漪却要求学生就课文内容和平日对总理的了解,谈自己对"周总理,我们的好总理"的"好"的新感受、新体会,要求言简意赅,可引用名言。学生经过思索,有的激动地说:"我们的好总理,'好'在'横眉冷对千夫指,俯首甘为孺子牛'。"有的引杜甫咏怀诸葛亮的诗句说:"自古丞相擎天柱,而周总理是万古云霄一羽毛。"有的学生情不自禁地说:"总理文能治国,武能安邦;功高盖世,万古流芳。"于漪在这里把理性概括融于形象感染之中,诱导学生形成情感的"井喷",从一个词生发开去,"不仅进一步理解这个极其普通的词所包含的极其丰富的内容,而且沉浸在赞颂周总理伟大人格、高尚情操和不朽功绩的气氛之中,师生相互教育,思想升华,感情净化。"这种处理也是典型的"于漪式"。①

因此,我们认为,于漪的可贵并不是"没有风格",而是做到了主导风格和丰富多样的有机统一。于漪"倾谈"中的观点也表明她自觉地追求着风格的多样性,这是值得推崇的大家风范。

从语文教学的实践看,教学风格的"变"所形成的风格的多样性主要取决

---

① 参见 1991 年 12 月 7 日于漪在"于漪从教 40 周年纪念大会"上的发言:《奉献——教师的天职》。

于如下因素：

（1）时代因素和生活环境的变化。环境改造人，这种变化必然会影响到"精神个体性"的发展，因此，自然应在教学风格上烙下时间和空间的印记。一个五六十年代就已成熟的教师，如果在现在教学时仍是老一套，其落伍是显而易见的。

（2）个人思想感情、教育观点和学识修养的变化。仅以学识修养说，"水涨船高"，当然有助于促进教学进入新的一重境界。

（3）教学内容的变化。教学《最后一次的讲演》可以是"豪放派"；但教学《绿》则只能是"婉约"派，如果还是这般慷慨激昂，那份宁静优雅的意境就会十分遗憾地被破坏掉。

（4）文章体裁的变化。曹丕在《典论·论文》中曾说："盖奏议宜雅，书论宜理，铭诔尚实，诗赋欲丽。"陆机在《文赋》中认为："诗缘情而绮靡；赋体物而浏亮；碑披文以相质；诔缠绵而凄怆；铭博约而温润；箴顿挫而清壮；颂优游以彬蔚；论精微而朗畅；奏平彻以闲雅；说炜晔而谲诳。虽区分之在兹，亦禁邪而制度，要辞达而理举，故无取乎冗长。"虽然这些论述，如刘勰所说："各照隙隙，鲜观衢路。"但对我们仍是有启发的。对所有的文体，用同样的风格去创作是不适合的，用同样的风格去教学也是不适合的。

# 第二十章　流派论

可以流派名之，最重要的特征应当是风格的相似性、结构的群体性和影响的广泛性。所谓语文教学的流派，也就是指一定历史时期内教育思想、教学个性、教学风格相似相近且造成一定社会影响的语文教师及理论工作者组成的群体。新时期以来，我国语文教学的流派正经历着一个从无到有、从少到多、从隐到显的过程。尽管其轮廓还是不甚明晰的，但"面向未来"，认可之，研究之，发展之，对语文教学发展的积极作用可以想见。因此，提出这个包含有总结和开拓双重意义的课题已经是时候了。

## 第一节　语文教学流派的产生

任何教学流派都是一定时代的产物，当新时期深化改革的号角吹响后，语文教育工作者也和各行各业的人们一样，踏着时代的音程，迈开了历史性步伐。这应当看成语文教学园地里流派纷呈、百花齐放的根本原因，正是受这部雄浑伟大的交响乐章的主旋律所影响，哪怕"封闭"到教育内部，我们也不难看出语文教学流派产生的必然性。

### 一、理论营养——教育思想的多渠道汲取

任何流派总要扯出一定的思想旗帜，语文教学流派也不例外。新时期对各

种教育思想的介绍、比较、应用、研究，为流派的建立丰富了理论营养，这方面的工作主要表现在：

### 1. 对"古"的进行反思

"古"者，传统也，科学地反思传统的语文教育经验，在消极方面，"重视对于传统中的'积淀'与'糟粕'的批判和否定"；在积极方面，"重视对于传统中的'活流'与'精华'的把握和发展。"① 较好地解决继承与发展的问题是新时期理论工作者的一个重要课题。这种反思使某些教法的推广、流派的形成具备了一定的民族理论的基础。比如李伯棠先生在题为《继承优良传统，改革语文教学》一文中就从教学原则、教学过程、教学方法三个方面探讨了我国语文教学的优良传统。就以李先生列举的教学原则说，有：（1）循序渐进。（《学记》："学不躐等。"朱熹："未得乎前，则不敢求其后，未通乎此，则不敢志于彼。"）（2）因材施教。（朱熹："孔子施教，各因其材。""圣贤施教，各因其材。"）（3）教学相长。（《学记》："学然后知不足，教然后知困，知不足，然后能自反也；知困，然后能自强也。故曰：教学相长也。"）（4）启发诱导。（朱熹释孔子"不愤不启，不悱不发"为"愤者，心求通而未得之状；悱者，口欲言而未能之貌；启曰开其意，发曰答其词！"）（5）管教管导。（孔子的德育教育过程分为道德信念的培养、道德情感的培养和道德行为的培养三个方面，他在对学生实施德育教育的过程中，注意了知、情、意、行的道德要素，提出了好学、笃信、立志、躬行的培养方法。）这些教学原则对于各科教学都不失普遍的指导意义，其中有的直接包含了一定的教学方法，比如根据启发诱导的原则我们就应提倡启发式，而"导读派"的"导"当也源于这里。根据循序渐进的原则，我们可以从语文知识本身、学生认识发展、学生年龄特征等角度去研究教材的"序"、教学的"序"，因此也就有了序列教学。

### 2. 对"洋"的积极借鉴

"洋"者，外国也。在那么多年的封闭之后，我们终于能打开窗户，呼吸到外界的新鲜空气，一时间带给了大家许多惊异和欣喜，尽管曾经有过眼花缭乱，无所适从，甚至只鳞半爪、生吞活剥的情况，但更多的还是积极地汲取。这些国外的先进的教学论和教学方法造成的冲击波影响深远。比如苏联的赞科夫和美国的心理学家布鲁纳的理论都曾对我国语文教学热潮的形成起到兴波助澜的作用，甚至成为我国某些语文教学流派的理论基础的一部分。赞科夫认为，

---

① 顾黄初.传统，需要科学的反思［J］.语文学习，1986（9）.

"我们的时代不仅要求发展他们的智慧、意志、情感,发展他们的才能和禀赋","一般发展不仅是指智力发展,而且包括情感、意志、品质、性格、集体主义的个性特征的发展"。这种"一般发展"的理论对于我国情境派的形成和完善具有一定的指导意义。布鲁纳主张学生应在教师引导下"发现学习",他认为,发现不限于寻求人类尚未知晓的事物,而是"包括着用于自己的头脑亲自获得知识的一切形式",包括学习在内,也要靠主动的发现,即"发现学习"。他的一个中心信念是:"无论哪里,在知识的最前哨也好,在三年级的教室也好,智力的活动全部相同……其间的差别,仅在程度而不在性质。"因此,应让"学生亲自把事物整理就绪,使自己成为发现者"。"发现法"一经介绍,很快就被移植到语文教学的园地里。列举语文教学方法时,人们总不会漏掉"发现法"。而他关于"发现法"的一系列论述也在语文教学的诸多方面给我们不少有益的启示。

### 3. 对"土"的认真总结

这里的"土"是指时间上和空间上都属于我们自己的,即近现代的中国语文教育家。随着对外文化交流的发展,国外当代的教育思想被大量引进时,也有一批同志,对以叶圣陶先生为代表的中国语文教育家们投以更多的关注,终至春潮涌动,蔚为大观。人们"蓦然回首",惊奇地发现我们有这么一座座属于自己的丰富的宝藏,这些语文教育家的理论没有语言的隔膜,显得更为实用。而且,他们善于在传统经验和外国经验的结合点上,在理论与实践的结合点上构筑自己的体系,更增加了其理论的科学价值。比如顾黄初先生就曾谈到:

到本世纪之初,新式学堂兴起,赫尔巴特的"阶段教学法"引进我国,于是在班级课堂讲授中开始出现了分阶段、按一定程序组织教学的革新尝试,那就是黎锦熙提出的"自动主义的形式教段"。黎氏把语文课堂教学分为三段六步,即:第一段"理解",包括两步:预习和整理;第二段"练习",包括两步:比较和应用;第三段"发展",也包括两步:创作和活用。继之而起的,有各种教学阶段和教学程序的设计,形成了一个追求课堂教学程序化的新的局面。到四十年代,叶圣陶、朱自清编著《精读指导举隅》和《略读指导举隅》,他们根据古代学者治学的优良传统,结合现代教育学、心理学的新的研究成果,设计出了"预习、报告与讨论、练习"这样一个分阶段的精读教学过程。[①]

---

[①] 顾黄初.顾黄初语文教育文集[M].北京:人民教育出版社,2001.

顾先生认为，一方面，这是"对先秦以来治学讲究'博学、审问、慎思、明辨、笃行'的传统精神的丰富和发展"；另一方面，对于外国先进教育思想的汲取也是显而易见的。

所以，我们不难理解，在外来的"新潮"过后，这方面的研究呈现出方兴未艾之势。我们也可以认定，每个语文教学流派都从这里受到了启发和鼓舞，而如叶圣陶先生那句内容的丰富性和表达的简洁性高度统一的名言："教是为了达到不需要教"，对于语文教师来说，简直是真正的"圣言"了。

## 二、实践之花——教学改革的多方面收获

纵观新时期以来语文教学的全貌，可以毫不夸张地说，语文教改的成绩是巨大的、多方面的。有些同志曾从纵向的角度把这一时期划分为：1977～1978，重视知识价值的阶段；1979～1984，注重智能发展的阶段；与第二阶段同步或稍后些，探索结构和序列的阶段；1984年以后，重视语文教学质量评价的阶段。① 也有些同志作了横向归纳，认为中学语文教改百花齐放，争芳斗艳，呈现出如下趋势：语文教材从单一求同趋向多元求异；传统的单篇教学方式向现代的单元教学方式发展；课堂教学由单一纵向结构向纵横交错的网络结构发展；语文教研重点由教法研究向学法研究发展；作文教学向确定训练的科学体系发展；语文教师向"能力型""研究型"发展。② 这些归纳虽说不是很全面，但也可见成果之丰。而我们所说的只是其中一方面——正是在广度深度上都不断扩展的语文教学改革，为语文教学流派的生成提供了沃土，即是从前面提及的那些教育思想看，正是认真的不懈的教改实践使它们并没有仅仅成为春风拂面，而是春风化雨，点滴入土，"融"进了我们自己的语文教学流派的有关体系，与我们的国情，与我们的时代较好地结合了。那么，语文教学改革的实践究竟对教学流派的形成具有哪些作用呢？我们认为至少有如下三方面：

### 1. 教改出"人"

正是改革的春风，拂开了语文教学大舞台的历史帷幕，使一批优秀教师有一展才华的机会。一时间，那些富有经验和修养、个性色彩十分强烈的特级教师们成了语文教坛上的风云人物，而他们恰恰都是教改园地卓有教绩的耕耘者。

---

① 张肇平，胡兴宏.历史、现实、未来——论新时期语文教学研究大趋势［J］.中学语文教学参考，1988（12）.

② 钱树信.谈当前中学语文教学改革的新趋势［J］.承德师专学报，1989（1）.

试看一下,钱梦龙的"三主""四式",于漪的"激情""激疑""激趣",斯霞的"随课文识字",霍懋征的"大量阅读法"等等,本身都代表了一种探索,代表了一种成功。可以说,一个较有影响力的特级教师、优秀教师都是一项教改实验以至一种教学流派的代表人物。所谓"教改出人",首先就是指出现了这些教学流派的带头人。

当然,"教改出人"还应包括"新人"。在教学改革的进程中,一些勇于探索的中青年教师并不满足于对前辈的"描红",他们在积极汲取、认真思考的基础上试图另辟蹊径独树一帜,走出自己的路。比如魏书生的"知识树"和他的"六步教学法",陆继椿的"得得法",都着眼于战略上的突破,把语文教改大大推进了一步。这些中青年优秀教师有的已经步入了教坛英杰的行列,成为令人瞩目的耀眼星座,他们的涌现使"学术带头人"的队列变成了方阵,也使得"流派纷呈"成为一种可能。进入课改以后,"后浪"滔滔,"新人"辈出,蔚为大观,不仅使前辈流派的阵营增添强力军,其中的佼佼者更是成为新流派的领军人物。

### 2. 教改出"论"

这里包含:(1)教改出体系。比如钱梦龙"三主"(以学生为主体,以教师为主导,以训练为主线)的出现体现了语文教学指导思想的突破,标志着语文教学踏入一个新的进程,而它首先就是钱梦龙语文教改实践的理论结晶,不少老师也是在目睹了钱老师的教学实况或教学实录后,在击节赞赏中对"三主""四式"心悦诚服的。(2)教改促学习。作为教学"流派"的带头人,为了建构流派理论体系,必须结合教改实践勤奋学习,其表现有:由"暗合"而明入,对某方面的理论本来只是一种"暗合",但寻找理论武器时发现有此一论,便转入较为系统的学习中;由外在而内在,把某些有价值的理论应用到教改实践中,为"我"所用,融入到自己的体系中;由经验到理论,注意汲取多方面甚至多学科的先进理论,努力将教学经验上升到理论层次;对实践中出现的问题,也试图作出理论的回答。(3)教改促研究。语文教改中的新成果、新问题是理论工作者和语文教师科研的活水,这些研究无论是对于教改的深入,还是对于教学流派的理论建构和完善都是不可缺少的。

### 3. 教改出"派"

教学流派的形成不仅取决于带头人的出现与理论体系的确立,而且需要一定的"量"——需要构成群体,形成相当的辐射面。与文学流派不同的是,文学流派往往可以在社团的基础上建立,教学流派没有必要也很少以某些社团为骨干，但是教学改革的深入在客观上对流派的形成起到了促进的作用。这从相关的教改类型可以看出：（1）行政推广型。由教育行政部门和教科所、教研室组织学习推广，逐层逐级形成科研体系，大面积地推行实验，以求遍地开花。比如江苏省对李吉林情境教学法的推广。（2）民间协作型。通过一些群众组织（如语文教学研究会）或骨干学校组织科研网络，加强对某一种体系、教法的研究和推广，如钱梦龙、于漪教育思想研究会等。（3）个体模拟型。为某一流派的魅力所吸引，在教学中努力模仿流派带头人的教学风格，虽"各自为战"，但也构成了流派形成的"群众基础"。正是这种种教改的普及形式使得流派的形成和壮大变得十分自然了。

## 第二节　语文教学流派的特点

遍览新时期的语文教学流派，它们的特点至少有：

### 一、革命性

这是教学流派对于语文教学最重要的贡献。可以说，语文教学流派形成的过程，就是语文教改多角度多层次深入的过程，也是僵化保守的教学模式动摇解体的过程。过去的语文教学，把学习变成连续不断地积累知识和训练记忆，所调动和利用的儿童大脑功能只是与机械的、逻辑的、无情感的相联系的那部分，而情境教学非常重视情、意的开发，力求把"特殊发展"与"一般发展"有机地融合起来。从李吉林老师的教学实践看，"革命"取得了成功。又如我们过去的教学模式是"先生讲学生听"的灌输式，形成的是单一纵向的由点到点的课堂教学结构，而上海市育才中学提出"八字讨论法"，魏书生提出"六步教学法"（定向—自学—讨论—兴趣—自测—自结），这里的"议议""讨论"都注意利用和发展学生之间的横向交流，把师生之间的纵向交流与学生之间的横向交流交织起来，组成课堂教学的网络结构，取得较好效果是理所当然的。又如，我们过去的教学是以教师为中心，以知识传授为内容的。魏书生老师打破教师"中心论"，着眼于学法的指导，归纳出四种做法：一是教给学生读书方法：怎样读总体的语文书，怎样读一本语文书，怎样读一类文章，怎样读一篇文章；二是教给学生三结合的学语文的方法：听说读写结合，学用结合，课内学习与课外学习结合；三是教给学生一般的学习方法；四是教给学生讲效率的方法。教师以教示法，以法启学，"革命性"相当彻底。

## 二、渗透性

新时期的语文教学流派对语文教改切入的角度不一，形成的特色不同，但相互间并不排斥，而是互为渗透，互相促进。比如导读派的主要倡导者之一黎见明老师在阐述"导读"时曾多次谈到情感教育在"导读"中的地位和作用。他认为："导读育人，搞好情感教育，要培养学生五种感觉：情景感、联想感、共鸣感、审美感和情操感。"举情景感为例，黎老师有这样一段论述：

情景感，就是要以作品的语言为根据，让学生进入情景，展开想象，产生情景。

文章或托物言情，或借景抒情，或寄事达情，或以理表情，造成一种浓厚的情感气氛，以强化某种感情。学生读书，要睹物成情，触景生情，因事激情，知理明情，导读应切实掌握产生这些事物的背景，让学生具有情景感。自然景物牵动着人们的情感。刘勰说："岁有其物，物有其宏，情以物迁，辞以情发，一叶且或迎意，出声有足引心，况春风与明月同夜，白日与春林共朝哉。""一叶""虫声"与情感相关，"春风""明月""白日""春林"与情感相连。读书要触景生情，增强情景感。

尽管如此，读书还须把春风、明月、一树、一叶，放在作品中作为一个整体来认识。要通过想象，把景物和人物、情节等联系起来。欣赏作品要从统一而和谐的整体中，进入情景，产生美感。要从情景的转变中，看到事物的发展和它所显示的历史意义。

显然，情境教学的某些营养已经有机地融入"导读"之中。而在情境派的代表人物李吉林老师的专著中，则有专节讨论了情境教学与其他教学法的关系。比如李吉林老师认为："思路教学是以揭示作者思路为主的教学形式，着重逻辑推理。情境教学则吸收思路教学之长，安排教学程序，使整个教学过程环环相扣，步步深入。这样，教学不仅有血有肉，有形有情，而且有纲有目，思路清晰。"（《情境教学实验与研究》）李老师说："只有博采众长，情境教学才能日臻完善，而显示其旺盛的生命力。"可以说，这也是所有教学流派代表人物的共识。

## 三、自发性

所谓流派，有两种类型，一种是自发型，没有共同的组织、纲领、旗号，只是自发地以某个或某几个代表人物为规范，形成相同或相近的风格。在文学流派中，宋代的江西诗派和清代的桐城派就是这种类型。另一种是自觉型，有一定的组织、名称和主张，在文学流派中，常常先组成社团，后形成流派，如我国现代文学史上的文学研究会和创造社。新时期语文教学的流派基本上都是前一种，是不自觉地形成的，它的出现常常以风格的魅力为起因，通过教学观摩活动，通过录像、书刊等传播媒介，一些教坛英杰的风格为大家所熟知，所叹服，于是研究者有之，模仿者有之，发展者有之。因此，流派渐成。所谓风格是因，流派是果，是有相当道理的。教学风格是教学实践成熟的标志，教学流派则是教学教研活动趋向繁荣的标志。当然，流派的形成，可以促使教学流派中执牛耳者，从不自觉到自觉，可以推动其教学风格的发展。但从组织状态看，流派群体构成的自发性是十分明显的。现在有些地方成立了以教学流派的某些代表人物为研究对象的教育思想研究会，有助于教学流派从自发走向自觉，有助于教学流派的壮大和发展，但这些研究会的参加者并不等于就是流派中人，关键是要看他们自己的教学风格属于哪一类，而一些并未参加研究会的，只要其教学风格、教学思想与某个流派比较一致，则应看作流派群体的一部分。从语文教学的特点看，可以说，这种自发的状态是不会消失的。

## 第三节 语文教学流派的类型

经过多年的辛勤开拓和不懈努力，语文教学流派纷呈的喜人局面已基本形成，这里仅举比较成熟的情境派、导读派、思路派论之。

### 一、情境派

情境教学借鉴我国古代文论中的"境界"说和外语教学中运用情境进行语言训练等方法，着眼于学生整体和谐的发展，主张通过多种手段创设情境，激发学生的积极情绪和浓厚兴趣，形成主动发展的动因，大力发展形象思维，充分发挥形象思维的作用，引导学生从整体上提高理解和运用语言的能力。情境教学的代表人物是李吉林、于漪等。下面试从依据和方法两个方面略加阐说。

#### 1. 情境教学的依据

（1）情境教学的教材依据。

① 意境。相当一些课文本身就形成了写人绘景的意境：写人，像《七根火柴》中无名战士的形象；绘景，如《春》《草原》的开头部分。这些描摹如诗如

画，自然是运用情境教学最为合适。

②情感结构。一些课文在逻辑结构中隐含了情感结构，顺着情感结构的梳理，必能使人动情入境。比如，《在马克思墓前的讲话》在论述马克思理论和实践两方面划时代的贡献时，逻辑结构中还隐含了情感结构：恩格斯饱含深情地描绘了马克思的巍巍形象。把握这一情感结构，主题不仅见出丰富，而且也更显深刻了。

③情感信息。几乎所有的课文都包含有情感信息。情感信息有整体和局部之分，课文的段落和层次反映出来的是局部情感信息；由若干情感信息个体和群体可以组成整体信息。由情入手，唤起、利用情感信息，有助于深刻地理解课文。比如《三人行》中"二人行"局部的情感信息与"三人行"整体的情感信息形成铺垫与被铺垫的关系："二人行"尚且如此艰难，"三人行"简直难以想象了。顺此入境，对人物意志、情操的体验就更见真切了。

（2）情境教学的身心依据。

① 从人的大脑功能看，心理学研究表明：人的大脑左右半球，既有分工又有合作。左半球掌管逻辑、理性和分析的思维，包括言语的活动；而右半球则负责直觉、创造力和想象力，包括情感的活动。左右半球协调工作时，大脑的潜能就能得到很好的挖掘。情境教学不像传统的教学偏于逻辑思维活动，它往往是感受在先，表达在后，感受表达交错，或者同时进行，这样左右半球交替兴奋，协同工作，大大发挥了大脑的潜在力量。

② 从儿童少年的思维特点看，儿童的思维处于表象思维阶段，他们通过感性认识而获得表象，运用表象进行直觉的形象思维。情境教学正是从感受形象开始，符合儿童思维的特点，即进入少年乃至青年阶段，由直观的形象思维走向抽象的逻辑思维也有个过渡期、发展期；何况，在实际操作中，两种思维之间还存在着双向的相互转化过程，存在着两者相互融合一体的关系。可见情境教学是有用武之地的。

（3）情境教学的教学法依据。

① 发展的全面性。由于重视了大脑两个半球的同时开发，把"特殊发展"与"一般发展"有机地融合起来，可以促进学生的全面发展。

② 理解的整体性。讲解课文应具有整体观念。事实上，相当一部分老师教学时只抓住枝节，忽视整体，把课文搞得支离破碎，而情境教学的一个情境就是一个整体，这本身有助于学生学到正确的思维方法，久而久之，可以培养学生着眼于整体的习惯和能力。

③ 思维的主动性。情境教学注意"以情动情",学生在一种积极主动的状态下学习,有助于活跃思维,开启心智,迸发出创造的火花,从养成教育看,也可以培养学生主动思维的品质。

**2. 情境教学的方法**

(1) 抓住形。形象是情境构成的内核,李吉林老师也把"形真"作为情境教学的第一特点。这里的"形"包括:

① 课文情境中的形象。于漪老师教《七根火柴》时就注意把情感活动的聚光灯投射到人物形象、物件形象身上。《七根火柴》的结尾写卢进勇用异样的声调数着火柴,把火柴交给了指导员,教者扣住"异样"和"数"沟通人物形象和物件形象的联系,启发学生想象思考:卢进勇为什么用"异样"的声调"数"火柴?他究竟在"数"什么?"数"包含着怎样深刻的意思?经过仔细推敲,学生揭示出:第一,"数"出了火柴的重要,反映了在狂风暴雨、冰雹无常的恶劣环境中,火柴是最重要的东西,卢进勇对火的渴望,对救活同志的渴望在"异样"的语调中体现出来了。第二,"数"出对战友的深情。珍贵的火柴是战友用生命保存下来的,因此,这"数"包含了对战友牺牲的无限哀思,对战友伟大人格、高尚情操的无比敬仰。第三,"数"出了决心,战友的精神感染、激励着卢进勇,这"数"表露出卢进勇自己忠诚党的事业、要将革命进行到底的坚强决心。由形入神,理解是相当深刻的。

课文中特别是那些叙事性、抒情性作品中,还可能有心理形象,也是必须抓住的。其中特别要注意那些寓意式的象征形象,如《白杨礼赞》中威武挺拔的白杨树,《海燕》中搏击风浪的海燕,《百合花》中纯洁美丽的百合花,《钻石》中晶莹透亮的钻石,这些形象往往是意境的焦点,教学时当给以浓墨重彩。

② 生活情境中的形象。李吉林老师在实验过程中就常常带领学生到家乡的田野上去观察,去感受。她认为这样可以"不断积累丰富的表象,让学生在实际感受中逐步认识世界,为学好课本,发展智力打下基础"。(《情境教学实验与研究力》)

③ 再现性的形象。这是指以间接的方式再现课文情境中出现的形象。其中有借助图画、幻灯再现的形象,有以音乐渲染而成的形象,有以语言描绘出现的形象,也有以表演方式模拟情境出现的形象,在情境教学中"抓住形"当根据各类形象特点区别对待,比如对以图画、幻灯等为手段再现的形象应以观察为主,对以音乐或语言为手段再现的形象应以想象为主,对模拟情境中出现的形象则应以体验为主,这样,才能抓出效果来。

（2）接通情。情境教学，情是灵魂，无"情"之"形"，形是死的；无"形"之"情"，情是空的。因此，抓住了"形"，还要接通"情"，把课文所抒写的情与学生的情感纽带焊接起来，诱导、调动学生的情感因素。其主要方法有：

① 关键词语的推敲。比如前文所举《七根火柴》的教例，于漪老师在引导学生推敲"异样"和"数"等关键词语时，还要学生想一想，先烈们为什么要这样？为什么能这样？我们怎样继承他们的遗志，把前辈开创的革命事业进行到底？那"情路"就畅通了。

② 重要场景的渲染。比如《百合花》中新媳妇含着眼泪给小通讯员缝衣服盖被子的场景，"此地无声胜有声"，具有撼人心魄的巨大力量，教者在这里多加渲染，多让学生体味，学生就可以理解小通讯员与新媳妇之间的感情，军民之间的情谊和他们的精神境界正像百合花一样纯洁美丽。

③ 恰如其分的想象。李吉林老师认为："形象"的感受，"情感"的激发，往往离不开想象，想象越丰富，对课文的理解就越深刻。"当然启发想象必须是恰如其分，合情合理的，而且是凭借教材进行的。"恰如其分的想象可以促使学生进入情境，又凭借情境理解课文，接通"情"自然是毫无问题的了。

④ 切身处地的体会。引导学生来个心理易位，假作自己就是课文中的人物，去体会人物的思想感情，那就容易真正的情动于中了。

（3）拓深"意"。"意"是文章的主题，拓深"意"要求理解真正"到位"，克服教学中的肤浅化现象，其方法主要是：

① 凝聚。所谓"形散神不散"，要沟通形象或情境片段之间情感上的联系，归结到课文的思想亮点周围，比如《我的伯父鲁迅先生》中各个片段都有相当的独立性，教学时引导学生从一"多"（为别人）一"少"（为自己）方面归纳，既可以突出鲁迅先生的崇高形象，又加深了对课文中人物感情的理解。

② 挖掘。于漪老师教《茶花赋》，由情而景、而人、而理，逐层剖析，引导学生从茶花的美丽姿态和饱含春色中，看到祖国的青春健美、欣欣向荣；从茶花栽培者身上，感受到创业艰难、任重道远；从茶花含苞乍开，形似新生一代的红脸，激励起对未来的无限信心。在这样的"挖掘"之中，主题的鲜明性、丰富性、深刻性都体现出来了。

（4）融成"境"。这最后一点，意在强调教学的整体意识。情境教学中的实物情境、表演情境、音乐情境、图片情境、语表情境的创设，有时只是教学的一个片段、一个层次，要注意情境教学整个教学过程就是一个大的情境，每个片段、每个层次都应成为其中的有机部分，因此，要特别注意浑然一体，这样既可体现情境教学的特点，又能发挥情境教学的优势。

## 二、导读派

在新时期语文教学流派的百花园里，"导读"是最艳丽的一朵新花。钱梦龙、黎见明、魏书生及一大批优秀教师都致力于此，以自己丰富的教学成果显示了这一流派在语文战线上的巨大生命力。整个语文教育界包括几乎所有的教学刊物都为把导读引向科学化、系列化做了大量卓有成效的工作。完全可以认为，导读派的形成和发展，从一个侧面体现了当今语文教改的广度和深度。

### 1. 导读教学的原则

（1）主体性原则。在教学的指导思想上，导读教学明确宣布"以学生为主体"，这主要包括：① 学生是认识事物的主体，他们知识的获得，认识的提高，应该靠自身的活动来完成，而不能由教师包办代替；② 学生是自我发展的主体，由于师生关系摆正了，学生能够积极地、主动地、生动活泼地发展，这有助于他们不断孕育自我教育的力量，从而加快发展的速度，提高发展的质量，而不是由教师束缚他们的发展；③ 学生是信息反馈的主体，由于课堂教学的民主化，学生敢于直言，畅所欲言，形成积极的教学反馈，有助于提高导读的质量，而不是让教师搞"一言堂"，只见单向的枯燥的灌输。

（2）主导性原则。张志公先生曾对导读作过这样的解说：我喜欢"导读"这个说法，不是因为它和"导演"等结构相同，"导"和"读"的关系恰与"导"和"演"的关系非常相似。处理好"导"和"读"的关系，是教学工作中一件十分重要的事，这里边既有教育科学，又有教学艺术，而归根结底是个教育思想问题。"先生讲，学生听"是"导者为主"，儿童本位是"演者为主"，都有所偏。咱们要"导演"也要"导读"。"读"是主体，但是要"导"。"导"的任务是使"读"者读得更好，终于能够自己去读。"导读"不是"代读"。"代读"容易；"导读"难，但是于"读者"大有益处。①

那么，教师的主导作用怎样体现呢？根据钱梦龙的教学思想可以做这样的概括：① 教师是整个教学过程的组织者，使学生的求知活动始终围绕主要目标进行并收到最理想的效果；② 教师是学生求知过程的启发者，引导学生不断向知识的深处和广处进行探索；③ 教师是学生学习的指导者，随时给学生以鼓励、督促和进行有关学习目的、学习方法的指导；④ 教师是知识的传授者，在学生

---

① 张志公.张志公语文教育论集［M］.北京：人民教育出版社，1994.

求知而不得的时候，教师的讲授还是必不可少的。

（3）历练性原则。导读教学强调"以训练为主线"，这是以"学生为主体""以教师为主导"组织教学过程的必然形式，它使语文学科作为工具学科的鲜明个性得到了充分体现。这个"训练"既然是"主线"，它就应贯串教学全过程，在钱梦龙老师那里是落实到"教前""教中""教后"的；它还应该贯串教学的各个方面，学生的知识应在训练中发展，思想教育、审美教育、感情熏陶等，都应在训练过程中进行。这样，学生在"读"的过程中总"有所事事"（叶圣陶语），不断地眼看、耳听、心想、口说、手写，就可以形成较好的习惯和能力。

（4）发展性原则。这是指导读教学要促进学生心理全面发展的原则。不少"导读派人士"对此作过阐述，比如有同志认为教师指导下的读书学习活动，可以表示如下[①]：

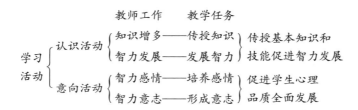

而黎见明更在"导读派"中举出"导读育人"的标语牌，他认为："有的同志把'导读'片面地理解为只是培养学生智力，这是误解。导读要引导学生鼓起知识、智力、理想的风帆，全面成长，引导学生树立共产主义伟大理想，立志做'有理想、有道德、有文化、有纪律'的新一代。"[②] 从"导读"的资料看，不少老师正是这样做的，这些理论和实践都赋予"导读"以丰富的内涵，使之"形象丰满"了。

**2. 导读的类型与方法**

从不同的角度入手，就可能有不同的导读方法。比如有：

（1）突破单篇的导读。

① 读一套书。魏书生老师在学生刚进初中后就引导他们分析初中全套教材，

---

① 靳守彦，李守仁. 小学语文导读式教学新探 [M]. 哈尔滨：黑龙江教育出版社，1989.
② 黎见明. 导读育人 [J]. 四川师范大学学报，1987（2）.

画出其语文知识的总体结构，用他自己的话说："登一座山之前，人们都希望有一张导游图，以对这座山的地理位置、历史典故、名胜分布、攀登路线有一个粗略的了解，这样攀登时方向明、路线清、少做无效劳动。学生自学语文也是这样，对语文总体了解之后，就能根据自己的实际制定每一阶段的学习目标。"

②读一本书。即读将要学习的一本教材，魏老师的办法是让学生从生字、生词、文体、知识短文、练习题、附录六个方面写出教材分析。

③读一组书。也就是读一个单元的书，基本方法是比较：异中求同，同中求异，综合与分析结合，导与读结合。

（2）突破智育的导读。比如黎见明老师曾从民主教育、情感教育、道德教育、创造教育等方面论述过导读育人的问题，这些突破智育范畴的导读其方法当然不能等同于语文知识的导读。比如黎老师谈到道德教育时着重谈了怎样引导学生内化实践，他列举的方法是：①学会深思，把作品思想内化为自己的品德；②善用对比，增强道德判断；③开展讨论，锻炼进行道德选择的能力；④形成舆论，加强群体道德观念的影响力量；⑤注重实践，增强自我道德教育的效果。这些方法虽然也渗透了智育，但又有其自身的个性。

（3）着眼教学全程的导读。设计导读，不是一课，而是一组课。即以单篇实施说，可设计如下课型：

①自读。按钱梦龙老师的说法，这是"一种主要在课内进行的，有目的、有计划的阅读训练"。从类型看，又可分为疏解式、提要式、提示式、质疑式、评点式；从方法看，钱老师设计了"四步问答自答法"：第一步问"写了什么"，方法是按"标题—句—层—自然段—结构段—段"的顺序，由分到总步步设问，层层概括；第二步问"怎样写的"，这是在理解了文章的基本内容以后，研究作法的设问；第三步问"为了什么"，这是关于写作意图（包括局部的、技巧的运用等）的发问；第四步问"有何特点"，这是自读过程的小结：课文思想内容和表现手法各有什么特点？

②教读。在自读的基础上收集、分析、疏导，可根据情况灵活运用"谈话法""讨论法""讲授法"等各种教学方法，同时要注意如下三点：第一，建立新旧知识的联系，启发学生"推旧知新"；第二，善于发问，巧设情景；第三，"活""实"相济。

③作业。类型有：第一，以记诵为主的，如抄写、朗诵、背诵等；第二，以消化知识为主的，如答问、改写、续写等；第三，以应用知识为主的，注意创造学生举一反三的条件；第四，评价性的，包括鉴赏和批判。

④ 复读。复读一般都在一个单元的课文教完之后进行，设计时要力求既有利于旧知识的巩固，又有利于新知识的探索和新能力的培养。

在实际教学过程中，这些课型的先后也可变化，相互更应渗透，各个阶段亦不必以一定的时间框死，这后一点在小学语文教学中更为突出，小学语文教材篇幅较短，有些一节课可以完成的不必拉长教学过程。

（4）着眼课文特点的导读。课文特点不同，导读方法也应有所变化，比如内容较难的课文，就可以教读在前，自读在后。靳、李二位同志曾归纳了一些导读方法，并推荐了相应的篇目，我们认为其中有些方法是通用型的，但也有些对那些推荐篇目来说，已是最优化的选择了。

| 导读方法 | 推荐篇目 |
| --- | --- |
| 设问导读。即以问题为导读媒介，以问代读。就是问而后读，边读边思，思而后悟，悟而后答。 | 《翠鸟》《初冬》《雷雨》《李时珍》《一个降落伞包》《小木船》《粟米》《渡船》 |
| 程序导读。即按照学生自读的心理过程和教材内部的结构关系编成自读目标程序，一步一步地引导学生读书学习。 | 《再见了，亲人》《放风筝》《大海的歌》《伟大的友谊》《少年闰土》《卖火柴的小女孩》《跳水》 |
| 逻辑导读。即以逻辑思维训练为核心，引导学生用推理的方法寻求作者立意谋篇的思路、组句构段的规律、表情达意的方法。 | 《惊弓之鸟》《找骆驼》《蜜蜂引路》《田忌赛马》《火烧赤壁》《养花》《董存瑞舍身炸暗堡》 |
| 辩议导读。即教师根据学生质疑中提出的有重要价值的关键问题，引导学生进行争辩议论，求得对教材的透彻理解，培养逻辑思辨能力的导读方法。 | 《给颜黎民的信》《小音乐家扬科》《鲸》《黄河象》《詹天佑》 |
| 赏析导读。即以欣赏思想深邃、意境优美的写景状物的文章为主要手段，分析文章语言及结构，体会美感，受到熏陶、感染的导读方法。 | 《桂林山水》《火烧云》《月光曲》《伏尔加河上的纤夫》《猫》《繁星》《海上日出》 |
| 对比导读。即根据教材特点，把文章中所表达的相近、相反、相对的内容加以对比分析，从而得出文章的中心思想，学会自读这类文章方法的导读方式。 | 《一定要争气》《田寡妇看瓜》《海底世界》《富饶的西沙群岛》《大海的歌》《美丽的小兴安岭》《林海》《海滨小城》《将相和》 |

### 三、思路派

思路教学是一种传统的教学方式,刘勰谈读书有"沿波探源"之说(《文心雕龙·知音》),这"沿波探源"就是要抓文章的思路。刘熙载谈叙事"惟能线索在手,则错综变化,惟吾所施"(《艺概·文概》),从阅读、欣赏这一方面看,"线索在手"也就是要把握文章的"错综变化",这里的"线索"就是作者的思路。叶圣陶先生关于思路教学有许多精辟的论述,所谓"作者思有路,遵路识斯真"(《语文教学二十韵》),可说是言简意赅。在新时期的语文教学改革中,思路教学被赋予更丰富的内容,显示出新的活力,被人们喻为"老枝新花"。作为一个新近形成的教学流派,其研究和实践主要集中在四个方面。

#### 1. 关于文章思路自身的研究

研究文章自身的思路,是思路教学的基础。在这个方面,李伯棠先生做了不少工作,李先生认为文章的思路大致分为纵向思路与横向思路两种,纵向思路是指叙事、写人、状物、写景、议论按一定顺序叙述的,又可分为按时间顺序、空间顺序和事情发展顺序三种;围绕一个中心,分别叙说几件事情、事理的则叫横向思路,其中又有分合、对比、交替等几种形式。文章的思路又表现出以下四种逻辑关系:动静关系,顺逆关系,详略关系,内外关系。① 当然,这种分析还可更具体些,比如按事情的发展顺序及其内在的逻辑联系,又可分为因果式:起因—经过—结果;开合式:开始—结束;波浪式:发生—发展—高潮—结局,等等。

也有些同志注意到某些文章特别是两条线索并存的文章思路的隐蔽性,认定凡抒情、叙事的文章大都有两条线索,一条是事或景的,另一条是情的,这样的理解由形入神,在教学中容易体现出深度。还有些同志分析了小说中双线结构的组合形式,颇见新意,比如计英臣同志在《双线小说的线索辨别》一文中认为分析双线小说要:

(1) 弄清两个故事存在的不同方式。凡正面叙述的故事,其线索为明线;凡侧面叙述的故事,其线索为暗线。比如鲁迅的《药》:

---

① 李伯棠. 抓住文章思路,组织阅读教学[J]. 教育研究,1982(1)(2).

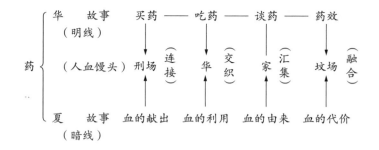

（2）弄清两个故事存在的不同状态。比如《柏林之围》贯串在虚幻的故事中的法军胜利是虚线，而贯串在实有故事中法军的失败是实线，两线相互交织，使小说构思精巧，人物形象丰满。如下表：

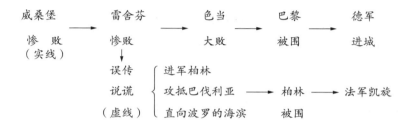

（3）注意两个故事的用笔轻重。着墨多的是主要故事，着墨少的则是次要故事；贯穿在主要故事中的是主线，贯串在次要故事中的是次线。如《群英会蒋干中计》就是一主二次两条线索：

总结概括这些规律性知识，对教者有许多启发，对学生的"学会读书"也是必不可少的工作，——只要导之恰当，坚持运用，规律性的知识是能转化为能力因素的。

## 2. 关于怎样抓住思路组织教学的研究

一般认为，文章的思路梳理后，首先要据以确定教学思路，然后应考虑怎样引导学生认识、把握文章的思路。关于后一个问题，李伯棠先生提出了六点意见：

（1）抓预见，探思路。这实际上是引导学生预"读"，测"路"。

（2）抓审题，揭思路。从文题这扇窗户中窥视文章的全貌。

（3）抓提问，引思路。问题的设计必须围绕文章的思路，以便一步一步地引导学生"遵路识斯真"。

（4）抓结构，理思路。紧扣关键词语，抓情节发展的线索；紧扣关键词语，抓篇章结构的纽带，都是理清结构的基本方法。

（5）抓重点，活思路。这是提倡以重点带动全局，同时活跃学生的思维。

（6）抓板书，明思路。提纲挈领，一目了然，有助于学生掌握思路，理解内容。

以上几点，深入进去，都有相当丰富的内容。以"抓板书，明思路"来说，就有同志从内容与形式的统一着眼，设计出体现课文思路的几种板书：

① 张翼式，犹如飞鸟张开的羽翼，可以条理清楚地体现课文的分合思路；② 波浪式，能恰到好处地体现课文由曲折变化的故事情节构成的思路形式；③ 对称式，通常应用对比思路的课文，可把人或物的同异正反处突现出来；④ 阶梯式，适用于那些有引人入胜的故事情节的纵向思路的课文；⑤ 鱼贯式，如游鱼一样，一个挨着一个地联结着，能把时间的推移、空间位置的转换显现出来；⑥ 雁行式，如同鸿雁飞翔时排着整齐的行列，能把课文同时表现两件事的并列思路展示出来；⑦ 圆环式，形如回环，由一定点出发，沿路经过各点然后再回到原点，能体现事情过程和课文首尾呼应的表现方法。① 窥一斑而知全豹，其他各个方面内容的丰富性不难想见。

**3. 关于变序教学的研究**

"变序"教学一度成了阅读教改中的一个热点，它使人们对传统的思路教学刮目相看，姚烺强、邢贵才同志在这方面进行了较系统的实验和研究。

"变序"教学是从教学思路中突破的，原来思路教学的形式总是根据文章思路安排教学思路，从先到后，循序渐进，而"变序"法则打破了这个传统的序，采用"一点突破"——这个"突破口"往往是进入文章内在天地的最佳入口处。

由于"变"，这个"点"又容易成为学生的兴趣点，使学生产生新鲜感，激

---

① 赵畅.体现课文思路的几种板书形式［J］.语文学习与研究，1986（2）.

发阅读、思考的欲望，所以，它的"突破"意义是多方面的。

根据姚烺强等人的研究，变序的突破点可分：

（1）字词型。即抓住某一关键性的字词以牵动全篇，如《鸬鹚》可从结尾的"恢复"突破："湖面上又恢复了平静。"这句话可见湖面经历了怎样一个变化过程？分别在什么时候"平静""不平静""平静"的？这些变化是从哪些方面看出来的？

（2）语句型。即从文中某一句话入手设计全文教学，如教学《一夜的工作》可由"他是多么劳苦，多么简朴"突破。

（3）段落型。以牵动全篇的一段课文为突破点。如《赤壁之战》的第二段写黄盖献计火攻曹操，"周瑜说是个好主意，可是这一仗怎样打，还得想个好计策"。可由此突破：为什么说是个好主意？黄盖又想出了什么好计策？

（4）题目型。即从能体现思路、揭示重点、统率全文的题目入手设计教学。如古诗《山中留客》的教学可扣住课题中的"留"字，引导学生理解全诗。

（5）篇章型。包括四种，一是"开头"突破式，如：教学《我爱故乡的杨梅》可以抓住"我的故乡在江南，我爱故乡的杨梅"这一独立成段的开头指导自学。二是"结尾"突破式，如教学《卖火柴的小女孩》可以结尾进行突破：卖火柴的小女孩死时为什么会微笑？把学生的思维方向引向主体段落。三是"照应"突破式，即用后文对前文的照应之笔进行突破，如《小英雄雨来》可抓住"雨来没有死"引导学生读读、想想、议议。四是"过渡"突破式，可由和作者思想感情发展的脉络有关或在结构上起承上启下作用的过渡句、过渡段突破。如《伟大的友谊》可由中间的过渡段突破。

（6）表达型。其中可分为"人物行动描写"突破式，"人物语言描写"突破式，"人物正面描写"突破式，"人物心理描写"突破式，"人物肖像描写"突破式，"细节描写"突破式，"文末议论"突破式，等等。举"环境描写"突破式为例，教学《跳水》从"风平浪静"处突破，学生就能理解故事发生、发展、高潮、结局的全过程都与之联系密切，训练重点也会因之落实并突出了。[1]

### 4. 关于"四路"融合的研究

语文教改的深入实践表明，思路教学的"思路"并不仅仅属于文章，而应包括四种，那就是：文章思路，编者思路，教师思路，学生思路。[2] 这个研究成

---

[1] 姚烺强."一点突破法"探索 [M]. 上海：复旦大学出版社，1990.
[2] 何以聪. 语文教学的四种思路 [J]. 中学语文教学参考，1987（10）.

果及其融合问题使"思路教学"的内涵大为丰富,也使思路教学有了成为新时期语文教学一种流派的价值。

在教学过程中,"四路"不应是各自孤立的存在,而应融为一个整体。比如"文章"与"课文"是两个概念,有的同志只是教的"文章",很少考虑编者的思路,结果面对综合性很强的语文教材,势必造成许多重复劳动。如果真正教的是"课文",就可以考虑不讲什么,从而突出重点,体现实效。

"四路"的融合以学生的学习思路为主体,这应成为思路教学明确的指导思想,恰如何以聪先生所说:"从备课与施教的操作实践看,教师思路包孕着学生思路,这意味着教师思路起主导作用,借以避免儿童本位主义的偏向;但从备课与施教的本质意义看,学生思路始终处于主体地位,其他种种要素都是为优化学生思路服务的。""抓住学生思路,就可以协调四种思路,在不平衡中不断演进,实现自适应、自调整,从而获得优化的有序组织。"

怎样抓住主体,进行融合呢?

(1)研究学情抓备课。在这个问题上应该"长备课"与"短备课"结合,"长备课",即长期对学生进行观察、记录、研究,建立语文学习的学情档案;"短备课"即每教一篇文章都要考虑难点在哪里?学生学习时会出现什么情况?尤其要重视预习等"火力侦察"的情况,以便及时调整教学方案。

(2)明确各"路"抓融合。融合的前提是对各"路"的透彻理解。比如编者的思路包括本册要求、单元部署,以至练习题、词语理解等,教课时弄清这些内容,就为学习的序列化作好了准备。再如变序教学,学路与教路是合而为一的,但"变"却是以文章思路的梳理为前提的。理解了各"路"再抓贯通,抓融合,才能真正做到"四路"统一。

(3)思维流程抓优化。以学路为主体,抓"四路"的融合,还应明确学习思路是动态的,因此,必须研究思维流程的优化问题,从"过程"上,从运动中保证学路主体作用的实现。这就要研究学路在阅读训练中有哪些形态?哪些地方应提供学生思维支点?哪些地方需要教师去指点帮助?以什么形式导之,才能取得最佳效果?等等。

在这个论题即将结束时,考虑到本章的论述是以新时期语文教学改革为大背景的,还想说明的是,从轰动效应和深广影响看,语文教学改革波涛中还有几座耸起的浪峰不能不提及,比如单元教学、序列教学等等。对于这些,我们认为其中的一些与前所论及的不是一个类属,它们主要是一种教学形式或者教材形式,并不生成或规定某种教学风格,不能算作流派。另外一些,也许可以作为流派看待，但笔者并未曾在实践中验证、探索过所论之派，多少有些"甘苦寸心知"。因此，在系统评价的要求面前现出一副窘态。好在知一重非，入一重境。这倒可以起到鞭策自己的作用——不断地坚持学习，加强实践，去真正地消释写作本章以至全书的遗憾。

# 后 记

关于本书的写作缘起,黄初师在序言中已经说到。十年过去了,才勉勉强强交上这篇"命题作文",而且还只做了一半——本书主要阐说阅读教学艺术。尽管黄初师已同意"减轻学生负担",但在《作文教学艺术论》拿出来之前,念及此,难免有作业拖拉的愧疚。

即是这样的"半部"书稿,如果没有许多师友的关心和支持,也是不可能写成的。在我上大学之前,作为一名只有初一基础的民办教师,能够从小学一年级的讲坛拾级而上,教至高中毕业班,这是与徐星祥、杨祖瑄、谢树敏、诸祖煜诸先生的帮助分不开的。在那文荒年代,大多数星期天,当我步行二十多里或更远些,把乡间小路上的泥巴和满脸的困惑带到这些当地教育界泰斗的家中时,他们一方面大碗盛饭,让我填饱肚子,另一方面更以知识、智慧乃至人格的琼浆浇灌我这株弱苗。可以说,正是在他们的指导下,《语文教学艺术论》的写作在当时已开始了素材的积累。大学时代,顾黄初、李宁、周恩珍、秦兆基等老师热心扶我上路。毕业前夕,在黄初师那扇芭蕉送来的习习凉风中,我又幸运地领受了在教学论和艺术论的交汇点上安营扎寨这一充满魅力的任务,省却了选择研究课题的犹豫和徘徊。

泰州师范那温馨美好的校园,更是我情感缱绻的所在。留作纪念的帧帧教工合影和毕业班集体照,盛贮着我与同事、学生们浓浓的情谊;校园里夜半时分善解人意的朗月清风,则是我记忆中最美的风景线。许多同志和时常踏步于泰师校园的郑万钟、胡明、洪宗礼诸位先生,对我的工作和研究给予了热情的关注,钱建华、吴仁林等同志协助我做了很多具体工作,数届学生听过以本书为主体内容的系列讲座并报以热烈的反应，这些都构成了我研究和写作的情感背景。泰师十年，我有了千余桃李，有了《语文教学艺术论》，更有了许多弥足珍贵的友谊和余韵袅袅的厚厚一沓生活乐章。那里的一切都是我记忆中的珍品。

应该特别说明的是，本书拟议中是与丁昌桂同志合作的。昌桂兄与我同龄、同乡、同学，大学毕业后我们虽然不在一处工作，但一直坚持每月一次"例会"，探讨教学奥秘，磨砺思想锋刃。我们已经在一起初步描画出本书的框架，正待动笔时，昌桂被调到党政部门。顾盼再三之后，他终于忍痛割爱，全身心地投入到新的工作中。聊可一补的是，"提问论"是以昌桂的两篇文章为骨架写成的，多少体现了我们"血肉相连"的友谊。

江苏教育出版社的领导和第四编辑室的同志对本书的出版给予了极大的支持，责任编辑马振五先生热情地参与了具体的筹划。本书1989年列入选题，1991年7月才正式动笔。没有编辑一次次友好的催逼，懈怠如我者大概还会拖下去的。

谨以此书献给所有关心我的人们，献给我所关心的第一线的广大语文老师们。

杨九俊

1992年10月12日

# 修订后记

笔者在近30年前写作这本书，主要基于自己在中小学和师范学校上语文课以及在师范学校讲授语文教材教法的备课笔记。这么多年过去了，还时常有朋友提及它，更有老师提及过当年在师范学校的学生宿舍抄摘其中一些片段的场景。书中有10万字左右的内容，收在南京大学出版社出版的《小学语文新课程教学论》一书，每年都在与新的读者见面。这次接受朋友的建议，对这本书做一次通改，重新奉献给读者。

本书的修订起初有庞大的计划，因为新世纪以来，笔者参与普通高中新教材的编写，2013年退休以后，又有更多时间沉浸到课堂里，手头积累了一些新的素材，对某些问题的认识也有进一步的感受，但囿于原书的体系，还是放弃了大改的想法，只是将就着做一些"除旧"的工作，期望中多少有些"布新"只能留待时日了。

本书当年的写作，一直得到恩师顾黄初先生的指点与鼓励，这次修订新版保留了顾师的序言，以示对恩师的绵绵思念和不尽感激。

杨九俊<br>2019年6月